P. Csaba Böjte OFM und Éva Karikó

Fenster in die Ewigkeit

Pater CSABA BÖJTE OFM, geb. 1959 in Klausenburg (Rumänien), erhielt 1989 die Priesterweihe und erlangte als aufopfernder Gründer von Kinderheimen sowie als lebensnaher Prediger und Autor große Bekanntheit.

ÉVA KARIKÓ, geb. 1968, arbeitet als Journalistin und Coach. Mit Ehemann und vier Kindern lebt sie in Budaörs bei Budapest.

P. Csaba Böjte OFM
und Éva Karikó

Fenster in die Ewigkeit

Ein Gespräch über den christlichen Glauben

Mit einem Geleitwort von Péter Kardinal Erdő

Bernardus-Verlag 2020

Das Buch erschien 2009 in erster Auflage unter dem Titel *Ablak a végtelenre. Beszélgetés a hitről* (© Böjte Csaba, © Karikó Éva, © Helikon Kiadó).

Die Übersetzung folgt der vierten, verbesserten und erweiterten Auflage von 2016 (© Böjte Csaba, © Karikó Éva, © Helikon Kiadó).

Aus dem Ungarischen von MATTHIAS SCHIMMELE

Gedruckt mit Unterstützung des Ungarischen Kulturfonds

National Cultural Fund of Hungary

Impressum

1. Auflage 2020
© Bernardus-Verlag
In der Verlagsgruppe Mainz

Printed in Germany

Bernardus-Verlag
Verlagsgruppe Mainz
Süsterfeldstraße 83
52072 Aachen

www.bernardus-verlag.de

Gestaltung, Druck und Vertrieb:
Druck & Verlagshaus Mainz
Süsterfeldstraße 83
52072 Aachen

www.verlag-mainz.de

Abbildungsnachweise
UMSCHLAG: Freundlicherweise zur Verfügung gestellt
von Kriszta Lettner

ISBN-10: 3-8107-0327-3
ISBN-13: 978-3-8107-0327-9

Inhalt

Geleitwort

von Péter Kardinal Erdő

Pater Csaba Böjte kümmert sich nicht nur um das körperliche und seelische Wohl der ihm anvertrauten Kinder, sondern auch um die seelische Entwicklung aller Menschen, die in Schwierigkeiten geraten sind, die fern von Gott und der Kirche leben, die in ihrem Glauben wankend geworden sind.

In diesem Buch wirft er einen Blick auf die Wahrheiten des Apostolischen Glaubensbekenntnisses, auf deren Wirkungsmächtigkeit und deren Schönheit, die zu einem edleren Leben verhilft; denn der Mensch lebt ja nicht von Brot allein. Er gibt eine Antwort auf praktische und oft existentielle Fragen, bei denen bisweilen selbst praktizierende Gläubige unsicher werden und nicht die rechten Worte finden, mit denen sie sich selbst oder anderen Menschen, die nach dem rechten Glauben suchen oder sich nach Bestärkung in ihrem Glauben sehnen, eine verständliche und befriedigende Antwort geben können.

Pater Csaba kennt das wirkliche Leben, kennt die Welt derer, für die jeder Tag eine Herausforderung ist, und unermüdlich leistet er seinen Dienst als wahrer Seelsorger. Mit einfachen Worten, volkstümlichen Wendungen und Anekdoten aus dem eigenen Leben, welche die alles überragende Kraft des Glaubens, der Hoffnung und der Liebe aufstrahlen lassen, zeigt er jedem Leser, was ihn dazu antreibt, so viele ihrem Verderben entgegengehende Menschen zu retten. Im Evangelium und der glaubwürdig gelebten christlichen Lehre finden sich die Lösungen für alle Probleme des Lebens.

[...]

Erleichtert wird dem Leser der Überblick über die Wahrheiten des christlichen Glaubens und der christlichen Moral durch die einfache, allgemeinverständliche Sprache Pater Csabas. Der Leser findet auf den folgenden Seiten für seine Seele jene Nahrung, die Pater Csaba Tag für Tag eintausendfünfhundert Schützlingen an seinem Tische reicht. Gebe Gott, dass die nach Wahrheit, Güte und Liebe hungernden Menschen durch dieses Buch zu wahren Lösungen und wahrem Glück finden!

Péter Erdő
Kardinal, Primas und Erzbischof
des Erzbistums Esztergom-Budapest

Vorwort

Ich stehe im grünen Gras, staune über das phantastische Licht des anbrechenden Morgens, staune darüber, wie das Licht langsam die Landschaft erobert. Vor meinen Augen spielt sich ein gigantisches Naturschauspiel ab, zu dem das Zwitschern der Vögel die Musik liefert. Wie ein fleißiger Bergmann nach getaner Arbeit die Picke zu seinen Füßen ruhen lässt, so hole auch ich in diesem Augenblick keine Gedanken aus mir hervor, sondern versuche bloß, offen zu sein. Ich suche nicht mit Worten oder Taten aus dem, was ich sehe, eine Welt zu formen – aus diesen Wolken und diesem glühenden Sonnenball, aus der Flut des Lichtes, das zwischen den mächtigen Bäumen in tausend Strahlen und Funken hervorbricht –, nein, ich beobachte nur still und lasse demütig zu, dass ich selbst dadurch geformt werde. Frieden erfüllt mich. Egal, was die dahinrinnenden Minuten bringen – ich nehme es wie die wasserschluckende Höhle im Dolomitgestein still in mein offenes Herz auf. Auch auf mein Gesicht und meine Hände legt sich das rötliche Morgenlicht der segensreichen Sonne. Der Mensch kann nur dann Mensch sein, wenn er von Zeit zu Zeit ein wenig innehält, auf sich selbst hört, auf seine Gedanken und Sehnsüchte. Dann staunt er voll Neugier über die Welt, die ihn umgibt, wird ihrer Farben und Formen gewahr, erkennt ihre tieferen Zusammenhänge und wird sich ihres lebendigen Seins bewusst. Er staunt darüber und sinkt schließlich auf die Knie.

Von Ruhe erfüllt und überströmt von Sonnenlicht, rufe ich auch dir, lieber Leser, zu: Komm zur Ruhe und staune über das Leben, das in dir, in mir und um uns herum wirbelt und glitzert! Wie viele Gesichter hat doch dieses pulsierende, stets sich wandelnde, nie zu fassende Wunder, das Leben!

Ich schaue zum Himmel hoch und staune: Über mir und um mich herum dehnt sich der gewaltige Kosmos, ein Wunderwerk, dessen Weiten in Lichtjahren gemessen werden. Wenn die Wissenschaftler über die Sterne sprechen, nehmen sie Zahlen in den Mund, unter denen ich Laie mir nichts mehr vorzustellen vermag. Jeder Stern ist eine gleißende Sonne, und unter diesen Sonnen mag es etliche geben, um die ein Leben tragender Planet seine Bahn zieht. Aus der Ferne des Alls schickt uns die segensreiche Sonne als riesiger Hochofen nicht nur Wärme; in ihrem Schoße entstehen neue Wunder, besteht doch auch unser Leib aus dem Staub einst gleißender Sonnen. Wer hat diese Welt wie ein Uhrwerk aufgezogen, sie mit immenser, unerschöpflicher Energie versehen?!

Wenn wir unsere Aufmerksamkeit von den geradezu unendlichen Weiten des Weltraums auf uns selbst richten, dann begegnen wir auch hier einer Welt des Unendlichen. Ganz wie im Makrokosmos pulsieren in uns Organe und Zellen, wirbeln winzige Moleküle, Atome, Elektronen, Protonen, jedes noch so kleine Teilchen, bewegen sich auf den vom Schöpfer ihnen zugewiesenen Bahnen, der eigenen Ordnung gemäß und doch frei.

Fang in der Stille an, nimm bewusst deine Muskeln und Gelenke wahr und achte einmal darauf, wie du selbstsicher einen steilen Berghang hochsteigst! Staune über deinen Körper, der dir geschenkt wurde und der dich zu den Orten deiner Träume trägt, überallhin, wohin auch immer dich deine Sehnsucht zieht! Staune über den unglaublich kleinen Computer, der sich in dir befindet und der in kürzester Zeit dafür sorgt, dass du auf Skiern in einer Kurve das Gleichgewicht halten kannst. Alles, worüber du verfügst, ist ein Geschenk. Du hast es ohne Gegenleistung erhalten. Erfreu dich daran und denk mal darüber nach! Es gibt praktisch kein Fleckchen Erde, das nicht voller Leben wäre. Das Leben auf der Erde ist ein Ausfluss des göttlichen Lebens. Gott findet die Freude am Leben gut und will sie mit den Menschen, den Pflanzen und Tieren, mit dir und mir teilen. Diese Lebensfreude, diese Lebensbejahung, diese Hochschätzung des Lebens ist allgegenwärtig.

Es war in meinem Leben eine große Erkenntnis, als ich mir der Tatsache bewusst wurde, dass es nicht selbstverständlich ist, dass mich so viel Schönheit, so viele Farben, so viele Düfte umgeben. Wenn der Regen vom Himmel fällt, so wird ihm zur gebärenden Mutter der lehmige Grund, aus dem er als Quelle so rein wieder zutage tritt, dass dieses Wasser in unserem Körper zum Quell des Lebens wird, unseren Durst stillt und uns wohlgelaunt und ausgelassen auflachen lässt. Das gleiche Wasser, das uns Leben schenkt, strömt im Frühlingsrauschen als wunderbarer Duft aus den sich entfaltenden blauen Blüten der Veilchen. Und das gleiche Wasser nimmt seinen Weg durch den Weinstock hinauf in die Trauben, in denen es ein Zuhause findet und die dann von des Menschen Hand sorgfältig ausgepresst werden; und der süße Most sammelt in der Abgeschiedenheit der Fässer wie ein Einsiedler Kraft und wird schließlich in unseren Herzen zum Lied. In unserem Kopf regelt eine kleine Drüse, die ihr Sekret nur in winzigen Mengen absondert, in solch stiller Demut unseren Durst, dass wir erst dann, wenn wir krank sind, von ihr Notiz nehmen. Ein Wunder, nicht wahr?! Doch wer könnte all die Wunder der Welt um uns herum aufzählen, Ergebnisse einer Milliarden von Jahren dauernden Entwicklung?

Die in uns angelegten Güter – das Leben, die Vernunft, die Weisheit, die Güte, die Liebe – müssen wir von jemandem erhalten haben. Die Materie, eine Handvoll Erde, die durch den Urknall verstreute Energie, die Moleküle, die Zellen, die Muskeln können uns all dies nicht geben. Diese Fähigkeiten weisen über die materielle Welt weit hinaus und zeugen von einer jenseitigen Welt. Gott ist es, der uns mit all dem beschenkt hat. Und das Leben ist viel schöner, wenn wir darin ein Geschenk sehen! Unser Herr und Gott gab uns in Seiner unendlichen Weisheit und Liebe von dem, was Er selbst ist: Er teilte Sein Wesen mit uns, um uns zu Seinem eigenen Wesen zu erheben, und Er hat uns dazu eingeladen, mit Ihm »an *einem* Tische zu sitzen«.

Man muss schon einen enormen Glauben haben, um sich vorstellen zu können, die Welt sei aus einem zufälligen Zusammentreffen von Materie entstanden; ich für mein Teil sehe nichts, was durch den Zufall zustande käme. Wenn wir auf Scheibchen die Zahlen Eins bis Zehn schreiben, diese ordentlich mischen und sie dann, wie sie gerade kommen, nacheinander auf den Tisch legen, so würde es ewig dauern, bis wir diese der Reihe nach platzieren könnten. Dass das Getriebe unserer Welt perfekt rundläuft, dass die Planeten und Sterne sich nicht verspäten, dass alles nach einer wunderbaren Ordnung wächst und sich entwickelt, dafür müssen nicht bloß zehn Dinge in genau der richtigen Weise zusammenkommen, sondern Millionen von Millionen. Ich selbst kann an so viel Zufälligkeit nicht glauben.

Ich lasse meinen Blick wieder durch die Natur schweifen. Sie wird vom Licht umarmt und mit wohliger Wärme erfüllt. Das Werk unseres Schöpfers und Meisters erfüllt mich mit Staunen, und aus meinem Herzen bricht – wie aus dem Erdreich die Quelle – ein Lobpreis auf Gott hervor.

Lieber Leser, ich lade dich ein, mit uns zu gehen und mithilfe unseres Buches das Leben, die Welt und all die Geheimnisse unseres Schöpfers zu entdecken! Wir alle wissen und machen selbst die Erfahrung, dass unsere Welt wie ein dichter Wald voller unberechenbarer Gefahren ist. Wenn du aber die Hand deines Himmlischen Vaters ergreifst, dann wird dein Weg zwar genauso beschwerlich und gefährlich sein; doch die beglückende Nähe dieses gütigen Vaters, der dir aufmunternd zulächelt, macht mit einem Schlag aus dem Weg einen ganz anderen, und während dich früher Angst vor dem Dunkel des Waldes erfüllte, wird dir nun dieser Pfad zu einem heiteren Wanderweg. Du bist Sein geliebtes Kind. Du bist nicht allein. Er ist der Größte und Stärkste auf der Welt. Was immer geschehen mag – Er schützt dich, Er sorgt für dich, kann dich auch dem Rachen des Todes entreißen, hat Er doch versprochen, dass Seine Liebe uns nie verlässt. Das Kind bleibt auch dann Kind, wenn es die starke, Ruhe und Sicherheit vermittelnde Hand seines Vaters fasst. Mag es dir auch noch so angst und bange sein, fass vertrauensvoll die gütige Hand Gottes, die Er, dein Schöpfer, dir entgegenstreckt und in die Er in ewiger Liebe schon längst deinen Namen geschrieben hat!

Bruder[1] *Csaba*

---

1 Um ihre Gleichheit untereinander zu betonen, gebrauchen die Franziskaner eigentlich nicht die Anrede »Pater«, so dass sich auch geweihte Priester als »Bruder« bezeichnen. Da diese franziskanische Besonderheit nicht allen Lesern bekannt sein dürfte und nicht der Eindruck aufkommen soll, als handele es sich um einen Laien, wird in diesem Buch, wo von Csaba Böjte die Rede ist, nichtsdestotrotz von Pater (P.) Csaba gesprochen.

Einleitung

von Éva Karikó

Ein Atheist sagte zu einem Priester: »Ich glaube nicht an Gott.«

Der Seelsorger dachte eine Weile nach und antwortete dann: »Ich stimme dir zu. An *den* Gott, an den du nicht glaubst, glaube auch ich nicht.«

Obwohl ich weiß, dass sich viele für unbeirrbare Atheisten halten, bin ich selbst doch davon überzeugt, dass es keine wahren Gottesleugner gibt, wohl aber nicht wenige, die von Ihm ein falsches Bild vermittelt bekommen haben und dieses Zerrbild ablehnen.

Kann man einen Gott lieben, der als Sündenjäger unterwegs ist oder der als pedantischer Buchhalter Rechnung führt über unsere Sünden und guten Taten und am Ende unseres Lebens auf der Basis dieser Bilanz uns ausmustert oder uns als Gewinner hervorgehen lässt?

Kann man einem Gott vertrauen, der uns mit Krankheiten und Katastrophen heimsucht, Böse und Unschuldige gleichermaßen auf die Probe stellt?

Kann man an einen machtlosen Gott glauben, der im Himmel schläft oder mit gebrochenen Augen zusieht, wie seine Geschöpfe leiden, sich abmühen oder gar einander umbringen?

Und kann man der Lehre einer Kirche folgen, deren Taten und Erwartungen wir mit Unverständnis und Empörung begegnen?

Wer ist Gott? Wie ist Gott? Wenn es Ihn gibt, wie können wir mit Ihm ins Gespräch treten? Will Er etwas von uns oder liebt Er uns bedingungslos und gratis?

Hat unser Leben einen Sinn? Oder erfüllen wir bloß einprogrammierte und von der Gesellschaft aufgezwungene Imperative: „lerne, schaffe, baue, liebe, seid fruchtbar und vermehrt euch"? Unterdessen kann es jederzeit passieren, dass ein Unfall oder eine andere Tragödie ganz unerwartet in einem einzigen Augenblick einstürzen lässt, was wir aufgebaut haben. Am Ende unseres Lebensweges werden wir ins Grab gelegt, unser Körper zerfällt, wir werden von Würmern zerfressen, und übrig bleiben ein paar Handvoll Erde. Das wäre es mit dem Leben eines Menschen gewesen? Weiter gäbe es nichts?

Das vorliegende Buch ist eng mit meinem eigenen Leben verbunden. Denn ohne Glauben aufgewachsen, suchte ich auf eben jene Fragen, die auch diesem Buch zugrunde liegen, jahrelang verzweifelt Antworten, nachdem meine Freundin in einem Autounfall ums Leben gekommen war und ich unmittelbar mit der gnadenlosen Unabänderlichkeit des Todes konfrontiert worden war, der mich und meine Lieben jederzeit ereilen konnte. Wenn wir sagen: »In unserer Erinnerung wird er oder sie ewig fortleben«, so ist dies nichts weiter als eine Parole, die nur einen dürftigen Trost spendet, können wir doch schon froh sein, wenn unsere Urenkel noch ein, zwei Anekdoten von uns zu erzählen wissen. Tatsache ist doch, dass das Leben auf Erden ohne uns weitergeht.

Im Alter von dreiundzwanzig Jahren fand ich einen glaubwürdigen Priester, Pater Károly Futó (der auch dieses Buch lektoriert hat). Ihm war seine Zeit nicht zu schade, sie für mich aufzuopfern. Über Wochen hinweg suchte ich ihn auf. Geduldig gab er auf alles eine Antwort, und schließlich spendete er mir die Taufe. Ich heiratete dann, brachte vier Kinder zur Welt, wurde Journalistin, hatte das Glück, einer schönen und sinnvollen Arbeit nachgehen zu dürfen. Ich hatte für mich erreicht, was ich wollte. Aber es ließ mich der Gedanke nicht los, dass es viele Menschen gab, die vielleicht noch nie eine glaubwürdige und verständliche Antwort erhalten hatten. Auf Schritt und Tritt machte ich die

Erfahrung, dass diese Fragen nicht nur mich beschäftigten: Täglich werden sie auch mir gestellt – von einem meiner vier Kinder, von diesem oder jenem aus unserem Freundes- und Bekanntenkreis. Aber auch im öffentlichen Leben und in den Medien sehen wir Menschen, die nach einem Bröckchen lechzen, das von Gott kommt – auch wenn sie diese Sehnsucht nicht öffentlich zugeben –, und die den Mangel, die Leere und die Wunden sehen, die durch ihre Entfernung von Gott entstanden sind. Schwere Lebenskrisen und Grenzsituationen werfen spirituelle Fragen auf. In der Zeit, als ich selbst auf der Suche war, fand ich kaum ein Buch, das denen Antworten auf ihre brennenden Fragen gab, denen das komplizierte Labyrinth der Theologie fremd ist. ›Wenn es ein solches noch nicht gibt, dann schreibe ich eben selbst eines!‹, sagte ich mir.

Ich nahm Kontakt mit Pater Csaba Böjte auf, und er sagte sofort zu. Pater Csaba, den Franziskaner aus Siebenbürgen, der bis heute fünftausend aus schwierigen Verhältnissen stammende Kinder gerettet hat, indem er ihnen zum Pflegevater wurde, braucht man in Rumänien und Ungarn längst niemandem mehr vorzustellen. Sein eigenes Leben verleiht seinen Worten Gewicht und Glaubwürdigkeit, weil er nicht bloß vom Reich Gottes spricht, sondern alles tut, damit dieses Reich sich hier auf Erden entfalte.

Die Antworten auf die hier gestellten Fragen sind nicht in der Stille eines nach Büchern riechenden Arbeitszimmers entstanden, sondern auf vielen hundert Kilometern Autofahrt. Er saß am Steuer, und ich stellte ihm meine Fragen. Auf ihm lasteten schwere Kinderschicksale, unter denen die meisten Menschen zusammenbrächen. Wir fuhren in Elendsviertel, zu seinen Heimen und den hilfsbedürftigen Familien. Ich saß neben ihm und nahm Pater Csabas Antworten mit einem Diktiergerät auf. Sein Auto war oft vollgestopft mit Kindern und Mitarbeitern. Obwohl alle paar Minuten sein Handy klingelte und obwohl von den Hintersitzen stets die Stimmen der Mitfahrenden nach vorne drangen, schaffte er es, sich auf meine Fragen zu konzentrieren, und vermochte mir ohne längeres Nachdenken, gleichsam aus dem Stand, zu antworten. Auf die eine oder andere schwierigere Frage kehrten wir natürlich mehrmals zurück. Seine Antworten waren keine abstrakten Lehren, und zwischen ernsten Gedanken erzählte er öfters auch einen Witz oder eine Geschichte aus seinem Leben. Manchmal sah ich, wie seine Augen feucht wurden, vor allem wenn er von der Liebe und Barmherzigkeit Gottes erzählte oder von einem besonders schweren Schicksal berichtete.

Für die Interviews grub ich aus mir mein früheres ungläubiges und alles infrage stellendes Ich hervor. Aber um sinnvolle Antworten erhalten zu können, war es auch unverzichtbar, dass ich nun anders dachte als früher, dass mein Denken nun von der Erfahrung der Nähe und Liebe Gottes bestimmt war. Als ich ihm meine Fragen stellte, wurde ich nicht selten rot im Gesicht, besonders aber, als ich zum wiederholten Male nachfragte, ob sich der Zölibat auf die Persönlichkeit der Priester nicht negativ auswirke; denn ich hatte das Gefühl, dass er mir bei diesem Thema nicht alles sagen wollte. Pater Csaba lächelte dann und sagte nur: »Meine liebe Éva, kann man vor dir gar keine Geheimnisse mehr haben?!« Und aus der Tiefe seines Herzens legte er Zeugnis ab von seiner innigen Beziehung mit Gott.

Wir sprachen nicht nur über unproblematische Glaubensthemen, sondern auch über solche, bei denen die öffentliche Meinung gespalten ist. Es gab einige Fragen, mit denen er weniger anzufangen wusste und in denen er sich weniger kompetent fühlte. Er war sich nicht sicher, ob wir diese wirklich in das Buch aufnehmen sollten. Dabei ging es ihm auch darum, dass er sich in erster Linie mit dem Positiven beschäftigen und nicht kritisieren möchte; ja selbst die Verteidigung erscheint ihm unnötig. Doch ich beharrte auch auf diesen Punkten. Denn ich wollte von ihm auch eine Antwort auf so heikle Fragen erhalten, bei denen selbst gläubige Katholiken sich unsicher fühlen: die Sünden der Kirche, ihre antisemitische Haltung in der Vergangenheit, Priester als Spitzel, Esoterik ...

Es klingt abgegriffen und ist doch wahr: Während ich selbst mit den vier Büchern dieser Reihe denen ein Geschenk bereiten wollte, die auf der Suche nach Gott sind, wurde mir selbst das größte Geschenk zuteil, dadurch nämlich, dass ich Pater Csaba persönlich kennenlernen durfte. Ich erhielt Einblick in seine Arbeit und in Kinderschicksale, welche er zusammen mit seinen Mitarbeitern unter großem Einsatz zum Besseren zu wenden suchte. Ich erhielt gleichsam persönliche Exerzitien, und wochenlang gab er auf meine Fragen Auskunft. Die vier Bände sollen ein kleiner Dank sein für das Gute, das ich in den mit ihm verbrachten Tagen erhalten habe.

Für den vorliegenden ersten Band habe ich meine Fragen an den Aussagen des Apostolischen Glaubensbekenntnisses aufgehängt. Jeder einzelne Gedanke der Antworten ist aus dem Leben geschöpft und behandelt das Leben mit unvergleichlicher Weisheit und Einfachheit. Pater Csaba stellt die Glaubenswahrheiten nicht nur vor, sondern zeigt auch deren Verwirklichung auf, wobei er aus seinen jahrzehntelangen Erfahrungen als Seelsorger und Pädagoge schöpfen kann.

Gott – dem wir näher kommen wollen – ist unendlich. Auch die Zahl der Fragen ist eigentlich unendlich, und ich hätte gerne noch viel mehr gefragt. Dieses Buch bildet den Auftakt einer vierbändigen Reihe. Im zweiten Band mit dem Titel *Weg in die Ewigkeit* geht Pater Csaba auf die Wendepunkte unseres Lebens, die Sakramente, ein. Der dritte Band – *Kompass in die Ewigkeit* – enthält seine Antworten auf die Fragen zu Freiheit und Gottes Geboten. Im vierten Band schließlich äußert er sich zur Heiligen Schrift, zum Beten, zu den kirchlichen Festen, zu schwer verständlichen Bibelstellen sowie zu den Fragen des täglichen Lebens eines Christen.

Wenn es eine Frage gibt, dann muss es auch eine Antwort geben, die verständlich ist, sich im Leben umsetzen lässt und das wahre Antlitz Gottes in Seiner Schönheit, Güte und Vollkommenheit vorstellt, damit daraufhin ein jeder für sich entscheiden kann, ob er beziehungsweise sie, Gottes Liebe erwidernd, Ihn lieben kann.

Éva Karikó
Budaörs, im August 2016

Der Glaube der Christen findet sich zusammengefasst im Apostolischen Glaubensbekenntnis, dessen Aussagen Fragen aufwerfen für jemanden, der sich noch auf der Suche nach dem wahren Glauben befindet.

Ich glaube an Gott,

den Vater, den Allmächtigen,

den Schöpfer des Himmels und der Erde,

und an Jesus Christus, Seinen eingeborenen Sohn, unsern Herrn,

empfangen durch den Heiligen Geist, geboren von der Jungfrau Maria,

gelitten unter Pontius Pilatus,

gekreuzigt, gestorben und begraben,

hinabgestiegen in das Reich des Todes,

am dritten Tage auferstanden von den Toten,

aufgefahren in den Himmel; Er sitzt zur Rechten Gottes, des allmächtigen Vaters;

von dort wird Er kommen, zu richten die Lebenden und die Toten.

Ich glaube an den Heiligen Geist,

die heilige katholische Kirche,

Gemeinschaft der Heiligen,

Vergebung der Sünden,

Auferstehung der Toten und das ewige Leben.

Amen.

Ich glaube an Gott

Warum ist es gut, wenn jemand glaubt?

Jeder Bach ergießt sich früher oder später ins Meer; andernfalls versumpft er, und sein Wasser beginnt zu stinken. Für mich ist Gott der Ozean, dem mein eigenes Bächlein zustrebt.

Als junger Erwachsener bat ich Gott um ein großes Haus, in dem ich jeden, der zu mir kommen würde, herzlich aufnehmen wollte. Bislang musste ich niemanden wegschicken. Bei uns erhält jeder ein Obdach und etwas zu essen und, wenn nötig, vielleicht sogar ein gutes Glas Wein. Jeden Tag geben wir eintausendfünfhundert Kindern zu essen.

Ich machte mich daran, die Welt ein klein wenig zu verbessern, einigen Kindern die Tränen aus den Augen zu wischen. Immer wieder aufs Neue stosse ich ganz schnell an meine Grenzen und mache die Erfahrung, dass ich schwach bin.

Ich wandte mich an Behörden, Parteien und Vereine um Hilfe; aber schon oft antwortete man mir nur mit einem Achselzucken. Es gibt viel zu tun, aber es gibt nur wenige Arbeiter. Gott allein spricht: »Alles, um was du in meinem Namen bittest, werde ich dir geben.« Immer wenn ich nicht mehr weiß, womit ich die Gasrechnung, den Lohn meiner Mitarbeiter oder ein neues Haus bezahlen soll, wende ich mich an unseren Herrgott, und Er schickt mir durch irgendjemanden Hilfe.

Dazu fällt mir ein Witz ein: Eine alte Frau kniete vor der Statue des heiligen Antonius nieder und flehte ihn an: »Schick mir doch hundert Lei[2]! Ich brauche das Geld so furchtbar dringend!« Ein Sozialist, der dies gehört hatte, sprach zu ihr: »Ach, geh, Mütterchen, finden Sie nicht, dass es im 21. Jahrhundert eine Schande ist, vor einer Statue zu beten und sie um Hilfe anzurufen? Da will ich Ihnen lieber das Geld im Namen meiner Partei geben!« Er griff in seine Tasche und stellte fest, dass er nur 98 Lei bei sich hatte. Die gab er der Frau. Diese zählt das Geld und, zur Antoniusfigur gewandt, erklärt sie ihren Dank: »Ich danke dir, heiliger Antonius, dass du mir Geld geschickt hast. Aber das nächste Mal bitte nicht durch einen Sozialisten. Du siehst ja: Zwei Lei hat er in seine eigene Tasche gehen lassen!«

Auf Gott kann man immer zählen. In der langen Zeit, in der ich den Weg der Nächstenliebe ging, war es Gott, der mich kein einziges Mal enttäuscht hat. Er schickt stets Gefährten und Freunde, und oft schickte Er Hilfe von einer Seite, von der ich sie nie erwartet hatte.

Die Schwierigkeiten, durch die der Mensch hindurchgeht, führen ihn in die Arme Gottes.

Es tut so gut, in Seinen Armen auszuruhen. Es ist wunderbar zu erfahren, dass der Herr, der Himmel und Erde erschaffen hat, uns bei der Aufgabe, zu der Er uns berufen hat, immer wieder weiterhelfen kann. Es wäre aber nicht recht, wenn nur ich mit meinen Bitten und Vorstellungen mich an Ihn wendete. Auch Er hat Erwartungen und Ratschläge, die in den Zehn Geboten, im Hauptgebot der Liebe und sonst in der Heiligen Schrift formuliert sind. Es ist gut für mich, auf Ihn zu hören, Ja zu sagen zum lebendigen Gott; denn nur so werde ich wahrhaft glücklich sein.

2 Leu (Mehrzahl: Lei): rumänische Währungseinheit.

Gott ist kein alter Mann mit Rauschebart, der sich im Himmel langweilt und von Zeit zu Zeit auf uns Erdenbewohner herabschaut. Er liebt uns mehr als wir uns selbst. Er gab für jeden Einzelnen von uns am Kreuze Sein Leben dahin, während es uns sogar um unser selbst willen schwer fällt, auch nur ein kleines Opfer zu bringen. Dies zu erfahren und sich dies bewusst zu machen, ist einfach wunderbar.

Das Gespräch mit Gott fängt klein an: Ich bitte Ihn um etwas, und Er gibt es mir; Er bittet mich um etwas, und ich erfülle es. Unser Vertrauen und unsere gegenseitige Liebe gewinnen an Tiefe, wachsen und gelangen zu ihrer vollen Entfaltung. Das kann nur dann recht gelingen, wenn auch ich diese Beziehung ernst nehme und ich auf sie achte.

Der heilige Augustinus sagte: »Unruhig ist unser Herz, bis es ruht in Dir.«[3] Gott schuf uns für sich selbst. In der Tiefe unseres Herzens sehnen wir uns unentwegt nach Ihm, auch dann, wenn wir uns dessen gar nicht bewusst sind. Schmachtend suchen wir in dieser Welt nach der vollkommenen Liebe; aber kein Mensch wird jemals unser Verlangen ganz erfüllen. Welch Friede, welch Freude, welch Glück des Menschen Herz erfüllen, wenn er heimkehrt, sich an den Himmlischen Vater schmiegen und sich in Seine Hände legen kann, das vermag ich nur schwer zu beschreiben. Der Mensch entfaltet sich in dieser Umarmung und hierin findet er wohl zu seiner höchsten Würde. Wenn wir uns für ein Weilchen in Gottes Arme gelegt haben und dann an unsere Arbeit zurückkehren, so trägt diese wahrhaft Frucht und erscheint uns das Leben wahrhaft schön, wertvoll und sinnvoll.

Welchen Sinn hat es, dass sich ein junger Mann in eine junge Frau verliebt?! Ich weiß es nicht. Warum ist es gut, sich an Gott zu schmiegen? Ich weiß es nicht.

---

3 »inquietum est cor nostrum donec requiescat in te« (*Confessiones* [Bekenntnisse] I, 1, 1).

In dieser Welt kann ich meine Arme nicht um Gott legen, kann ich mit meiner Hand nicht die Seine fassen; nur im Glauben ist mir dies möglich.

Der Glaube ist ein Willensakt: Ich entscheide mich bewusst für Gott. Den Anstoß mag das Gefühl oder der gesunde Menschenverstand geben; aber erst mit meinem Glauben vermag ich Gottes Hand zu fassen. Ich habe die Freiheit, selbst zu entscheiden, die Freiheit zu entscheiden, dass ich glauben will, oder aber zu entscheiden, dass ich nicht glauben will. Doch wenn ein Mensch sich für den Glauben entscheidet, so wird er spüren, wie gewaltige Kräfte in ihm freigesetzt werden.

Glauben und Wissen ist nicht dasselbe – aber das eine schließt das andere nicht aus! Die Weisen aus dem Morgenland begeben sich zum Palast des Herodes, um die Hohen Priester um Auskunft darüber zu bitten, wo der Erlöser geboren wird. Die Hohen Priester wissen sehr wohl, dass Jesus zur Welt kommt; trotzdem glauben sie nicht an Ihn. Sie geben den Weisen aus dem Morgenland sogar Auskunft, und darauf gestützt ziehen diese nach Betlehem, wo sie dem lebendigen Gott die Ehre erweisen.

Glaube ist nicht nur eine Frage der Entscheidung. Ein Mensch mag durchaus spüren, dass ihm ohne den Halt Gottes der Boden unter den Füßen weicht; trotzdem fühlt er in sich einen Widerstand, der es ihm nicht ermöglicht, Gott sein Leben anzuvertrauen.

Das erste Gebet, das wir sprechen können, lautet: »Ich will glauben, Herr. Hilf mir, Herr, aus meiner Ungläubigkeit! Ich will als Dein Geschenk empfangen, dass mein Glaube lebendig wird und ich fühle, dass ich nicht zu einem leeren Himmel emporrufe! Auch wenn ich Dich nicht sehe und im Dunkeln tappe, bist Du doch hier, neben mir und hörst meine Worte.« Unmöglich, dass Gott auf diese von Herzen kommende, aufrichtige Bitte nicht antwortet. Es kann sein, dass Er nicht sofort antwortet, auf dass unser Verlangen reiner, stärker und intensiver werde; aber gewiss gibt Er uns, worum wir Ihn bitten, da es ja Sein größtes Glück ist, wenn wir Ihn mit den Armen unseres Glaubens empfangen wollen.

Pater Csaba, wie haben Sie den guten Gott kennen und lieben gelernt?

Ich komme aus einer religiösen Familie. Mein Großvater war Kirchengemeinderat. Ich ging zur Kirche; aber das war damals noch keine bewusste Entscheidung für Gott.

Meine früheste Erinnerung ist mit dem Tod meines Vaters verbunden. Damals war ich fünfeinhalb Jahre alt. (Nach 1956 wurde sein Vater unter dem Vorwurf der Anstiftung zum Aufstand ins Gefängnis geworfen. Nach viereinhalb Jahren kam er frei. Zwei Monate später starb er an den Folgen der während der Haft erlittenen Misshandlungen. – *Anm. der Hg.*) Ich besuchte regelmäßig sein Grab auf dem Friedhof. Dort schüttete ich – wie ein Sohn seinem Vater – mein Herz aus. Schon sehr bald fühlte ich, dass ich in Wirklichkeit nicht mit meinem irdischen Vater, sondern mit einem himmlischen Vater sprach. Was ich dabei erlebte, war von großer Intensität. Ich fühlte, dass mich Jemand hört, mir zuhört, mich versteht, ja auf mein Gebet sogar antwortet.

1978 erhielt ich einen Reisepass, mit dem ich nach Ungarn fahren konnte. Damals legte ich gerade mein Abitur ab. Ich war alleine, setzte mich ans Donauufer neben die Bronzestatue von Attila József und schrieb einen Brief – an Jesus. Ich faltete daraus ein Papierschiffchen, setzte es in die Fluten der Donau und ließ es vom Strom davontragen. Das war vielleicht meine erste bewusste Hinwendung zu Gott.

Dann begann ich, mit meinem gesunden Menschenverstand nach dem Sinn des Lebens zu suchen. Zu jener Zeit litt auch Siebenbürgen[4] unter dem Kommunismus, und viele Menschen verbitterten. Ich dachte, wie gut es wäre, einem glücklichen Menschen zu begegnen.

Wo immer ich auch hinschaute, sah ich, dass nur jene Menschen in seelischer Harmonie leben, die Gott suchen und in Seiner Nähe leben.

Jenen, die Gott nicht gefunden hatten, half ihre Berühmtheit gar nichts: Mochten sie Schauspieler, Dichter oder sonst namhafte Persönlichkeiten sein, wirklich glücklich waren sie nicht. Jenen Frieden, von dem ich meine Großmutter und andere Gläubige beseelt fühlte, fand ich in ihnen nicht. Damals fing ich an, mich bewusst dem Glauben zuzuwenden und bewusst zur Kirche zu gehen.

Einmal, als ich in der Kirche betete, fühlte ich in meiner Seele ganz deutlich, dass Jesus mich fragt: »Glaubst du an mich oder nicht?« Ich fühlte, dass ich auf diese Frage mit »Ja« oder »Nein« antworten musste. Ganz bewusst sagte ich: »Ja, Herr, ich glaube. Ich glaube, dass Du da bist.« Sogleich wurde mir die nächste Frage gestellt: »Glaubst du, dass ich, der dir die Sprache gegeben hat, zu dir sprechen kann?« Ich sagte: »Ich glaube, dass Du zu mir sprechen kannst.« Erneut fragte mich Jesus: »Glaubst du, dass ich hören kann, worum du mich bittest?« Und es war so schön, antworten zu können: »Ich glaube, dass Du meine Worte hörst.« Schließlich bat Er mich, dass wir miteinander reden. Es entwickelte sich ein aus dem Glauben entspringender Dialog zwischen Gott und mir. Wenn ich sagen sollte,

4 Siebenbürgen liegt heute im westlichen und zentralen Rumänien und wird, grob gesagt, eingerahmt vom Apuseni-Gebirge im Westen und dem Karpatenbogen im Süden, Osten und Nordosten, wobei die Gebirgszüge größtenteils dazugehören. Die Region ist auch unter dem Namen »Transsilvanien« bekannt.

was das größte Erlebnis, die größte Freude meines Lebens war, so kann ich mit Bestimmtheit erklären, dass es dieser Dialog war, der sich in gewisser Weise bis heute fortsetzt. Etwas Schöneres, Beglückenderes, Freudenvolleres, als mit dem lebendigen Gott zu sprechen, kann ich mir nicht vorstellen. In Seiner Gegenwart steht der Mensch wie in einem Lichte; alles wird viel einfacher und klarer.

Als ich über die großen Fragen des Lebens weiter nachdachte, kam ich mit meinem schlichten Verstand darauf, dass alle Prozesse im Menschen einem einzigen Ziele dienen, nämlich neues Leben hervorzubringen, das Leben zu erhalten und es weiterzugeben. Der lange Hals der Giraffe ist nicht eine groteske Missbildung der Natur; vielmehr ist dieser deshalb so sehr in die Länge gewachsen, damit die Giraffe die Blätter von den hohen Bäumen fressen kann. Dem Reh sind deshalb flinke Beine gewachsen, damit es vor einem Raubtier davonlaufen und so sein Leben retten kann. Kein einziges Tier verdankt seine Gestalt dem Zufall.

Dem Reh wächst kein fünftes Bein. Dieses ließe die anderen viere nur stolpern. Ich glaube nicht, dass irgendetwas von dem, was uns Gott geschenkt hat, dazu dienen würde, irgendjemandem den Frieden zu rauben, ihn zu schwächen oder gegen die Wand zu treiben. An diesen Gedanken schloss sich folgende Erkenntnis an: Gott hat mich nicht mit einem langen Hals wie eine Giraffe noch mit Klauen wie den Löwen noch mit flinken Beinen wie das Reh ausgestattet, sondern hat mir die Vernunft, die Fähigkeit zu denken, gegeben, damit ich über die Dinge der Welt nachsinnen kann. Mit dieser Fähigkeit muss ich meine Träume und Ziele verwirklichen. Dazu gibt mir der Glaube Kraft und verleiht mir Flügel. Ohne diesen Glauben würde ich verloren und verzweifelt mein Leben fristen.

Ich verbrachte viel Zeit mit dem Studium verschiedener Weltanschauungen. Ich las die Werke zahlreicher Religionsgründer und Philosophen, darunter auch Nietzsches.

DABEI STELLTE ICH FEST, DASS VIELE DIESER DENKER WEIT DAVON ENTFERNT SIND, MIT IHREN EIGENEN IDEEN DEN MENSCHEN FLÜGEL ZU VERLEIHEN UND SIE VIELMEHR NUR NACH UNTEN ZIEHEN, SIE UNSICHER MACHEN UND SIE MIT ANGST UND BANGIGKEIT ERFÜLLEN.

Wie viel auch immer ich über das Christentum las, immer wieder fühlte ich aufs Neue, dass Christi Lehre mir Schwung, Glaube, Vertrauen und Kraft gibt, damit ich weitergehen kann. Der katholische Glaube mit seinem Reichtum, seiner Vielfalt und seinem Gegründetsein in Christus gibt mir die Antworten auf die für mich bedeutsamen Fragen, stärkt, nährt und reinigt mich mit seinen Sakramenten, stellt mir Vorbilder vor Augen, und wenn ich diesen nachfolge, so gelange ich auf dem einfachsten und kürzesten Wege zu Gott.

Auf der einen Seite waren da also meine Erfahrungen, die ich in Gottes Gegenwart machte. Auf der anderen Seite suchte ich Gott auch ganz bewusst, was mich dazu geführt hat, dass ich nun nicht mehr bloß auf der Ebene des Gefühls vor dem lebendigen Gott mein Haupt neige und meine Knie beuge, sondern ebenso auch in geistiger, seelischer und überhaupt in jeder nur denkbaren Hinsicht.

Der Mensch unserer Zeit glaubt an das, was er sieht und anfassen kann oder von dem er zumindest mit Instrumenten nachweisen kann, dass es existiert. Gott ist nicht so. Was hilft uns dabei, Ihn zu finden? Ist es nicht möglich, dass der Gottesglaube nur eine Erfindung der Menschen ist, die dazu dient, uns zumindest ein Stück weit unsere Existenzangst zu nehmen?

Philosophie und Theologie haben zahlreiche Argumente angeführt, die beweisen, dass Gott existiert. In klugen Büchern ist Er also durchaus zu finden. Nun, warum glaube aber ich selbst? Darauf will ich versuchen, eine kurze Antwort zu geben.

Ich staune über die Werke, die Gott mit Seiner Hand vollbracht hat.

WENN AUF EINEM SCHÖN GEDECKTEN TISCH DAS LECKERE ESSEN DAMPFT, SO WEISS ICH, DASS DIESES JEMAND FÜR MICH GEKOCHT HAT UND NICHT DER WIRBELWIND ZUSAMMENGETRAGEN HAT.

Ich sitze am Tisch und lasse meinen Blick über die vor mir stehenden leckeren Speisen schweifen. Da weiß ich, dass ich jemandem sehr, sehr wichtig bin – und das macht mich glücklich und ermutigt mich zum nächsten Schritt.

Es war in meinem Leben eine große Erkenntnis, als ich mir der Tatsache bewusst wurde, dass es nicht selbstverständlich ist, dass mich so viel Schönheit, so viele Farben, so viele Düfte umgeben. Wenn der Regen vom Himmel fällt, so wird ihm zur gebärenden Mutter der lehmige Grund, aus dem er als Quelle so rein wieder zutage tritt, dass dieses Wasser in unserem Körper zum Quell des Lebens wird, unseren Durst stillt und uns wohlgelaunt und ausgelassen auflachen lässt. Das gleiche Wasser, das uns Leben schenkt, strömt im Frühlingsrauschen als wunderbarer Duft aus den sich entfaltenden blauen Blüten der Veilchen. Und das gleiche Wasser nimmt seinen Weg durch den Weinstock hinauf in die Trauben, in denen es ein Zuhause findet und die dann von des Menschen Hand sorgfältig ausgepresst werden; und der süße Most sammelt in der Abgeschiedenheit der Fässer wie ein Einsiedler Kraft und wird schließlich in unseren Herzen zum Lied. In unserem Kopf regelt eine kleine Drüse, die ihr Sekret nur in winzigen Mengen absondert, in solch stiller Demut unseren Durst, dass wir erst dann, wenn wir krank sind, von ihr Notiz nehmen. Ein Wunder, nicht wahr?! Doch wer könnte all die Wunder der Welt aufzählen, Ergebnisse einer Milliarden von Jahren dauernden Entwicklung?

Wenn wir uns in der Welt umschauen, sehen wir, dass alles so schön und bunt ist. Aber es könnte ja auch alles schwarz-weiß sein (viele Jahre lang sah man im Fernsehen das Programm in Schwarz-Weiß – natürlich war das nicht so schön wie das Farbfernsehen, aber es ging auch). Es war jemandem wichtig, uns in seiner überbordenden Liebe mit den Farben zu beschenken.

Für Autos wird kein Treibstoff mit Vanille-, Erdbeer- oder Kakaoaroma hergestellt. Man betankt sein Auto mit Benzin oder Diesel, und es läuft. Auch der Mensch könnte so funktionieren: Gott hätte einerlei Nahrung als ›Treibstoff‹ schaffen können, wir äßen dann beispielsweise nur Salat und wären eine Spezies der Salatfresser.

Wie gut, dass es vielerlei Geschmacksrichtungen, vielerlei Farben, vielerlei Düfte gibt! Sie alle haben etwas Eigenes und scheinen einander nachgerade zu überbieten. Sie alle sind ein Geschenk und künden davon, dass Gott, der sie für uns geschaffen hat, uns sehr liebt.

Wenn ein junger Mann zu einem Mädchen geht und man ihm dort eine Tasse Tee anbietet, dann heißt das, dass man ihn annimmt und sich über ihn freut. Wenn man ihm mit einem sechsgängigen Abendessen aufwartet, dann kann er sich aufmachen, einen Ring zu kaufen, und damit um die Hand des Mädchens anhalten; schließlich wurde er ja mit übergroßer Liebe aufgenommen.

Der gute Gott wartet uns nicht mit einem sechsgängigen Abendessen auf, sondern mit unglaublich viel Schönem und Leckerem. Ich erinnere mich noch immer daran, wie ich zum ersten Mal staunend erkannte, welch Geschenke die saftigen, süßen Erdbeeren, die säuerliche Dickmilch und überhaupt alle Dinge um mich herum darstellen. Als ich da eine Scheibe Brot in die Hand nahm und davon abbiss, achtete ich, während sich das Bröckchen in meinem Munde auflöste, ganz bewusst darauf, wie vielerlei Aromen ich herausschmecke. Anschließend griff ich nach einem Glas frischen Wassers, um das Brotbröckchen hinunterzuspülen, und ich fühlte, wie es meine Kehle hinabfloss. Da dachte ich: Es kann nicht sein, dass dies einfach so selbstverständlich ist. Mein Herz füllte sich mit Dank: Ich danke Dir, Herr, dass Du dieses Wasser geschaffen hast, dass Du es uns reichst und es uns ein Genuss ist. Dies war eine der ersten Stufen der Bewusstwerdung. Es gibt noch viele solcher Stufen, auf denen der Mensch immer weiter emporsteigen kann ...

Fang in der Stille an, nimm bewusst deine Muskeln und Gelenke wahr und achte einmal darauf, wie du selbstsicher einen steilen Berghang hochsteigst! Staune über dich selbst, dieses unglaublich komplexe Schöpfungswerk! Staune über deinen Körper, der dir geschenkt wurde und der dich zu den Orten deiner Träume trägt, überallhin, wohin auch immer dich deine Sehnsucht zieht!

Was für ein tolles Gefühl, im Sommer in einem See zu schwimmen und ganz ins kühle Nass einzutauchen! Gott hat dich so geschaffen, dass du fähig bist, dich auf mehrere Meter tiefem Wasser treiben zu lassen, im Meer wellenzureiten, deinen Körper gewissermaßen leicht zu machen und dich mitten in die gischtigen Wogen zu werfen. Es vergehen die Wochen und Monate, der erste Schnee fällt, und du kannst dir Skier anschnallen.

STAUNE ÜBER DEN UNGLAUBLICH KLEINEN COMPUTER, DER SICH IN DIR BEFINDET UND DER IN KÜRZESTER ZEIT DAFÜR SORGT, DASS DU IN EINER KURVE DAS GLEICHGEWICHT HALTEN KANNST, DAMIT DEINE ABFAHRT AUF DEN SKIERN SICHER IST.

Alles, worüber du verfügst, ist ein Geschenk. Du hast es ohne Gegenleistung erhalten. Erfreu dich daran und denk mal darüber nach! Es gibt praktisch kein Fleckchen Erde, das nicht voller Leben wäre. Das Leben auf der Erde ist ein

Ausfluss des göttlichen Lebens. Gott findet die Freude am Leben gut und will sie mit den Menschen, den Pflanzen und Tieren, mit dir und mir teilen. Diese Lebensfreude, diese Lebensbejahung, diese Hochschätzung des Lebens ist allgegenwärtig, und auch du schätzt dein Leben als höchstes Gut und hängst daran.

Die in uns angelegten Güter – das Leben, die Vernunft, die Weisheit, die Güte, die Liebe – müssen wir von jemandem erhalten haben. Die Materie, eine Handvoll Erde, die durch den Urknall verstreute Energie, die Moleküle, die Zellen, die Muskeln können uns all dies nicht geben. Diese Fähigkeiten weisen über die materielle Welt weit hinaus und zeugen von einer jenseitigen Welt. Gott ist es, der uns mit all dem beschenkt hat. Und das Leben ist viel schöner, wenn wir darin ein Geschenk sehen! Unser Herr und Gott gab uns in Seiner unendlichen Weisheit und Liebe von dem, was Er selbst ist: Er teilte Sein Wesen mit uns, um uns zu Seinem eigenen Wesen zu erheben, und Er hat uns dazu eingeladen, mit Ihm »an *einem* Tische zu sitzen«. Es gibt Leute, die behaupten, die Welt wäre aus einem zufälligen Zusammentreffen von Materie entstanden; ich jedoch sehe nichts, was durch den Zufall zustande käme.

WENN WIR AUF SCHEIBCHEN DIE ZAHLEN EINS BIS ZEHN SCHREIBEN, DIESE ORDENTLICH MISCHEN UND SIE DANN, WIE SIE GERADE KOMMEN, NACHEINANDER AUF DEN TISCH LEGEN, SO WÜRDE ES EWIG DAUERN, BIS WIR DIESE DER REIHE NACH PLATZIEREN KÖNNTEN.

Dass das Getriebe unserer Welt perfekt rundläuft, dass die Planeten und Sterne sich nicht verspäten, dass alles nach einer wunderbaren Ordnung wächst und sich entwickelt, dafür müssen nicht bloß zehn Dinge in genau der richtigen Weise zusammenkommen, sondern Millionen von Millionen. Ich selbst kann an so viel Zufälligkeit nicht glauben, respektiere es aber, wenn jemand dennoch daran glaubt.

Nach einer Speise, die es nicht gibt, können wir uns nicht sehnen. Könnten wir uns also nach Gott sehnen, wenn es Ihn nicht gäbe? Ist es nicht möglich, dass jeder Mensch bereits irgendwann einmal, vielleicht vor seiner Geburt, Gott begegnet ist?

Unsere Mutter Kirche glaubt nicht an eine Präexistenz der Menschen. Das heißt: Sie glaubt nicht, dass wir vor unserer Geburt schon in einer anderen Dimension existiert hätten. Wir kommen aus dem Nichts, der Nicht-Existenz. Unser Leben entsteht aus dem Zusammentreffen zweier Zellen im Mutterleib; und von diesem Ausgangspunkt aus sollen wir zu unserem Himmlischen Vater emporwachsen. Wie die Blume sich nach dem Lichte sehnt und sich der Sonne entgegenneigt, so gibt es in uns eine Sehnsucht nach unendlicher Güte und Liebe, nach grenzenlosem Verständnis, nach vollkommener Gerechtigkeit und Weisheit; und das Schöne ist, dass wir all dies in Gott finden. Wir alle haben die Einladung zum himmlischen Mahl erhalten; der Mensch darf mit Gott an *einem* Tische sitzen; und ich glaube, dass diese unsere Sehnsucht, rein und zutiefst empfunden, Gott erfüllen wird.

Es gibt einen *Gott, aber drei Göttliche Personen: Vater, Sohn und Heiliger Geist. Drei und dennoch einer? Einer und dennoch drei? Wäre es nicht einfacher gewesen, wenn Jesus etwas so schwer Verständliches und Kompliziertes gar nicht erst offenbart hätte?*

Bevor ich irgendetwas auf diese Frage antworte, möchte ich eine Anekdote erzählen.

Der heilige Augustinus sann gerade über das Geheimnis der Dreifaltigkeit nach, als er ein Kind sah, das am Strande das Wasser mit einer Muschelschale in eine kleine Grube schöpfte. Er fragte: »Kind, was treibst du da?« Dieses antwortete, als wäre es das Selbstverständlichste der Welt: »Ich schöpfe das Meer in die Grube«, worauf der Bischof lachend entgegnete: »Siehst du nicht, wie gewaltig das Meer ist und wie winzig diese Grube?! Wie sollte dir das je gelingen?!« Das Kind stutzte und fragte zurück: »Und der Herr Bischof, was tut er etwa?« Still ging Augustinus weiter und verstand, dass auch er eben dies tat: Er wollte mit seinem Kopf, diesem winzigen knöchernen Gefäß, das gewaltige Geheimnis des Universums fassen. Ich denke, dass er da schmunzelte und verstand, dass es Dinge gibt, die wir auf Erden nicht begreifen können, dass unser menschlicher Geist Gott in Seiner Fülle nicht fassen kann, sondern nur winzige Tröpfchen davon.

Wenn die Dreifaltigkeit uns nicht offenbart worden wäre, wüssten wir über diese nur sehr wenig. Wenn Gott es für gut hält, uns etwas darüber mitzuteilen, dann hat Er stets eine ganz wichtige Botschaft für uns, eine Wahrheit, die für unser Leben bestimmend ist.

Bemühen auch wir uns darum, in Gemeinschaft zu leben; denn die Heiligste Dreifaltigkeit ist eine Gemeinschaft voller Liebe, der anzugehören auch wir Menschen eingeladen sind. Nur wenn wir uns dieser Gemeinschaft gleichsam in die Arme legen, kann unser Leben Erfüllung finden.

Es ist so schön, das Wort des Himmlischen Vaters zu hören, der bei Jesu Taufe voll Liebe auf Ihn herabblickte und laut erklärte: »Dieser ist mein geliebter Sohn, an dem ich Wohlgefallen gefunden habe« (Mt 3,17), während der Heilige Geist in Gestalt einer Taube auf Ihn herabstieg. Auch ist es so wunderbar, wenn Jesus in unvergleichlicher Einfachheit erklärt: »Meine Speise ist es, den Willen dessen zu tun, der mich gesandt hat, und sein Werk zu vollenden« (Joh 4,34). Wie viel Zärtlichkeit und Güte liegt in der Beziehung zwischen diesen beiden Göttlichen Personen! Diese zerbricht selbst in der blutigen Wirklichkeit des Karfreitags nicht. Denn in Seinem Todeskampf kann Jesus, die

Augen zum Himmel erhoben, sprechen: »Vater, in deine Hände lege ich meinen Geist« (Lk 23,46).

Für mich ist es eine Offenbarung der unendlichen Liebe, die zwischen den Personen der Heiligsten Dreifaltigkeit herrscht, wenn Jesus darüber sagt: »Wer mich gesehen hat, hat den Vater gesehen« (Joh 14,9); denn »ich und der Vater sind eins« (Joh 10,30). »Wenn ihr mich liebtet, würdet ihr euch freuen, dass ich zum Vater gehe; denn der Vater ist größer als ich. Jetzt schon habe ich es euch gesagt, bevor es geschieht, damit ihr, wenn es geschieht, zum Glauben kommt. Ich werde nicht mehr viel zu euch sagen; denn es kommt der Herrscher der Welt. Über mich hat er keine Macht, aber die Welt soll erkennen, dass ich den Vater liebe und so handle, wie es mir der Vater aufgetragen hat« (Joh 14,28–30).

Selbstverständlich ist aus dieser zärtlichen Liebesbeziehung die Dritte Göttliche Person, der trostspendende Heilige Geist, nicht ausgeschlossen. Wie schön sind Jesu Worte, die Er nach Seiner Auferstehung spricht: »Es ist gut für euch, dass ich fortgehe. Denn wenn ich nicht fortgehe, wird der Beistand nicht zu euch kommen; gehe ich aber, so werde ich ihn zu euch senden« (Joh 16,7). Welch gewaltiges Vertrauen, welch Einheit findet sich in der Heiligsten Dreifaltigkeit! Und wir sind eingeladen, uns Dieser anzuschließen.

Das Ziel unseres Lebens besteht darin, dass wir in stiller Liebe zur Heiligsten Dreifaltigkeit emporwachsen, auf dass wir mit Ihr an einem Tische sitzen können.

Für mich ist es eine Freude, dass ich von der Heiligsten Dreifaltigkeit Kenntnis haben darf; denn es ist gut, zusammen zu sein, einander zu begegnen, in Gemeinschaft zu leben, viel besser, als sich abzuschotten, ja, die aus Liebe gesuchte Gemeinschaft ist sogar beglückender als die Einsamkeit des prunkvollen Elfenbeinturms. Vom Geheimnis der Dreifaltigkeit können wir nur winzige Tröpfchen begreifen; aber diese künden bereits für sich von solch großem Wunder, solch Schönheit, dass sie mich mit großem Glück erfüllen und zugleich meine Neugierde wecken. Nach unserem Tode wird es schön sein, Einblick in dieses Geheimnis zu erhalten, über die unendliche Liebe zu staunen, in der wir in Ewigkeit wohnen dürfen.

Der, der für uns den Kreuzestod auf sich zu nehmen vermochte, wollte uns ganz gewiss nicht in die Irre führen.

In jenen Tagen trat Johannes der Täufer auf und verkündete in der Wüste von Judäa: Kehrt um! Denn das Himmelreich ist nahe. Er war es, von dem der Prophet Jesaja gesagt hat: Stimme eines Rufers in der Wüste: Bereitet den Weg des Herrn! Macht gerade seine Straßen! Johannes trug ein Gewand aus Kamelhaaren und einen ledernen Gürtel um seine Hüften; Heuschrecken und wilder Honig waren seine Nahrung. Die Leute von Jerusalem und ganz Judäa und aus der ganzen Jordangegend zogen zu ihm hinaus; sie bekannten ihre Sünden und ließen sich im Jordan von ihm taufen. Als Johannes sah, dass viele Pharisäer und Sadduzäer zur Taufe kamen, sagte er zu ihnen: Ihr Schlangenbrut, wer hat euch denn gelehrt, dass ihr dem kommenden Zorngericht entrinnen könnt? Bringt Frucht hervor, die eure Umkehr zeigt, und meint nicht, ihr könntet sagen: Wir haben Abraham zum Vater. Denn ich sage euch: Gott kann aus diesen Steinen dem Abraham Kinder erwecken. Schon ist die Axt an die Wurzel der Bäume gelegt; jeder Baum, der keine gute Frucht hervorbringt, wird umgehauen und ins Feuer geworfen. Ich taufe euch mit Wasser zur Umkehr. Der aber, der nach mir kommt, ist stärker als ich und ich bin es nicht wert, ihm die Sandalen auszuziehen. Er wird euch mit dem Heiligen Geist und mit Feuer taufen. Schon hält er die Schaufel in der Hand; und er wird seine Tenne reinigen und den Weizen in seine Scheune sammeln; die Spreu aber wird er in nie erlöschendem Feuer verbrennen. Zu dieser Zeit kam Jesus von Galiläa an den Jordan zu Johannes, um sich von ihm taufen zu lassen. Johannes aber wollte es nicht zulassen und sagte zu ihm: Ich müsste von dir getauft werden und du kommst zu mir? Jesus antwortete ihm: Lass es nur zu! Denn so können wir die Gerechtigkeit ganz erfüllen. Da gab Johannes nach. Als Jesus getauft war, stieg er sogleich aus dem Wasser herauf. Und siehe, da öffnete sich der Himmel und er sah den Geist Gottes wie eine Taube auf sich herabkommen. Und siehe, eine Stimme aus dem Himmel sprach: Dieser ist mein geliebter Sohn, an dem ich Wohlgefallen gefunden habe. (Mt 3,1–17)

Wer ist Gott?

Die Freunde aus meiner Kindheit fragten mich, was dies bedeute, dass ich religiös bin und mit Gott mein Leben lebe. Ich gab ihnen zur Antwort: »Wisst ihr, solange ich dem christlichen Glauben noch fern stand, hatte ich das Gefühl, durch einen großen, finsteren Wald zu gehen, wo zwischen den Bäumen allerlei grässliche, furchterregende Gefahren lauern: wilde Tiere, Räuber, Fallen – und jederzeit konnte mich unerwartet ein schwerer Schlag treffen ... Ich sah diese Gefahren und hatte vor ihnen Angst, weil mir alles Erdenkliche und Unerdenkliche zustoßen konnte, und ich fühlte mich all dem hilflos ausgeliefert.«

ALS RELIGIÖSER MENSCH MIT EINEM LEBENDIGEN GLAUBEN HABE ICH NUN DAS GEFÜHL, DURCH DENSELBEN SCHRECKENERREGENDEN WALD ZU GEHEN. ES UMGEBEN MICH DIESELBEN BÄUME, UND DIESELBEN GEFAHREN LUGEN ZWISCHEN IHNEN HERVOR; ABER ICH HABE KEINE ANGST MEHR, DA ICH DIE HAND MEINES HIMMLISCHEN VATERS ERGRIFFEN HABE.

Ich fühle mich in Sicherheit, weil mein Vater der Stärkste und Beste auf der ganzen Welt ist, weil Er mich unter Seine Hut nimmt und sich um mich sorgt.

Mein treusorgender Himmlischer Vater gibt mir die Antworten auf meine Fragen, leitet mich, verleiht mir

Kraft, ermöglicht es mir mit Seiner Liebe, die Berge versetzt, dass ich lebe, mich entfalte, zu Ihm finde, in Seiner Gemeinschaft lebe und zu Ihm emporwachse. Gott hat mich geschaffen, ins Leben gerufen und mich mit einer Aufgabe betraut. Mit Ihm ist das Leben ein unglaublich großes Abenteuer.

Gott sucht Seine Freude am Leben mit uns allen zu teilen. Wir haben es mit einem Prozess zu tun. Die Welt, in der wir leben, hat Gott nicht schon fix und fertig geschaffen; vielmehr ist diese in Entfaltung begriffen.

Die Größe des Menschen besteht gerade darin, dass Gott uns nicht als Sklaven oder Werkzeuge betrachtet, sondern einen jeden von uns als Freien dazu einlädt, bei der weiteren Schöpfung der Welt Sein Partner und Mitarbeiter zu sein.

Jesus sagt: »Mein Vater wirkt bis jetzt und auch ich wirke« (Joh 5,17). Wie schön ist es, dass ich, das Staubkorn, zusammen mit dem Herrn des Alls schaffen darf, dass ich bereits hier auf Erden mit Ihm am selben Tisch, dem Tisch der Schöpfung, sitzen darf und darüber nachdenken darf, wie ich diese Erde schöner, besser und wohnlicher machen könnte!

Es tut so gut zu fühlen, dass Gott zu den in Liebe getroffenen gemeinsamen Entscheidungen steht, man weiter mit Ihm rechnen und Seine Hilfe erfahren darf.

Gott ist die Liebe. Liebe – dieses Wort haben wir schon so oft abgespult und abgenutzt. Was sollen wir wirklich darunter verstehen?

Was die Liebe betrifft, so möchte ich auf drei sehr wichtige Wesenszüge aufmerksam machen.

Das Wesen der Liebe besteht darin, dass ich auf meinen Mitmenschen achte und mich für den andern frei mache.

JESUS CHRISTUS KAM NICHT FÜR ACHT STUNDEN AM TAG VOM HIMMEL, DAMIT ER NACH DEM, WAS ER AUF ERDEN ZU VERRICHTEN HATTE, NEBENHER IN EINER HALBTAGSSTELLE DIE ANGELEGENHEITEN IM HIMMEL REGLE, SONDERN MACHTE SICH GANZ FREI, UM SICH NUR UM UNS ZU KÜMMERN.

Dafür gebraucht die Heilige Schrift ein sehr schönes griechisches Wort: Kenosis (wörtlich ›Leerwerden‹, im Deutschen herkömmlicherweise mit »Entäußerung« wiedergegeben – *Anm. des Übers.*). Zum Wesen der Liebe gehört es, dass ich mich selbst vergesse und für den andern lebe.

Wenn wir einen Blick auf Jesu Leben werfen, so sehen wir, dass Er rein gar nichts vom Himmel mitgebracht hat. Wenn zum Beispiel der Mann seiner Frau immer wieder vorwurfsvoll in Erinnerung ruft: »Also, Schatz, ich muss schon sagen, dass deine Krautwickel nicht an die meiner Mutter herankommen!«, so bedeutet das, dass er sich noch nicht ganz von sich selbst frei gemacht hat.

Wenn ich mit dir spreche, ich unterdessen aber über etwas anderes nachdenke, so bedeutet dies, dass nicht du das Wichtigste für mich bist.

Wenn die Gedanken eines Mannes um etwas anderes kreisen, während er sich um seine Familie sorgen sollte, oder wenn er anderen Frauen den Hof macht, so ist seine Liebe nicht vollkommen.

Es ist ein wichtiger Wesenszug der Liebe, dass ich mich für den anderen Menschen frei machen kann. Der andere soll mir wichtig sein.

Als ich als Elektriker mit Zinn lötete, war es absolut notwendig, den Kupferdraht mit Säure abzuätzen, damit dieser ganz rein war; denn nur dann ließ er sich ordentlich verlöten. Wenn sich darauf irgendetwas befand, was dort nicht hingehörte, dann machte dies die perfekte Verbindung unmöglich. Wenn ich nicht bereit bin, mich für den andern frei zu machen, wenn ich unbedingt an meinen eigenen Interessen, Anschauungen und Vorstellungen festhalte, dann »hinkt« meine Liebe.

Das zweite, was ich an Jesu Liebe bewundre, ist, dass Er uns in einer Weise liebt, die uns aus einem Talent zehn Talente hervorbringen lässt. Er liebt uns mit fruchtbar machender, bereichernder Liebe: »[Ich will,] dass ihr [...] Frucht bringt und dass eure Frucht bleibt« (Joh 15,16). Er möchte, dass wir emporwachsen, uns entfalten, groß werden, erfahren, dass es gut ist, Gutes zu tun. Jesus Christus gräbt keine Grube, sondern einen Brunnen. Er möchte, dass in uns die Quelle hervorbricht, die auch in Ihm sprudelt. Er macht uns fruchtbar! Seine Liebe ist nicht bloß ein wohliger, frischer Zustand, sie ist nicht Opium fürs Volk, sie bedeckt uns nicht mit einem Schwall seelischer Streicheleinheiten, sondern hilft uns in entschlossener und männlicher Weise auf die Beine und schickt uns auf den Weg.

Er handelt wie ein Trainer, der in beständiger, harter Arbeit die ihm anvertrauten Spieler zum Meistertitel führt. Oder er gleicht einem guten Lehrer, der seine Schüler zur Lösung ernsthafter Aufgaben befähigt und sie dadurch zu ihrem Abschluss führt. Von dieser Art ist die wahre Liebe.

Jesus ist in Seiner Liebe unendlich zärtlich, beugt sich ganz tief herab und heilt uns. Zugleich aber richtet Er uns mit Seiner Liebe auf, befreit uns, verleiht Kraft und Schwung.

Er nimmt uns nicht einfach nur mit unseren Schwächen an und lässt uns in dem Zustand, in dem wir uns gerade befinden, sondern hilft uns zu wachsen.

Zu Petrus und Andreas spricht Er: »Kommt her, mir nach! Ich werde euch zu Menschenfischern machen« (Mk 1,17). Saulus setzt sein Leben nicht dort fort, wo er gerade stand, als er Jesus kennenlernte, sondern es tun sich vor ihm grenzenlose Weiten auf. Er war zwar ein gelehrter und gescheiter Mann, aber nichtsdestotrotz böse und intolerant, unfähig, Andersdenkende zu akzeptieren: Er freute sich bei der Hinrichtung des heiligen Stephanus, ja, im Geheimen ging er wie ein hartgesottener Terrorist in ein fremdes Land, in die Stadt Damaskus, um aus ideologischen, politischen Gründen Menschen zu ermorden, die dort lebenden Christen hinrichten zu lassen.

Das Schöne daran ist, dass Jesus Christus ihn nicht aufgibt, ihn nicht an die Wand klatscht wie eine verrückt gewordene Mücke, sondern mit dem üblen Burschen ins Gespräch tritt: »Saul, Saul, warum verfolgst du mich?« (Apg 9,4). Dadurch fällt es ihm schließlich wie Schuppen von den Augen: Er versteht, dass er bisher auf dem Weg des Hasses und der Intoleranz gewandelt ist und dass dieser nirgendwo hinführt. Er lässt sich nicht nur taufen, sondern wird zum Apostel der Heiden, er, der heilige Paulus, der am Abend seines Lebens das wunderschöne Hohelied der Liebe (1 Kor 13,1–13) schreiben sollte. Jesus liebte aus ihm den Hymnus auf die Liebe hervor[5]. Den schlechten Menschen zwingt Jesus nicht nieder, sondern überzeugt ihn.

> Saulus wütete noch immer mit Drohung und Mord gegen die Jünger des Herrn. Er ging zum Hohepriester und erbat sich von ihm Briefe an die Synagogen in Damaskus, um die Anhänger des Weges Jesu, Männer und Frauen, die er dort finde, zu fesseln und nach Jerusalem zu bringen. Unterwegs aber, als er sich bereits Damaskus näherte, geschah es, dass ihn plötzlich ein Licht vom Himmel umstrahlte. Er stürzte zu Boden und hörte, wie eine Stimme zu ihm sagte: Saul, Saul, warum verfolgst du mich? Er antwortete: Wer bist du, Herr? Dieser sagte: Ich bin Jesus, den du verfolgst. Steh auf und geh in die Stadt; dort wird dir gesagt werden, was du tun sollst! Die Männer aber, die mit ihm unterwegs waren, standen sprachlos da; sie hörten zwar die Stimme, sahen aber niemanden. Saulus erhob sich vom Boden. Obwohl seine Au-

5 Das ung. Verb ›kiszeret‹ in der hier offenkundig vorliegenden Bedeutung (›durch Liebe hervorbringen‹), die sich von dessen lexikalischen Bedeutung (›aufhören zu lieben‹) ganz klar unterscheidet, dürfte wohl eine Prägung P. Csabas darstellen. Im Dt. wurde versucht, diese schöne Vorstellung mit dem neugebildeten Verb ›hervorlieben‹ wiederzugeben.

gen offen waren, sah er nichts. Sie nahmen ihn bei der Hand und führten ihn nach Damaskus hinein. Und er war drei Tage blind und er aß nicht und trank nicht. In Damaskus lebte ein Jünger namens Hananias. Zu ihm sagte der Herr in einer Vision: Hananias! Er antwortete: Siehe, hier bin ich, Herr. Der Herr sagte zu ihm: Steh auf und geh zu der Straße, die man Die Gerade nennt, und frag im Haus des Judas nach einem Mann namens Saulus aus Tarsus! Denn siehe, er betet und hat in einer Vision gesehen, wie ein Mann namens Hananias hereinkommt und ihm die Hände auflegt, damit er wieder sieht. Hananias antwortete: Herr, ich habe von vielen gehört, wie viel Böses dieser Mann deinen Heiligen in Jerusalem angetan hat. Auch hier hat er Vollmacht von den Hohepriestern, alle zu fesseln, die deinen Namen anrufen. Der Herr aber sprach zu ihm: Geh nur! Denn dieser Mann ist mir ein auserwähltes Werkzeug: Er soll meinen Namen vor Völker und Könige und die Söhne Israels tragen. Denn ich werde ihm zeigen, wie viel er für meinen Namen leiden muss. Da ging Hananias hin und trat in das Haus ein; er legte ihm die Hände auf und sagte: Bruder Saul, der Herr hat mich gesandt, Jesus, der dir auf dem Weg, den du gekommen bist, erschienen ist; du sollst wieder sehen und mit dem Heiligen Geist erfüllt werden. Sofort fiel es wie Schuppen von seinen Augen und er sah wieder; er stand auf und ließ sich taufen. Und nachdem er etwas gegessen hatte, kam er wieder zu Kräften. (Apg 9,1–19)

Die Liebe der Eltern kommt Christi Liebe am nächsten: Die Mutter bringt ihr Kind nicht nur zur Welt, pflegt und herzt es, sondern zieht es auch gross, gibt ihm mit, was es zum Leben braucht, und schickt es auf seinen Weg. Wenn nötig, gibt sie ihm auch bittere Pillen, mahnt in Liebe und treibt ihren Sprössling in die richtige Richtung.

Die dritte Eigenschaft von Christi Liebe ist ihre Grenzenlosigkeit. Er liebt nicht zwanzig, dreißig Jahre lang, nicht nur – wie viele Menschen – solange der andere, schön, nett, interessant und gut ist. Nein! »Mögen auch die Berge weichen und die Hügel wanken – meine Huld wird nicht von dir weichen [...]« (Jes 54,10). Dieses Nie, diese Grenzenlosigkeit rührt mein Herz zutiefst und gräbt sich darin ein. Er liebt mich auch dann noch, wenn ich Fehler mache; Er liebt mich auch dann noch, wenn ich Ihm Schmerzen bereite.

Diese Liebe hat bis zum Tode, bis zum Karfreitag Bestand, kann für ein paar Tage ermordet, aber nicht ausgelöscht werden. Denn am Ostermorgen aufersteht Christus ja zu neuem Leben und Er begleitet die Jünger von Emmaus. Auch mit durchbohrtem Herzen spricht Er so schön und gütig, dass das Herz der Jünger, wie sie selber bekennen, zu brennen beginnt.

Nach Seiner Auferstehung macht sich Christus nicht racheschnaubend als erstes daran, die Täter abzuurteilen und nach der Gerechtigkeit Rechenschaft zu fordern. Er schmollt nicht gekränkt und hält sich nicht untätig abseits. Er denkt nicht daran, dass Er allein gelassen wurde, dass Ihm fast alle den Rücken kehrten, dass Er verraten wurde, dass alles zusammenbrach, was Er mit Seiner Liebe aufgebaut hatte. Der Gottessohn und Menschensohn lässt den Mut nicht sinken, wirft nicht das Handtuch, sagt nicht: »Die Situation ist aussichtslos. Es hat keinen Sinn, einen halbtoten Klepper mit neuen Hufeisen zu versehen.«

Mit unendlichem Vertrauen richtet Jesus am Ostermorgen Maria von Magdala auf, sie, die bekehrte Sünderin, die voller Verzweiflung zu Seinen Füßen in Tränen zerfloss, und Er bittet sie liebevoll, Seinen Freunden auszurichten: »Wir treffen uns in Galiläa und machen dort weiter, wo wir am Gründonnerstag aufgehört haben ...«

Es ist unglaublich und doch wahr: Gottes Liebe ist unendlich, grenzenlos! Wenn wir nun also sagen, diesen oder jene zu lieben, dann müssen wir danach trachten, dass sich in unseren Gefühlen immer mehr diese Wesenszüge Gottes widerspiegeln; sonst ist unsere Liebe nichts weiter als Rosinenpickerei, bei der wir uns nur die angenehmen und freudigen Momente herausklauben. Wie schön wäre es, wenn unsere Liebe nach dem Bild der Liebe Christi neue Gestalt annähme und ihr ähnlich[6] würde!

> Jesus antwortete [...]: Wenn jemand mich liebt, wird er mein Wort halten; mein Vater wird ihn lieben und wir werden zu ihm kommen und bei ihm Wohnung nehmen. Wer mich nicht liebt, hält meine Worte nicht. Und das Wort, das ihr hört, stammt nicht von mir, sondern vom Vater, der mich gesandt hat. (Joh 14,23f.)

Gibt es Menschen, die von Geburt unfähig sind, die Liebe Gottes oder eines anderen Menschen anzunehmen?

Jesus Christus gab uns ein Gleichnis: Ein Herr vertraute seinen Dienern sein Vermögen an. Dem ersten gab er ein Talent, dem zweiten zwei, dem dritten fünf. Eine gewisse Menge gab er einem jeden. Dass der Teil, der ihnen jeweils anvertraut worden war, Zinsen trage oder sich gar noch stärker vermehre, dafür hatte ein jeder Sorge zu tragen, egal, ob er nun ein, zwei oder fünf Talente erhalten hatte (vgl. Mt 25,14–28). Gott hat in Seiner unendlichen Weisheit einen jeden von uns mit dem ausgerüstet, was wir für unseren Lebensweg brauchen. Wie jeder Baum seine eigenen Früchte hervorbringen muss, so muss jeder von uns sein eigenes Leben so gut wie möglich leben.

Nur in Märchen gibt es die hässliche, böse Hexe und das unschuldige, wunderhübsche Schneewittchen, das Gute in Person. Nur in Märchen ist alles entweder schwarz oder weiß. Im wirklichen Leben gibt es bloß Abstufungen: Die Dinge sind nur von einem dunkleren oder helleren Grau. Auf Erden hat jeder Mensch die Möglichkeit, lieben zu lernen und so den Weg des Lebens einzuschlagen.

---

6 P. Csaba scheint sich hier an die Worte der Schöpfungserzählung anzulehnen (vgl. Gen 1,26: »Dann sprach Gott: Lasst uns Menschen machen als unser Bild, uns ähnlich!«).

Gott hat – beim kleinsten Senfkorn angefangen – allem, was lebt, die Entfaltung, den Willen, schöner zu werden, das Verlangen, Frucht zu bringen, eingepflanzt. Das ist das, was ich selbst sehe.

JEDE KARTOFFELKNOLLE, UND SEI SIE NOCH SO KLEIN UND NOCH SO VERSCHRUMPELT, LÄSST, SOLANGE LEBEN IN IHR IST, IHREN KEIM DEM LICHT ENTGEGENWACHSEN. UND WOZU? UM IHRE WURZELN IN DIE TIEFE ZU SENKEN, UM ZU ERBLÜHEN, UM FRUCHT ZU TRAGEN UND EIN GESCHENK FÜR DIE WELT ZU WERDEN.

Wenn sich selbst der bescheidenste Teil der Schöpfung danach sehnt, warum sollte dann diese Sehnsucht nicht auch in uns Menschen angelegt sein?

Ich erziehe eintausendfünfhundert aus schwierigen Verhältnissen stammende Kinder, und ich kenne sehr viele Menschen, die von weit unten kommen und ein recht liederliches Leben führten; aber ich bin bislang keinem begegnet, der sich – früher oder später – für ein gutes Wort und die ihm geschenkte Zuwendung nicht empfänglich gezeigt hätte, ich bin keinem begegnet, von dem ich sagen würde, dass er eine Null wäre. Wer in die Lebenswirklichkeit hinausgeht und sich auf die Schauplätze des menschlichen Elends begibt, der erfährt in der Praxis, dass die Frage nicht ist, ob jemand so oder so geboren wurde, sondern eher die, was seine Mitmenschen aus ihm herausgeholt haben. In uns allen steckt der Heilige von morgen, aber auch der gemeine Schuft. Und an dieser Stelle könnten wir von der Verantwortung der Eltern, Lehrer, Priester, Politiker und natürlich auch von unserer eigenen sprechen; aber Gott sei Dank geht es hier nicht darum.

Angst und Bangigkeit können einen Menschen lähmen. In seinem körperlichen oder seelischen Elend ist der Mensch imstande, Dinge zu begehen, die er nie täte, wenn er in einer Familie aufgewachsen wäre, in der er Liebe und sorgfältige Erziehung erhalten hätte. Meiner Überzeugung nach sind auch die als »schlecht« abgestempelten Menschen, sofern man sich nur in geduldigem Gespräch ihrer annimmt, fähig, sich allmählich zu öffnen und sich dem Lichte zuzuwenden. Erklären wir niemanden für böse; denn auch unser menschliches Wort verfügt über die Kraft, Wirklichkeit hervorzubringen.

WIR SOLLEN NICHT RICHTER SEIN, SONDERN ÄRZTE. STEHEN WIR DENEN ZUR SEITE, DIE AUF IRRWEGEN GEHEN, UND HELFEN WIR IHNEN, IHREN PANZER ABZULEGEN. WIR DÜRFEN NIE VERGESSEN, DASS IN JEDEM SAULUS EIN LIEBESHYMNUS STECKT.

Ich glaube an den Vater, den Allmächtigen

Ist Gott auch jenen Menschen Vater, die Ihn nicht kennen oder leugnen?

Ein ungarischer Kinderreim lautet: »Klein bist du, ein Schlingel noch dazu, und doch bist meiner du.« Es ist nur zu verständlich, dass die bei uns aufwachsenden Kinder an einem Tag mal so, an einem anderen wieder ganz anders sind. An einem Tag ist dieses oder jenes Kind lieb, nett und brav; an einem anderen Tag quengelt und schmollt es, sucht Streit mit den anderen Kindern und ist, mit einem Wort gesagt, unausstehlich. Aber ohne Zögern kann ich behaupten, dass ich noch keinem Kind begegnet bin, das mit seiner eigenen Durchtriebenheit, Tollpatschigkeit oder Spitzbübigkeit nicht liebenswert gewesen wäre.

Wenn ich, obwohl ich ein sündiger Mensch bin, die mir anvertrauten Kinder lieben kann, um wie viel mehr kann uns dann unser Himmlischer Vater lieben! Selbstverständlich weicht Er nicht vergrämt von unserer Seite, wenn wir Menschen etwas ausgefressen haben. Er liebt uns auch dann noch und begegnet uns mit Wohlwollen, wenn sich zwischen Ihn und uns Wolken geschoben haben.

Warum sollte der Bildhauer den unbehauenen, rauen Marmorblock nicht lieben?! Wie dieser auf den Marmorblock, so blickt der gute Pädagoge auf das ›schwererziehbare‹ Kind: Beide stehen hier vor einer Herausforderung.

Als die Pharisäer und Schriftgelehrten murrten, weil Jesus die Sünder ansprach und bei ihnen einkehrte, erklärte Er ihnen: »Nicht die Gesunden bedürfen des Arztes, sondern die Kranken« (Lk 5,31).

Jesus wendet sich von niemandem ab. Für Ihn steckt kein Mensch ein für allemal in einer ausweglosen Sackgasse. Er geht auch auf den in der Gegend von Gerasa[7] lebenden, vom Teufel besessenen Mann zu, der von allem und jedem enttäuscht ist, dem die Welt verhasst ist, der die Vorbeikommenden mit Steinen bewirft, ihnen wüste Ausdrücke entgegenschreit, ja auch sich selbst für nichts achtet, versucht er doch, sich auf den Steinen den Kopf zu zertrümmern. Dem Therapiestandard der damaligen Zeit entsprechend verbannten die Leute ihn aus ihrem Dorf auf einen verlassenen Friedhof, wo sie ihn an einen Grabstein anketteten, sozusagen lebendig begruben. Es war wohl ein grauenhafter Anblick, wie dieser Mann sich die Kleider vom Leibe riss und in seinen Qualen wimmerte, so dass jeder einen weiten Bogen um ihn machte.

Es ist wunderbar zu sehen, dass Jesus seinetwegen vom Wege abweicht, zu ihm hingeht, das Wort an ihn richtet und mit ihm ins Gespräch tritt. Für Ihn ist auch dieser gefallene Mensch, dieser Sünder wichtig. Er vertraut darauf, dass dieser sich aufrichten und ein neues Leben anfangen kann. Jesus ist aufrichtig, sagt ganz klar, dass in diesem etwas Böses steckt, von dem er sich freimachen muss. Ohne Worte, allein mit Seinen Gesten vermag Er sich in so glaubwürdiger Weise und mit solcher Heilkraft diesem Menschen zuzuwenden, dass dieser fühlt, dass er für Jesus einen Wert hat. Des Meisters Worte und Sein Blick strahlen Güte und Zuversicht aus und machen ruhig. Man

---

7 In der EÜ 2016 wird darauf hingewiesen, dass nach einigen Textzeugen »Gadara« zu lesen ist. Von »Gadara« ist auch im Matthäusevangelium (Mt 8,28–34) die Rede, wo allerdings – bei sonst großer Ähnlichkeit mit der entsprechenden Erzählung des Markusevangeliums – von der Heilung *zweier* Besessener berichtet wird.

nimmt dem besessenen Mann seine Kette ab und kleidet ihn an. Dann setzt er sich Jesus zu Füßen, hört Ihm lange schweigend zu und sagt schließlich: »Mein Herr, wenn es dir recht ist, werde ich dir gerne helfen.«[8] »Geh nach Hause«, erwidert Jesus, »und berichte deiner Familie alles, was der Herr für dich getan und wie er Erbarmen mit dir gehabt hat!« (Mk 5,1–20).

Auch das Gleichnis vom verlorenen Sohn, der in undankbarer Weise das elterliche Haus verlässt und auf eine schiefe Bahn gerät, ist ein herzergreifendes Zeugnis dafür, wie Gott den sündigen Menschen liebt. Es ist staunenswert, dass Er den Gefallenen in der Tat am meisten liebt.

Er liebt den Sünder mehr als den, der kämpferisch im Guten ausharrt?!

ICH GLAUBE, DASS GOTT JEDEN EINZELNEN MENSCHEN GANZ AUSSERORDENTLICH LIEBT. ES GIBT KEINEN MENSCHEN – SEI ER NUN EIN SÜNDER ODER EIN GERECHTER –, FÜR DEN JESUS DEN KREUZESTOD NICHT AUF SICH GENOMMEN HÄTTE.

Es war für mich ein wunderbarer Moment, als mir zum ersten Mal staunend bewusst wurde, dass, wenn nur ich allein auf der Erde gelebt haben würde, Christus gleichwohl am Kreuze gestorben wäre – für mich.

Die liebevolle Haltung, mit der uns Gott begegnet, bleibt stets die gleiche. Wohl aber können wir selbst in der Liebe wachsen. Es ist möglich, dass wir bewusster lieben, wenn wir nach dem Schmerz der Verlorenheit Seine barmherzige Liebe erfahren, so wie wir nach einer Krankheit unsere Gesundheit besser schätzen und sie für uns ein größeres Gut darstellt als zuvor, als wir ihren Mangel noch nicht erfahren haben.

---

8 Dieser Satz ist kein wörtliches Zitat aus der Heiligen Schrift.

Eine Beziehung erfährt oft eine Aufwertung, wenn man nach langem Streit wieder zusammenfindet.

Gut wäre es freilich, wenn es zu Geschichten von verlorenen Söhnen und Töchtern gar nicht erst käme. Denn nicht dadurch finden wir bei Gott Gefallen.

DIE SÜNDE FÜGT DER LIEBE IMMER EINE WUNDE ZU. WIR BEREITEN DAMIT ANDEREN ODER AUCH UNS SELBST SCHMERZEN. WENN UNSER VERLANGEN UND UNSERE FREUDE NICHT REIN SIND, ZIEHEN DIESE LEIDEN NACH SICH.

Der verlorene Sohn hat wertvolle Lebensjahre verbummelt und mit einem liederlichen Leben sein Erbteil verschleudert. Dieses Geld ist für immer dahin. Seine Lebensweise hatte schwere Folgen, ja vielleicht hatte er sogar eine Sucht entwickelt. Am Ende lebte er im Dreck, wie die Schweine, musste mit Tränen in den Augen ums Überleben kämpfen. Diese Verluste können nicht ungeschehen gemacht werden.

Gott reagiert in all diesen Geschichten, in denen von Verlorenen, von sündigen Menschen die Rede ist, in einer Weise, wie es der wahren Liebe entspricht, und gerade auch am Gründonnerstag und Karfreitag hat Er dies gezeigt.

Ohne diese Erfahrungen wären wir nicht in der Lage gewesen, Gottes grenzenlose Liebe zu uns zu verstehen.

Erwidern wir diese Großherzigkeit nicht damit, dass wir uns ›unter aller Sau‹ benehmen und dann erwarten, dass Gott uns ja schon in Seine Arme nehmen wird, sondern lernen wir aus diesen Geschichten vielmehr, in welcher Weise es die barmherzige Liebe anzunehmen und dem Mitmenschen weiterzugeben gilt.

Alle Zöllner und Sünder kamen zu ihm, um ihn zu hören. Die Pharisäer und die Schriftgelehrten empörten sich darüber und sagten: Dieser nimmt Sünder auf und isst mit ihnen. Da erzählte er ihnen dieses Gleichnis und sagte: Wenn einer von euch hundert Schafe hat und eins davon verliert, lässt er dann nicht die neunundneunzig in der Wüste zurück und geht dem verlorenen nach, bis er es findet? Und wenn er es gefunden hat, nimmt er es voll Freude auf die Schultern, und wenn er nach Hause kommt, ruft er die Freunde und Nachbarn zusammen und sagt zu ihnen: Freut euch mit mir, denn ich habe mein Schaf wiedergefunden, das verloren war! Ich sage euch: Ebenso wird im Himmel mehr Freude herrschen über einen einzigen Sünder, der umkehrt, als über neunundneunzig Gerechte, die keine Umkehr nötig haben.

Oder wenn eine Frau zehn Drachmen hat und eine davon verliert, zündet sie dann nicht eine Lampe an, fegt das Haus und sucht sorgfältig, bis sie die Drachme findet? Und wenn sie diese gefunden hat, ruft sie die Freundinnen und Nachbarinnen zusammen und sagt: Freut euch mit mir, denn ich habe die Drachme wiedergefunden, die ich verloren hatte! Ebenso, sage ich euch, herrscht bei den Engeln Gottes Freude über einen einzigen Sünder, der umkehrt.

Weiter sagte Jesus: Ein Mann hatte zwei Söhne. Der jüngere von ihnen sagte zu seinem Vater: Vater, gib mir das Erbteil, das mir zusteht! Da teilte der Vater das Vermögen unter sie auf. Nach wenigen Tagen packte der jüngere Sohn alles zusammen und zog in ein fernes Land. Dort führte er ein zügelloses Leben und verschleuderte sein Vermögen. Als er alles durchgebracht hatte, kam eine große Hungersnot über jenes Land und er begann Not zu leiden. Da ging er zu einem Bürger des Landes und drängte sich ihm auf; der schickte ihn aufs Feld zum Schweinehüten. Er hätte gern seinen Hunger mit den Futterschoten gestillt, die die Schweine fraßen; aber niemand gab ihm davon.

Da ging er in sich und sagte: Wie viele Tagelöhner meines Vaters haben Brot im Überfluss, ich aber komme hier vor Hunger um. Ich will aufbrechen und zu meinem Vater gehen und zu ihm sagen: Vater, ich habe mich gegen den Himmel und gegen dich versündigt. Ich bin nicht mehr wert, dein Sohn zu sein; mach mich zu einem deiner Tagelöhner! Dann brach er auf und ging zu seinem Vater.

Der Vater sah ihn schon von Weitem kommen und er hatte Mitleid mit ihm. Er lief dem Sohn entgegen, fiel ihm um den Hals und küsste ihn. Da sagte der Sohn zu ihm: Vater, ich habe mich gegen den Himmel und gegen dich versündigt; ich bin nicht mehr wert, dein Sohn zu sein. Der Vater aber

> sagte zu seinen Knechten: Holt schnell das beste Gewand und zieht es ihm an, steckt einen Ring an seine Hand und gebt ihm Sandalen an die Füße! Bringt das Mastkalb her und schlachtet es; wir wollen essen und fröhlich sein. Denn dieser, mein Sohn, war tot und lebt wieder; er war verloren und ist wiedergefunden worden. (Lk 15,1–24)

Auch ich möchte jene Frage stellen, der man fast immer begegnet, wenn von der Existenz Gottes die Rede ist: Wenn Gott allmächtig ist, warum gibt es dann so viel Böses in der Welt?

Gott hat die Welt gut geschaffen. Das schönste und größte Geschenk für den Menschen ist der freie Wille: Wir können uns für das Gute und die Liebe entscheiden, oder aber für das Böse, den Egoismus.

Natürlich könnte Gott unter uns dreinschlagen, wenn wir Böses begehen. Gleichwohl tut Er es nicht, weil wir sonst nichts anderes wären als Marionetten, also nicht frei wären.

Warum duldet Gott so viel Böses auf der Welt? Dieser Frage kann man sich aus vielen Richtungen nähern. Warum duldet es eine Mutter, dass ihre Kinder sich zanken?

Ich glaube, dass eine Mutter niemals will, dass ihre Kinder leiden oder einander und sich selbst Schmerzen zufügen. Sie versucht alles, um sie in Liebe und Güte dazu zu bringen, dass sie sich miteinander vertragen. Ihre Anstrengungen sind oft von Erfolg gekrönt, doch so manches Mal auch nicht.

Gott sandte Seinen Sohn, damit Dieser versuche, uns mit Seinem Vorbild und Seiner Güte dazu zu bringen, einander anzunehmen und zu lieben. Wenn wir versuchten, Ihm wirklich zu folgen, könnten wir auf der Erde in Frieden und Freude leben.

Gerne spiele ich in Gedanken durch, wie anders die Menschheitsgeschichte ausgesehen hätte, wenn Pilatus, Herodes und die anderen, ein paar Tage bevor es schließlich zu Jesu Kreuzigung kam, am Palmsonntag, gesagt hätten: »Meister, Deine Worte gefallen uns! Probieren wir aus, was Du sagst! Machen wir uns auf den Weg, den Du uns weist! Schauen wir, was dabei herauskommt!« Auch ohne Jesu blutigen Tod hätten dann die Fundamente für eine neue Welt gelegt werden können.

Leider kam es nicht so. Wir wissen natürlich, dass die damals verantwortlichen Personen am Gründonnerstag und Karfreitag anders entschieden. Sie führten das Volk in die Irre. Sie ließen Christus hinrichten – durch eine billige, egoistische Intrige, in der sie nur ihren eigenen Vorteil suchten. Für einen schäbigen materiellen Gewinst verspielten sie die große Möglichkeit.

Wo stünde heute die Menschheit, wenn wir uns ein paar Weltkriege erspart hätten? Und wo stünden heute die Ungarn, wenn wir brüderlich zusammengestanden hätten, wenn wir im Gebet vereint gewesen wären und so in Weisheit aus Mohács[9], als das ungarische Heer den türkischen Truppen gegenüberstand, oder aus dem Vertrag von Trianon, als nach dem Ersten Weltkrieg eine neue territoriale Ordnung für das einstige Königreich Ungarn geschaffen wurde, etwas ganz anderes, viel Positiveres gemacht hätten?

Viel Streit und Krieg in dieser Welt entspringt der kindischen Vorstellung, dass wir darum streiten, wer recht hat. Wir suchen nicht die Möglichkeit, den andern mit logischen Argumenten zu überzeugen, sondern machen ihn mit unserer Ungeduld zu unserem Gegner.

Woraus entspringt das Böse? Wir vertrauen einander nicht, schlagen zurück, wir gehen aus Angst zum Angriff

9 Der Ort Mohács (gespr. Mohätsch) liegt in Südungarn am Ufer der Donau. Bekannt geworden ist dieser durch die verheerende Niederlage, welche das ungarische Heer dort i. J. 1526 gegen die Türken erlitt (vgl. Glatz, F. (Hg.): *A magyarok krónikája*. Bp. [4]2006, S. 208).

über, fügen dem andern Leid zu. Der verletzte Mensch denkt nicht nach, sein gekränkter Stolz treibt ihn zur Vergeltung. Es braucht Zeit, einander davon zu überzeugen, dass es weit besser ist, den Weg des Friedens, des Dialogs und der Liebe einzuschlagen. Sehr viel Böses ließe sich durch stille Geduld überwinden.

Gott ist die Liebe. Nicht Er lässt auf unsere Wälder den sauren Regen niedergehen. Nicht Er vermüllt gedankenlos unseren Planeten Erde. Nicht Er wirft Atombomben ab. Nicht Er führt Weltkriege. Nicht Er stiftet Streit und Feindschaft. Nicht Er lässt Kinder hungernd auf der Straße stehen. Nicht Er produziert Drogen. Wir Menschen, wir tun all dies. Unsere Sünden, unsere Verblendung, unsere Torheit bringen so viel Unheil über uns.

Wenn jemand so lange an einem Schrank rüttelt, bis dieser auf ihn draufkippt, dann darf er nicht auf den Schreiner schimpfen, sondern muss sich an die eigene Nase fassen. Die Folgen unserer falschen Entscheidungen und unserer Sünden dürfen wir nicht Gott anlasten.

Es ist absolut notwendig, dass wir daran glauben, dass Gott die Welt gut geschaffen hat.

Die Begebenheit, die ich im Folgenden erzählen möchte, hat mein Herz mit Hoffnung, Zuversicht und Glauben erfüllt.

Aus einem sehr abgelegenen Weiler im Széklerland[10] kamen zu uns vier Kinder im Alter von fünf bis zehn Jahren. Sie fügten sich rasch in unsere Gemeinschaft ein, und während des ganzen Schuljahres vernahm ich von ihnen kein einziges Wort der Klage. Es ritt mich die Neugier, was denn mit den Eltern dieser Kinder sei; denn ich wusste, dass ihr Vater und ihre Mutter am Leben waren. Deshalb

10 Széklerland: Die Székler (gespr. ßĕkler) sind eine ungarischsprachige Volksgruppe im östl. Siebenbürgen, der östl. Grenzregion des ehemaligen Königreichs Ungarn.

machte ich mich zu Beginn der Sommerferien zusammen mit den Kindern auf, die Eltern kennenzulernen.

Aus dem Besuch wurde ein Ausflug, da wir feststellen mussten, dass trotz des trockenen Wetters selbst der Kleinbus den in der wunderschönen Landschaft um Gyergyószentmiklós[11] versteckten, aus zwanzig bis fünfundzwanzig Häusern bestehenden Weiler nicht erreichen konnte; zu schlecht war der Zustand der Straßen dorthin. Auch stellte es sich heraus, dass diese Leute noch gar keinen Stromanschluss hatten und auch sonst all dessen entbehrten, was wir mit dem 21. Jahrhundert verbinden.

Ich klopfte an der Haustür an, und die Kinder suchten sich hinter mir zu verstecken. Es erschien mit unrasiertem, zerknittertem Gesicht der Vater allein an der Tür. Die Mutter war, erfuhren wir, davongelaufen. Ich war mir sicher, dass sie nicht ohne Grund das Haus verlassen hatte. Ich versuchte, den Vater dazu zu überreden, dass wir uns aufmachen, seine Frau zu suchen. Barsch erklärte er, dass er gewiss nirgendwo hingehen werde. Seine Frau wisse schon selbst, wo es nach Hause geht.

Ich schaute auf die Kinder und spürte die Angst in ihnen. Leise sagte ich nur: »Dann lasse ich diese aber nicht hier zurück.« Das zeigte Wirkung: Mit dem vor sich hinbrummenden Vater machten wir uns allesamt auf, die Mutter zu suchen. Unsere Suche hatte Erfolg. Doch alsbald fingen der Mann und die Frau an, in recht lautem Streit beim jeweils andern die Schuld dafür zu suchen, dass ihre Ehe in die Brüche gegangen war.

Die Kinder drängten sich an mich, ihr Atem wurde schwer, und schließlich rollten die Tränen über ihre Wangen. Ich fühlte mich absolut machtlos. Ich nahm die Kleinen bei der Hand und bat sie, dass wir in dieser aussichtslosen Situation gemeinsam beten und so Gott um Seine Hilfe anrufen.

---

11 Gyergyószentmiklós (gespr. Djärdjößäntmiklōsch), im Dt. auch Niklasmarkt, ist eine Kleinstadt im östl. Siebenbürgen mit über 80 Prozent ungarischsprachiger Bevölkerung.

Die Wirkung war frappierend! Zuerst wurde die Mutter still und ergriff die Händchen der Kleinen. Dann legte sich zögernd eine Kinderhand nach der anderen in die Pranken des Vaters, und so schloss sich der Kreis. Der Vater blickte zu Boden und dann begann auch er, still mit uns zu beten:

»*Hilf, Maria, es ist Zeit,*
hilf, Mutter der Barmherzigkeit.
Du bist mächtig, uns aus Nöten
und Gefahren zu erretten,
denn wo Menschenhilf' gebricht,
mangelt doch die deine nicht.
Nein, du kannst das heiße Flehen
deiner Kinder nicht verschmähen.
Zeige, dass du Mutter bist,
wo die Not am größten ist.
Hilf, Maria, es ist Zeit,
hilf, Mutter der Barmherzigkeit.«

Ohne Unterlass sagten wir unzählige Gebete auf.

ICH FÜHLTE, DASS DIE UNS UMGEBENDE FINSTERNIS DES BÖSEN LANGSAM AUFRISS; UND DER STILLE FRIEDE, DER SICH AUF DIESE GEMEINSAM BETENDE FAMILIE LEGTE, WAR GLEICHSAM MIT HÄNDEN ZU GREIFEN.

Ich blickte auf den Vater und suchte ihn dazu zu bewegen, niederzuknien und vor seiner Familie zu geloben, in Zukunft keinen Alkohol mehr zu trinken. Dieser sehnige, harte Székler sprach mir kniend und mit Tränen in den Augen nach: »So wahr mir Gott helfe, ich werde in Zukunft nicht mehr trinken und meine Kinder und meine Frau von ganzem Herzen lieben.« Dann ermutigte ich auch die Mutter, niederzuknien und zu geloben, dass sie ihre Familie lieben wird und nicht streiten wird, auch dann nicht, wenn sie gegenüber ihrem Mann im Recht ist. Unter Tränen wiederholte sie meine Worte. »Und jetzt versöhnen Sie sich!«, ermunterte ich sie. Die beiden umarmten einander. Auch die Kinder schmiegten sich weinend an sie. Aber diese Tränen waren bereits wahre Freudentränen, und solche glänzten nicht nur in den Augen der Kinder.

Ich versprach dieser Familie, dass, wenn sie auf dem Weg der wahren Liebe ausharre, ich ihnen einen Lebensunterhalt verschaffen werde.

Es war ein schönes Erlebnis, sie später im Sommer erneut zu besuchen. Ordnung und Liebe erwarteten mich in ihrem Haus. So übergaben wir ihnen im Herbst drei Kühe. Ein lieber Bekannter von mir, der sein von den Kommunisten geraubtes Eigentum zurückerhalten hatte, überließ uns den Hof, damit sie ihn bewirtschaften. So kamen sie durch Liebe und Aussöhnung zu einem kleinen Gut, von dem alle etwas hatten.

Gottes Werke sind für alle eine Quelle der Freude und des Lichtes. Die Kinder, die wir einst aufgenommen hatten, haben nun frische Kuhmilch, ihre Eltern eine ordentliche Arbeit, und der Grundbesitzer aus Hatzeg hat ebenfalls seine Freude daran, weil der Hof, den er nur mit großer Mühe zurückerlangt hat, nicht leer und nutzlos dasteht und verfällt, sondern jenen Kindern, die in solch armselige Verhältnisse hineingeboren wurden, nun zum Nutzen gereicht. Ich hoffe, dass auch er für seine Güte hundertfach erhält, was er in Gottes Namen uns gegeben hat. Von Herzen hoffe ich auch, dass sich noch Menschen finden werden, denen es eine Freude ist, dieser neugeborenen Familie ein oder zwei weitere Kühe zukommen zu lassen, damit unsere einstigen Pflegekinder reichlich Milch in ihren Tassen haben.

DIE VON GOTT GESCHAFFENE WELT IST GUT! LEIDER SPRENGT OFT DER BÖSE GEIST DIESES WUNDERBARE MOSAIK, UNSERE WELT, IN TAUSEND EINZELTEILE. ABER WENN WIR UNS DARAN MACHEN, IN DEMUT UND MIT SANFTER GEDULD DIESE TEILE ZUSAMMENZUFÜGEN, DANN WIRD DAS LEBENDIGE ANTLITZ GOTTES SICHTBAR.

Indem der böse Geist unseren Glauben an Gottes treusorgende Güte erschüttert und unseren Kleinglauben ausnutzt, treibt er uns dazu, vor unseren Mitmenschen Angst zu haben und auch das an uns zu reißen, was dem andern gehört. Er peitscht in die prassende Konsumwelt, in der wir schon nicht mehr leben, sondern mit unserem getunten Leben der unsagbaren Bereicherung gewisser Personen dienen, denen wir vielleicht nicht einmal unsere Haustür öffnen würden.

Auf Kredit, also Schulden machend, kaufen wir allen möglichen Krempel und merken nicht einmal, dass wir um uns eine Kultur des Todes schaffen, in der nicht mehr der Mensch das Entscheidende ist, sondern die Fabriken, die Banken, der Konsum.

Der Mensch wird zum Werkzeug degradiert, führt Aufträge aus, liefert sein Produkt ab, erbringt seine Dienstleistung, geht alle vier Jahre einmal zur Wahl, zieht in den Krieg, mordet und plündert dort. Zahlreiche Menschen sind mittlerweile daraufgekommen, dass sie sich zugrunde richten, wenn sie am Tag gleich zweimal zu Abend essen. Ihr zu gut ausgepolsterter Körper ist nicht nur unschön, sondern bringt ihnen auch den Tod. Sie haben verstanden, dass es nicht gut ist, wenn wir uns Schuhe kaufen, die uns zwei Nummern zu groß sind, und darin anderen hinterherschlappen; denn wir laufen uns darin nur die Füße wund und kommen doch nicht voran. Unsere überdimensionierte Wohnung, der Erwerb einer Unzahl überflüssiger materieller Güter, deren Erhaltung, Bewahrung und Gebrauch ziehen all unsere Energie vom Leben ab, und wir leben schon gar nicht mehr, sondern rennen in einem gigantischen Laufrad, nur um die Illusion von Reichtum aufrechterhalten zu können.

Es stimmt schon, dass alles, was existiert, ein Geschenk Gottes ist. Aber wir sollen nicht danach verlangen, all diese wertvollen Güter zu besitzen, sondern uns damit begnügen, über sie zu staunen. Die Häuser einiger Menschen sind größer und schöner als Museen. Nicht wenige leben in größerem Komfort als Ludwig XIV., der Sonnenkönig, und haben doch noch immer nicht genug daran. Sie errichten sich Ferienhäuser, die sie kaum betreten. Das ungebremste Besitzstreben macht wie eine zerstörerische Droge abhängig, lässt uns innerlich ausbrennen, isoliert uns von allen, begräbt uns unter sich und gereicht uns so zum Verderben.

Unsere Parteien und Regierungen suchen diesen maßlosen Hunger, diese Raffgier, in den Dienst der Macht zu stellen. Sie messen das Leben nur in wirtschaftlichen Indikatoren und lassen alles andere unbeachtet. Und natürlich baut ihre Wirtschaft auf unserer Prasserei auf.

Gott will nicht, dass wir Not leiden, sondern dass wir leben und uns des Lebens freuen. Er will nicht, dass wir Trugbildern nachjagen, materiellen Gütern nachhetzend zusammenbrechen und in Angst um den Verlust unserer Schätze leben, sondern dass wir als freie Menschen, frei von dem Streben nach Besitz, über alles staunend, über alles lachend, dankend für das tägliche Brot, unseren Lebensweg über all die Jahre und Jahrzehnte hinweg in dem sicheren Glauben gehen, dass auf den, der sich von seinem sündigen Verlangen gereinigt hat, Gottes wunderbares Reich wartet.

EINE TOPFPFLANZE VERTROCKNET, WENN WIR VERGESSEN, UNS UM SIE ZU KÜMMERN. ABER MAN KANN SIE AUCH ZU VIEL GIESSEN, UND DAS IST FÜR SIE EBENSO TÖDLICH. AUCH BEI DEN MATERIELLEN GÜTERN GILT ES, WIE BEI SO VIELEM ANDEREN, DIE GOLDENE MITTE ZU WÄHLEN.

Dann sagte er zu den Leuten: Gebt Acht, hütet euch vor jeder Art von Habgier! Denn das Leben eines Menschen besteht nicht darin, dass einer im Überfluss seines Besitzes lebt. Und er erzählte ihnen folgendes Gleichnis: Auf den Feldern eines reichen Mannes stand eine gute Ernte. Da überlegte er bei sich selbst: Was soll ich tun? Ich habe keinen Platz, wo ich meine Ernte unterbringen könnte. Schließlich sagte er: So will ich es machen: Ich werde meine Scheunen abreißen und größere bauen; dort werde ich mein ganzes Getreide und meine Vorräte unterbringen. Dann werde ich zu meiner Seele sagen: Seele, nun hast du einen großen Vorrat, der für viele Jahre reicht. Ruh dich aus, iss und trink und freue dich! Da sprach Gott zu ihm: Du Narr! Noch in dieser Nacht wird man dein Leben von dir zurückfordern. Wem wird dann das gehören, was du angehäuft hast? So geht es einem, der nur für sich selbst Schätze sammelt, aber bei Gott nicht reich ist.

Und er sagte zu seinen Jüngern: Deswegen sage ich euch: Sorgt euch nicht um euer Leben, was ihr essen sollt, noch um euren Leib, was ihr anziehen sollt! Denn das Leben ist mehr als die Nahrung und der Leib mehr als die Kleidung. Seht auf die Raben: Sie säen nicht und ernten nicht, sie haben keine Vorratskammer und keine Scheune; und Gott ernährt sie. Wie viel mehr seid ihr wert als die Vögel! Wer von euch kann mit all seiner Sorge sein Leben auch nur um eine kleine Spanne verlängern? Wenn ihr nicht einmal etwas so Geringes könnt, warum macht ihr euch dann Sorgen um das Übrige? Seht euch die Lilien an, wie sie wachsen: Sie arbeiten nicht und spinnen nicht. Doch ich sage euch: Selbst Salomo war in all seiner Pracht nicht gekleidet wie eine von ihnen. Wenn aber Gott schon das Gras so kleidet, das heute auf dem Feld steht und morgen in den Ofen geworfen wird, wie viel mehr dann euch, ihr Kleingläubigen! Und darum auch ihr: Sucht nicht, was ihr essen und was ihr trinken sollt, und ängstigt euch nicht! Denn nach all dem streben die Heiden in der Welt. Euer Vater weiß, dass ihr das braucht. Vielmehr sucht sein Reich; dann wird euch das andere dazugegeben. Fürchte dich nicht, du kleine Herde! Denn euer Vater hat beschlossen, euch das Reich zu geben.

Verkauft euren Besitz und gebt Almosen! Macht euch Geldbeutel, die nicht alt werden! Verschafft euch einen Schatz, der nicht abnimmt, im Himmel, wo kein Dieb ihn findet und keine Motte ihn frisst! Denn wo euer Schatz ist, da ist auch euer Herz.

(Lk 12,15–34)

Verschiedene Verhaltensweisen, die Menschen Leid zufügen, werden als böse bezeichnet. Wie sieht es damit aus?

Jesus Christus möchte, dass Seine Freude auch unsere Freude sei und dass unsere Freude vollkommen sei. Ja, Gott bot uns Seinen eigenen inneren Frieden und Seine eigene Freude an. Er möchte mit uns das Glück teilen, in dem die Heiligste Dreifaltigkeit lebt. Dies ist eine wunderschöne Vorstellung! Verweilen wir zunächst bei dieser, und dann werden wir auch auf das Böse zu sprechen kommen.

Woran hat Gott Seine Freude? Worin besteht die Freude, die der Herr uns anbietet?

Der gute Gott hat Seine Freude an unserem Dasein und bietet auch uns die Freude am Leben: Es ist einfach schön zu leben, unter dem Sternenhimmel spazieren zu gehen, Ski zu fahren oder in einem idyllischen See zu baden. Es ist schön, die Erfahrung zu machen, dass außer uns noch so vieles andere existiert. Es ist schön, mit einem wahren Partner oder Freund zusammen zu sein, die Hand der Liebsten zu fassen und die Freude des gemeinsamen Lebens zu erleben.

Es ist schön, aus dem, was existiert, neue Dinge hervorzubringen, Partner Gottes bei der Erschaffung der Welt zu sein.

MEINE BEWUNDERUNG GILT DEM MANN, DER SEINER FAMILIE EIN HAUS BAUT, DANN, WENN DER ROHBAU STEHT, DEN GIEBEL MIT EINEM RICHTBAUM KRÖNT UND IN SEINER FREUDE AUFJAUCHZT.

Doch ebenso ist es bewundernswert, wenn der Dichter unter mühevollem Ringen sein Werk hervorbringt und schließlich, wie eine Mutter ihr Neugeborenes, seinen frisch gedruckten Gedichtband in die Hand nimmt. Bewundernswert ist der junge Vater, der sein Kind in die Arme schließt und sich der wunderbaren Erfahrung bewusst wird, das Leben weitergeben zu dürfen.

Gott hat Seine Freude an Güte und Liebe und bietet auch uns diese an. In dieser Güte und Liebe neigt Er sich zu uns herab und entlockt uns die Offenheit für eine neue Welt. Wie sehr mochte sich der Herr gefreut haben, als der habgierige, sündige Zachäus, der an Bedürftige Geld um einen Wucherzins verlieh, sprach: »Siehe, Herr, die Hälfte meines Vermögens gebe ich den Armen, und wenn ich von jemandem zu viel gefordert habe, gebe ich ihm das Vierfache zurück« (Lk 19,8) – und dies, obwohl Jesus keine Rechenschaft von ihm forderte, nicht als Ankläger auftrat, sondern einfach nur bei ihm einkehrte und mit ihm speiste. Gott bietet uns auch an, die freudenvolle Erfahrung der Umkehr zu machen. Es ist schön zu sehen, wie der Lausbub, das verlorene Kind von einst, um das wir uns in Gottes Namen gekümmert haben, erwachsen wird und sein mit redlicher Mühe erworbenes Abschlusszeugnis überreicht bekommt. Es ist wunderbar, einen Sünder, der umkehrt, im Beichtstuhl zu trösten und aufzurichten und ihm im Namen Gottes all seine Sünden zu vergeben.

Gott hat Seine Freude an der Weisheit und bietet auch uns diese an. Der Herr durchschaut alles: Er kennt die geheime Welt der unendlich kleinen Atome, aber ebenso auch die Galaxien mit ihren verborgenen Wundern. Voller Weisheit errichtet Er Seine Welt. Es ist wunderbar, die Welt, in der wir leben, zu betrachten und zu verstehen, über die Abermilliarden von Atomen unseres Körpers zu staunen, die so winzig sind, dass sie sich in der Unendlichkeit des Raumes geradezu verlieren. Lassen wir in Gedanken einen Atomkern auf Tischtennisballgröße anwachsen: Dann schwirren um ihn in einem Raum von der Größe eines Fußballstadions mit Lichtgeschwindigkeit die Elektronen herum. Was treibt mit solch unermüdlicher Kraft diese winzigen Teilchen an und woraus bestehen sie? Du sitzt ruhig in deinem Zimmer, indessen die Bestandteile deines Körpers mit Lichtgeschwindigkeit vibrieren, leben, neu geschaffen werden.

DU BIST VON KOPF BIS FUSS EIN WUNDERWERK, UND DEMUT LERNEND, ÖFFNET DIE MENSCHLICHE WEISHEIT VON ZEIT ZU ZEIT HIE UND DA EIN FENSTER INS UNENDLICHE, IN DIE EWIGKEIT, DAMIT WIR PARTNER SEIN KÖNNEN UNSERES GOTTES, DER ALLES SIEHT.

Gottes Freuden können auch unsere sein, da Er uns ja als Sein Bild und Sich selbst ähnlich[12] geschaffen hat. Gottes Freuden machen uns glücklich, schenken uns ein erfülltes Leben und lassen uns emporsteigen. Aber auch der Böse, »der wie ein brüllender Löwe umher[geht] und sucht, wen er verschlingen kann« (1 Petr 5,8), bietet seine eigenen monströsen und zerstörerischen Freuden an.

Was sind die Freuden des Teufels? Eben jene, die er auch Christus anbot, als Dieser vor Beginn Seines öffentlichen Wirkens vierzig Tage lang in der Wüste fastete (vgl. Lk 4,1–13). Zuerst sprach der Teufel zu Ihm: »Wenn du Gottes Sohn bist, so befiehl, dass aus diesen Steinen Brot wird« (Mt 4,3). Iss, lebe in Saus und Braus! Der maßlose Konsum – sei es von Nahrung, sei es von alkoholischen Getränken, sei es von was auch immer – ist nicht von Gott. Daraufhin zeigte Ihm der Böse in einem einzigen Augenblick alle Länder des Erdenrundes. »All die Macht und Herrlichkeit dieser Reiche will ich dir geben«, sprach er, »denn sie sind mir überlassen und ich gebe sie, wem ich will. Wenn du dich vor mir niederwirfst und mich anbetest, wird dir alles gehören« (Lk 4,6f.). Das ganze Einkaufszentrum kann dein sein! Jesus wies auch dies zurück: »Es steht geschrieben: Vor dem Herrn, deinem Gott, sollst du dich niederwerfen und ihm allein dienen« (Lk 4,8).

Der Böse bietet uns die Freude des Besitzes an.

STETS GINGEN KULTUREN UND ZEITALTER UNTER, WEIL DIE MENSCHEN KRANKHAFT AN MATERIELLEN GÜTERN FESTHIELTEN. UND AUCH DAS IST WAHR:

12 Vgl. Gen 1,26.

Im Leben der Menschheit begann jedes grosse Zeitalter, jede Reform damit, dass die Menschen ihr Verhältnis zu den materiellen Gütern in Ordnung brachten.

Hierbei denke ich nicht nur an die christlichen Reformer – an den heiligen Benedikt, den heiligen Franziskus, den heiligen Ignatius, die heilige Theresia von Ávila, die heilige Mutter Teresa von Kalkutta –, sondern auch an Buddha, Konfuzius und all die anderen seelisch großen Menschen, die in der Welt wirkten.

Schließlich bietet der Böse auch die Freude der Macht an. Er führt Christus auf das Dach des Tempels und sucht Ihn dazu zu überreden, sich von dort hinabzustürzen. Er beruft sich auf die Heilige Schrift: Dort stehe geschrieben, dass die Engel darüber wachen, dass Sein Fuß nicht an einen Stein stoße. Freilich würden die Menschen am helllichten Tage darüber staunen, welch großer Star Er ist, und Er würde um Seine Macht beneidet. Es ist erstaunlich, dass Er auch die irdische Herrschaft zurückweist: »Denn es heißt in der Schrift: Du sollst den Herrn, deinen Gott, nicht auf die Probe stellen.«

Ja, Christus will nicht unter uns herrschen, sondern will uns die Füße waschen, uns dienen. Er weiß, dass sich die Welt nicht auf Befehl ändern und entfalten wird. Vielleicht auch aus diesem Grunde beschäftigt Er sich nicht mit Politik und wirtschaftlichen Fragen.

In jedwedem System kann es jemanden geben, der sich unmenschlich und wie ein wildes Tier gebärdet; aber ein jedes System kann auch die menschliche Würde bewahren. Mag jemand auch ein brillanter Kopf sein, mag er auch Medizin oder Theologie studiert haben, mag er auch in der bestentwickelten Demokratie leben – sein Egoismus, der aus seinem Herzen kommt, sein Machtstreben, seine maßlose Habgier machen aus ihm, all dem zum Trotz, ein entsetzliches ›wildes Tier‹.

Gottes Affe, der Böse, bietet auch uns seine eigenen Freuden an. Mit der Kraft dämlicher Werbung ist er manipulierend am Werk; aber wirkliche, dauerhafte Freuden vermag er nicht zu bieten. Die Verlockung ist groß. Es ist an dir, dich zu entscheiden.

STRECKST DU DEINE HAND NACH DEN FREUDEN AUS, DIE GOTT DIR ANBIETET, ODER NACH DENEN, DIE DER BÖSE DIR ANBIETET? DEINE ENTSCHEIDUNG IST SCHWERWIEGEND: DURCH DEINE ENTSCHEIDUNG WIRST DU VOR NEUE ENTSCHEIDUNGEN GESTELLT. AUS DIESEN ENTSCHEIDUNGEN GEHT IN DIESER WELT GUTES HERVOR – ABER AUCH DAS BÖSE.

Dann kam er [d. i. Jesus] nach Jericho und ging durch die Stadt. Und siehe, da war ein Mann namens Zachäus; er war der oberste Zollpächter und war reich. Er suchte Jesus, um zu sehen, wer er sei, doch er konnte es nicht wegen der Menschenmenge; denn er war klein von Gestalt. Darum lief er voraus und stieg auf einen Maulbeerfeigenbaum, um Jesus zu sehen, der dort vorbeikommen musste. Als Jesus an die Stelle kam, schaute er hinauf und sagte zu ihm: Zachäus, komm schnell herunter! Denn ich muss heute in deinem Haus bleiben. Da stieg er schnell herunter und nahm Jesus freudig bei sich auf. Und alle, die das sahen, empörten sich und sagten: Er ist bei einem Sünder eingekehrt. Zachäus aber wandte sich an den Herrn und sagte: Siehe, Herr, die Hälfte meines Vermögens gebe ich den Armen, und wenn ich von jemandem zu viel gefordert habe, gebe ich ihm das Vierfache zurück. Da sagte Jesus zu ihm: Heute ist diesem Haus Heil geschenkt worden, weil auch dieser Mann ein Sohn Abrahams ist. Denn der Menschensohn ist gekommen, um zu suchen und zu retten, was verloren ist. (Lk 19,1–10)

Im Leben seinen Mann zu stehen, zu lernen, zu arbeiten, ein Zuhause zu schaffen, eine Familie zu gründen, all dies ist stets mit harter Mühe verbunden. Hätte unser Himmlischer Vater, der uns doch liebt, uns nicht ein etwas leichteres Leben bereiten können?

Viele Menschen gehen ins Fitnessstudio. Wir wissen: Unsere Muskeln werden stärker, wenn wir von ihnen Gebrauch machen; und wenn wir von ihnen keinen Gebrauch machen, weil wir etwa einen Gips tragen müssen oder weil wir zu bequem sind, so verkümmern sie. Beim Lernen vermehren sich die grauen Zellen in unserem Gehirn, wir werden klüger, vermögen besser zu denken. Durch geistige Anstrengung verbessert sich unser Blick fürs Wesentliche, unsere Lösungskompetenz und unser Gedächtnis.

Unsere Geburt hat ihren Abschluss nicht damit gefunden, dass wir auf die Welt kamen; vielmehr hat sie damit erst angefangen. Das menschliche Leben ist ein ständiges Geborenwerden. Wie unser Körper, so wachsen auch unsere seelischen und geistigen Fähigkeiten dadurch, dass wir uns allerlei Aufgaben stellen. Daher sind diese Herausforderungen nicht schlecht; und mögen sie auch anstrengend oder langweilig sein, so lassen sie uns doch wachsen. Die Bewahrung unseres Lebens und die Lösung der täglichen Probleme erfordern Anstrengung. Oft stürzen wir dabei, und doch sind dies Geschenke von Gott; denn an den Aufgaben, die wir übernommen und bewältigt haben, wachsen wir, gewinnen durch sie an Wert.

Der Existenzkampf ist schwer und oft bringt er Leiden mit sich. Von zwanzig Rehkitzen, die in der Wildnis geboren werden, erreichen nur zwei oder drei das Erwachsenenalter. Die anderen kommen um, werden von Wölfen gefressen. In einer einzigen Nacht könnte Gott sämtliche Wölfe niederstrecken. Aber was würde Er damit erreichen, wenn das Leben der Rehe nicht mehr ein Kampf ums Überleben wäre? Sie würden träge und würden degenerieren. Die kranken, degenerierten Tiere würden auch die gesunden infizieren. Zu ihrer Entwicklung, ihrer Entfaltung, mithin ihrem Reh-Sein, gehört der Wolf leider dazu.

Wenn man einen Menschen in einem rosafarbenen Zimmer auf Polster bettete und ihm über Schläuche Kakao und Cola zuführte, wäre er nach einigen Jahren alles nur kein Mensch: Wir würden, indem wir es zu gut meinen, einen kranken, dicken Wurm aus ihm machen.

Ja, damit wir Menschen werden, ist das Ringen, die Anstrengung, die Qual der Entfaltung notwendig. Wenn wir dies verstehen, dann erscheint uns Gott nicht mehr hartherzig. Denn wir sehen, dass Er will, dass wir uns entfalten, indem wir Schwierigkeiten auf uns nehmen und bewältigen.

Die kleine Raupe muss, nachdem sie sich verpuppt und langsam in einen Schmetterling verwandelt hat, ihrer überflüssig gewordenen Hülle entschlüpfen. Um als Schmetterling geboren zu werden, muss sich das Tierchen winden und anstrengen. Aber dadurch, dass es seine Grenzen mit seinen Beinchen und Flügeln zu sprengen sucht, presst es Lebenssaft in seine zusammengefalteten Flügel, die auf diese Weise sich wunderbar aufblähen, sich glätten, an der Luft sich festigen und fähig werden, dieses kleine Lebewesen in die Höhe zu heben. Wenn ein wohlmeinender Mensch dem kleinen Schmetterling seinen Geburtskampf ersparte und ihn behutsam aus dem Kokon befreite, würde der Schmetterling seine Flügel nicht entfalten und könnte niemals in die Lüfte emporsteigen. Die Qual der Geburt hebt den Falter in den blauen Himmel empor.

Kinder und Völker, denen man die Kämpfe des Lebens, die Arbeit, die Sorge um den Lebensunterhalt erspart, werden träge und können sich so nicht zum Himmelreich erheben. Durch die Mühen, die wir aus Liebe auf uns nehmen, werden wir selbst geboren.

Die Frau, die unter schweren Wehen ihr Kind zur Welt bringt und ihm das Leben schenkt, hat das Gefühl, großherzig zu sein; aber sie muss sich dessen bewusst sein, dass zugleich auch sie selbst großherzig, ja mit dem Leben beschenkt wird. In der Tat erhält sie ein neues Leben. Denn die Frau, die ein Kind zur Welt bringt, schenkt nicht nur ihrem Baby das Leben, sondern schenkt sich auch selbst ein Leben als Mutter und ihrem Mann ein Leben als Vater. Durch ihre Geburtswehen gebiert sie sich gleichsam selbst, wird edler und mehr.

Wir erziehen nicht nur Kinder, sondern auch uns selbst, und auch unser Volk führen wir zu seiner Entfaltung. Dadurch, dass wir Gutes tun, werden wir besser, werden wir geheiligt. Was wir aus Liebe tun, reinigt unser Volk, trägt es empor und hilft ihm, seine Flügel zu entfalten. Indem du dich um deine eigene Heiligung bemühst, heiligst du die Welt, in der du lebst.

Viele Menschen haben den Kommunismus selbst erlebt. Das *Kommunistische Manifest* beschreibt klar und deutlich die Probleme der heutigen Gesellschaft. Dieser Diagnose kann ich absolut zustimmen: Das Großkapital und die menschliche Habgier machen die Welt kaputt; die großen Fische fressen die kleinen; der Imperialismus ist ein unverschämter, intoleranter Blutsauger. Dem Manifest zufolge bestünde der einzige Ausweg aus diesem Strudel darin, dass das Privateigentum abgeschafft wird und es nur noch Gemeineigentum gibt, so dass jeder nach seinen Bedürfnissen von der Gesellschaft das Nötige erhält.

Das große Problem sehe ich in der Therapie. Der Kommunismus versuchte nämlich den Kampf ums Dasein auszuschalten: Du lebst einfach und erhältst alles, was du brauchst. Wenn wir uns umschauen, dann sehen wir, dass ganze Regionen in eine katastrophale Lage geraten sind, weil man deren Bewohner der harten Arbeit entwöhnt hat. Die Menschen erhielten, was sie zum Lebensunterhalt unbedingt brauchten – mochten sie nun ihren Kopf anstrengen, die Ärmel hochkrempeln und produktiv tätig sein oder auch nicht –, und viele gewöhnten sich daran.

Es ist leider Tatsache, dass, wer sich nicht anstrengt, sondern durch alle möglichen Tricks den Schwierigkeiten aus dem Wege geht, nicht vorankommt, sondern in seiner Entwicklung und Entfaltung stehenbleibt und verknöchert. Schließlich geht dieser Mensch langsam, aber sicher zugrunde, wie das Reh, das vor dem Wolf nicht davonläuft.

Von Aufgabe zu Aufgabe nimmt unser Leben gemächlich und ruhig seinen Lauf. Sobald wir zu einer Aufgabe emporgewachsen sind, stellt uns Gott in Seiner Weisheit vor eine neue und größere Aufgabe.

Wir müssen lernen zu gehen! Das ist nicht leicht: Wir fallen hin, weinen, und doch setzen unsere Eltern uns nicht in einen Rollstuhl, auf dass das arme Kind sich nicht abquäle. Wir müssen uns auf die eigenen Beine stellen. Aber damit nicht genug! Denn sodann gilt es, sprechen zu lernen. Vielleicht zeigt man sich am Anfang noch nachsichtig gegenüber unserem Gelispel; aber mit der Zeit müssen wir lernen zu sagen: »Die Sonne scheint schön.« Da gibt es dann kein Pardon! All das ist zu unserem Besten, auch die Hausaufgabe für die Schule.

Natürlich murren auch wir Erwachsene oft wie die Kinder. Dann lächelt Gott, der große Pädagoge, und treibt uns sanft an, so wie auch wir unsere Schüler antreiben: »Jammre nicht rum! Du kannst es! Probier's nur! Dann wirst du schon sehen, dass es geht!«

Mit sehnsüchtiger Liebe müssen wir unsere Aufgaben annehmen. Denn durch sie werden wir gleichsam geboren, durch sie entfalten wir uns. Wir wissen, dass wir am Reich Gottes mitbauen; aber alles, was wir tun und sagen, wirkt auch auf uns selbst zurück. Du wirst morgen das sein, was du heute denkst, sagst und tust! Indem wir unsere Talente Zinsen tragen lassen, werden wir würdig und fähig, uns noch mehr anvertrauen zu lassen. Durch gut gelöste Aufgaben bringen wir uns selbst zur Entfaltung. Indem wir von den Fähigkeiten, die Gott uns geschenkt hat, Gebrauch machen und schöpferisch tätig werden, bringen wir aus uns den Heiligen hervor, der in uns steckt, und kommen so Gott näher.

GOTTES SCHÖNSTES GESCHENK IST DIE AUFGABE, VOR DIE ER UNS STELLT. DIESE IST OFT EIN SCHWERES KREUZ, DAS UNS GLEICHSAM INS FLEISCH SCHNEIDET. EIN ANDERMAL IST SIE EIN WUNDER, DAS UNS FLÜGEL VERLEIHT. WELCHER ART AUCH IMMER DIE AUFGABE SEI – MIT GUTEM GRUND SAGT JESUS ÜBER SIE: »MEINE SPEISE IST ES, DEN WILLEN DESSEN ZU TUN, DER MICH GESANDT HAT [...]« (Joh 4,34).

Unsere Aufgaben sind der heilige Wille Gottes, die Nahrung, die Er uns täglich reicht; und diese Aufgaben gilt es in Demut anzunehmen.

Naturkatastrophen wie Dürren, Überschwemmungen, Erdbeben oder Tsunamis richten gewaltige Schäden an und können zahlreichen Menschen das Leben kosten. Ohne Unterschied treffen sie Gute wie Böse ...

Wir müssen uns bewusst machen, dass unser Planet Erde in Bewegung ist und gleichsam lebt, fast wie ein Organismus. Damit verbunden sind auch Erdbeben und Winde, die bisweilen zu einem Orkan anwachsen können. Der Mond wühlt ständig – wie ein riesiger Kochlöffel – die Weltmeere auf, und so kommen über Ebbe und Flut die Meere nie zur Ruhe. Aus Meeren, Seen, Flüssen lässt die Sonne Millionen von Tonnen Wasser aufsteigen, und wenn dieses plötzlich herabstürzt, erleben wir dies als gewaltigen Wolkenbruch.

Wenn es diese riesigen Bewegungen und Umwälzungen nicht gäbe, käme das Leben auf der Erde zum Erliegen.

Ich staune darüber, dass dieser gewaltige Organismus sich so zu bewegen vermag, dass er die Menschen und all die kleinen und kleinsten Lebewesen nicht niedertrampelt wie ein Elefant. Wenn wir Menschen dagegen über eine Wiese rennen, dann zertreten wir schöne Blümchen, Schnecken und Marienkäfer.

Es kommt beim Fußballspielen vor, dass mich jemand stößt oder gegen mein Bein tritt, aber das geschieht nicht aus Bosheit, sondern ›im Eifer des Gefechts‹.

In den Medien werden wir augenblicklich über jede Tragödie informiert, die sich irgendwo auf der Welt ereignet hat. Aber Gott sei Dank werden wir und die Menschen in unserer nächsten Umgebung nur selten von schweren Katastrophen heimgesucht. Mit den Unbilden der Natur, die sich aus dem Leben unseres Planeten ergeben, müssen wir jedoch leider leben.

Wenn wir nüchtern darüber nachdenken, sehen wir in der Tat ein, dass es ungerecht wäre, das Leid, das wir durch unsere Sünden einander zufügen – wir anderen Menschen, aber auch Gruppen von Menschen und Völker einander –, all dieses Leid Gott anzulasten. Aber wie sollen wir Krankheiten und angeborene Behinderungen verstehen? Diese treffen doch auch Unschuldige. Natürlich gibt es zahlreiche Krankheiten, die die Folge eines falschen Lebensstils, ja der Selbstvergiftung sind; aber es gibt auch viele tödliche Krankheiten, für die niemand etwas kann. Schickt Gott uns die Krankheiten? Kann Krankheit eine Strafe sein?

Wir sind nicht Gott, sondern Sterbliche. Aus Staub hat uns Gott geschaffen. Unser Leben hat, wie ein Fußballspiel, Anfang und Ende. Wir wissen, wann der Ball ins Spielfeld geworfen wurde, wann das Spiel also begonnen hat; aber wir kennen nicht das Ende des Spiels. Da wir eben nur aus ein paar Handvoll Staub gemacht sind und gebrechlich sind, können wir Verletzungen erleiden und krank werden. Das müssen wir in unserem Leben mit in Rechnung stellen, da es ja mit all dem verbunden ist.

Die Tragödien, die wir auf der Erde erleben, wirken in horizontaler Richtung; den Weg zum Himmel, zu Gott also, versperren sie nicht.

Ich bin einem schwerkranken Menschen im Krankenhaus begegnet, der glücklich war, betete und in seinem Leben einen Sinn sah, und einem gesunden jungen Menschen, der alles hatte, sich in die Badewanne setzte, den Föhn neben sich legte und seinem Leben ein Ende bereitete. Hierin liegt ein großes Geheimnis. Gewiss ist es gut, gesund, erfolgreich, schön und angesehen zu sein; aber wahres Glück resultiert aus all dem nicht.

Von großer Bedeutung ist der Glaube an ein Jenseits. Unser irdisches Dasein ist ein großes Geschenk; aber unser Leben reicht darüber hinaus. Jesus Christus hat sich am Kreuz dem Tode überliefert. Wenn Er damals, als Sein junger Leib zerschunden war und all Seine Träume und Pläne in Trümmern lagen, sprechen konnte: »Vater, in deine Hände lege ich meinen Geist« (Lk 23,46), dann müssen auch wir eben dies irgendwie sagen können.

Ich sprach einmal mit einem Mann, der unglaublich brutal war, so dass seine Tochter immer einen weiten Bogen um ihn machte. Als er krank wurde, völlig von Kräften kam und bettlägerig wurde, entwickelte sich eine wunderbare Vater-Kind-Beziehung zwischen dem Sterbenden und seiner erwachsenen Tochter, wodurch der Mann geradezu neu geboren wurde und als ein anderer starb, als der er gelebt hatte. Es mag sein, dass durch das Leiden des Vaters das Verhältnis zwischen ihr und ihm nicht nur in den Augen der Tochter ein anderes geworden ist, sondern auch in den Augen Gottes.

Wie Kinder von ihren Eltern alles annehmen, was ihnen geschenkt wird, so nehmen auch wir voller Demut und mit offener Hand von Gott alles an, was Er uns gibt.

Die heilige Mutter Teresa von Kalkutta sagte: »Ich habe etwas Paradoxes erkannt: Wenn man liebt, bis es weh tut, verschwindet der Schmerz und es bleibt nur noch die Liebe.«[13] Der heilige Pater Pio von Pietrelcina drückte es so aus: »Lieben wir den Schmerz! Wer nicht gelitten hat, der hat keine starken Gefühle. Seinem Herzen fehlt es an Zärtlichkeit, seiner Seele an einem weiten Horizont. Wozu dient der Schmerz? Dazu, dass die Erde verblasst, der Himmel aber erglänzt!«[14] Also ist das Leiden nicht schlecht. Wenn wir es annehmen, kann es uns zum Segen werden. Können wir uns also sogar darüber freuen?

Menschen suchen nicht von sich aus das Leid, sondern unternehmen sogar alles, um dieses zu vermeiden. Auch Christus suchte es nicht auf Seinem Kreuzweg; aber Er trank den Kelch bis zum bitteren Rest, als Seine Zeit gekommen war. Dreimal fiel Er zu Boden und unter großen Schmerzen richtete Er sich wieder auf; nicht aufrecht wie eine Eins und mit einem Hollywood-Lächeln trug Er Sein Kreuz. Es war Gottes Wille, dass Er das Leiden auf sich nahm und versuchte, mit menschlicher Würde weiterzugehen. Auch darin war Er einer von uns und gab uns ein Beispiel. Jesus hat nicht durch Seine Wunder und großen Predigten die Welt erlöst, sondern durch Sein Leiden, durch Seinen Tod am Kreuz, den Er aus Liebe zu uns Menschen auf sich nahm.

Und wenn wir auf unser eigenes Leben blicken – was hat da größeren Wert? Der Bau eines Hauses, eine gute Tat, ein Weihnachtsessen in fröhlicher Stimmung – oder eine schwere Krankheit? Wodurch wird unsere Seele mehr gereinigt? Das ist ein tiefes Geheimnis.

13 Übers. aus dem Ung.
14 Übers. aus dem Ung.

Es ist in erster Linie unsere Seele, die des Leidens bedarf. Im Feuer wird das Gold erprobt und geläutert.

Im Hinblick auf unser Seelenheil kann das Leiden eine äußerst wichtige und wertvolle Phase unseres Lebens sein. Inmitten seines Leidens hat der Mensch seine Entscheidungen und sein Leben sehr viel klarer vor Augen und kann zu neuen Entschlüssen gelangen, welche sein Leben auf eine höhere Stufe heben können.

Es ist Tatsache, dass der rechte Schächer sich erst am Kreuze inmitten seines Todesröchelns zu bekehren und aufzuweinen vermochte. Jesus Christus vergibt ihm seine Schuld und spricht: »Heute noch wirst du mit mir im Paradies sein« (Lk 23,43).

Eine schönere Predigt als alle Worte stellt es dar, wenn eine Mutter auf ihrem Krankenbett durch Geduld und Liebe ihren Kindern ein Beispiel gibt, Gott ihre Schmerzen für diese darbringt und so mit Würde ihr qualvolles Kreuz trägt. Für ihre Angehörigen ist dies dann nicht nur eine schwere Zeit, sondern auch eine Zeit, die ihnen die Möglichkeit bietet, ihre Liebe zu zeigen und zu vertiefen. Im Umfeld der Kranken geht es vielleicht dem einen oder anderen auf: Wie zerbrechlich ist doch das Leben! Und sie werden dann vielleicht ihr eigenes Leben ernster nehmen.

Wir Christen glauben, dass es eine Dimension gibt, in der wir aus Liebe und Güte einander ein Geschenk machen können – nicht nur eine Blume, ein Stück Kuchen oder ein Auto, sondern auch die Frucht unseres Leidens und unserer Gebete einander darbringen können, auf dass Gott sie dem andern anrechne und und auf dass dieser dadurch, auf welche Weise auch immer, ein besserer Mensch werde, auf den rechten Weg finde, klarer sehe und die Zusammenhänge zwischen den Geheimnissen des Lebens besser verstehe.

Auf dieser Welt stellt es ein grosses Geheimnis dar, wie viel eine jede Sache wert ist. Wir meinen, das heitere Lachen habe einen sehr hohen Wert. Der Wert des Leidens ist weitaus grösser; doch sehen wir das nur sehr schwer ein.

Viele sind der Meinung, dass das Leiden mit der Würde des Menschen nicht vereinbar sei, und führen dies als Argument für die Euthanasie an, sprechen sich also, von dieser Annahme geleitet, dafür aus, dem Leben unheilbar Kranker ein Ende zu bereiten. Gibt es Situationen, in denen es sich nicht mehr lohnt weiterzuleben?

Die heutige Medizin vermag viel. Nicht zuletzt durch unglaublich komplizierte Operationen können zahlreiche Kranke gerettet werden, die früher gestorben wären.

Leider führt dies oft auch dazu, dass die Betroffenen zwar nicht sterben, aber auch nicht die volle Gesundheit wiedererlangen und fortan mit schweren Behinderungen leben müssen, und es gibt Menschen, die, an Maschinen angeschlossen, dahinvegetieren.

Künstliche Lebenserhaltung und therapeutischer Übereifer werden von der Kirche abgelehnt. Hierbei geht es um solche Fälle, in denen man um jeden Preis, auch wenn es gar nichts bringt, mit allen verfügbaren Geräten das Leben eines unheilbar Kranken zu verlängern sucht.

Natürlich darf man niemanden töten, und so ist es auch nicht erlaubt, eine Euthanasie vorzunehmen; aber man muss einen Menschen nicht um jeden Preis künstlich am Leben erhalten. Wenn Jesus die Zähne zusammengebissen hätte, dann hätte Er vielleicht noch ein paar Stunden länger gelebt. Als der heilige Papst Johannes Paul II. sah, dass er unausweichlich an der Schwelle des Todes stand, dankte er seinen Ärzten für ihre Dienste und vertraute seine Seele allein der Barmherzigkeit Gottes an.

Für einen schwerkranken Menschen kommt irgendwann der Augenblick, wo er sagen muss: »Vater, in deine Hände lege ich meinen Geist« (Lk 23,46).

Ein Franziskanerpater litt an den Beinen an schweren Gewebeschädigungen, so dass diese gangränös wurden, also abstarben. Die Ärzte rieten dazu, beide Beine knapp unterhalb der Hüfte zu amputieren. Der Pater betete und dachte eingehend darüber nach. Dann erklärte er: Wenn er mit zwei Beinen zur Welt gekommen war, dann wolle er diese auch mit zwei Beinen verlassen. Vielleicht würde er ohne Beine noch ein halbes oder auch ein ganzes Jahr am Leben bleiben. Aber da sage er: ›Nein, danke! Möge die Natur ihren Lauf nehmen!‹

Für jemanden, der einem Orden angehört, ist der Orden die Familie. Der kranke Franziskanerpater war schon alt und hatte sonst niemanden, der ihm dabei hätte helfen können, eine Entscheidung zu treffen. Es wurde in der Ordensleitung heftig darüber diskutiert. Dort kamen wir zu dem Schluss, dass ein Mensch in seiner menschlichen Würde das Recht habe, darüber zu entscheiden, welche Behandlung er in Anspruch nehmen will und bis zu welchem Punkt. Das ist nicht Selbstmord und auch nicht Euthanasie. Diese Entscheidung hat mich stets ruhig schlafen lassen.

Demgegenüber ist direkte Euthanasie beziehungsweise aktive Sterbehilfe inakzeptabel. Denn hierbei will man sich eines Lebens entledigen, das als lästig und überflüssig empfunden wird, und setzt diesem durch ärztlichen Eingriff oder todbringende Substanzen ein Ende. Mag ein Mensch in noch so jämmerlichem Zustand daliegen und noch so sehr der Hilfe bedürfen, so ist es doch in jedem Falle wichtig, dass er so gepflegt wird, wie es seine menschliche Würde erfordert, dass er also beatmet und ernährt wird, sofern dies für ihn nicht mit zusätzlichen Leiden verbunden ist.

Für jene Menschen, welche die direkte Euthanasie, also einen sogenannten ›Gnadentod‹, für annehmbar halten und unterstützen, sind Leiden und unproduktives Leben etwas Schlechtes und Überflüssiges. Es mag sein, dass sie in der Theorie etwas Gutes wollen; aber in der Praxis berauben sie den Kranken der Möglichkeit, seine Beziehung zu Gott und seinen Mitmenschen in Ordnung zu bringen und geläutert zu werden.

Ein anderes Problem sehe ich darin, dass ein fester Zusammenhalt der Familie, wo sich jeder für den andern verantwortlich fühlt, heute nicht mehr gegeben ist und der Einzelne daher, wenn er Hilfe braucht, niemanden hat, der ihm eine Stütze wäre. Früher war es in einer Großfamilie selbstverständlich, dass ein Familienmitglied, das der Hilfe bedurfte – sei es auf dem Wochenbett, sei es auf dem Krankenbett –, stets jemanden hatte, der für es sorgte.

Weil die Menschen heute egoistisch sind und nur das eigene Glück suchen, weil sie sich sagen: »Ich decke nur für mich selbst den Tisch«, deshalb werden sie immer einsamer. Wenn sie dann in eine jammervolle Lage geraten, wollen sie lieber sogleich sterben, als die Prüfungen mit Würde zu tragen, indem sie die Hilfe liebender Kinder und anderer Angehöriger annehmen.

Sobald die Euthanasie als akzeptabel gälte, würden die Kranken auf sich den Erwartungsdruck spüren, möglichst bald Ja zu ihrer eigenen Tötung zu sagen, da sie ja für die Menschen um sie herum und für die Gesellschaft, je länger, desto mehr, zu einer Belastung werden. Wenn wir in dieser Frage auch nur ein Stück weit nachgeben, begeben wir uns auf eine abschüssige Bahn, auf der es kein Halten mehr gibt.

Die Entscheidung bezüglich Sterbehilfe muss der Kranke im Vollbesitz seiner Urteilsfähigkeit treffen. Außerdem muss er sie regelmäßig überprüfen und erneuern.

Wenn wir einem Kind das Radfahren beibringen wollen und ihm im Voraus sagen, dass es durchaus einen schlimmen Sturz erleiden, sich anschlagen, eine blutige Lippe holen oder gar die Knochen brechen kann, und wenn wir dann das Kind fragen, ob es all dies riskieren wolle, so wird es sehr wahrscheinlich antworten, dass es sich lieber nie auf ein Fahrrad setzen werde. Es würde dann darauf verzichten, diese Fertigkeit in mühsamem Ringen zu erlernen; aber es brächte sich damit auch um den Triumph, den verdienten Preis seiner Anstrengungen.

Abhängig von der Lebenssituation, in der sich ein Mensch gerade befindet, trifft er in ein und derselben Sache eine je unterschiedliche Entscheidung.

Wenn wir bei unserer Geburt eine Liste erhielten, auf der all die Schwierigkeiten aufgeführt wären, mit denen wir im Laufe unseres Lebens einst zu kämpfen haben, brächen wir gewiss zusammen und würden dieses Leben gar nicht erst anpacken.

Wenn wir aber die Herausforderungen annehmen, gewinnen wir an Stärke. Was wir heute noch nicht zu stemmen vermögen, heben wir in einem Jahr vielleicht mit einer Hand.

Ich kenne mehrere Menschen, die sich Jahre lang nicht damit abfinden konnten, dass sie wegen eines Unfalls an den Rollstuhl gefesselt waren; sterben wollten sie. Als sie sich schließlich doch in das Unabänderliche gefügt hatten, sich nicht mehr gegen ihr Schicksal sträubten und suchten, wie sie sich im Rahmen ihrer eingeschränkten Möglichkeiten entfalten konnten, da wurden sie zu Menschen, die anderen Kraft gaben, Vereine und Selbsthilfegruppen gründeten und so ihren Mitmenschen helfen konnten – ja einige nahmen sogar an den Paralympischen Spielen teil. Ich habe gesehen, dass sich Menschen, wenn sie auf dem Sterbebett liegen, oft noch stärker an das Leben klammern, als sie dies bei voller Gesundheit getan haben. Sie haben das Gefühl, dass sie noch etwas zu erledigen haben, dass es noch etwas in Ordnung zu bringen gilt.

Das Leiden ist eine Tür, durch die wir, ob wir es wollen oder nicht, hindurchgehen müssen. Jeder Mensch erlebt, früher oder später, seinen eigenen Gründonnerstag und Karfreitag. Jeder steigt zu seinem eigenen Golgota empor, mag er sich nun dagegen sträuben oder nicht. Um wie viel schöner aber ist es doch, wenn wir auf dem Weg dorthin anderen ein Beispiel geben, wenn wir Gottes Hand fassen, uns in Seinen Willen ergeben und von unseren Lieben auf diesem Weg begleitet werden!

In inniger Liebe müssen wir füreinander beten und mit großherziger, selbstloser und phantasievoller Fürsorge helfen, dass ein Mensch, wenn für ihn der Augenblick gekommen ist, dass er den Kelch des Leidens leere, dies in Würde tun kann.

Menschen mit Behinderungen und chronisch Kranke, die ständig von starken Schmerzen gequält werden, können voller Bitterkeit sagen, dass sie mehr leiden als Christus selbst. Worin unterscheidet sich das Leiden Christi von dem der Menschen?

Das Leiden ist ebenso ein Geheimnis wie die Dreifaltigkeit, und man kann darüber nur in großer Demut sprechen.

Mit Christi Leiden wurden die Leiden der Menschen nicht aus der Welt geschafft; wohl aber wurde ihnen damit ihre Sinnlosigkeit genommen. Durch das Leiden können unsere Menschlichkeit, unsere Liebe und unsere Selbstaufopferung Läuterung und Stärkung erfahren. Der berühmte ungarische Komponist Zoltán Kodály (1882–1967) drückte es einmal ungefähr so aus: »Die Kreuze auf unserem Lebensweg sind wie die Kreuze, die den Noten vorangestellt sind: Sie bewirken eine Erhöhung.«

Wir fänden keine Erlösung, kein Heil, wenn Gott nicht als Mensch mit Fleisch und Blut zu uns Menschen gekommen wäre, um uns zu zeigen, dass Er uns mit unendlich großer Liebe liebt, so sehr, dass Er für uns unermessliche körperliche und seelische Qualen auf sich nahm. Jesus war nicht dazu gezwungen. Vielmehr kam Er aus freiem Willen zu uns Menschen. Aus freiem Willen nahm Er die Schmerzen auf sich, die mit der bewussten Abwendung der Menschen von Gott und ihrem Mangel an Vertrauen in Ihn in die Welt gekommen waren – und denen kein Mensch entgehen kann. Damit hat Christus ein Lösegeld gezahlt, um die Menschheit aus jener Knechtschaft zu befreien, in der sie verloren gewesen wäre.

Er vereinigt sich mit uns Menschen. Er leidet mit uns allen ohne Ausnahme: mit den hungernden Kindern, um die sich niemand kümmert, mit den Opfern körperlicher und seelischer Gewalt und mit allen Kranken. Zu solch Mitleiden sind wir Menschen nicht fähig.

Schmerz ist nicht etwas, das sich nach Tropfen abzählen ließe. Jenes Leiden, das die Mitmenschen gar nicht sehen, nämlich Angst und Hoffnungslosigkeit, stürzt Menschen oft in entsetzliche Abgründe. Über all dem dürfen wir aber nicht vergessen, dass unser Leiden nichts ist im Vergleich zu dem Guten und der Freude, die uns der gute Gott für unsere irdischen Mühen bereitet.

Wenn wir sagen, dass es hier auf Erden der eine leichter, der andere schwerer hat, dann dürfen wir darüber nicht vergessen, dass Gott gerecht ist und sich letzten Endes alles ausgleichen wird. Der gerechte Gott selbst wird es sein, der diesen Ausgleich unter den Menschen schließlich herstellen wird.

Wie können wir die kleine Welt um uns herum und die große weite Welt ein Stück besser machen? Wie sollen wir die Ungerechtigkeit mildern und das Leid lindern?

Ich möchte dazu etwas erzählen, was ich jüngst bei uns erlebt habe. Rumänien steckt in der Wirtschaftskrise ... Eine

Mutter will mit ihrem Mann in die Tschechei gehen; denn sie wollen dort arbeiten. Die junge Frau hat mich gebeten, ihre sieben Kinder bei uns aufzunehmen. Das älteste ist noch keine elf, das jüngste noch nicht einmal zwei. »Ich weiß nicht, wo ich das Essen für meine Kinder hernehmen soll«, klagte sie. »Wir haben nicht einmal eine richtige Wohnung. Wir sind nämlich sehr arm. Es bleibt uns nichts anderes übrig: Wir müssen weggehen, um zu arbeiten. Vielleicht können wir uns dann ja ein kleines Häuschen kaufen.«

Verwundert höre ich der weinenden Frau am Telefon zu: Sie kennt mich nicht persönlich, hat mich nie getroffen, wohnt rund vierhundert Kilometer weit weg; und doch ruft sie mich, einen ihr fremden Menschen, an, vertraut mir ihr Ein und Alles, ihre geliebten Kinder, an. Ich höre die Stimme der Dreißigjährigen, höre der jungen Frau zu ... und werde sehr traurig.

Schließlich haben wir die Kinder bei uns in Déva aufgenommen. Es sind sehr liebe, aber auch sehr ängstliche Kinder. Ihr Haar ist so blond, dass ich sie spaßeshalber einmal gefragt habe, ob sie dieses blondiert hätten ... Ich wunderte mich, dass die Kleinen nicht ihrer Mutter, sondern ihrer älteren Schwester nachweinten. Es war rührend, wie der fünfjährige Bub sich neben sein dreijähriges Schwesterchen setzte, das am ganzen Leibe zitterte, und es in den Schlaf sang, gerade so, als habe er darin Routine. Die Erzieherinnen in unserem Heim schauten voller Verwunderung auf diese Zärtlichkeit, die die beiden miteinander verband. Es war für mich sehr schön, sie in der Mittagsmesse zu segnen, als ihre Eltern mit ihnen zur Kommunion vorkamen. Gott segne und behüte sie und auch ihre Erzieherinnen, welche die kleinen Geschöpfe lachend aufnahmen.

Doch was würde der nächste Tag bringen?

Man hat viele Milliarden Euro, wenn es darum geht, Banken zu retten, die nicht genug bekommen können; und zur Rettung dieser Familie mit sieben Kindern muss ich im Namen Gottes um Geld betteln?!

Natürlich nehme ich das auf mich. Trotzdem finde ich es unbegreiflich, dass die Regierungen auf der einen Seite unsäglich viel Geld ausgeben und dass auf der anderen Seite diese Mutter und dieser Vater, um sich und ihren Kindern das tägliche Brot zu verdienen, gezwungen sind, fortzugehen, alles hinter sich zu lassen und ihre Kinder fremder Obhut anzuvertrauen.

Wie kann diese Welt nur so ungerecht und zynisch sein?! Ein drei auf vier Meter großer Stall aus Ziegeln ist das Zuhause dieser neunköpfigen Familie, und dort wohnt sie noch dazu in Miete, während auf der anderen Straßenseite gewaltige Glaspaläste stehen.

Ich schaue auf die Kinder: Sie sind klein, unterernährt, mager. Mit großen blauen Augen blicken sie mich an, haben Vertrauen in mich, aber auch Vertrauen in dich, du große weite Welt ... Erweise dich des Vertrauens dieser Kinder würdig!

Der Akazie lässt sich ihr Nektar nicht mit einem Schnitzbeil entreißen. Mögen sich auch die Wissenschaftler aller Laboratorien der Welt zusammentun und versuchen, aus den Akazien Honig herauszupressen, so werden sie doch mit aller Gewalt und allem Wissen selbst aus sämtlichen Akazienbäumen der Welt keinen einzigen Tropfen Honig gewinnen.

Aber wenn die segensreiche Sonne die Akazie berührt, erscheinen zwischen ihren Stacheln die Knospen, gelangen diese binnen weniger Tage zum Blühen, und die Blüten lassen ihren Nektar fließen. Mit sanftmütiger Güte und stiller Liebe schaffen wir es, einander zum Guten zu bewegen.

Zu leben, zu erblühen und Früchte zu tragen, ist für einen Akazienbaum gut. Dazu wurde er geboren, das ist das Ziel und der Sinn seines Daseins. Nicht Gewalt, Härte und Egoismus bringen unsere Welt voran, sondern sanftmütige Gutherzigkeit und hingebende Solidarität, welche in den Herzen der Menschen selbstlose Güte und geschwisterliche Liebe aufblühen lassen, so wie das Licht der Sonne der knorrigen und stacheligen Akazie ihre Blüten entlockt.

Die Milde und Güte von Lehrern, Eltern und Vorgesetzten und die Wärme ihres reinen Herzens vermögen Kinder und Jugendliche, aber auch ganze Völker und Nationen erblühen zu lassen; ihre selbstlosen guten Taten bewegen diese dazu, ihren Nektar freizusetzen. Mit rohem Willen, Aggressivität oder listiger Manipulation werden weder Kinder noch Erwachsene noch Völker besser gemacht.

Ein einziger Weg nur führt zum Ziel: der Weg der Liebe. Jeder andere Weg ist eine Sackgasse und führt nirgendwohin. Wenn es eine kleine Abkürzung durch die Hölle der Gewalt gäbe, dann hätte sie Christus zumindest am Karfreitag gewählt, aber Er tat es nicht. Er harrte am Gründonnerstag und Karfreitag auf dem Weg der Liebe aus, bis zu Seinem Tod am Kreuz, bis zu Seinem glorreichen Sieg am Ostermorgen.

ICH BIN BEREIT, FÜR EIN KIND, FÜR MEIN VOLK, FÜR MEINE NATION ZU STERBEN. DOCH MAG MAN MIR EINE NOCH SO GLÄNZENDE ZUKUNFT IN AUSSICHT STELLEN ODER VIELMEHR VORGAUKELN – ICH WÄRE DAFÜR NICHT BEREIT, EIN KIND ZU SCHLAGEN ODER EINES MENSCHEN BLUT ZU VERGIESSEN.

Die größte Revolution ist die Revolution Jesu Christi: die der Liebe! Wir müssen dieser Revolution vertrauen. Denn sie trägt über alles den Sieg davon.

Ich glaube an den Schöpfer des Himmels und der Erde (der sichtbaren und der unsichtbaren Welt)

Wer glaubt denn heute noch, dass Gott die Welt in sechs Tagen erschaffen hat?! Stehen die wissenschaftlichen Erkenntnisse über die Evolution nicht im Widerspruch zur Schöpfungsgeschichte des Alten Testaments?

Im Alten Testament wollte der gute Gott zu Beginn der Bronzezeit, also den vor drei- bis viertausend Jahren lebenden Menschen, einige grundlegende Wahrheiten mitteilen. Dazu bediente Er sich natürlich einer Sprache, welche von den damaligen Menschen verstanden wurde. Er gebrauchte also Bilder und Begriffe, welche die Menschen jener Zeit zu begreifen vermochten. In einfachen und schönen Worten sagte Er: »Ihr seid meine Kinder. Aus Liebe habe ich euch ins Dasein gerufen. Vertraut mir! Ich bin bei euch.« In jener Zeit hätte kein Mensch die Evolutionstheorie verstanden, die von der heutigen Wissenschaft vertreten wird – ohne dass bislang der Beweis für deren Richtigkeit erbracht worden wäre!

Die biblische Schöpfungsgeschichte will uns sagen: Gott hat die Welt gut geschaffen; Sonne, Mond, Sterne und Tiere wurden von Gott geschaffen, sind also selbst keine Gottheiten, wie die damaligen Menschen glaubten.

Die Bibel hat fortschrittlichen und humanen Charakter: Jeder Mensch ist ein Geschöpf Gottes, ganz gleich, welcher Volksgruppe er oder sie angehört (viele wurden ja als Menschen zweiter Klasse abgestempelt), und auch die Sklaven – die es in der damaligen Welt noch gab und die oft schlechter behandelt wurden als Tiere – sind Geschöpfe Gottes. Gott macht auch klar, dass die Frau ebenso über Würde verfügt: Die Frau gehört als Partnerin zu ihrem Mann. Es gab ja Zeiten, in denen die Frauen gleichsam als Tiere betrachtet wurden oder behauptet wurde, sie hätten keine Seele.

Wenn wir den kleinen Apfelkern in die Erde legen und gießen, wenn wir schließlich dem Stamm einen Edelreis aufpfropfen, wird aus diesem Kern ein schöner Baum voller Früchte. Es läuft letztlich auf dasselbe hinaus, ob Gott eine fertige Welt geschaffen hat oder ob Er gleichsam in einen Samen seine Entwicklung und Entfaltung gelegt hat. Ja, diese Vorstellung ist sogar noch schöner, als wenn wir annehmen, dass Gott die Krebse im Wasser und die Pferde an Land und all die anderen Tiere und schließlich auch den Menschen aus Lehm geformt, all diese Lebewesen an einen Zaun gelehnt und dort hat trocknen lassen.

Ich kann mir vorstellen, dass in jenem Urknall, den viele Wissenschaftler annehmen, die Möglichkeit zur Entfaltung und zum Fortschritt angelegt war.

Der Urknall wäre dann gleichsam ein wunderbares, allererstes Samenkorn, in dem bereits die gesamte Entwicklung von Jahrmilliarden enthalten war. Er wäre dann dem in der Erde schlummernden Apfelkern vergleichbar, aus dem sich ein Baum entwickelt, der groß und kräftig wird und Früchte trägt. Als es die Menschheit noch gar nicht gab, da wusste der gute Gott bereits, dass wir einmal Autos und Handys und allerlei nützliche Geräte bauen wollen. Deshalb hat Er die materielle Welt so geschaffen, dass unser Planet Erde in seiner Tiefe bereits verschiedene Mineralien birgt, welche zur Herstellung all dieser Dinge nötig sind. Das ist schön, da unser Planet damit an die Mutter erinnert, die ihr Kind voller Fürsorge mit allem nötigen Proviant versieht, ehe sie dieses auf einen Ausflug oder ins Ferienlager gehen lässt. Sie versorgt es mit allem, was es auf seinem langen Wege brauchen wird. Es ist schön, sich bewusst zu machen, dass wir gut ausgerüstet sind. Ich glaube, dass die Menschheit noch gar nicht am Boden ihres Wanderrucksacks angelangt ist und dass sich uns noch unglaubliche Weiten auftun werden. Gottes allererstes Gebot, das Er am Morgen der Schöpfung uns Menschen mitgegeben hat, ist von uns erst zu einem sehr geringen Teil verwirklicht worden: »Seid fruchtbar und mehrt euch, füllt die Erde und unterwerft sie [...]« (Gen 1,28).

Die Kirche lehrt, dass wir Menschen nicht von Affen oder anderen Tieren abstammen, sondern aus der unbelebten Erde gemacht sind. »Staub bist du und zum Staub kehrst du zurück«, spricht der Zelebrant bei unserem Begräbnis. Einst werden die Wissenschaftler den gewaltigen Triumphzug nachzeichnen, der vom Nichts ausging und über die unbelebte Materie zu dem das Bewusstsein erlangenden Menschen führte. Welch Freude muss es für unseren Himmlischen Vater, unseren Schöpfer, gewesen sein, als Seine Kinder sich auf ihre Beine stellten und als sie ihre ersten Worte sprachen! Jahrtausende wartet Gott, bis wir den nächsten Schritt tun. Ich falle auf die Knie vor solch unendlicher Geduld! Wir Menschen schreiten voran, entwickeln uns, blühen auf wie der junge Morgen. Ich denke, dass wir irgendwo am Anfang des Weges stehen: Wie viele Geheimnisse und Wunder warten noch darauf, von uns entdeckt und dienstbar gemacht zu werden! – Jede Erfindung ist wie die uralte Steinaxt, derer sich Kain und Abel bedienten. Sie ist ein großartiges Werkzeug: Man kann sich mit ihrer Hilfe gegen wilde Tiere verteidigen und sich Nahrung beschaffen. Die Erfindung von Werkzeugen stellte einen Meilenstein in der Geschichte der Menschheit dar; aber leider lässt sich mit diesen auch Böses tun, ja sogar ein Mord begehen.

Alles, was Gott uns schenkt, lässt sich für gute Zwecke gebrauchen, aber auch für böse missbrauchen. Mit unserer Sprache können wir Gott preisen, aber auch böse Verleumdungen verbreiten.

Man kann sich fragen, ob die Menschheit reif ist für die Gentechnologie und so manch andere spitzentechnologische Errungenschaft. Ist wirklich schon die Zeit gekommen, dass wir – wie ein Kind, das sich auf die Zehenspitzen stellt und sich nach einem nicht von ungefähr ganz oben im Regal aufgestellten Buch hochstreckt – uns gleichsam mit Gewalt in den Besitz jenes Wissens bringen, welches die Geheimnisse unseres körperlichen Lebens betrifft? Wenn ich erlaube, dass ein bestimmtes Buch in die Kinderbücherei gestellt wird, dann glaube ich, dass es diesen jungen Menschen zum Nutzen gereichen wird. Gott hätte die Geheimnisse der winzigen Atome und des riesigen Universums besser verbergen können; aber wenn Er sie nur so ›hoch‹ legte, dass sie auch uns Menschen zugänglich sind, dann müssen wir in der Tat dieses Buch mit kindlicher Neugier aufschlagen, jedoch auch mit der gebotenen Vorsicht, die wir durch die mehrtausendjährigen Erfahrungen unseres Menschengeschlechts erworben haben sollten.

Gott schuf den Menschen in großer Liebe, und wegen des Verzehrs einer einzigen Frucht vertrieb Er ihn voll Zorn aus dem Garten Eden?

In der Heiligen Schrift wird uns ein Teil der Wahrheiten in Bildern mitgeteilt. Wenn ich den Kindern etwas Bedeutsames vermitteln will, sage ich es so, wie es ihrem Niveau entspricht, damit sie das Wesentliche verstehen. Die biblische Schöpfungsgeschichte bringt in jeder Zeile mit großartigen Symbolen die wunderbaren Geheimnisse unserer Existenz zum Ausdruck und konnte natürlich ihrer Zeit nicht vorausgreifen: Sie bietet keine Darstellung, die wir aus heutiger Sicht als wissenschaftlich bezeichnen würden, und spiegelt vielmehr das sehr einfache Denken der damaligen Menschen, die mehrere hundert Jahre vor Christi Geburt lebten. Dabei denke man auch daran, dass das Wort Gottes mündlich von den Eltern den Kindern weitergegeben und in der Dorfgemeinschaft weitererzählt wurde. Es fiel also nicht sozusagen aus der ›Himmelsdruckerei‹ auf die Erde.

DIE VERBOTENE FRUCHT IST EIN SYMBOL, DAS UNS SAGEN WILL, DASS GOTT IN GEMEINSCHAFT MIT UNS MENSCHEN HÄTTE LEBEN WOLLEN UND DASS ER UNS REGELN FÜR UNSER LEBEN GAB, DAMIT WIR GLÜCKLICH SEIEN.

Aber die Menschen glaubten nicht Gott, sondern dem Verführer, dem bösen Geist, der durch die Schlange verkörpert wird. Dieser zerstreute auf hinterlistige Weise die Zweifel im Herzen der Menschen. Sie vertrauten daraufhin nicht mehr Gottes Güte und Liebe, wodurch sie ungehorsam wurden und die Gesetze des Lebens nicht mehr achteten. Und sie taten dann Dinge, derentwegen sie sich vor Gott verstecken mussten und sich vor Dem fürchteten, der sie unendlich liebte.

> Die Schlange war schlauer als alle Tiere des Feldes, die Gott, der HERR, gemacht hatte. Sie sagte zu der Frau: Hat Gott wirklich gesagt: Ihr dürft von keinem Baum des Gartens essen? Die Frau entgegnete der Schlange: Von den Früchten der Bäume im Garten dürfen wir essen; nur von den Früchten des Baumes, der in der Mitte des Gartens steht, hat Gott gesagt: Davon dürft ihr nicht essen und daran dürft ihr nicht rühren, sonst werdet ihr sterben. Darauf sagte die Schlange zur Frau: Nein, ihr werdet nicht sterben. Gott weiß vielmehr: Sobald ihr davon esst, gehen euch die Augen auf; ihr werdet wie Gott und erkennt Gut und Böse. Da sah die Frau, dass es köstlich wäre, von dem Baum zu essen, dass der Baum eine Augenweide war und begehrenswert war, um klug zu

werden. Sie nahm von seinen Früchten und aß; sie gab auch ihrem Mann, der bei ihr war, und auch er aß. Da gingen beiden die Augen auf und sie erkannten, dass sie nackt waren. Sie hefteten Feigenblätter zusammen und machten sich einen Schurz. Als sie an den Schritten hörten, dass sich Gott, der HERR, beim Tagwind im Garten erging, versteckten sich der Mensch und seine Frau vor Gott, dem HERRN, inmitten der Bäume des Gartens. Aber Gott, der HERR, rief nach dem Menschen und sprach zu ihm: Wo bist du? Er antwortete: Ich habe deine Schritte gehört im Garten; da geriet ich in Furcht, weil ich nackt bin, und versteckte mich. (Gen 3,1–10)

NICHT GOTT HAT DEN MENSCHEN AUS DEM PARADIES VERTRIEBEN, SONDERN DER MENSCH HAT GOTT AUS SEINER EIGENEN WELT VERTRIEBEN: DURCH SEINE UNGLÄUBIGKEIT, SEINE ABWENDUNG VON GOTT, SEINEN UNGEHORSAM IHM GEGENÜBER UND SEINEN MANGEL AN VERTRAUEN IN IHN.

Adam und Eva – das erste Menschenpaar und mit ihm also die gesamte Menschheit – hatten die realistische Möglichkeit, sich für Gott, also die Liebe, zu entscheiden. Die Geschichte der Menschheit hätte auch anders verlaufen können: Adam und Eva hätten Ja zu Gott sagen können und sie hätten dann in Harmonie mit Ihm und untereinander leben können. Das Schöne ist nun, dass die Heilige Schrift auf Schritt und Tritt davon spricht, dass Gott uns Menschen wieder und immer wieder ruft. Er möchte alle Menschen mit lieben Worten zu sich locken, und jeden von uns möchte Er persönlich und einzeln immer wieder von neuem in Seine Arme nehmen. Es ist an uns, zu entscheiden, ob wir die uns entgegengestreckte Hand ergreifen oder zurückweisen wollen. Von diesen unseren Entscheidungen hängt das Schicksal der Welt ab. Das Schöne ist, dass für Gott kein Leben endgültig in einer Sackgasse steckt.

DAS SPIEL IST, SOLANGE WIR LEBEN, NICHT ABGEPFIFFEN.

Was tut Gott?

Für mich ist Gott mein Himmlischer Vater, der wohlgelaunt, kreativ und rege ist und stets an der Lösung kleinerer und größerer Probleme des Mikro- wie des Makrokosmos arbeitet.

Ich selbst brüte zurzeit darüber, wen ich in einem neuen Heim von uns, das gerade gebaut wird, zum Leiter bestellen soll. Die Person nämlich, die ursprünglich diese Aufgabe übernehmen wollte, hat es sich unerwartet anders überlegt. Es tut so gut zu wissen, dass Jesus Christus sich darüber noch weit mehr den Kopf zerbricht. Ich bin mir sicher, dass sich früher oder später eine Tür öffnet und wir in dieser Angelegenheit zu einer guten Lösung gelangen werden. Ich selbst habe dabei nur eines zu tun: Demütig und aufmerksam lasse ich Gott zu mir sprechen. Dann werde ich erkennen, was Er von mir will. Jesus sagt: »Mein Vater wirkt bis jetzt und auch ich wirke« (Joh 5,17). Gott führt Sein Schöpfungswerk fort und sorgt für den Fortbestand der Welt. Wenn wir den Idealzustand erreichen wollen, dann können wir gewiss sagen, dass die Menschheit ihr Ziel noch nicht erreicht hat. Um das Kommen von Gottes Reich beten wir täglich in dem Gebet, das Jesus selbst uns gelehrt hat, dem Vaterunser.

Ich glaube, dass wir unsere Welt sehr viel schöner machen können, als sie es heute ist. Wir müssen noch viele Probleme und viel Leid aus der Welt schaffen. Wir stehen vor gewaltigen Toren: Wir müssen uns trauen, an diese zu klopfen und sie weit aufzustoßen.

Wir müssen immer mal wieder einen Blick zurück auf unsere Geschichte werfen, damit wir sehen, aus was für Verhältnissen wir kommen: Dann erkennen wir, auf welch gewaltige Entwicklung die Menschheit zurückblicken kann. Im alten Rom etwa gingen zartbesaitete Damen in Begleitung ihrer Gatten im Rahmen eines Sonntagsprogramms ins Amphitheater und schauten dort mit Ergötzen zu, wie ausgehungerte Raubtiere Sklaven oder Christen zerfleischten. Das erscheint uns heute unvorstellbar! Auch die politische Kultur hat gewaltige Fortschritte gemacht. Denken wir etwa daran, dass König Stephan von Ungarn in einem hitzigen ›Wahlkampf‹ einen seiner Verwandten, der sich gegen ihn stellte, vierteilen ließ. Dabei galt er seinerzeit als sanftmütiger König! Gábor Bethlen[15], Fürst von Siebenbürgen – unter dessen Herrschaft dieses ein ›Goldenes Zeitalter‹[16] erlebte, ja fast ein ›Zaubergarten‹[17] war – schreibt in seiner Autobiographie, dass er trotz seiner Friedensliebe in vierzig Schlachten das Blut von fünftausend Menschen vergossen habe.

Gewiss wird man mir einwenden, dass es in unserer Zeit unzählige Abtreibungen und Ehescheidungen gibt. Das ist in der Tat furchtbar; dem stimme ich absolut zu. Aber ich möchte in diesem Zusammenhang auch an Tatsachen wie die folgende erinnern. Anfang der 1920er Jahre wurde eine ältere Frau, die in Ostungarn am Ufer der Theiß wohnte, des Mordes an ihrem Mann überführt.[18] Die Frau gestand, dass sie das Gift aus eingeweichtem Fliegenpapier ihrem Mann ins Trinken gegeben hatte. Sie wurde gefragt, wie ihr etwas so Entsetzliches in den Sinn kommen konn-

---

15 Gábor Bethlen, im Dt. auch Gabriel Bethlen genannt, wurde 1580 geboren und war von 1613 bis zu seinem Tode i. J. 1629 Fürst von Siebenbürgen (vgl. *Wikipedia,* Gabriel Bethlen (dt.) (05.01.2018)).

16 Diese Bezeichnung fällt auch in der bedeutenden historischen Romantrilogie *Erdély* (›Siebenbürgen‹) (1. T., 3. B.) von Zsigmond Móricz (1879–1942). Gegenstand dieses Werkes ist die Geschichte Siebenbürgens im 17. Jh. (vgl. *Wikipédia,* s. vv. Móricz Zsigmond (ung.), Tündérkert (ung.) (23.12.2017)).

17 »Zaubergarten« (ung. »Tündérkert«) lautet der Titel des ersten, 1922 erschienenen Bandes der Romantrilogie *Erdély* von Zs. Móricz.

18 Vgl. zu den hier genannten Verbrechen z. B. den Vortrag von Prof. Andrea Kozáry an der Nemzeti Közszolgálati Egyetem [Nat. Hochschule f. d. öffentl. Dienst] in Budapest am 19.04.2016 (Folien: https://www.uni-nke.hu/document/uni-nke-hu/9-kozary-andrea-eloadas.original.pptx (24.04.2018)).

te. Darauf gab sie zur Antwort, dass dies doch alle Frauen täten. Es schloss sich eine großangelegte Untersuchung an, und dabei kam heraus, dass in hundert bis hundertzwanzig Fällen, die sich über mehrere Dörfer verteilten, verheiratete Frauen sich auf diese Weise ihres verhassten Gatten entledigt hatten. Spannungen gab es auch damals in der Ehe. Dabei kam es leider nicht eben selten vor, dass die Ehepartner einander nicht nur mit Worten töteten, sondern auch physisch einer den anderen – die Frau ihren Mann oder der Mann seine Frau – umbrachte. Eine Ehescheidung gab es hingegen nicht, ebenso wenig Abtreibungen oder Empfängnisverhütung. Aber viele Frauen griffen zu barbarischen Mitteln, um ihr Neugeborenes umzubringen, töteten sie mit Nägeln oder gaben ihnen Mohntee, der sie für immer einschlafen ließ. Ich sage ganz klar, dass eine Ehescheidung Sünde ist; aber eine solche ist immer noch besser als ein heimtückischer Giftmord.

Wir kommen nicht aus dem Goldenen Zeitalter; aber wir sind auf dem Weg dorthin, glaube ich. Die Welt von heute ist gewiss nicht rosig; aber sie ist auch nicht schlechter als früher, vielmehr eher offener und ehrlicher. Meiner Meinung nach sind die Regierenden unserer Zeit nicht schlechter als früher, sondern ›transparenter‹, so dass schlechte Taten eher ans Tageslicht kommen.

Es ist die Zeit gekommen, wo es weitaus schwerer ist als früher, seine schmutzige Wäsche zu verbergen. Das jedoch bedeutet nicht, dass wir heute schlechter wären. Vielmehr haben wir ein neues Stadium der Reinigung erreicht.

Gott schläft nicht. Rege führt Er uns Schritt für Schritt auf dem Weg zu unserer Entfaltung. Natürlich haben wir aufgrund unseres freien Willens die Möglichkeit, uns als Einzelne oder als Gemeinschaft für Hass und Zorn zu entscheiden. Doch wir sollten innehalten, auf Gott horchen und uns für die Liebe entscheiden. Gott ist am Wirken, in jedem Einzelnen von uns und auch in der großen Menschheitsfamilie. Lassen wir es zu, dass Er uns führt!

Das folgende Erlebnis hat für mich eine große Bedeutung. Nach meiner Priesterweihe wurde ich zunächst in ein abgelegenes kleines Dorf[19] geschickt. Ich fieberte schon ganz, dort hinzugehen. Als Priesteramtskandidat scharrt man im Seminar sechs Jahre lang mit den Hufen, wie ein Pferd in der Koppel. Und sobald man ein solches Pferd freilässt, jagt es in fliegendem Galopp dahin … Ich verfasste eine gewaltige Antrittspredigt und konnte es kaum erwarten, in der kleinen Ortschaft anzukommen.

Am Sonntag erschienen zur Heiligen Messe sieben ältere Personen – sechs Frauen und ein Mann. In der geheizten Kirche lehnten sie sich gemütlich zurück, und als ich mit meiner Predigt anhob, ließ der Mann zu dieser auch noch sein Schnarchen ertönen! In mir brach eine Welt zusammen! Ich suchte meine gewaltigen Weisheiten an den Mann und an die Frau zu bringen und gab mein Bestes, aber keiner interessierte sich dafür. Wie Milch einen sauren Geschmack im Mund hinterlässt, so fühlte ich mich völlig verbittert und konnte es kaum erwarten, den Schlusssegen sprechen zu können. Ich kehrte in die Sakristei zurück und ließ mich auf einen Stuhl sinken. Völlig deprimiert sagte ich voll Selbstmitleid zu mir: »Schau doch, Herr, sechs Jahre lang habe ich studiert. Für Dich habe ich

19 P. Csaba meint hier wohl den nordsiebenbürgischen Ort Dés (gespr. Dēsch, im Dt. a. »Deesch« geschrieben, im Rum. »Dej«, mit »j« wie in »Journalist«). I. J. 1992 zählte dieser rund 41 000 Einwohner, wovon 17 Prozent Ungarn waren. Beim Zensus von 2011 war die Einwohnerzahl auf rund 33 000 zurückgegangen, und die Ungarn machten nur noch 11 Prozent davon aus. 2,38 Prozent der – mehrheitlich rum.-orthodoxen – Einwohner gehörten zu diesem Zeitpunkt der röm.-kath. Kirche an (vgl. *Wikipedia*, s. vv. Dej (dt.), Dej (rum.) (30.01.2018)). Dank Pater Csabas Wirken wuchs dort die Zahl der Kirchenbesucher von einer Handvoll auf ein rundes Hundert an (vgl. Simon, László: *Úton Böjte Csabával* [Unterwegs m. Cs. Böjte]. Budaörs 2016, S. 39).

mich zum Zölibat verpflichtet und allerlei Entbehrungen auf mich genommen. Und dann bekomme ich dafür eine solche Gemeinde!« Da war mir auf einmal, als würde sich Jesus neben mich setzen und sagen: »Schau, ich bin für diese sieben Leute am Kreuz gestorben!« Da war ich beschämt. Nun und spontan musste ich da denken: »Mein Herrgott! Dir haben sie ja auch arg mitgespielt!« Alleine saß ich also in der stillen, leeren Kirche und schämte mich. Dabei verstand ich etwas sehr Wichtiges: Es mochte zwar sein, dass ich für diese sieben Personen sechs Jahre lang studiert hatte; doch Christus hat für diese den Kreuzestod erlitten.

Jesus Christus hat einen unvergleichlich viel grösseren Preis bezahlt als ich. Seit jener Erfahrung ist mir bewusst: Er ist der Gute Hirt, und ich bin Sein Schäferhund.

Wenn Er hier auf Erden die ›Zeche‹ bezahlt hat, dann ist Er der ›Chef‹. Jesus hat das Größte für uns getan, was Er überhaupt tun konnte: Er ist am Kreuz aus Liebe für uns Menschen gestorben – statt uns für immer den Rücken zu kehren.

Es vergeht kein Morgen, an dem uns beim Aufstehen Gott nicht zum Guten und Schönen antriebe, und nach jeder schlechten Tat, derer wir uns schuldig gemacht haben, stupft Er uns aus der Tiefe unseres Herzens an: »Geh und versöhn dich! Bitte um Entschuldigung! Fang neu an!«

Unser Gewissen ist Gottes Wort in uns, und Gott schläft nie. Mag jemand im entlegensten Dorf der Welt wohnen, mag er der heruntergekommenste Mensch sein – auch im Herzen dieses Menschen ist Gott gegenwärtig. Wie Christus am Ostermorgen nicht aufgab, so gibt es keinen Menschen – und mag er noch so elend sein –, in dessen Herzen Er, Christus, nicht danach suchen würde, wie Er ihn aus seiner elenden Situation herausholen kann und dazu verhelfen kann, sich weiterzuentwickeln.

Nicht nur in den Herzen der einzelnen Menschen ist Gott in dieser Weise am Wirken, sondern auch in der Menschheit als ganzer. Ich glaube, dass Er immer ein As im Ärmel hat, das Er ausspielt, wenn die Not groß ist. Ich bin davon überzeugt, dass Er die Welt voranbringt.

Ich kann mir vorstellen, dass vom grossen Baum der Menschheit einige Äste absterben und herunterbrechen werden. Das ist im Laufe der Geschichte schon öfters passiert. Aber irgendwie treibt dieser heilige Stamm stets neu aus. Denn Gott ist am Wirken.

Wenn wir beim Autofahren einmal nicht auf die Ansagen des Navigationsgerätes achten und vom richtigen Wege abkommen, dann fängt dieses nicht an zu schimpfen oder zu jammern, weil wir nicht auf es gehört haben, sondern teilt nur ruhig mit: »Ihre Route wird neu berechnet«, und gibt im Nu die richtige Richtung an. Wir glauben, dass dieses kleine Gerät stets weiß, wo wir uns gerade befinden, und viele Millionen Autofahrer an ihr Ziel zu bringen vermag, egal wohin sie wollen. Warum sollten wir dann also nicht glauben, dass Der, der uns die geistige Fähigkeit geschenkt hat, ein Navigationsgerät zu entwickeln, die große Menschheitsfamilie zu ihrem letzten Ziel zu führen vermag und auch jeden Einzelnen von uns ganz persönlich an sein Ziel zu bringen weiß?!

In der Heiligen Schrift werden Engel oft als mächtige geistige Wesen erwähnt, die ebenfalls von Gott erschaffen wurden. Worin besteht ihre Aufgabe? Wie haben wir sie uns vorzustellen?

Wenn wir aufmerksam durchs Leben gehen, spüren wir auf Schritt und Tritt, dass es Dinge gibt, die wir nicht sehen und die das, was wir mit unseren Sinnen erfahren können, übersteigen. Ein oberflächlicher Mensch würde nun sagen: »Und wie es der Zufall wollte ...«, oder: »Da habe ich aber Glück gehabt.« Wenn wir aber aufmerksamer sind, dann spüren wir, dass jemand auf uns aufpasst, uns hilft und uns vor Schaden bewahrt. Stets glaubten Juden und Christen, dass uns auch unsichtbare Geschöpfe, Engel, umgeben.

Auch Jesus Christus spricht mehrfach von ihnen: »Hütet euch davor, einen von diesen Kleinen zu verachten! Denn ich sage euch: Ihre Engel im Himmel sehen stets das Angesicht meines himmlischen Vaters« (Mt 18,10). Jesus Christus sagt uns damit, dass jeder Mensch einen Schutzengel hat. Es wäre inkonsequent, wenn ich Jesu Worte zwar für glaubwürdig halte, an die Existenz von Engeln aber nicht glauben würde. Wenn ich Jesu Worte über die Engel infrage stellen würde, dann liefe ich Gefahr, auch an der Wahrheit Seiner anderen Worte zu zweifeln. Was Jesus von den Engeln sagt, das sollte jeder von uns ernst nehmen.

IN MEINEN AUGEN IST ES BEZEICHNEND FÜR GOTT, DASS ER IM HIMMEL NICHT EINSAM WIE AUF EINER UNBEWOHNTEN INSEL THRONT, SONDERN DIE VON IHM GESCHAFFENE WELT MIT SEINEN GESCHÖPFEN BEVÖLKERT.

Die Kirche ermuntert uns dazu, die Engel um ihre Hilfe zu bitten und diese anzunehmen, die Erfahrung ihrer Güte zu machen, sie als Verbündete zu sehen, die uns dabei helfen, unsere Lebensziele zu erreichen.

Gottes schöpferische Phantasie ist grenzenlos. Es muss ein Mensch schon recht überheblich sein, wenn er es wagt, auf der Grundlage einer zwanzig-, fünfzig- oder achtzigjährigen Welterfahrung zu entscheiden, was in unserem gewaltigen Universum alles existiert und was nicht. Ich selbst lese in Demut die Heilige Schrift und glaube – weil Jesus es ja selbst sagt –, dass es jenseits der irdischen Dimension eine himmlische Dimension gibt, eine Welt, die wir uns nicht einmal vorstellen können und in der neben der Heiligsten Dreifaltigkeit und den Heiligen unsterbliche geistige Wesen wohnen, die wir Engel zu nennen pflegen und denen uns einst anzuschließen auch wir Menschen eingeladen sind.

Gibt es einen bösen Geist? Wenn ja, wurde auch dieser von Gott erschaffen?

Jesus spricht ganz eindeutig von einem bösen Geist, der »wie ein brüllender Löwe umher[geht] und sucht, wen er verschlingen kann« (1 Petr 5,8). Dieser möchte jeden Menschen zugrunde richten. Ich möchte niemanden erschrecken; aber wir müssen zur Kenntnis nehmen, dass die Welt, in der wir leben, nicht nur die Welt Gottes ist, sondern auch die Welt der Sünde und des Bösen. Wie die Engel, so ist auch der Böse der Heiligen Schrift zufolge Teil unserer Welt.

Der Böse wird in der Vulgata, der lateinischen Übersetzung der Heiligen Schrift, »Lucifer« genannt (Jes 14,12). Übersetzt lautet dieser Name ›Lichtträger‹[20] und weist also darauf hin, dass dieser Böse einst zu einer sehr schönen Aufgabe berufen war. Leider aber haben sich er und die gefallenen Engel für die Finsternis entschieden. Eine solche Entscheidung ist schwerwiegend. Auch wir Menschen können uns bewusst für die Finsternis entscheiden. Da die gefallenen Engel große geistige Mächte sind, hat ihre Entscheidung schwerere Konsequenzen als die Entscheidung von uns Menschen. Daher haben sie sich durch eine einmalige Entscheidung endgültig von Gott abgewandt und können sich, wie die Kirche lehrt, nicht bekehren.

Das Böse und die Finsternis wurden nicht von Gott geschaffen. Die Finsternis ist das Fehlen von Licht, das Böse das Fehlen von Liebe. Der böse Geist hat die Liebe, also

---

20 Die EÜ 2016 übersetzt »Lucifer« mit »Strahlender«.

Gott, nicht in sich, weil er mit dieser zugleich Ihn bewusst ausschließt. Gott entzieht niemandem Sein segensreiches Licht. Aber leider können wir selbst Sein Licht aus uns aussperren, uns also für die Finsternis entscheiden.

Wie konnte Luzifer, der doch den vollkommenen, mit unendlicher Liebe liebenden Gott von Angesicht zu Angesicht sah, gegen Ihn rebellieren und das Band mit Ihm zerschneiden?

Die Heilige Schrift ist diesbezüglich sehr wortkarg. Der Himmlische Vater bat diese – ursprünglich schönen – geistigen Wesen, den Menschen dabei zu helfen, zur liebevollen Gemeinschaft der Heiligsten Dreifaltigkeit emporzuwachsen. Ein Teil der Engel wollte den Menschen nicht dienen, kehrte Gott den Rücken und sagte: »Wir dienen nicht!«

Die Freiheit ist ein unschätzbares Geschenk Gottes. Er ruft uns dazu auf, auf Sein grenzenloses Vertrauen mit Liebe zu antworten.

LEIDER ERWIDERN VIELE MENSCHEN – WIE DIE GEFALLENEN ENGEL – GOTTES GROSSHERZIGKEIT NICHT IN WÜRDIGER WEISE. TROTZDEM BINDET GOTT DEN WIDERSACHERN NICHT DIE HÄNDE UND MACHT SIE NICHT MIT GEWALT GEFÜGIG. AUS FREIEM WILLEN HABEN DIE GEFALLENEN ENGEL DIE KNECHTSCHAFT DER SÜNDE GEWÄHLT.

Wir wissen nicht genau, wie dies geschah. Gespannt dürfen wir darauf warten, in der Ewigkeit danach fragen und darüber nachsinnen zu können.

Alles, was auf unserer Erde existiert, entsteht aus der Begegnung. Das Sonnenlicht begegnet dem Wasser auf der Erde und trägt es als Dampf zu sich in den Himmel empor.

Im menschlichen Körper ist alles von Zusammenhalt und Solidarität bestimmt: Zellen und Organe helfen einander und halten so einander am Leben. Aus der Begegnung von Mann und Frau, aus ihrer Verschmelzung in Liebe geht ein neues menschliches Leben hervor.

Sünde ist die Folge der bewussten Abkehr vom andern.

Eben dies tut der böse Geist, und leider tun auch wir dies allzu oft. Doch im Unterschied zu den gefallenen Engeln haben wir die Möglichkeit, uns wieder aufzurappeln, uns gegenseitig immer wieder aufs Neue in die Arme zu schließen, um Verzeihung zu bitten, uns zu versöhnen und vorwärtszuschreiten.

Wir Menschen entwickeln uns. Auf einer höheren Stufe angekommen, sehen wir vieles klarer und können die Richtung, die wir in unserem Leben eingeschlagen haben, korrigieren. Das nennen wir Bekehrung.

Woran erkennen wir den Bösen?

Der Teufel ist nicht eine rauchende, nach Schwefel riechende Gestalt mit Pferdefuss und Hörnern, so dass wir ihn leicht als solchen erkennen würden. Er hat weder Hände noch Zunge, kann selbst nicht schlagen und nichts Böses sagen, tut aber alles, dass wir Menschen einander böse Worte an den Kopf werfen, Schmerzen zufügen, einander kränken und betrüben, dass wir Gottes schönen Traum zunichtemachen und Seine schönen Geschenke zertreten.

Vor dieser Entscheidung stehen wir alle immer wieder aufs Neue: Wollen wir mit unseren Mitmenschen solidarisch sein, neigen wir uns zu unserem Nächsten hinab – oder weigern wir uns, dies zu tun?

Jeder muss sich bewusst dagegen entscheiden, seine Seele oder irgendeinen Teil seines Körpers dem Satan zu überlassen, um nicht dadurch seinem Ehepartner, seinem

Kinde, seinem Nachbarn oder einem anderen Mitmenschen ein Leid zuzufügen.

Der böse Geist vermag uns recht schnell zu beeinflussen. Jesus fragte Seine Apostel: »Für wen halten die Menschen den Menschensohn?« (Mt 16,13). Petrus bekannte: »Du bist der Christus, der Sohn des lebendigen Gottes!« (Mt 16,16). Jesus sprach daraufhin zu ihm: »Selig bist du, Simon Barjona; denn nicht Fleisch und Blut haben dir das offenbart, sondern mein Vater im Himmel« (Mt 16,17). Gleich im Anschluss erklärte Jesus, dass der Menschensohn wird leiden müssen, dass Er den Bösen ausgeliefert und ermordet werden wird, am dritten Tage aber auferstehen wird. Petrus hörte ein Weilchen zu. Doch schon bald platzte es aus ihm heraus »Herr, das sei fern von dir! Wir verteidigen dich, Du kannst auf uns zählen. Wer es wagen sollte, die Hand gegen Dich zu erheben, bekommt es mit mir persönlich zu tun!«[21] Jesus entgegnete ihm, dem Apostel, den Er eben noch selig genannt hatte: »Tritt hinter mich, du Satan! (Mt 16,23). Denn deine Haltung entspricht nicht dem Gebot der Liebe.«[22] Es lässt einen schon staunen, wenn Jesus Christus, der Herrscher des Alls, in einem Moment sagt, dass aus Petrus Gott spricht, im nächsten Moment aber, dass aus ihm der böse Geist spricht.

> Als Jesus in das Gebiet von Cäsarea Philippi kam, fragte er seine Jünger und sprach: Für wen halten die Menschen den Menschensohn? Sie sagten: Die einen für Johannes den Täufer, andere für Elija, wieder andere für Jeremia oder sonst einen Propheten. Da sagte er zu ihnen: Ihr aber, für wen haltet ihr mich? Simon Petrus antwortete und sprach: Du bist der Christus, der Sohn des lebendigen Gottes!
>
> Jesus antwortete und sagte zu ihm: Selig bist du, Simon Barjona; denn nicht Fleisch und Blut haben dir das offenbart, sondern mein Vater im Himmel. Ich aber sage dir: Du bist

21 Dies stellt kein wörtl. Zitat aus der Heiligen Schrift dar.

22 Nur der erste Satz findet sich an dieser Stelle des Matthäusevangeliums.

Petrus und auf diesen Felsen werde ich meine Kirche bauen und die Pforten der Unterwelt werden sie nicht überwältigen. Ich werde dir die Schlüssel des Himmelreichs geben; was du auf Erden binden wirst, das wird im Himmel gebunden sein, und was du auf Erden lösen wirst, das wird im Himmel gelöst sein. Dann befahl er den Jüngern, niemandem zu sagen, dass er der Christus sei.

Von da an begann Jesus, seinen Jüngern zu erklären: Er müsse nach Jerusalem gehen und von den Ältesten und Hohepriestern und Schriftgelehrten vieles erleiden, getötet und am dritten Tag auferweckt werden.

Da nahm ihn Petrus beiseite und begann, ihn zurechtzuweisen, und sagte: Das soll Gott verhüten, Herr! Das darf nicht mit dir geschehen! Jesus aber wandte sich um und sagte zu Petrus: Tritt hinter mich, du Satan! Ein Ärgernis bist du mir, denn du hast nicht das im Sinn, was Gott will, sondern was die Menschen wollen.

(Mt 16,13–23)

Es ist Tatsache, dass es einen Weg der Liebe gibt und Wege, die davon abweichen, Wege, auf die der böse Geist die Menschen führt. Gott sucht uns mit Seiner Kraft auf dem Weg der Liebe zu führen, Er nimmt uns bei der Hand und hilft uns, standhaft zu sein. Doch es gibt auch eine Kraft, die Kraft des Bösen, die versucht, uns von diesem Wege abzubringen.

Jesus weicht nie vom Weg der Liebe ab und gibt dem Bösen nicht nach.

Wie lässt sich der böse Geist beziehungsweise das Böse besiegen?

Wie bereits gesagt, ist Gott die Liebe, die Güte, das Licht. Wenn dies fehlt, dann herrscht Hass und Böswilligkeit, dann herrscht das Böse, die Finsternis. Man sollte sich nicht zu viel damit abgeben und allzu erbittert dagegen anzukämpfen suchen. Denn es lässt sich nicht klein schlagen, zertreten, austilgen.

Dies ist ebenso wenig möglich, wie die Dunkelheit zur Tür hinauszuschaufeln. Es gilt, die Fensterläden aufzustossen, Öffnungen in die Wände zu schlagen, zum Licht emporzusteigen. Dann ist es mit einem Schlag hell um uns herum. Das Böse lässt sich nur durch das Gute besiegen!

Stellen wir uns vor, wie Jesus und Seine Apostel auf die Nachricht von der Enthauptung Johannes' des Täufers reagierten. Jesus ist mit Seinen Aposteln zusammen, und sie sprechen miteinander. Da kommt einer und teilt ihnen mit: »Es ist etwas Furchtbares passiert! Ich komme direkt aus dem Palast des Herodes. Ein wildes Treiben herrscht dort, wie immer: Man lacht und bechert, eine junge Frau führt frivole Tänze auf, noch dazu vor ihrem Stiefvater. Dieser ist von den Tänzen dermaßen erregt, dass er seiner tanzenden Stieftochter verspricht, ihr zu geben, was immer sie wünsche. Und was will sie? Den Kopf Johannes' des Täufers! Und die Anwesenden finden das auch noch lustig! Stellt euch nur vor: Da bringt also ein Soldat auf einem Tablett den abgeschlagenen Kopf aus dem Gefängnis!«[23]

Wie fühlte sich Jesus wohl, als Er diese Nachricht hörte? Er hielt ja viel auf Johannes, hatte selbst erklärt, dass »[es] unter den von einer Frau Geborenen [...] keinen größeren [gibt] als Johannes«[24]; und dann musste dieser große Mensch einer solch dummen, unbegreiflichen Bosheit zum Opfer fallen!

Wenn wir Menschen eine solch schockierende Nachricht erhalten, ziehen wir uns in der Regel in uns zurück, grollen vor uns hin, sind seelisch tief verletzt oder aber werden von einer furchtbaren Wut gepackt, schnauben nach Rache, stürzen uns auf den andern und schleudern

23 Vgl. Mk 6,17–28; Mt 14,3–12. Es handelt sich hier nicht um eine schlichte Nacherzählung dieser Bibelstelle. Auch die direkte Rede findet sich so nicht bei Markus.

24 Lk 7,28.

ihm ins Gesicht: »Jetzt hast du's aber zu weit getrieben! Zwischen uns ist es aus!«

Und was tut der Gott der Liebe, der Herr des Alls, in dieser Situation? Er sucht einen einsamen Ort auf. Doch über fünftausend Menschen folgen Ihm, und so predigt Er den ganzen Tag und heilt Kranke. Wie schön, dass Jesus, als wäre nichts geschehen, auf dem Weg, den Ihn der Vater zu gehen bestimmt hat, weitergeht. Er gibt sich nicht mit der Finsternis ab, sondern sucht die helle Flamme der Liebe und der Weisheit in den Herzen der Menschen zu entzünden.

Am Abend hatten die Menschen Hunger. Übrigens hatte gerade auch der Tod von Johannes dem Täufer dazu geführt, dass sich die Menschen in solch großer Zahl um Jesus scharten. Jesus fordert Seine Jünger auf, ihnen zu essen zu geben. Und dann kommt es zu der wunderbaren Brotvermehrung. Das Volk möchte Ihn zu seinem König küren. Es denkt an einen Aufstand. Vielleicht möchte es am liebsten den Palast des Herodes in Brand stecken, auf dass eine neue, schönere Welt erstehe. Man staunt, dass Jesus auch darin eine Versuchung sieht. Er ist nicht gekommen, um die Welt durch eine gewaltsame Revolution zu erlösen, sondern um sie zu lieben.

ER WEISS, DASS EIN AUFSTAND DEM ANDERN FOLGT UND DASS MAN DIE WELT GEWISS NICHT DADURCH BESSER MACHT, DASS MAN EIN PAAR LEUTEN DEN KOPF EINSCHLÄGT UND IHR BLUT VERGIESST. ALLEIN DIE LIEBE MACHT DIE WELT WIRKLICH BESSER.

Deshalb schickt Jesus nach der Speisung die Menschen nach Hause, lässt die Apostel in ein Boot steigen und schickt sie fort. Dann steigt Er auf einen Berg und betet dort alleine. Wenn wir über diese Geschichte nachdenken, dann verstehen wir, was Sünde ist und wer der Böse ist: Der Böse ist der, der uns vom Weg der Liebe abzubringen sucht.

Als Jesus das hörte, zog er sich allein von dort mit dem Boot in eine einsame Gegend zurück. Aber die Volksscharen hörten davon und folgten ihm zu Fuß aus den Städten nach. Als er ausstieg, sah er die vielen Menschen und hatte Mitleid mit ihnen und heilte ihre Kranken. Als es Abend wurde, kamen die Jünger zu ihm und sagten: Der Ort ist abgelegen und es ist schon spät geworden. Schick die Leute weg, damit sie in die Dörfer gehen und sich etwas zu essen kaufen! Jesus aber antwortete: Sie brauchen nicht wegzugehen. Gebt ihr ihnen zu essen! Sie sagten zu ihm: Wir haben nur fünf Brote und zwei Fische hier. Er antwortete: Bringt sie mir her! Dann ordnete er an, die Leute sollten sich ins Gras setzen. Und er nahm die fünf Brote und die zwei Fische, blickte zum Himmel auf, sprach den Lobpreis, brach die Brote und gab sie den Jüngern; die Jünger aber gaben sie den Leuten und alle aßen und wurden satt. Und sie sammelten die übrig gebliebenen Brotstücke ein, zwölf Körbe voll. Es waren etwa fünftausend Männer, die gegessen hatten, dazu noch Frauen und Kinder. (Mt 14,13–21)

Als die Menge satt geworden war, sagte er zu seinen Jüngern: Sammelt die übrig gebliebenen Brocken, damit nichts verdirbt! Sie sammelten und füllten zwölf Körbe mit den Brocken, die von den fünf Gerstenbroten nach dem Essen übrig waren. Als die Menschen das Zeichen sahen, das er getan hatte, sagten sie: Das ist wirklich der Prophet, der in die Welt kommen soll. Da erkannte Jesus, dass sie kommen würden, um ihn in ihre Gewalt zu bringen und zum König zu machen. Daher zog er sich wieder auf den Berg zurück, er allein. (Joh 6,12–15)

Jesus antwortete ihnen: Amen, amen, ich sage euch: Ihr sucht mich nicht, weil ihr Zeichen gesehen habt, sondern weil ihr von den Broten gegessen habt und satt geworden seid. Müht euch nicht ab für die Speise, die verdirbt, sondern für die Speise, die für das ewige Leben bleibt und die der Menschensohn euch geben wird! Denn ihn hat Gott, der Vater, mit seinem Siegel beglaubigt. (Joh 6,26f.)

Um zu verstehen, was Sünde ist, müssen wir über Jesu Leben und über unser eigenes Leben nachsinnen. Wenn ein Mann in seiner Ehefrau nur das Schlechte sieht und ihr nicht dabei hilft, ein besserer Mensch zu werden, sondern stattdessen vor Gericht die Scheidung einreicht, dann weicht er vom Weg der Liebe ab.

Wenn wir dem andern zürnen oder ihn gar hassen, wenn wir jemandem eins auszuwischen suchen oder schlecht über einen reden, dann wirkt nicht der Gott der Liebe in uns, dann wandeln wir auf dem Weg der Finsternis, der Angst, des Misstrauens und der Kleingläubigkeit, dann ist in unserem Herzen der böse Geist am Werk.

Hat der schwache Mensch überhaupt eine Chance, den mächtigen bösen Geist zu besiegen?

Wir sind nicht allein: Gott, der unendlich viel größer ist als der Böse, steht uns in unseren Kämpfen bei. Das Gute ist weitaus stärker als das Böse. Gewiss ist es oft ganz schön schwer, dem Weg der Liebe zu folgen, aber es lohnt sich! Ich möchte dazu eine Geschichte von mir selbst erzählen.

Ich war auf einem Priestertreffen, als mein Handy klingelte und mir mitgeteilt wurde, dass aus einem unserer Heime drei Kinder ausgerissen seien und ich sie doch bitte suchen solle. Ein paar meiner Kollegen lachten: Wenn ich so blöd sei, mir eine solche Schar von Kindern aufzuhalsen, dann möge ich gehen und meine Hosenmätze suchen! Mit einer Wahnsinnswut im Bauch setzte ich mich ins Auto und machte mich auf die Suche. Dabei sagte ich mir: »Wartet nur! Euch werde ich ordentlich ein paar runterhauen!«

Doch schon wenig später war mir, als hätte sich Jesus neben mich gesetzt und spräche: »Bruder Csaba! Ganz egal, was diese Buben angestellt haben – das gibt dir nicht das Recht, vom Weg der Liebe abzuweichen!« Eben das hatte ich ja selbst wieder und wieder gesagt. Aber jetzt war das nicht Theorie ... Ich spürte, dass ich in Zukunft wohl kaum noch von der Liebe predigen konnte, wenn ich nicht imstande war, diese in der Praxis zu leben.

ICH SCHNAUBTE INNERLICH UND SAGTE SCHLIESSLICH BEI MIR: »ALSO GUT, HERR ... ABER EINE GANZ LEICHTE WATSCHEN, DAS KANN DOCH NICHT SO SCHLIMM SEIN ...« DOCH DANN HATTE ICH DAS GEFÜHL, ALS GÄBE ER MIR ZUR ANTWORT: »SCHAU HER! ICH HING AM KREUZ UND ERHOB NICHT MEINE HAND GEGEN HERODES.«

Doch es fiel mir schwer, im Auto auf der Suche nach den Kindern frei nach Jesus zu sprechen: »Vater, vergib diesen Kindern, denn sie wissen nicht, was sie tun.«

Schließlich fand ich die drei Ausreißer am Straßenrand, wo sie sich wärmten. Ich sprach zu ihnen: »Wohin wollt ihr? Wie ich sehe, seid ihr per Anhalter unterwegs ...« Nein, sagten sie, sie seien nicht per Anhalter unterwegs, sondern würden zu Fuß nach Déva[25] gehen. Immerhin tat es gut zu erfahren, dass sie nicht von uns davonlaufen wollten, sondern die Absicht hatten, in ein anderes unserer Heime zu wechseln, weil sie in dem Heim, in dem sie untergebracht waren, mit bestimmten Personen nicht mehr zurechtkamen. Sie glaubten, es lägen nur siebzehn Kilometer zwischen den beiden Heimen; in Wirklichkeit sind es achtundsiebzig. Ich sagte zu ihnen: »Rechnet mal aus, wie lange ihr für diese Strecke zu Fuß brauchen würdet!« Sie dividierten und multiplizierten und mussten schließlich einsehen, dass sie dafür zu Fuß ganz schön lange unterwegs wären.

---

25 Déva, rum. Deva, im Dt. auch Diemrich, ist eine Stadt in Südsiebenbürgen am Mieresch-Fluss mit rund 61 100 Einwohnern, davon rund 4 400 ungarischsprachigen (Stand: 2011) (vgl. *Wikipedia*, Deva (dt.) (08.01.2018)). Als P. Csaba 1992 von der Ordensleitung dorthin versetzt wurde, brachte er in einem leerstehenden Franziskanerkloster der Stadt die ersten Straßenkinder unter (vgl. *Wikipédia*, Böjte Cs. (ung.) (08.01.2018)).

Ich erklärte ihnen: »Wenn jemand in die Welt hinauszieht, dann verabschiedet er sich und lässt sich in Asche gebackene Pogatschen[26] mitgeben. So habt ihr es auch in den Märchen gelesen. Habe ich euch etwa beigebracht abzuhauen?! Das macht man nicht! Davon kann gar keine Rede sein!« Und ich fuhr fort:

»Ihr habt drei Möglichkeiten:

Erstens: Ihr steigt jetzt aus dem Auto aus, bekommt von mir ein Busserl, geht auf eurem Weg weiter, und ich winke euch nach. In Ordnung. Ihr könnt in die Welt hinausziehen ...

Zweitens: Wir kehren zum Kloster zurück und machen dort Schmalzbrote. Ihr zieht euch warm an. Dann schneiden wir uns ein paar Stöcke, für den Fall, dass Hunde auf euch losgehen; mit denen könnt ihr euch gegen sie wehren. Ihr zieht dann in die Welt hinaus, und ich winke euch nach. Irgendwann werden wir uns wieder mal begegnen und uns freudig in die Arme schließen.

Drittens: Wir kehren ins Heim zurück. Ihr entschuldigt euch und versprecht, dass ihr in Zukunft nicht mehr ausreißt, und das Leben geht friedlich weiter.

Entscheidet euch!«

Die Wirkung meiner Worte war beeindruckend: Diese drei Buben im Alter von zehn bis zwölf Jahren drängten sich an mich und sagten weinend, dass sie ganz gewiss nicht von mir fortwollten. Sie hätten es ja gut in meinem Heim. Und sie wollten sich entschuldigen. So standen wir vier schluchzend vor dem Auto. Ich bat sie, sich schnell wieder ins Auto zu setzen, sonst würde noch ein Vorbeikommender denken, dass wir dort am Straßenrand irgendeine heidnische Zeremonie abhalten.

Mein Herz war erfüllt von Freude und Dankbarkeit, weil Gott es nicht zugelassen hatte, dass ich vom Weg der Liebe abweiche.

---

26 Pogatsche (f.): rundes Salzgebäck mit Eiern von der Größe einer Kinderhand.

Wenn ich ihnen ein paar Watschen gegeben hätte, dann hätten sich diese Kinder mit Sicherheit nicht weinend an mich geschmiegt.

Ja, ich glaube, dass wir stets die Möglichkeit haben, uns für die Liebe zu entscheiden. Diese Entscheidung für die Liebe bringt auch dann ihre Früchte hervor, wenn wir diese nicht sogleich sehen.

Wir müssen der Versuchung widerstehen, dürfen es uns nicht erlauben, beleidigt zu sein, Hass im Herzen zu tragen und auf Vergeltung zu sinnen.

Wenn ich meinen Glauben und mein Vertrauen in den von Gott geschaffenen Menschen verliere, dann laufe ich sehr schnell Gefahr, vom Weg der Liebe abzuweichen und meine Hand und meine Zunge dem bösen Geist zu überlassen.

Meine Arbeit mit den Kindern ist deshalb von Erfolg gekrönt, weil ich mir sage: Der böse Geist versucht zwar, alle zugrunde zu richten, aber es ist meine Aufgabe, die mir anvertrauten Kinder von der Macht des Bösen zu befreien, indem ich aus ihnen das Gute hervorliebe[27].

Um dies noch besser verständlich zu machen, möchte ich von einem Erlebnis erzählen, das schon eine ganze Weile zurückliegt.

Eine Frau klagte mir gegenüber unter Tränen, wie grob ihr Mann zu ihr sei. Dieser war Steinmetz von Beruf. Den ganzen Tag über meißelte er und hob schwere Steine. Gewiss hätte auch ich nicht spüren wollen, welche Kraft in seiner Hand steckt. Die arme Frau klagte mir wieder und wieder ihr Leid, und ich merkte, wie mein innerliches Verhältnis zu ihrem Mann immer angespannter wurde. Einmal setzte ich mich schließlich mit diesem zusammen, um mit ihm zu reden. Da fragte er mich: »Herr Pater, ist es arg schlimm, wenn jemand Selbstmord begeht?« Er erzählte mir, dass er schon so oft versucht habe, ein neues Leben

27 S. ob. Anm. 5 zu S. 43.

anzufangen. Aber er fühle sich dazu außerstande. Er spüre, dass in ihm etwas Schlechtes sei, das mit Macht aus ihm hervorbreche, wenn er getrunken habe. Schon mehrmals habe er auf Knien gelobt, nicht mehr zum Alkohol zu greifen, aber er sei nicht imstande gewesen, dieses Gelübde zu halten. Er habe daher das Gefühl, dass er das Schlechte in sich nur dadurch austilgen könne, dass er sich erhänge.

Mein Blick ruhte auf dem großen, kräftigen Mann, der als gebrochener Mensch vor mir saß, in seinem Innern furchtbare Qualen litt und einen verzweifelten Kampf mit sich kämpfte. Ich fragte ihn: »Hat Ihre Frau Sie so schon einmal gesehen?« »Nein«, antwortete er mir. Ich fragte weiter: »Aber warum nicht?!« Er erklärte: »Herr Pater, ich würde mich schämen, wenn sie mich so schwach sehen würde!«

Ich ermunterte ihn, zu seiner Frau zu gehen, sich ihr gegenüber genauso offen zu zeigen wie mir gegenüber, zu ihr zu sagen: »Liebste, ich muss dir gestehen, dass ich zu schwach bin, mich von diesem Übel loszureißen. Hilf mir bitte! Reich mir deine Hand! Mit dir zusammen schaff' ich's!«

Diese Frau glaubte, ihr Mann wäre das Böse in Person. Sie kämpften gegeneinander, obwohl sie doch einen gemeinsamen Gegner hatten. Und als Verbündete hatten sie doch eine weitaus größere Chance, über diesen den Sieg davonzutragen ...

Wie Jesus dem vom Teufel besessenen Mann in der Gegend von Gerasa[28] die Freiheit schenkte, lieben zu können, so befreite Er auch Saulus, befähigte ihn in dieser neuen Freiheit dazu, seinen Hymnus auf die Liebe zu schreiben. Welch weiter Weg war es doch vom billigenden Augenzeugen der Ermordung des heiligen Stephanus bis zum Verkünder der Liebe und Apostel der Heiden! Durch Sein Wort und Seine liebevolle Hinwendung befreite Jesus auch ihn, erlöste ihn von der Finsternis, von der Macht des bösen Geistes.

---

28 S. ob. Anm. 7 zu S. 50.

Unsere vornehmste Aufgabe ist es nicht, das Böse zu besiegen, sondern dem andern die Freiheit zur Liebe zu schenken. Die Politiker unserer Zeit würden weitaus mehr erreichen, wenn sie viel Gutes täten, zum Beispiel aus eigener Tasche Einrichtungen gründen würden, die einem guten Zweck dienen. Wenn ein hoher Politiker in Moldawien aus eigenen Mitteln eine Schule errichten ließe, so würde er die dort lebenden Kinder dazu befreien, zu lieben und gut zu sein, und er würde staunend feststellen, wie viel besser die Melone schmeckt, die wir gemeinsam essen, als jene, die uns ein Diener mit weißen Handschuhen serviert.

GOTT WILL UNS GANZ GEWISS KEINEN PLUNDER ANDREHEN, WENN ER UNS DAZU ERMAHNT, DEN WEG DER LIEBE NICHT ZU VERLASSEN. ER TUT DIES NICHT AUS EINER LAUNE HERAUS ODER WEIL IHM GERADE ›NICHTS ANDERES EINFIELE‹, SONDERN DESHALB, WEIL WIR NUR AUF DIESEM WEGE GLÜCKLICH WERDEN UND UNS NUR SO LIEBE UND WÄRME ERFÜLLEN.

Ich bin davon überzeugt, dass sich jeder Mensch eben danach sehnt. Eigentlich hätten wir nichts anderes zu tun, als einander dabei zu helfen, dem Bösen zu widersagen, und einander die Freiheit zu Liebe und Güte zu schenken.

Es ist so schön, in jenem Lichte zu baden, das uns mit Wärme und Helligkeit erfüllt. Es ist wunderbar, in der Freiheit, zu der wir als Kinder Gottes berufen sind, alles und jeden in geschwisterlicher Liebe zu umarmen und jedem Geschöpf Gottes in Güte zu begegnen. Auch deshalb bin ich davon überzeugt, dass die Botschaft, die uns Christus gebracht hat, nichts in ihrem Lauf aufhalten wird und dass diese langsam, aber sicher in den Herzen aller Menschen triumphieren wird.

Ist es nicht möglich, dass es gar keinen bösen Geist gibt und uns nur unsere eigene zum Bösen neigende, genusssüchtige und bequemliche Natur in Sünde stürzt?

Aus eigener Erfahrung müssen wir feststellen, dass um uns herum so viel Böses herrscht, dass sich dies aus den Gegebenheiten der materiellen Welt allein nicht erklären lässt. Diese dürfte eigentlich von sich aus nicht so sehr zum Bösen neigen. Man erkennt, dass etwas oder jemand sie in diese unheilvolle Richtung treibt. Wie oft nehmen sich doch Menschen ernsthaft vor, gut zu sein! Doch der Satan sucht einen jeden von uns vom Weg der Liebe fortzuzerren und uns dazu zu bewegen, dass wir unseren Mitmenschen Schmerzen zufügen, uns von ihnen absondern und im Finstern dahinleben. Ohne die Existenz eines bösen Geistes wüsste man sich das, was auf unserer Welt geschieht, kaum zu erklären.

WENN JEMAND NICHT AN GOTT GLAUBT, DANN GELANGT ER DAZU, DASS ER EINEN MENSCHEN, EINE IDEE, SEIN VOLK, SEINEN KÖRPER ODER EIN ELEKTRONISCHES GERÄT VERGÖTTERT. ALL DAS KANN ZU DEN GRÖSSTEN MONSTROSITÄTEN FÜHREN!

Wenn der Mensch nicht an den lebendigen Gott glaubt, dann sucht er nach einem Gottesersatz. Der französische Philosoph Blaise Pascal (1623–1662) sagte einst sinngemäß: »Wo es am Glauben an den wahren Gott fehlt, herrscht Aberglauben und Götzenverehrung.«[29] Er trifft damit den Nagel auf den Kopf! Wir brauchen uns nur diesen oder jenen vergötterten Diktator, irgendeinen Rock-Götzen oder einen Medienstar anzuschauen. Wie erbärmlich leer und flüchtig ist doch oft ihr Leben!

So ist es auch mit dem Bösen: Wenn wir die Existenz eines bösen Geistes nicht wahrhaben wollen, dann proji-

29 Übers. aus dem Ung.

zieren wir das Böse – das wir in der Welt ja gleichwohl sehen – auf einen Menschen oder auf eine Gruppe von Menschen, suchen eine Verkörperung des Bösen und gehen auf unseren Mitmenschen oder eine bestimmte Volksgruppe los.

Wer auf den Wegen des Bösen geht, leidet schon hier auf Erden unter seiner eigenen Bosheit. Er ist ein Opfer und verdient unsere Liebe und unsere Barmherzigkeit. Er erwartet von uns keine Verurteilung, sondern dass ihm mit unserer Unterstützung Erlösung und Befreiung zuteilwird. Wenn wir uns in Güte zu ihm hinabneigen und ihm mit liebevollen Worten zur Freiheit verhelfen, dann gewinnen wir in ihm einen Freund, und er wird seinen eigenen Liebeshymnus schreiben. Wir alle sehnen uns danach, eine klare Sicht zu haben und in ungehemmtem Flug durch die Lüfte zu flattern, und wollen nicht, dass Finsternis, Verirrung oder Hass unseren Flug stören.

Wie dumm sind wir doch, wenn wir einander als Terroristen oder als unverbesserliche, ruchlose Volksfeinde abstempeln und uns in wildem Hass gegenseitig umbringen, indes der böse Geist mit seinem satanischen Lachen zuschaut! Wenn wir von Hass erfüllt sind oder wenn wir uns im Leben von dummer Habgier leiten lassen, dann sind wir Marionetten in der Hand des Bösen.

Wir alle sehnen uns danach – selbst dann, wenn wir diese Sehnsucht gar nicht auszusprechen vermögen –, dass wir, von Liebe geleitet, in freiem Fluge durch die Lüfte flattern können.

Ich glaube an Jesus Christus, Gottes eingeborenen Sohn, unsern Herrn

Bevor wir uns dem Mysterium von Jesu Wesen zuwenden, wollen wir einen Blick werfen auf die wichtigsten, aus den Evangelien uns bekannten Momente Seines irdischen Lebens.

Seine geschichtliche Existenz wird selbst von denen nicht infrage gestellt, die keine Christen sind. Erwähnt wird Christus etwa von den antiken Geschichtsschreibern Flavius Josephus[30] und Tacitus[31]. Geboren wurde Er in dem Städtchen Betlehem in Judäa zur Zeit der Volkszählung des römischen Kaisers Augustus, kurz vor dem Tode des jüdischen Königs Herodes des »Großen«, der in das Jahr 4 vor dem ›offiziellen‹ Jahr der Geburt Christi fällt. Seine Mutter war Maria von Nazaret, die Ihn durch den Heiligen Geist empfangen hatte. Ihr Verlobter, der Zimmermann Josef, nahm sie zur Frau, nachdem ein Engel ihm im Traume mitgeteilt hatte, dass das Kind, das seine Verlobte erwartete, vom Heiligen Geiste war, und gemeinsam zogen sie das Kind groß. Jesus war ein besonderes Kind. Seine Geburt verkündeten Engel den Hirten, und Propheten hatten sie vorausgesagt: »Siehe, die Jungfrau hat empfangen, sie gebiert einen Sohn […]« (Jes 7,14). »Doch aus dem Baumstumpf Isais wächst ein Reis hervor, ein junger Trieb aus seinen Wurzeln bringt Frucht. Der Geist des HERRN *ruht auf ihm: der Geist der Weisheit und der Einsicht, der Geist des Rates und der Stärke, der Geist der Erkenntnis und der Furcht des* HERRN*. Und er hat sein Wohlgefallen an der*

30 Vgl. *Antiquitates Judaicae* / Ἰουδαϊκὴ ἀρχαιολογία XVIII, 3.
31 Vgl. *Annales* XV, 44.

Furcht des Herrn. Er richtet nicht nach dem Augenschein und nach dem Hörensagen entscheidet er nicht, sondern er richtet die Geringen in Gerechtigkeit und entscheidet für die Armen des Landes, wie es recht ist. Er schlägt das Land mit dem Stock seines Mundes und tötet den Frevler mit dem Hauch seiner Lippen. Gerechtigkeit ist der Gürtel um seine Hüften und die Treue der Gürtel um seine Lenden« (Jes 11,1–5).

Acht Tage nach Seiner Geburt wurde Er beschnitten (vgl. Lk 2,21). Nach weiteren zweiunddreißig Tagen, also vierzig Tage nach Seiner Geburt (vgl. Lev 12,4), wurde Er in Jerusalem im Tempel als Erstgeborener »dargestellt«, das heißt dem Herrn übergeben; denn dem Gesetze nach gehörte Er als »Erstgeborener« dem Herrn (vgl. Lk 2,22f.). Simeon und die Prophetin Hanna erkannten in dem Kinde den lang erwarteten Messias, aber sie sahen auch, dass Er »ein Zeichen sein [wird], dem widersprochen wird« (Lk 2,34). Sie sagten auch voraus, dass Maria ein »Schwert« des Schmerzes durch die Seele dringen sollte (vgl. Lk 2,35). »Weise« kamen aus dem Osten, um den König der Juden, den Herrn aller Völker, anzubeten (vgl. Mt 2,1–12). Herodes hatte Angst vor dem Verlust seiner Macht und ließ daher, um Jesus zu töten, alle Knaben der Gegend bis zum Alter von zwei Jahren umbringen (vgl. Mt 2,16–18). Wegen Herodes' böser Absichten war die heilige Familie auf Weisung eines Engels nach Ägypten geflohen (vgl. Mt 2,13–15). Als ihnen keine Gefahr mehr drohte, zog Josef mit Maria und Jesus zurück und ließ sich mit ihnen in Nazaret nieder (vgl. Mt 2,19–23).

Bis zum Alter von dreißig Jahren lebte Jesus von der Öffentlichkeit unbeachtet, war Seinen Eltern gehorsam, »wuchs heran und seine Weisheit nahm zu und er fand Gefallen bei Gott und den Menschen« (Lk 2,52). Er übte den Beruf des Zimmermanns aus.

Aus der Zeit vor Seinem öffentlichen Auftreten erfahren wir lediglich, dass Er im Alter von zwölf Jahren in Jerusalem verlorenging. Als Maria und Josef Ihn im Tempel fanden, sahen sie Ihn im Gespräch mit den Gelehrten – welche über Seine klugen Fragen und Antworten staunten. Auf die verständnislose Frage Seiner Eltern entgegnete Er: »Warum habt ihr mich gesucht? Wusstet ihr nicht, dass ich in dem sein muss, was meinem Vater gehört?« (Lk 2,49).

Im Alter von rund dreißig Jahren begann Jesus, öffentlich das Reich Gottes zu predigen. Zunächst begab Er sich zu Seinem Verwandten[32], Johannes dem Täufer, der »die Taufe der Umkehr zur Vergebung der Sünden [verkündete]« (Lk 3,3). Jesus ließ sich von ihm taufen, obwohl sich Johannes erst einmal dagegen sträubte: »Ich müsste von dir getauft werden und du kommst zu mir?« (Mt 3,14), sagte Johannes. Als Er aus dem Wasser stieg, kam der Heilige Geist in Gestalt einer Taube auf Ihn herab, und aus dem Himmel war eine Stimme zu hören: »Dieser ist mein geliebter Sohn, an dem ich Wohlgefallen gefunden habe« (Mt 3,17). Bevor Jesus einen Kreis von Jüngern um sich scharte und mit ihnen durch Galiläa und Judäa zog, fastete Er vierzig Tage in der Wüste, wo Ihn wilde Tiere umgaben und schließlich Engel Ihm dienten (vgl. Mt 4,1–11; Lk 4,1–13). In dieser Zeit führte Ihn der Satan dreimal in Versuchung, um Seine Sendung scheitern zu lassen; doch Jesus widersagte dem Verführer. Nie fiel Er in Sünde, wie dies der heilige Paulus schreibt: »Wir haben ja nicht einen Hohepriester, der nicht mitfühlen könnte mit unseren Schwächen, sondern einen, der in allem wie wir versucht worden ist, aber nicht gesündigt hat« (Hebr 4,15).

Er wählte zwölf Männer aus, um sie alles zu lehren. Er »gab ihnen Kraft und Vollmacht über alle Dämonen und um Krankheiten zu heilen. Und er sandte sie aus, das Reich Gottes zu verkünden und die Kranken gesund zu machen« (Lk 9,1f.). Neben diesen folgten Jesus zahlreiche andere Jünger. Eine besondere Rolle wies Er dem einfachen Fischer Petrus zu, der über keinerlei höhere Bildung verfügte: »Ich werde dir die Schlüssel des Himmelreichs geben; was du auf Erden binden wirst, das wird im Himmel gebunden sein, und was du auf Erden lösen wirst, das wird im Himmel gelöst sein«

32 Elisabet, die Mutter Johannes' des Täufers, wird als »Verwandte« Marias, der Mutter Jesu, bezeichnet (vgl. Lk 1,36).

(Mt 16,19). »Jesus zog durch alle Städte und Dörfer, lehrte in ihren Synagogen, verkündete das Evangelium vom Reich und heilte alle Krankheiten und Leiden. Als er die vielen Menschen sah, hatte er Mitleid mit ihnen; denn sie waren müde und erschöpft wie Schafe, die keinen Hirten haben« (Mt 9,35f.). »Und die Menschen waren voll Staunen über seine Lehre; denn er lehrte sie wie einer, der Vollmacht hat, nicht wie die Schriftgelehrten« (Mk 1,22). Im Zentrum von Jesu Lehre stand die Liebe zu Gott und den Mitmenschen. Er verkündete, dass Gott unser guter, liebender und treusorgender Vater ist, der uns vergibt, wenn wir mit unserem sündigen Leben brechen wollen, und uns ein neues Leben schenkt. Er kritisierte sinnentleerte religiöse Förmlichkeiten und Scheinfrömmigkeit.

Er wirkte zahlreiche Wunder. Auf einer Hochzeit verwandelte Er Wasser in Wein (vgl. Joh 2,1–11). Er vermehrte das Brot. Er gebot dem Sturm, sich zu legen und ging auf dem Wasser. Er heilte Kranke und erweckte sogar Tote.

Von Seiner Geburt in einer Futterkrippe bis zu Seinem Tod am Kreuze teilte Er mit den einfachen Menschen Sein Leben, identifizierte sich mit allen Leidenden und Armen und erklärte die tätige Liebe ihnen gegenüber zur Voraussetzung, um ins Himmelreich zu kommen und so das Heil zu erlangen. In Gleichnissen sprach Er vom Reich Gottes und dem Weg dorthin.

Dreimal (vgl. Lk 9,22; Lk 9,44; Lk 18,32) kündigte Er Sein Leiden und Seine Auferstehung an: Er werde viel leiden müssen, und man werde Ihn töten, am dritten Tage aber werde Er auferstehen. Petrus empörte sich darüber, und auch die anderen Jünger verstanden dies zunächst nicht.

Auf dem Berg Tabor verklärte sich vor drei ausgewählten Jüngern – Petrus, Jakobus und Johannes – Sein Gesicht, und auch Sein Gewand erstrahlte, und so zeigte Er sich in Seinem göttlichen Glanze. Neben Ihm erschienen Elija und Mose, die mit Ihm über Sein bevorstehendes Leiden sprachen. Eine Wolke überschattete sie, und eine Stimme aus der Wolke sprach: »Dieser ist mein auserwählter Sohn, auf ihn sollt ihr hören« (Lk 9,35).

Was Er sagte, war für viele unverständlich, und viele nahmen Anstoß daran. Auch brach Er nach Auffassung der Pharisäer den Sabbat. Er erklärte, dass Gott Sein Vater ist, und gab zu verstehen, dass Er mit dem Vater auf einer Stufe steht. Mehrere Seiner Jünger verließen Ihn, als Er erklärte: »[...] mein Fleisch ist wahrhaft eine Speise und mein Blut ist wahrhaft ein Trank« (Joh 6,55). Einmal sagte Er in Jerusalem: »Reißt diesen Tempel nieder und in drei Tagen werde ich ihn wieder aufrichten. Da sagten die Juden: Sechsundvierzig Jahre wurde an diesem Tempel gebaut und du willst ihn in drei Tagen wieder aufrichten? Er aber meinte den Tempel seines Leibes. Als er von den Toten auferweckt war, erinnerten sich seine Jünger, dass er dies gesagt hatte, und sie glaubten der Schrift und dem Wort, das Jesus gesprochen hatte« (Joh 2,19–22).

Viele kamen zum Glauben an Ihn. Aber die religiösen Führer betrachteten Ihn mit Missgunst und suchten einen Vorwand, der es ihnen ermöglichte, Ihn vor dem römischen Statthalter zu verklagen. Als Er am Palmsonntag auf einem Esel in Jerusalem einzog, jubelten Ihm zahlreiche Menschen zu. Als sie jedoch erkannten, dass Er das Reich Gottes nicht auf Erden verwirklichen wollte und die Unterdrücker nicht zu vertreiben gedachte, da wandte sich das Volk enttäuscht von Ihm ab.

Am Gründonnerstag aß Er zusammen mit Seinen Jüngern das Letzte Abendmahl. Dabei wusch Er ihnen, um ihnen ein Beispiel zu geben, wie ein Sklave die Füße. Er verwandelte Brot und Wein in Seinen eigenen Leib und Sein eigenes Blut, um Gottes Neuen Bund mit den Menschen zu besiegeln und gleichsam ›zum Anfassen‹ bei ihnen zu bleiben. Kurz nach dem Mahl verließen Ihn fast alle Seiner Jünger, und in Seiner Todesangst am Ölberg schwitzte Er Blut. Judas Iskariot, einer Seiner Jünger, führte die Soldaten zu Ihm, auf dass sie Ihn gefangen nähmen. Petrus hieb in seiner Wut einem der Soldaten ein Ohr ab. Doch Jesus verwies es ihm und heilte das Ohr des Soldaten (vgl. Lk 22,14–22).

Er wurde verurteilt, weil Er die Frage des Hohen Priesters, ob Er der Messias, der Sohn Gottes sei, bejahte und hinzufügte: »[...] ihr werdet den Menschensohn zur Rechten der Macht sitzen und mit den Wolken des Himmels kommen sehen. Da zerriss der Hohepriester sein Gewand und rief: Wozu brauchen wir noch Zeugen? Ihr habt die Gotteslästerung gehört« (Mk 14,62–64). Unter dem Vorwurf der Aufwieglung zum Aufstand lieferten sie Ihn den römischen Machthabern aus, auf dass diese Ihn hinrichten.

Pilatus, der römische Statthalter, erkannte klar Seine Unschuld und versuchte zunächst, Ihn zu retten. So ließ er Ihn erst einmal ›nur‹ geißeln, in der Hoffnung, dass Sein blutüberströmter Anblick Mitleid erregen würde. Aus Anlass des bevorstehenden Paschafestes gab Pilatus dem Volke die Möglichkeit, sich für die Freilassung Jesu oder aber für die Freilassung des Mörders Barabbas zu entscheiden (vgl. Mt 27,15–17). Die hasserfüllte Menge forderte Jesu Tod, und Pilatus hatte nicht so viel Mumm, seinen Willen gegen diese durchzusetzen, hatte Angst, die Gunst des Kaisers zu verlieren. Er wies auf den Messias und sprach: »Seht, der Mensch!« (Joh 19,5). Dann wusch er sich die Hände, zum Zeichen, dass er unschuldig sei (vgl. Mt 27,24).

Der Tod, zu dem Er verurteilt wurde, die Kreuzigung, war für die schlimmsten Verbrecher bestimmt. Noch in Seinen Qualen und in Seinem Todeskampf betete Er für Seine Peiniger. Ergebungsvoll ertrug Er die körperlichen und seelischen Schmerzen, das völlige Ausgeliefertsein, die tiefsten Demütigungen. Als Er Seinen Geist aushauchte, erbebte die Erde und der schwere Vorhang, der im Tempel den Bereich der Menschen von dem Bereich Gottes trennte, riss entzwei. »Als der Hauptmann und die Männer, die mit ihm zusammen Jesus bewachten, das Erdbeben bemerkten und sahen, was geschah, erschraken sie sehr und sagten: Wahrhaftig, Gottes Sohn war dieser!« (Mt 27,54).

Am dritten Tage auferstand Er jedoch, und dies, obwohl Sein Grab von römischen Soldaten bewacht wurde. Mehrmals und an verschiedenen Orten erschien Er Seinen Jün-

gern, versprach ihnen, dass Er wiederkommen wird, und auch, dass Er alle Tage mit ihnen sein wird bis zum Ende der Welt (vgl. Mt 28,20). Schließlich sandte Er ihnen nach Seiner Himmelfahrt den Heiligen Geist.

Viele meinen irrigerweise, Jesus wäre nur ein guter Mensch und ein wirkmächtiger Lehrer, aber nicht Gott gewesen. Andere wiederum stellen in Abrede, dass Er wahrhaft Mensch war ...

Jesus ist wahrer Mensch und wahrer Gott. In der Geschichte der Menschheit behauptete sonst kein Religionsstifter von sich, dass er von oben, von Gott gekommen sei. Buddha, Konfuzius und Mohammed sahen sich stets als Menschen, sagten, dass sie von der Erde zum Himmel emporstreben. Auch Mose sagte, dass zu ihm vom Himmel her gesprochen wurde. Jesus ist der Einzige, der sagte, dass Er von Gott gekommen ist, um mit Seinem Leben zu zeigen, wie sehr Gott uns Menschen liebt. Nur Jesus Christus sagte ganz bewusst und sogar mehrmals, dass Er und der Vater eins sind. Er zeigte sich dessen bewusst, dass Er der Sohn Gottes ist. Der heilige Apostel Paulus schreibt über Ihn: »Er war Gott gleich, hielt aber nicht daran fest, Gott gleich zu sein, sondern er entäußerte sich und wurde wie ein Sklave und den Menschen gleich. Sein Leben war das eines Menschen; er erniedrigte sich und war gehorsam bis zum Tod, bis zum Tod am Kreuz« (Phil 2,6–8).

Ein Mensch, der sich selbst vergöttlicht, ist selbstgefällig, eingebildet, aufgeblasen, egoistisch und will um jeden Preis im Mittelpunkt stehen. Jesu Persönlichkeit steht nun aber in völligem Gegensatz dazu. Denn Er war demütig und selbstlos, kümmerte sich um die anderen, war bereit zu dienen und suchte es stets zu vermeiden, dass die Menschen Ihn zu einem Star machen. Stets lehnte Er es ab, zum König gewählt zu werden – etwa nach der wunderbaren Brotvermehrung oder am Palmsonntag. Dass Er von sich sagte, Gott zu sein, kostete Ihn das Leben. Denn dies war den Hohen Priestern der größte Dorn im Auge und veranlasste sie dazu, Ihn ans Kreuz zu bringen.

DOCH VERGESSEN WIR AUCH NICHT: ER ASS UND SCHLIEF WIE ALLE MENSCHEN, FREUTE SICH UND HATTE ANGST WIE ALLE MENSCHEN, WAR, WIE ALLE MENSCHEN, VERSUCHUNGEN AUSGESETZT UND LITT, WIE ALLE MENSCHEN, SCHMERZEN.

Seine menschliche Natur war nicht wie ein Kleidungsstück, das man anlegt, sondern Er wurde wahrhaft Mensch. Ich glaube und bekenne, was die Kirche schon seit zweitausend Jahren lehrt: Jesus Christus ist Gottes Sohn, Er ist wahrer Gott und wahrer Mensch, und Sein menschliches Herz zeigt in vollkommener Weise das Herz Gottes.

Jesus Christus wurde durch den Heiligen Geist empfangen und von der Jungfrau Maria geboren

Im Großen Glaubensbekenntnis beten wir: »[Jesus Christus ist] aus dem Vater geboren vor aller Zeit: Gott von Gott, Licht vom Licht, wahrer Gott vom wahren Gott, gezeugt, nicht geschaffen, eines Wesens mit dem Vater.« Zunächst bekennen wir, dass Er aus dem Vater geboren wurde, und etwas später, dass Er von der Jungfrau Maria geboren wurde ...

Die Geburt von Gott Sohn aus Gott Vater ist ein Geheimnis der Heiligsten Dreifaltigkeit. Wie bereits gesagt: Mögen wir uns darüber noch so sehr den Kopf zerbrechen – verstehen können wir dies doch nicht. Wenn Menschen sich dazu etwas ausgedacht hätten, dann hätten sie gewiss in der Weise philosophiert, dass dabei etwas absolut Logisches herausgekommen wäre, eine Theorie mit einer eindeutigen Herleitung. Für mich ist auch dies ein Beweis dafür, dass Gott nicht dem Denken des Menschen entsprungen ist.

Jesus wurde vom Vater vor aller Zeit geboren. Die Geburt von der Jungfrau Maria ist Seine Fleischwerdung auf Erden.

Ich könnte mir schon vorstellen, dass die Engel im Himmel, als sie vernahmen, dass die Zweite Göttliche Person auf die Erde kommen wird, die Köpfe zusammensteckten und – wenn man so will – im ›Himmlischen Tagblatt‹ alle möglichen Spekulationen darüber erschienen, in welcher Form diese Fleischwerdung stattfinden werde.

Niemand hätte wohl gedacht, dass der große Gott als kleines, wehrloses Kind zu uns Menschen kommt. Damit will Er uns sagen: »Schaut her! Hier bin ich! Nur wenn ihr euch meiner annehmt, werde ich leben. Nur wenn ihr mich wascht, werde ich sauber sein. Nur wenn ihr mir zu essen gebt, werde ich nicht verhungern.«

Sich in solchem Maße dem andern auszuliefern – das ist das Wesen der Liebe: Ich lege die Waffen nieder, lege meine Rüstung ab, gebe mich dem andern ganz hin. Eine schönere Form der Fleischwerdung könnte ich mir nicht vorstellen und auch keine schönere Lehre. Diese Lehre ruft uns dazu auf, klein, wehrlos und verletzlich zu sein und sich dem andern in die Arme zu legen. Wie schön ist doch diese Haltung Gottes! Und wie schön ist es, wenn wir Menschen selbst eine solche Haltung zeigen!

Weihnachten ist für mich jedes Jahr ein Fest riesiger Freude! Denn schallender und schöner ließe es sich nicht sagen, welche Gefühle und Gedanken Gott für uns Menschen hegt! Ich bin davon überzeugt, dass alles, was Gott tut, eine Botschaft an uns Menschen birgt. Gott kommt zu uns auf die Erde als Kind einer einfachen Frau, in einem Stall bei Tieren – dies kündet davon, was die Liebe ihrem Wesen nach ist! Ein gewaltiges Vertrauen wird uns damit entgegengebracht! Gepriesen sei dafür Sein heiliger Name!

Warum war es wichtig, dass Jesus zu uns Menschen auf die Erde kam?

Wenn ich jemanden liebe, dann suche ich seine Nähe, möchte mit ihm zusammen sein, möchte ein Teil seines Lebens und seines Umfeldes sein. Nach dem Geschenk des Lebens besteht Gottes größtes Geschenk darin, dass Er dieses unser Leben teilt.

WENN ICH DEN BUSCHMÄNNERN IN AFRIKA ZEIGEN WILL, WIE SEHR ICH SIE LIEBE, MUSS ICH IHRE SPRACHE UND IHRE LEBENSWEISE ERLERNEN, MUSS DAS GLEICHE ESSEN WIE SIE, MUSS MICH KLEIDEN WIE SIE – ALL DIES, DAMIT WIR EINANDER WAHRHAFT VERSTEHEN. UND EBEN DIES TAT AUCH JESUS.

Er wurde einer von uns, um uns in menschlicher Sprache sagen und in menschlicher Gestalt zeigen zu können, wie sehr Gott uns liebt.

Vor Jesu Auferstehung führte kein Weg zum Heil. Jesus war es, der uns mit Seinem Leben den Weg zu Gott zeigte. Er sprach: »Ich bin der Weg und die Wahrheit und das Leben« (Joh 14,6). Mit Seinem Tod hat Er die Tür zum Himmelreich geöffnet und uns einen Platz im Hause des Vaters bereitet.

Der Himmlische Vater sandte Seinen heiligen Sohn, damit Er die Menschen auf den rechten Weg führe, die Welt erlöse, sie schöner, besser und gerechter mache und uns die Tür zum Himmelreich aufschließe. Diese gewaltige Aufgabe vertraute Er einem Einzigen an, Seinem eingeborenen Sohn. Was gab Er Jesus dazu mit auf den Weg?

Knien wir einmal in Gedanken vor der Futterkrippe im Stall zu Betlehem nieder. Dann müssen wir doch darüber staunen, dass der kleine Jesus nicht sprechen und nicht gehen kann, dass Er in Windeln gewickelt ist und diese natürlich von Zeit zu Zeit zu waschen sind. Wie arm ist doch diese Familie! Sie haben wirklich nichts. Und bald schon kommen die Soldaten des Herodes herangestampft, um zu morden. Diesem kleinen Menschen, der doch zugleich Gott ist, fehlt es selbst an der elementarsten Sicherheit.

Was gab der Himmlische Vater Seinem heiligen Sohn als Geschenk mit auf den Weg? Wenn wir unseren Blick auf dem im Schoße Seiner Mutter liegenden Kinde ruhen lassen, dann werden wir staunend gewahr, dass Jesus Christus das denkbar größte Geschenk mit auf den Weg gegeben wurde, nämlich die Liebe. Wie jedes Kind hält sich auch das Jesuskindlein an Seiner Mutter fest, lächelt ihr zu, nestelt am Bart Seines Pflegevaters herum und hat Vertrauen in die Menschen. Nur eines bekam Er von Seinem Himmlischen Vater: das Geschenk der Liebe. Gott hat die Liebe auf die Erde gebracht.

Die Liebe ist das, was verbindet, was Gott und den Menschen vereint. Von dieser Liebe geleitet, wagt es Jesus, Simon, genannt Petrus, Andreas, Jakobus, Philippus, Thomas und andere anzusprechen und so eine Jüngerschaft um sich zu scharen.

Jesus Christus ist die Mensch gewordene Liebe. Eben davon künden alle Geschichten der Evangelien. Weil Jesus die Mensch gewordene Liebe ist, kann Er gefallenen Menschen mit Zärtlichkeit begegnen, und deshalb kann Er darauf vertrauen, dass die Sünderin in Zukunft nicht mehr sündigen wird, auch darauf, dass Petrus Ihn trotz all seiner Schwächen und seiner Verleugnung wirklich liebt, und deshalb kann Er es wagen, ihm die Führung der Kirche, Seiner teuren Braut, anzuvertrauen.

Warum bedurfte es zur Fleischwerdung einer irdischen Mutter?

CHRISTUS WILL DIE WELT NICHT IM ALLEINGANG ERLÖSEN. OFT SCHON DACHTE ICH BEI MIR, DASS DIE JUNGFRAU MARIA, ALS SIE DES ENGELS WORT VERNAHM, AUCH SO HÄTTE ANTWORTEN KÖNNEN: »SCHAU, LIEBER ENGEL, HAB MICH DOCH NICHT ZUM BESTEN! ICH BIN NUR EIN HÄUFCHEN STAUB. WIE SOLL ICH DENN GOTT ZUR WELT BRINGEN?«

Wie schön ist es doch, dass die Jungfrau Maria nicht danach fragte, wozu sie sich fähig fühlte oder wozu sie Lust hatte, sondern danach, was Gott von ihr wollte. So antwortete sie: »Siehe, ich bin die Magd des Herrn; mir geschehe, wie du es gesagt hast« (Lk 1,38).

Diese Haltung Marias hat mir schon in zahlreichen Schwierigkeiten weitergeholfen. Sehr oft fühle auch ich, dass ich für eine Aufgabe zu klein und schwach bin, dass diese meine Fähigkeiten bei weitem übersteigt. In solchen Momenten denke ich an das Ja Marias. Ich soll mich nicht fragen, wozu ich selbst in meiner Gebrechlichkeit fähig bin, sondern was Gott von mir will.

Auch Jesus hätte das Hohelied der Liebe schreiben können. Aber wie schön ist es doch, dass Er diesen Ruhm und diese Freude dem heiligen Apostel Paulus überließ! »Ich bin der Weinstock, ihr seid die Reben« (Joh 15,5), spricht Jesus und überlässt uns den süßen Stolz, die Reben zu bilden.

In der Heiligen Schrift wird nirgendwo gesagt, dass Jesus gejubelt oder gelacht hätte, und nur an einer Stelle wird davon berichtet, dass Er sich freute, dort nämlich, wo die Rede ist von der Rückkehr der Jünger, die Er ausgesandt hatte. Diesen hatte Jesus den Auftrag erteilt: »Geht und verkündet: Das Himmelreich ist nahe! Heilt Kranke, weckt Tote auf, macht Aussätzige rein, treibt Dämonen aus! Umsonst habt ihr empfangen, umsonst sollt ihr geben. Steckt nicht Gold, Silber und Kupfermünzen in euren Gürtel! Nehmt keine Vorratstasche mit auf den Weg, kein zweites Hemd, keine Schuhe, keinen Wanderstab; denn wer arbeitet, ist seines Lohnes wert« (Mt 10,7–10).

Als diese Jünger zurückkamen und, einander ins Wort fallend, davon erzählten, welch große Taten Gott durch sie vollbracht hatte, hörte ihnen Jesus eine Weile zu und »vom Heiligen Geist erfüllt, [rief Er] voll Freude aus: Ich preise dich, Vater, Herr des Himmels und der Erde, weil du das vor den Weisen und Klugen verborgen und es den Unmündigen offenbart hast. Ja, Vater, so hat es dir gefallen« (Lk 10,21). Jesus jubelte über die Aussicht auf eine gute Ernte. Für die zweiundsiebzig Jünger war es in der Tat eine schöne Erfahrung, Gutes zu tun, und ihr Herz war darüber voll Freude. Diese Freude kann ihnen nicht genommen werden.

Gott ist es eine Freude, gut zu sein, und diese Freude an der Güte und der guten Tat möchte Er auch uns anbieten, wie eine gute Mutter, die eine leckere Speise mit ihrem Kinde teilen möchte und sie ihm auf einem schönen weissen Teller serviert.

Deshalb sucht Gott uns alle an der weiteren Erschaffung und Erlösung der Welt zu beteiligen.

Das Ziel des menschlichen Daseins besteht darin, aus der Liebe heraus zu leben, aus der Liebe heraus schöpferisch tätig zu sein. Erlöst und befreit ist der Mensch, der sich freiwillig, bewusst und freudigen Herzens für die Liebe entscheidet.

Bei der Taufe werden die Täuflinge, wenn sie erst als Erwachsene getauft werden, persönlich – ansonsten deren Eltern und Paten – gefragt: »Widersagst du dem Bösen? Entscheidest du dich für Gott?«[33] Diese Entscheidung vermag uns zur Erlösung zu führen und Kraft zu geben. Es ist schön, dass Jesus Seine Mutter zur Mitarbeiterin bei der Erlösung der Welt macht, aber nicht nur sie, sondern auch die Apostel, die anderen Jünger, Maria von Magdala, Saulus und ebenso auch uns.

Wenn wir uns für die Liebe und die Güte entscheiden und auf dem Weg Jesu gehen, werden auf unserem Gesicht immer deutlicher die Gesichtszüge Gottes sichtbar.

War sich Jesus als Kind Seiner Göttlichkeit bewusst? War Er in Seiner Kindheit sozusagen altklug?

Die in der Weihnachtsnacht herbeigeeilten Hirten und die etwas später angekommenen Weisen aus dem Morgenland sahen das Jesuskindlein genau so, wie jeder andere Mensch

---

33 Es handelt sich hier nicht genau um die in der Liturgie festgelegten Worte.

Es auch sehen konnte; aber mit ihrem Glauben konnten sie in Seiner Gestalt Gott in die Arme schließen. Es sagt viel über Gott, dass Er sich ganz zu entäußern vermag, also das ablegt, worüber Er verfügt: Er vertraut uns und wird einer von uns. Die menschliche Natur nahm Er nicht in der Weise an, wie man ein Kostüm anlegt. Er wandelte also nicht – wie Fantômas in der französischen Kriminalkomödie der sechziger Jahre – in Verkleidung unter uns Menschen, sondern war wahrhaft Mensch. Wie jeder Mensch lernte Er, spielte, sprach mit anderen, lachte, weinte, arbeitete, lernte die Welt der Menschen kennen.

Herodes trachtete dem Jesuskindlein nach dem Leben, und doch schickte Sein Himmlischer Vater keine Engel als Leibwächter. Maria musste mit ihrem Baby fliehen und Es unterwegs stillen. Diese Szenen offenbaren uns das Wesen von Gottes Güte und Zärtlichkeit in einer Weise, wie wir uns dies in unseren kühnsten Träumen nicht vorzustellen gewagt hätten.

Mit Vergnügen stelle ich mir vor, wie der kleine Jesus, lange bevor Er auch nur eine einzige Predigt hielt oder ein einziges Wunder wirkte, mit den anderen Kindern von Nazaret Fangen und Verstecken spielte.

Mir gefällt die Vorstellung, wie der kleine Jesus vor Seine Mutter tritt und sie fragt: »Mama, darf ich mit den anderen spielen?« Und gerne stelle ich mir vor, wie Er im Versteckspiel verschwitzt am Freimal angerannt kommt, während ein Spielfreund ruft: »Jesus ab!«.[34] Das sind für

34 Eine Variante des Versteckspiels besteht darin, dass derjenige, der vom Sucher entdeckt worden ist, mit diesem um die Wette zu einem vereinbarten Ort, dem sog. Freimal, zu laufen hat. Kommt der Gefundene vor dem Sucher an, kann er sich auf diese Weise »freischlagen«. Ist der Sucher schneller, ruft dieser den Namen des Gefundenen und »ab«. Dadurch gehört der Gefundene beim nächsten Mal zu denen, unter denen der Sucher ausgezählt wird (vgl. *Wikipedia*, Versteckspiel (13.01.2018)).

mich sehr wichtige Szenen. Ich denke, dass Seine Kindheit in Nazaret – Seine stillen Jahre – tatsächlich ungefähr so aussah. Auch die Kindheit verdient es, gelebt zu werden. Jede Minute unseres Lebens ist ein Geschenk unseres Himmlischen Vaters, und Dieser hat Seine Freude daran, wenn wir uns an Seinen Geschenken erfreuen.

Warum war es wichtig, dass eine Jungfrau Ihn gebar?

Dieses ›Drehbuch‹ hat Gott selbst geschrieben. Wenn wir Menschen uns ein ›Drehbuch‹ dazu ausgedacht hätten, stünde es uns frei, eine verbesserte Version zu erstellen. Da aber das ›Drehbuch‹ von Gott selbst stammt, kann sich eine solche Frage nicht stellen.

Hier auf Erden gehen Kinder – von wenigen Ausnahmen abgesehen – aus der körperlichen Anziehung von Mann und Frau hervor.

Der heilige Josef wurde aber in ganz anderer Weise Vater. Gott sprach durch einen Engel zu ihm: »Josef, Sohn Davids, fürchte dich nicht, Maria als deine Frau zu dir zu nehmen; denn das Kind, das sie erwartet, ist vom Heiligen Geist« (Mt 1,20).

GOTT SOHN, DER ZUSAMMEN MIT GOTT VATER UND GOTT HEILIGEM GEIST DIE WELT ERSCHAFFEN HAT, KONNTE NICHT VON EINEM IRDISCHEN VATER GEZEUGT WERDEN, SONDERN NUR VON GOTT VATER SELBST.

Der Engel sprach zu der Jungfrau Maria: »Heiliger Geist wird über dich kommen und Kraft des Höchsten wird dich überschatten« (Lk 1,35).

Da ich mich um Waisenkinder kümmere, ist diese Geschichte für mich von großer Bedeutung. Denn ich bin für diese Kinder Vater in dem Sinne, wie es der heilige Josef für Jesus war. Nicht ich habe diese Kinder gesucht, sondern der Himmlische Vater hat sie mir anvertraut: »Hab keine Angst, Bruder Csaba, diese Kinder aufzunehmen; denn ich werde dir dabei helfen, sie großzuziehen.« Auch dies hat seine eigene Botschaft und Schönheit.

Ehe wir zur nächsten Aussage des Glaubensbekenntnisses, dem Leiden Jesu Christi, kommen, wäre es schön, wenn wir etwas bei den rund dreißig Jahren Seines Lebens verweilen könnten, über welche die Evangelien uns nichts berichten.

Bis zum Alter von dreißig Jahren verrichtete Jesus still Seine alltägliche Arbeit und fand Seine Freude an dem Leben auf Erden. Wenn wir daran denken, dass ein Alter von achtundzwanzig bis dreißig Jahren zur damaligen Zeit die statistische Lebenserwartung war, dann können wir sagen, dass Jesus bereits ein Menschenalter gelebt hatte. Er ging also nichts überstürzt an.

AUCH IN SEINEN ERSTEN DREISSIG LEBENSJAHREN HATTE JESUS GEWISS MIT MANCHERLEI SCHWIERIGKEITEN ZU KÄMPFEN UND MANCHERLEI SCHMERZEN ZU ERTRAGEN. ER TRAT NICHT AUF EIGENE FAUST AUF, SONDERN ERLEBTE ZUNÄCHST EINMAL DAS MENSCHLICHE DASEIN MIT ALL SEINER SCHÖNHEIT, MIT DEN FREUDEN DER FREUNDSCHAFT, DER ARBEIT UND DER SCHÖPFERISCHEN TÄTIGKEIT.

Oft machen wir uns wichtig, sind voller Umtriebigkeit und rechte Gschaftlhuber. Wir haben das Gefühl, als hinge alles von uns selbst ab. Ich bewundere Jesu grenzenlose Ruhe und Geduld, mit der Er, der Herr des Alls, in aller Stille in einer Schreinerei arbeitete. Gerne stelle ich mir vor, wie der heilige Josef die Säge am einen Ende hält und der allmächtige Gott am anderen Ende, wie sie so gemeinsam sägen, wie sie Wiegen, Türen und Fenster herstellen. Gott arbeitet Hand in Hand mit dem Menschen! Damit heiligt

Er die körperliche Arbeit, den Schweiß der Anstrengung, die schöpferische Tätigkeit.

Seitdem ich darüber nachgedacht habe, sehe ich mein eigenes Leben mit anderen Augen, und die einfachen Arbeiten haben für mich an Wert gewonnen. Die Rosen zu schneiden, den Gemüsegarten zu bestellen, eine Scheune zu bauen, den Zaun zu streichen – all das hat vor Gott einen Wert.

Arbeit ist keine Strafe. Auch Jesus arbeitete nicht zur Strafe in der Werkstatt des heiligen Josefs. Vielmehr übernahm Jesus freiwillig und mit Freude auch die gewöhnlichsten Aufgaben. Es täte uns gut, recht oft daran zu denken, wenn wir uns zu niedrigen Arbeiten gleichsam verdammt fühlen.

Jesus lebte mit Seiner Mutter und Seinem Pflegevater zusammen. Für Gott ist das Familienleben von großer Bedeutung, und Er findet Seine Freude daran. Das menschliche Leben ist so schön, dass es sogar Gott selbst gefällt! Wie bescheiden war doch das Leben der Heiligen Familie, und wie glücklich war sie nichtsdestotrotz! In der Tiefe unseres Herzens sehnen wir uns nach diesem stillen Leben. Jesus Christus predigte nicht nur in den drei Jahren Seines öffentlichen Wirkens. Auch Sein jahrelanges stilles Leben in Nazaret ist eine mächtige ›Predigt‹ – von der Schönheit, dem Wert und der Bedeutung des Familienlebens, von einem bescheidenen und dennoch erfüllten Leben.

LEIDER GLAUBEN IN DER HEUTIGEN WELT VIELE MENSCHEN, IHR LEBEN WÄRE GESCHEITERT, GRAU UND SINNLOS, WENN SIE NICHT ETWAS AUSSERGEWÖHNLICHES VOLLBRINGEN UND SIE NICHT ALS STAR IM FERNSEHEN ZU SEHEN SIND ODER DIE ZEITUNGEN ÜBER SIE SCHREIBEN.

Das ist eine völlig falsche Vorstellung! Wie gut ist es zu wissen, dass wir auch durch die Erfüllung unserer ganz gewöhnlichen, alltäglichen Pflichten zum Himmelreich emporwachsen können!

Wir sehen, dass Jesus sehr aufgeschlossen war, leicht Freundschaft schloss und auf die Menschen zuging. Schon vor Seinem öffentlichen Auftreten begegnete Er den Menschen mit großer Offenheit, Heiterkeit und Liebe.

Wir wissen, dass Er in den ersten dreißig Jahren Seines Lebens nichts Außergewöhnliches tat. Die Bewohner Seines Heimatdorfes warfen Ihm später empört vor: »Ist das nicht der Zimmermann, der Sohn der Maria?« (Mk 6,3). Sie verstanden nicht, wie es sein konnte, dass Er nach Jahren als Sohn Gottes predigte und Wunder wirkte; sie verstanden nicht, wie ein solcher Wandel möglich sei.

Ich habe auch Gefallen daran, mir die Geschichten aus der Zeit des öffentlichen Wirkens auszumalen und die Ereignisse so zu betrachten, als wäre ich selbst Teil der Szene, als hätte ich einen Gastauftritt am See Gennesaret oder am Bett der Tochter des Jaïrus.

Suchen wir die wahre Menschlichkeit! In der Gestalt Jesu Christi hat uns Gott gezeigt, worin die wahre Würde, Natürlichkeit und Einfachheit des Menschen besteht. Menschsein bedeutet, sich nicht zum Konsumenten zu degradieren, sich nicht an Besitz zu klammern, nicht als Herrscher aufzutreten, sondern einfach nur zu sein, zu leben und sich des Lebens zu freuen. Das Bild Gottes wurde in Jesus Christus für uns alle sichtbar. Das wunderbare Lebensmodell, das Er uns vor Augen gestellt hat, dieses sollten wir mit unserem eigenen Leben verwirklichen.

Jesus Christus litt unter Pontius Pilatus, wurde gekreuzigt, starb und wurde begraben

Wie kommt es, dass im Glaubensbekenntnis Jesu Wirken in der Öffentlichkeit mit keinem Wort angesprochen wird und auf Jesu Geburt ohne Übergang Sein Leiden folgt?

Das Glaubensbekenntnis sagt deshalb nichts darüber, weil Jesu öffentliches Wirken in jener Zeit, als es abgefasst wurde, kein Problem darstellte. Wichtig war es zu betonen, dass Er nicht auf natürlichem Wege gezeugt wurde, sondern vom Heiligen Geist empfangen wurde und Gottes Sohn ist. Im unmittelbaren Anschluss daran sollte das Erlösungswerk Christi in den Blick genommen werden.

Die meisten Eltern gehen für ihr Kind durchs Feuer, wenn es gilt, dieses gegenüber denen zu verteidigen, die ihm ein Leid antun wollen. Wie konnte es Gott Vater in Seiner Vaterliebe zulassen, dass Sein eigener Sohn, noch dazu Sein einziger, so viel leiden musste?

Vor kurzem habe ich gehört, dass ein Vater seinem Sohn eine seiner beiden Niere spendete. Er nahm die dafür nötige Operation und die damit verbundenen Schmerzen, ja sogar die Möglichkeit des Todes auf sich, damit sein Kind am Leben bleibe. Im Interesse eines höheren Zieles vermag der Mensch durchaus Opfer zu bringen. Wir Menschen sind Gottes Kinder. Jesus hat für uns, zu unserem Heile, damit wir das Leben haben, den Opfertod am Kreuz auf sich genommen. Er hätte sich auch anders entscheiden können; denn Er wurde vom Vater nicht zum Kreuzestod gezwungen. Er selbst erklärte: »Es gibt keine größere Liebe, als wenn einer sein Leben für seine Freunde hingibt« (Joh 15,13) – und dies stellte Er auch unter Beweis. Gründonnerstag und Karfreitag sind ein Geheimnis, das wir nur sehr schwer verstehen. Jesus kam zu uns Menschen, neigte sich zu uns herab. Wie der Vater im Himmel möchte auch Er, dass jeder Mensch glücklich sei und sich als Individuum wie auch als Mitglied einer Gemeinschaft entfalte.

Jesus sah in Seiner Göttlichkeit ganz klar, dass es in diesem ›Spiel‹, dem irdischen Leben, nicht um wertloses Spielgeld geht, sondern dass der Einsatz gewaltig ist: Der Mensch steht vor der Entscheidung zwischen dem Unendlichen und dem Nichts.

Es ist ergreifend, wie Jesus vor Jerusalem in die Knie sinkt und unter Tränen ausruft: »Wie oft wollte ich deine Kinder sammeln, so wie eine Henne ihre Küken unter ihre Flügel nimmt; aber ihr habt nicht gewollt« (Mt 23,37). Er weiß: Wenn die Menschen sich nicht bekehren und in geschwisterlicher Liebe die Güter dieser Erde miteinander teilen, dann werden sie zugrunde gehen. Er weiß: Wer auf dem Weg des Hasses und des Zornes geht, auf den wartet der Tod. Er sieht voraus, was nach Seinem Tode geschehen wird: In Jerusalem wird kein Stein auf dem anderen bleiben. Der antike Geschichtsschreiber Flavius Josephus berichtet in seinem Werk *Der jüdische Krieg*[35], dass rund dreieinhalb Jahrzehnte nach Jesu Tod das römische Heer die Stadt mit ihren vor Hass schäumenden Einwohnern umzingelte

---

35 *Der jüdische Krieg* (Ἱστορία Ἰουδαϊκοῦ πολέμου πρὸς Ῥωμαίους / *Bellum Judaicum*). – Flavius Josephus hatte die Belagerung Jerusalems selbst aus nächster Nähe erlebt (vgl. *Magyar Katolikus Lexikon*, Josephus Flavius. Hg. v. István Diós u. János Viczián. Bp.: Szt István Társulat 1993–2014 (online), i. Folg. abgek.: *MKL*).

und nach monatelanger Belagerung einnahm. Die Belagerung war so unvorstellbar schrecklich, dass Mütter in ihrer wahnsinnigen Verzweiflung ihre toten Kinder aßen[36] und die Soldaten in ihrer Not Ratten jagten. Der römische Feldherr ließ die Stadt niederreißen und jede männliche Person, die größer war als die Räder der Streitwägen, ans Kreuz schlagen. Damals wurde der Ölberg abgeholzt, um aus den dortigen Olivenbäumen Kreuze zu zimmern. Dies sind historische Tatsachen!

Jesus hätte diese Gesellschaft, die ihrem Verderben entgegenging, nur zu gerne von ihrem verhängnisvollen Wege abgebracht. Ebenso möchte Er auch heute uns alle retten und ruft unter verzweifelter Anstrengung: »Ihr werdet furchtbare Konsequenzen zu tragen haben, wenn ihr den Weg der Liebe verlasst.«

Für einen Augenblick scheint es fast so, als wäre Gott nicht allmächtig. Ist der freie Wille des Menschen etwa mächtiger als die Kraft Gottes? – Gott will uns nicht manipulieren und nicht mit Gewalt zu etwas bringen, sondern möchte, dass wir uns bewusst für die Liebe entscheiden.

ER ERWARTET VON UNS DIE BEWUSSTE ENTSCHEIDUNG EINES ERWACHSENEN MENSCHEN. FREILICH KÖNNTE ER UNS AUCH DEN KOPF ZURECHTRÜCKEN; ABER DANN WÄREN WIR BLOSS MARIONETTEN, DIE GOTT AN DEN FÄDEN HIN- UND HERZERREN WÜRDE, ODER MASCHINEN ODER WILLENLOSE ZOMBIES.

Deshalb konnte Gott vor den Mauern Jerusalems nur weinen. Aber Er gibt nicht auf! Am Palmsonntag zieht Er in die Stadt ein und stellt jeden erneut vor die Entscheidung.

Selbstverständlich wäre dem Himmlischen Vater ein anderes ›Drehbuch‹ lieber gewesen. Nicht Er hat sich den Kreuzestod Jesu ausgedacht. Nicht Gott brachte Seinen ei-

36 Vgl. *Der jüdische Krieg* VI, 3, 4.

genen Sohn um, sondern wir Menschen. Natürlich wussten Beide, dass es so kommen würde, und Jesus hat Sein Leiden auch mehrmals vorausgesagt. Gleichwohl war Er auch in der Finsternis des Gründonnerstags und des Karfreitags bereit, bei uns zu bleiben, auch um den Preis des Todes am Kreuz. Denn dies war der einzige Weg, uns zu zeigen, wie Gott ist, wie sehr Er uns liebt und wie es auch dann dem Weg der Liebe zu folgen gilt, wenn dieser Weg über Golgota führt.

Was Gott uns hier offenbart, klingt unglaublich: Gott liebt uns Menschen mehr als Seinen eigenen Sohn. Wie furchtbar mag doch die Verdammnis sein, wenn Gott bereit ist, einen solch hohen Preis für uns zu zahlen! Welch unglaubliche Weiten mögen sich durch die Liebe auftun, wenn Gott, nur um uns Menschen eine Chance zu geben, bereit war, die Leiden des Karfreitags auf sich zu nehmen!

In einigen Texten der Kirche steht, dass Jesu Blut den Zorn Gottes auf uns Menschen besänftigt hat ...

In der Heiligen Schrift lesen wir: »Dann sprach Gott: Lasst uns Menschen machen als unser Bild, uns ähnlich!« (Gen 1,26). Es gibt einen Menschen, Jesus Christus, der dem Himmlischen Vater vollkommen ähnlich ist und als Dessen vollkommenes Bild Sein irdisches Leben lebte. Er ist das Idealbild, dem wir folgen wollen.

Jesus Christus hat mit Seinem Leben und Seinem Tod gezeigt: »Schau, Vater, Du hast keine schlechte Welt geschaffen. Denn ein wahrer Mensch vermag sich in allen Situationen seines Lebens und sogar im Angesicht des Kreuzestodes für Liebe, Güte und Barmherzigkeit zu entscheiden.« In diesem Sinne lässt sich sagen, dass Jesus mit Seinem irdischen Leben gezeigt hat, dass Gott eine gute Welt geschaffen hat. Jesus Christus ist – um es mit einem Bild unseres Industriezeitalters zu sagen – der ›Prototyp‹, der sich bewährt hat!

Als sich anhand einer einzigen Maschine, die schwerer als die Luft war, gezeigt hatte, dass eine solche zu fliegen vermag, tat sich der Menschheit der Luftraum auf und es begann das Zeitalter der Luftfahrt. Wenn ein einzelner Mensch in der Lage war, in Liebe und Friedfertigkeit ein heiliges Leben zu leben, dann tat sich damit uns allen der Weg zur Heiligkeit auf. Das oberste Ziel von uns allen ist die Liebe: Was auch immer geschehen mag, stets gilt es, uns für diese zu entscheiden.

JESUS IST DER ERSTE MENSCH – ALS SOLCHER EIN WESEN AUS FLEISCH UND BLUT –, DER MIT SEINER LIEBE DIE TÜR ZUM HIMMELREICH ÖFFNETE UND DIE SCHWELLE ZU DIESEM ÜBERSCHRITT. SO HAT ER UNS ALLEN DEN WEG ZUM HEIL GEÖFFNET.

Jesus fuhr mit Leib und Seele in den Himmel auf. Der Himmlische Vater konnte Ihn dort in Seine Arme nehmen und so im Himmel den ersten menschlichen Körper an sich drücken.

ES IST EIN GEWALTIGES GESCHICHTLICHES EREIGNIS: IN JESUS CHRISTUS WIRD DER ERSTE MENSCHLICHE LEIB, DER ERSTE TEIL DER MATERIE, VERHERRLICHT UND GELANGT IN DAS HIMMLISCHE REICH. DARIN SEHE ICH DIE WUNDERBARE SCHÖNHEIT UND GRÖSSE SEINES LEBENS UND TODES. EINE NEUE WELT TUT SICH AUF, VON DER ICH ALLENFALLS STAMMELND ETWAS SAGEN KANN, DIE ABER GANZ GEWISS UNGLAUBLICH SCHÖN IST.

Eben diese Welt wartet auf uns. Eines der Dogmen der Kirche – zu dem wir uns auch im Apostolischen Glaubensbekenntnis bekennen – lautet: »Ich glaube an die Auferstehung des Fleisches«[37]. Der Mensch erlangt das Heil also

37 In der ung. Fassung des Apostolischen Glaubensbekenntnisses ist wörtl. von der ›Auferstehung des Leibes (»test«)‹ die

nicht bloß als eine Art Idee, als Geist oder als Seele und gelangt nicht bloß in körperloser Form ins Himmelreich; auch sein Leib erlangt das Heil und kommt in den Himmel. Ebenso wird die ganze Schöpfung verherrlicht. Darauf warte ich voller Sehnsucht!

Der linke Schächer warf Jesus am Kreuze vor, dass Dieser sich nicht selbst von den Leiden befreite, obwohl Er doch in Seinem Leben an anderen so viele Wunder gewirkt hatte …

Am Gründonnerstag hätte sich Jesus auch anders entscheiden können. Er hätte sagen können: »Himmlischer Vater, ich habe gepredigt und Wunder gewirkt. Ich habe getan, was ich konnte. Diesen Menschen da ist nicht mehr zu helfen! Vergiss sie! Du hast sie doch geschaffen! Die ganze Welt kannst Du zusammenknüllen und in die Mülltonne werfen! Wenn Du Menschen willst, dann fang mit der Schöpfung nochmals von vorne an. Das da ist Ausschuss!«

Als Mensch hätte man sich die Lösung vielleicht auch so vorgestellt, dass Gott durch eine machtvolle Manipulation in die Geschichte eingreifen würde und ein paar Engeln gebieten würde, in Jerusalem ›aufzuräumen‹.

Gott hat keine dieser beiden Möglichkeiten gewählt. Wenn Jesus das Handtuch geworfen und sich davonge-

---

Rede. In der heute üblichen dt. Fassung wurde der Ausdruck »Auferstehung der Toten« gewählt. Im Lat. u. schon im Griech. heißt es: »Auferstehung des Fleisches« (»Credo […] carnis resurrectionem«, »Πιστεύω […] σαρκὸς ἀνάστασιν«). So wird es auch in dem von J. Neuner u. H. Roos begründeten Standardwerk wiedergegeben (vgl. Neuner, J. / Roos, H.: *Der Glaube der Kirche i. d. Urkunden der Lehrverkündigung*. Neubearb. v. K. Rahner. Regensburg [10]1979, Nr. 911; zit. n.: *Kathpedia*, Apostolisches Glaubensbekenntnis. http://www.kathpedia.com/index.php?title=Apostolisches_Glaubensbekenntnis (05.07.2018)). Ebenso wird im Katechismus (Nr. 990) darauf hingewiesen, dass der lat. Grundtext an dieser Stelle wörtl. mit »Fleisch« zu übersetzen wäre, da »nach dem Tod nicht nur die unsterbliche Seele weiterlebt, sondern […] auch unsere ›sterblichen Leiber‹ (Röm 8,11) wieder lebendig werden« (ebd.).

macht hätte, wenn Er uns Menschen hier in der Patsche hätte sitzen lassen, dann hätte Er damit nicht gezeigt, dass Er, Gott, uns unendlich liebt.

Jesus harrte an unserer Seite aus, verließ uns Menschen nicht, zwang uns nicht, erpresste uns nicht, manipulierte uns nicht, sagte nicht: »Die sind rettungslos verloren und verdienen es auch nicht anders!«, sondern ließ sich gefangen nehmen, demütigen und quälen. Und noch am Kreuze betete Er: »Vater, vergib ihnen, denn sie wissen nicht, was sie tun!« (Lk 23,34). Auf dem Weg zur Golgota-Höhe sprach Er: »Weint nicht über mich; weint vielmehr über euch und eure Kinder!« (Lk 23,28).

Wir Menschen werfen schnell das Handtuch, zerstreiten uns, kehren dem andern den Rücken, gehen getrennte Wege, machen dicht. Gott handelt nicht so, sondern geht auf dem Weg der Liebe beharrlich weiter – bis zum Tod am Kreuz.

Jesus gibt uns damit ein Beispiel. Auch wir sollen in unseren Bemühungen um den andern nicht so leicht nachlassen.

Ein paar Mal hatte ich die Gelegenheit, mich der dunklen Macht bewusst entgegenzustellen. Diese Erlebnisse gehören zu den schönsten meines Lebens. Eines davon möchte ich im Folgenden schildern.

Einer meiner Mitarbeiter, der als Erzieher tätig war, kippte sich öfters mal einen hinter die Binde, und es kam sogar vor, dass er regelrecht betrunken war. Anfangs tat ich so, als merkte ich es nicht. Vielleicht hatte er ja mal aus bloßer Unachtsamkeit einen über den Durst getrunken, sagte ich mir. Ich verhielt mich wie in dem Witz der Székler[38], der einen Berghang hinabsteigt und auf einmal hört: »Patsch!« Ohne sich umzudrehen, geht er weiter.

---

38 Székler: s. ob. Anm. 10 zu S. 56.

Doch bald schon hört er es erneut: »Patsch!« Er geht weiter seines Weges und wieder hört er es: »Patsch!« Da dreht er sich schließlich um und spricht: »Ja, da schau her! Der haut mich ja!« Wenn man immer gleich auf alles reagiert, kommt dabei nichts Gutes heraus. Man muss erst einmal eine Weile zuwarten und dem andern die Möglichkeit geben, selbst sein Verhalten zu korrigieren.

Leider hörte ich es wieder: »Patsch!« Das heißt: Er war erneut betrunken. Die Angelegenheit setzte mir sehr zu, weil ein Alkoholiker nun mal keine Kinder erziehen kann. Seine Frau hatte ihre Sachen gepackt und war ausgezogen. Wie es schien, lag alles in Trümmern. Auch meine Kollegen drängten mich, den trunksüchtigen Erzieher fortzuschicken; sein Verhalten sei einfach untragbar.

Ich setzte mich in die Kapelle und dachte lange über den Fall nach. Wenn ich ihn jetzt entlasse, sagte ich mir schließlich, dann predige ich mit dieser Reaktion meinen Kindern gleichsam, dass es recht sei, meinen Ehepartner vor die Tür zu setzen, wenn er beziehungsweise sie sich mir gegenüber etwas hat zu Schulden kommen lassen; der Onkel Pater hat es ja schließlich auch so gemacht. Ich würde also mit einer Entlassung die falsche Botschaft vermitteln, der Mensch wäre wie ein Papiertaschentuch, das, einmal beschmutzt, wegzuwerfen ist. Die Schüler lernen nicht nur in der Rechenstunde und im Sprachunterricht; auch die alltäglichen kleineren und größeren Entscheidungen der Lehrer und Erzieher graben sich den Kindern ins Gedächtnis ein. Ich fühlte ganz deutlich, dass es nicht gut wäre, wenn ich meinen Kindern diese Botschaft vermitteln würde.

So ging ich also zu dem trunksüchtigen Mann hin. Er erwartete, dass ich ihm gleich die Leviten lesen würde, und wunderte sich, dass ich dies nicht tat. Ich sagte ihm, dass es von größter Wichtigkeit wäre, dass die Kinder zu der Überzeugung gelangen: Man darf nie aufgeben, muss, wenn nötig, wieder neu anfangen, muss einander dabei helfen, wieder auf die Beine zu kommen. Ich selbst würde, versicherte ich ihm, alles tun, damit er von seiner Alkoholabhängigkeit geheilt werde.

Voller Bitterkeit entgegnete er, dass er nicht glaube, sich jemals davon befreien zu können. Darauf erwiderte ich, dass ich wiederum nicht glaube, Gott würde von uns Menschen etwas Unmögliches verlangen, ermuntert Er uns doch selbst dazu: »Was ihr den Vater in meinem Namen bitten werdet, das wird er euch geben« (Joh 16,23). Ich bat ihn, zusammen mit mir zu beten. Ich versicherte ihm, dass ich ihm zur Seite stehen werde. Nur wenn wir gemeinsam an einem Strang ziehen, erklärte ich ihm, nur dann werde es ihm gelingen, sich von dem Bösen, das ihn in seinen Klauen hält, zu befreien.

Auf der Fahrt in die fünfzig Kilometer entfernte Klinik, wo der Entzug stattfinden sollte, beteten wir beide gemeinsam den Rosenkranz. Als wir dort angekommen waren, rief ich seine Frau an: »Ich sage nicht, dass du ihm jetzt schon vergeben sollst. Nur um eines bitte ich dich: Bete für ihn!« Jeden Tag brachte ich oder einer meiner Kollegen dem Mann die Kommunion. Die Kinder schrieben ihm mindestens achtzig Briefe, um ihm immer wieder zu sagen, dass sie an ihn glauben, dass sie ihn zurückerwarten und für ihn beten. Das war vor über zehn Jahren. Der Mann arbeitet auch heute noch bei uns und ist mit Führungsaufgaben betraut. Seit damals hat er keinen Schluck Alkohol mehr getrunken. Es freut mich sehr, dass wir den Mut hatten, den Kampf gegen die Finsternis aufzunehmen!

Man kann diese Geschichte nicht mit dem Gründonnerstag vergleichen. Trotzdem mag diese zeigen, was wahre Liebe bedeutet, nämlich für den andern auch dann zu kämpfen, wenn dieser im Finstern wandelt. Eben das tat auch Jesus. Er liebte uns selbst dann, als wir als arge Sünder mit wirrem, angetrunkenem Kopf zusammenbrachen, selbst dann, als uns der Mund vor Hass schäumte. Ich glaube fest, dass Jesu Ausharren am Karfreitag in den letzten zweitausend Jahren unglaublich reiche Frucht hervorgebracht hat.

Jesu Weg ist auch unser Weg, und es ist der einzige Weg, der des Menschen würdig ist. Beugen wir uns zu den Gefallenen hinab! Nehmen wir einander an! Beschenken wir einander mit der Bereitschaft zur Versöhnung!

Auch die Kinderheime in Siebenbürgen sind eine Frucht dieses Weges.

Weshalb erweckte Er Tote, wenn im Himmel ein besseres Leben auf uns wartet als auf Erden?

Das Leben ist ein Weg, der vom Nichts zum Unendlichen führt. Die ersten Monate unseres Lebens verbringen wir im Schoß unserer Mutter. Dort entwickelt sich unser kleiner Körper mit seinen Organen. Nach neun Monaten treten wir mit unserer Geburt ins Leben der Welt hinaus. Dort entfalten sich, indem einer den andern darin unterstützt, unser Geist, unsere Seele und unser sittliches Bewusstsein.

Irgendwann kommt dann die Zeit für den Abbruch unseres irdischen Zeltes. Dann müssen wir unsere Reise im Jenseits fortsetzen.

> Ein Mann war krank, Lazarus aus Betanien, dem Dorf der Maria und ihrer Schwester Marta. [...] Daher sandten die Schwestern Jesus die Nachricht: Herr, sieh: Der, den du liebst, er ist krank. Als Jesus das hörte, sagte er: Diese Krankheit führt nicht zum Tod, sondern dient der Verherrlichung Gottes. Durch sie soll der Sohn Gottes verherrlicht werden.
>
> Jesus liebte aber Marta, ihre Schwester und Lazarus. Als er hörte, dass Lazarus krank war, blieb er noch zwei Tage an dem Ort, wo er sich aufhielt. Danach sagte er zu den Jüngern: Lasst uns wieder nach Judäa gehen. [...] Lazarus, unser Freund, schläft; aber ich gehe hin, um ihn aufzuwecken. Da sagten die Jünger zu ihm: Herr, wenn er schläft, dann wird

er gesund werden. Jesus hatte aber von seinem Tod gesprochen, während sie meinten, er spreche von dem gewöhnlichen Schlaf. Darauf sagte ihnen Jesus unverhüllt: Lazarus ist gestorben. Und ich freue mich für euch, dass ich nicht dort war; denn ich will, dass ihr glaubt. Doch wir wollen zu ihm gehen. [...]

Als Jesus ankam, fand er Lazarus schon vier Tage im Grab liegen. [...] Marta sagte zu Jesus: Herr, wärst du hier gewesen, dann wäre mein Bruder nicht gestorben. Aber auch jetzt weiß ich: Alles, worum du Gott bittest, wird Gott dir geben. Jesus sagte zu ihr: Dein Bruder wird auferstehen. Marta sagte zu ihm: Ich weiß, dass er auferstehen wird bei der Auferstehung am Jüngsten Tag. Jesus sagte zu ihr: Ich bin die Auferstehung und das Leben. Wer an mich glaubt, wird leben, auch wenn er stirbt, und jeder, der lebt und an mich glaubt, wird auf ewig nicht sterben. Glaubst du das? Marta sagte zu ihm: Ja, Herr, ich glaube, dass du der Christus bist, der Sohn Gottes, der in die Welt kommen soll. [...]

Als Maria dorthin kam, wo Jesus war, und ihn sah, fiel sie ihm zu Füßen und sagte zu ihm: Herr, wärst du hier gewesen, dann wäre mein Bruder nicht gestorben. Als Jesus sah, wie sie weinte und wie auch die Juden weinten, die mit ihr gekommen waren, war er im Innersten erregt und erschüttert. Er sagte: Wo habt ihr ihn bestattet? Sie sagten zu ihm: Herr, komm und sieh! Da weinte Jesus. Die Juden sagten: Seht, wie lieb er ihn hatte! Einige aber sagten: Wenn er dem Blinden die Augen geöffnet hat, hätte er dann nicht auch verhindern können, dass dieser hier starb? Da wurde Jesus wiederum innerlich erregt und er ging zum Grab. Es war eine Höhle, die mit einem Stein verschlossen war. Jesus sagte: Nehmt den Stein weg! Marta, die Schwester des Verstorbenen, sagte zu ihm: Herr, er riecht aber schon, denn es ist bereits der vierte Tag. Jesus sagte zu ihr: Habe ich dir nicht gesagt: Wenn du glaubst, wirst du die Herrlichkeit Gottes sehen?

Da nahmen sie den Stein weg. Jesus aber erhob seine Augen und sprach: Vater, ich danke dir, dass du mich erhört hast. Ich wusste, dass du mich immer erhörst; aber wegen der Menge, die um mich herumsteht, habe ich es gesagt, damit sie glauben, dass du mich gesandt hast. Nachdem er dies gesagt hatte, rief er mit lauter Stimme: Lazarus, komm heraus! Da kam der Verstorbene heraus; seine Füße und Hände waren mit Binden umwickelt und sein Gesicht war mit einem Schweißtuch verhüllt. Jesus sagte zu ihnen: Löst ihm die Binden und lasst ihn weggehen!

Viele der Juden, die zu Maria gekommen waren und gesehen hatten, was Jesus getan hatte, kamen zum Glauben an ihn. Aber einige von ihnen gingen zu den Pharisäern und sagten ihnen, was er getan hatte. Da beriefen die Hohepriester und die Pharisäer eine Versammlung des Hohen Rates ein. Sie sagten: Was sollen wir tun? Dieser Mensch tut viele Zeichen. Wenn wir ihn gewähren lassen, werden alle an ihn glauben. Dann werden die Römer kommen und uns die heilige Stätte und das Volk nehmen.

Einer von ihnen, Kajaphas, der Hohepriester jenes Jahres, sagte zu ihnen: Ihr versteht nichts. Ihr bedenkt nicht, dass es besser für euch ist, wenn ein einziger Mensch für das Volk stirbt, als wenn das ganze Volk zugrunde geht.

(Joh 11,1.3–7.11–15.17.21–27.32–50)

Erweckte Jesus den Lazarus also deshalb von den Toten, weil Er als Mensch Mitleid mit den hinterbliebenen Verwandten und Freunden hatte, ihren Schmerz fühlte, den der Verlust oder vielmehr die zeitweilige Trennung ihnen bereitete?

Wenn Jesus den Lazarus seinen Schwestern zurückgibt, dann gilt es, dabei zu sehen, welch große Liebe daraus spricht. Er will Lazarus nicht die Schönheit des Himmelreiches nehmen, sondern Marta und Maria ihren Bruder wiederschenken. Jaïrus erhält seine Tochter zurück[39], die Mutter in Naïn[40] ihren Sohn.

Wenn Jesus Tote erweckt, dann bringt Er damit nicht die ewigen Geheimnisse des Lebens in Unordnung, sondern stellt das Gesetz der Liebe über die Gesetze der Natur.

39 Vgl. Mk 5,21–24.35–43; Lk 8,41f.49–56.
40 Vgl. Lk 7,11–17.

Warum erweckte Er nicht alle Toten zum Leben?

Jesus erweckte deshalb nicht alle Toten, weil der Tod zur Ordnung des irdischen Lebens dazugehört. Der heilige Augustinus schreibt:

> »[Die wunderbare Brotvermehrung] ist ein grosses Wunder. Aber wir wundern uns nicht sehr darüber, wenn wir den Blick auf Den richten, der dieses wirkt. Die fünf Brote vermehrte in den Händen derer, die diese brachen, Jener, der die im Ackerboden keimenden Samen vermehrt, so dass wenige Körner ausgebracht werden und ganze Scheunen mit Körnern angefüllt werden. Aber darüber, dass Gott dies Jahr für Jahr bewirkt, wundert sich niemand.«[41]

Gott sorgt dafür, dass der Ackerboden den Menschen Getreide für ihr tägliches Brot liefert. In ähnlicher Weise besteht das große Wunder nicht darin, dass Jesus den Lazarus vom Tode erweckt, sondern darin, dass Er über Leben und Tod herrscht.

Jesu Wunder helfen uns, Gottes grenzenlose Macht und Seine unendliche Güte und Liebe, mit der Er uns Menschen begegnet, besser zu sehen und zu verstehen. Sie machen uns deutlich, dass Gott Herr über Leben und Tod ist, dass es in Seiner Macht liegt, das Wunder der Auferstehung zu vollbringen, und dass Er Seine Kinder mit dem ewigen Leben zu beschenken vermag.

---

41 »Grande miraculum: sed non multum mirabimur factum, si attendamus facientem. Ille multiplicavit in manibus frangentium quinque panes, qui in terra germinantia multiplicat semina, ut grana pauca mittantur et horrea repleantur. Sed quia illud omni anno facit, nemo miratur« (sermo CXXX (PL 38, 725)).

Wäre der gotteslästerliche Gedanke, dass Jesus ein Schwindler gewesen wäre, auch nur denkbar? Könnte es sein, dass die Apostel die Wunder nur erfanden, um möglichst viele Menschen für den Glauben zu gewinnen?

Wenn wir die Heilige Schrift aufmerksam lesen, dann sehen wir, dass Jesu Wunder selbst von Seinen Gegnern nicht in Zweifel gezogen wurden und dass selbst sie Seine Redlichkeit zugeben mussten.

Jesus heilte Kranke, erweckte Tote, ließ Tausende von ein paar Broten und ein paar Fischen satt werden, vermochte in der Seele der Menschen zu lesen, wusste, was sie dachten ... Zu Seinen größten Wundern aber rechne ich jene, durch die sich Menschen radikal veränderten. So wurde aus Saulus, an dessen Händen Blut klebte und der vor Hass schäumte – aus einem Terroristen, wenn man so will –, der Apostel der Heiden, der den Hymnus auf die Liebe schrieb. Die Sünderin sündigte fortan nicht mehr. Der wilde, rasende Mann führte wieder ein ordentliches Leben. Der Zöllner, der andere Menschen ausgeplündert hatte, machte bei seinen Geschädigten den Schaden in vierfacher Höhe wieder gut ... All diese Wunder Jesu sind nie Ausdruck von Selbstdarstellung, sind niemals Gaukelei, sondern künden stets von Seiner Liebe und Seiner Solidarität. Schwindler vollbringen keine solchen Wunder!

Er hätte ja einmal dafür sorgen können, dass sich die Sonne am Himmel dreht oder dass im Winter die Bäume blühen. Er hätte auch jemandes Nase auf zwei Meter anwachsen und sie dann wieder auf ihre ursprüngliche Länge zurückschrumpfen lassen können, und die Leute hätten sich wohl gewaltig darüber amüsiert. Als Er hungrig war, hätte Er den Stein in Brot verwandeln können.[42] Als Er sah, dass der Feigenbaum keine Früchte trägt[43], hätte Er doch – so könnte vielleicht einer meinen, der Jesus nicht verstanden hat – nur mit dem Finger zu schnippen brauchen,

42 Vgl. Mt 4,1–4; Lk 4,1–4.
43 Vgl. Mk 11,12–14; Mt 21,18–20.

und schon hätte der Baum vor Früchten gestrotzt, und auf ein weiteres Fingerschnippen hin wären sie alle wieder verschwunden. Doch was zeigen uns die Evangelien? Sie zeigen uns, dass Er für sich selbst, um sich das Leben zu erleichtern, nicht ein einziges Wunder gewirkt hat! Auch dann, wenn Jesus Wunder vollbringt, leiten Ihn Liebe und Güte.

Als der böse Geist Ihn auf das Dach des Tempels stellte[44] und sagte: »Spring hinab! Die Engel werden dich schon behüten, und wenn du dann heil unten ankommst, wird jeder, der dies gesehen hat, vor Staunen den Mund aufreißen. Du wirst Superman sein und kannst den Leuten das Victoryzeichen zeigen!«, da lehnte Jesus diese Jahrmarktsgaukelei ab. Aber konnte sich Jesus nicht denken, dass die Leute dann vor Ihm auf die Knie fallen und Ihn voll Glauben anbeten würden? Wollte Er das etwa nicht? Wenn Jesus vom Dach des Tempels hinabgesprungen und ohne einen Kratzer am Boden angekommen wäre, dann hätten die Menschen zwar Seine Göttlichkeit gesehen; aber besser wären sie dadurch nicht geworden. Denn dies hätte sie noch nicht dazu gebracht, sich für die Liebe zu entscheiden. Warum aber nicht?

WEIL DAS WISSEN ALLEIN NICHT ZUM HEIL FÜHRT! DER BÖSE GEIST WEISS, DASS JESUS GOTT IST, WEISS, ÜBER WELCH GROSSE MACHT DIESER VERFÜGT – UND IST NICHTSDESTOTROTZ BÖSE. ENTSCHEIDEND FÜR UNSER HEIL IST NICHT DAS WISSEN, SONDERN DASS WIR NEUE MENSCHEN WERDEN, EIN BILD GOTTES UND IHM ÄHNLICH[45].

Nicht der kommt in den Himmel, der Theologie studiert hat und sämtliche Dogmen hersagen kann. Natürlich ist es sehr gut, wenn jemand all das weiß. Ganz gewiss schadet es niemandem. Aber es ist nicht genug. Zum Heil gelangen

44 Vgl. Mt 4,5–7; Lk 4,9–12.
45 Vgl. Gen 1,26.

wir, indem wir uns bewusst für die Liebe entscheiden und aus dem Glauben und der Liebe heraus Gutes tun.

Wenn Jesus Wunder wirkt, dann straft Er damit niemanden und will damit niemandem den Tod bringen. Als Jesus in einem Dorf der Samariter nicht aufgenommen wurde, empörten sich Jakobus und Johannes darüber und sprachen zu ihrem Meister: »Herr, sollen wir sagen, dass Feuer vom Himmel fällt und sie verzehrt?« (Lk 9,54). Er aber beschämte sie, indem Er sie mit ihrem Ansinnen auflaufen ließ.

An mehreren Stellen der Heiligen Schrift lesen wir, dass Jesus zurückwich, wenn die Leute von Ihm weitere Wunder erwarteten. Des Öfteren zog Er sich zurück, um im Gebet auf Seinen Vater zu hören und den Blick auf den Auftrag zu richten, den Er von Ihm erhalten hatte.

ER HÄTTE SICH IN SEINER POPULARITÄT SONNEN KÖNNEN. ER HÄTTE ES GENIESSEN KÖNNEN, DASS ALLE UM IHN HERUM IHM ZUJUBELN. DOCH ER TUT NICHT, WAS DIE MENSCHEN VON IHM ERWARTEN, SONDERN DAS, WAS DER VATER VON IHM WILL.

Im Jahre 2007 gaben wir über eintausendfünfhundert Kindern jeden Tag zu essen. Ich weiß, dass wir dazu aus eigener Kraft nie imstande gewesen wären, und doch haben wir es geschafft. Denn die Liebe verleiht den Menschen Flügel, entlockt ihnen Güte und macht sie spendenfreudig, und ich bin davon überzeugt, dass sie uns allen noch viel größere Schwingen zu verleihen vermag ...

Jesus Christus stieg hinab in das Reich des Todes

Was bedeutet es, dass Jesus »in das Reich des Todes hinabgestiegen« ist? Warum wird dies im Apostolischen Glaubensbekenntnis eigens hervorgehoben?

Die Kirche lehrt, dass bis zum Tode Jesu das Tor zum Himmel noch nicht offen stand. Jesus ist der Schlüssel, der den Gerechten der alttestamentlichen Zeit und allen Menschen auf der ganzen Erde die Tür zu diesem himmlischen Reich aufgeschlossen hat.

Die Unterwelt war in vorchristlicher Zeit der ›Ort‹, an dem sich die Seelen der Verstorbenen ›aufhielten‹, und innerhalb derselben war die »Vorhölle« der ›Aufenthaltsort‹ derer, die als Gerechte gestorben waren. [...] [Diese Unterwelt wurde als »Scheol« bezeichnet, was frühere Übersetzungen mit »Hölle«[46] wiedergaben, während heute dafür zumeist »Totenreich«[47], »Totenwelt«[48] oder »Unterwelt«[49] steht. Wenn also die alten Übersetzungen in diesem Kontext von »Hölle« sprechen – wie auch heute noch in der ungarischen Fassung[50] des Apostolischen

46 Z. B. Ps 16,10; 86,13; 88,4 in der Form »Helle« in der Übers. Luthers (Ausg. letzter Hand v. 1545). In der offiz. lat. Übers., der Vulgata, steht an diesen Stellen »infernus«. Die griech. Übers., die sog. Septuaginta, gebraucht hier das Wort ᾅδης (hadēs). Stets wird damit das hebr. Sche'ol wiedergegeben.

47 Z. B. Ps 86,13; 88,4 (EÜ 1980). Mit ›Land der Toten‹ (»holtak országa«) wiedergegeben wird Sche'ol in Ps 16,10 u. Ps 88,4 von der neuesten kath. Übers. ins Ung., die von der Szent István Társulat (›St.-Stephan-Ges.‹) herausgegeben wird.

48 Z. B. Ps 16,10; 88,4 (EÜ 2016).

49 Z. B. Ps 16,10 (EÜ 1980); Ps 86,13 (EÜ 2016).

Glaubensbekenntnisses –, so ist diese »Hölle« nicht identisch mit der Hölle im heutigen Sinne, dem Leidens-›Ort‹ der Verdammten. – *Der Übers. im Anschluss an den Verf.*] Somit meinen wir, wenn wir von Jesu Abstieg »in das Reich des Todes« sprechen, dass Jesus wirklich starb und die Erfahrung von Angst und Schmerz machte, die jeder Mensch in seinem Leben machen muss.

Dadurch können wir gewiss sein, dass Gott auch im »finsteren Tal«[51] (Ps 23,4) bei uns ist und uns das Tor zur Auferstehung öffnet.

Jesus hat in Seinem irdischen Leben oftmals gesagt, dass Er nicht nur für die Gesunden gekommen ist, sondern auch für die Gefallenen, die Leidenden und die Bösen. »Und ich, wenn ich über die Erde erhöht bin, werde alle zu mir ziehen« (Joh 12,32). Ein guter Vater verstößt oder verleugnet keines seiner Kinder und möchte ein jedes an sich ziehen. Der Abstieg Jesu in das Reich des Todes geschah für die Menschen *aller* Zeiten.

---

50 Im Ung. gebraucht die offiz. kath. Fassung des Apostolischen Glaubensbekenntnisses auch heute noch das Wort »pokol«, welches sonst üblicherweise jenen ›Ort‹ meint, der für die Verdammten bestimmt ist.

51 Wörtl. heißt es in der offiz. lat. Fassung wie schon im griech. Orig.: ›inmitten des Schattens des Todes‹ (»in medio umbræ mortis«, »ἐν μέσῳ σκιᾶς θανάτου«). P. Csaba zitiert diese Stelle hier im engeren Anschluss an die lat. bzw. griech. Vorlage (›im Tal des Todes‹ – »a halál völgyében«), während es in der offiz. kath. Übers. ins Ung. – wie auch in der EÜ 2016 – ›im finsteren Tal‹ (»a sötét völgyben«) heißt.

Am dritten Tage auferstand Jesus Christus von den Toten

Wäre es möglich, dass Jesu Auferstehung erfunden oder vorgetäuscht war?

Wenn wir aus dem Abstand von zweitausend Jahren die damaligen Ereignisse aufschreiben wollten, dann könnten wir uns natürlich irren. Aber für die Apostel und ihre unmittelbare Umgebung war Jesu Leben nicht Geschichte, sondern prägender Teil ihres eigenen Lebens.

Nach Jesu Auferstehung und dem Pfingsterlebnis bereicherten sich die Apostel nicht mit ihrer Verkündigung, lebten nicht bis an ihr Lebensende in Wohlstand und Ruhe, sondern nahmen unglaublich große Leiden, ja sogar den Tod als Blutzeugen auf sich.

Für einen Schwindel oder eine erfundene Geschichte pflegen nicht Tausende von Menschen Demütigungen und Qualen zu erdulden. Zudem bewiesen Menschen diese Opferbereitschaft nicht nur in einem Augenblick plötzlicher Begeisterung, sondern über Jahrhunderte hinweg, unabhängig voneinander und fast überall auf der Welt.

Wenn Jesu Jünger die Auferstehung ihres Meisters erfunden hätten, dann wäre früher oder später dieser Schwindel aufgeflogen. In einer kriminellen Organisation gibt es immer jemanden, der die anderen anzeigt. Unmöglich aber kann das, was so viele Menschen über Jahrhunderte hinweg übereinstimmend bekannt haben, eine Lüge sein! Dabei gilt es zu bedenken, dass diesen Menschen ihr christlicher Glaube im Leben zahllose Schwierigkeiten einbrachte und sie in Angst und Armut leben ließ!

Sollte etwa das Evangelium, die Frohe Botschaft, der grösste, gelungenste und professionellste Schwindel sein?!

Christus kann ich mir nicht als Schwindler vorstellen! In den letzten zweitausend Jahren wurden Geschichten erfunden, die weitaus reißerischer sind und nach einer Weile doch ihre Überzeugungskraft verloren haben. Die Frohe Botschaft von Jesus hatte jedoch Bestand; ja, unzählige Menschen haben sogar ihr Leben dafür hingegeben.

Die vier Evangelisten liefern unterschiedliche Beschreibungen vom Anblick des leeren Grabes. Mal wird nur ein *Engel erwähnt, mal ist von mehreren Engeln die Rede ...*

Mir ist es sehr sympathisch, dass Jesu Jünger so redlich waren, dass sie keine Zensur ausübten, wenn sich die Berichte in einigen Details voneinander unterschieden. Sie waren sich, was das Wesentliche betraf, so sicher, dass sie das nicht für nötig hielten.

Wenn mehrere Menschen Zeugen ein und desselben Ereignisses werden, das sie sehr aufwühlt, und diese dann gefragt werden, was ein jeder von ihnen gesehen habe, dann werden sich ihre Antworten wohl in mehr als einem Detail voneinander unterscheiden. Denn es kommt darauf an, aus welcher Perspektive sie das Geschehene erlebt haben, wann ein jeder dazugekommen ist, wie es emotional auf einen jeden gewirkt hat – und noch eine Reihe anderer Faktoren mögen in die Wahrnehmung mit hineinspielen. Im Wesentlichen aber stimmen alle Evangelien miteinander überein: Das Grab ist leer, der Herr lebt.

Und doch war es nicht dieser Anblick des leeren Grabes, der die Jünger überzeugte, sondern die persönliche Begegnung mit Jesus: Seine beruhigenden und tröstenden Worte, das Beisammensein in der Einfachheit des Alltags. Von Seinen Worten brannte den beiden Emmaus-Jüngern auf ihrem Nachhauseweg das Herz.

Und siehe, am gleichen Tag waren zwei von den Jüngern auf dem Weg in ein Dorf namens Emmaus, das sechzig Stadien von Jerusalem entfernt ist. Sie sprachen miteinander über all das, was sich ereignet hatte. Und es geschah, während sie redeten und ihre Gedanken austauschten, kam Jesus selbst hinzu und ging mit ihnen. Doch ihre Augen waren gehalten, sodass sie ihn nicht erkannten.

Er fragte sie: Was sind das für Dinge, über die ihr auf eurem Weg miteinander redet? Da blieben sie traurig stehen und der eine von ihnen – er hieß Kleopas – antwortete ihm: Bist du so fremd in Jerusalem, dass du als Einziger nicht weißt, was in diesen Tagen dort geschehen ist? Er fragte sie: Was denn? Sie antworteten ihm: Das mit Jesus aus Nazaret. Er war ein Prophet, mächtig in Tat und Wort vor Gott und dem ganzen Volk. Doch unsere Hohepriester und Führer haben ihn zum Tod verurteilen und ans Kreuz schlagen lassen. Wir aber hatten gehofft, dass er der sei, der Israel erlösen werde. Und dazu ist heute schon der dritte Tag, seitdem das alles geschehen ist. Doch auch einige Frauen aus unserem Kreis haben uns in große Aufregung versetzt. Sie waren in der Frühe beim Grab, fanden aber seinen Leichnam nicht. Als sie zurückkamen, erzählten sie, es seien ihnen Engel erschienen und hätten gesagt, er lebe. Einige von uns gingen dann zum Grab und fanden alles so, wie die Frauen gesagt hatten; ihn selbst aber sahen sie nicht.

Da sagte er zu ihnen: Ihr Unverständigen, deren Herz zu träge ist, um alles zu glauben, was die Propheten gesagt haben. Musste nicht der Christus das erleiden und so in seine Herrlichkeit gelangen? Und er legte ihnen dar, ausgehend von Mose und allen Propheten, was in der gesamten Schrift über ihn geschrieben steht.

So erreichten sie das Dorf, zu dem sie unterwegs waren. Jesus tat, als wolle er weitergehen, aber sie drängten ihn und sagten: Bleibe bei uns; denn es wird Abend, der Tag hat sich schon geneigt! Da ging er mit hinein, um bei ihnen zu bleiben. Und es geschah, als er mit ihnen bei Tisch war, nahm er das Brot, sprach den Lobpreis, brach es und gab es ihnen. Da wurden ihre Augen aufgetan und sie erkannten ihn; und er entschwand ihren Blicken. Und sie sagten zueinander: Brannte nicht unser Herz in uns, als er unterwegs mit uns redete und uns den Sinn der Schriften eröffnete?

Noch in derselben Stunde brachen sie auf und kehrten nach Jerusalem zurück und sie fanden die Elf und die mit ihnen versammelt waren. Diese sagten: Der Herr ist wirklich auferstanden und ist dem Simon erschienen. Da erzählten auch sie, was sie unterwegs erlebt und wie sie ihn erkannt hatten, als er das Brot brach.

(Lk 24,13–35)

Einige Ungläubige halten es für eine Möglichkeit, dass die Apostel den Leichnam Jesu gestohlen hätten – ehe sie verkündeten, dass Er auferstanden ist ...

Schauen wir uns dazu an, was bei der Kreuzigung geschah. Die Hohen Priester drängten Pilatus: »Sie sagten: Herr, es fiel uns ein, dass dieser Betrüger, als er noch lebte, behauptet hat: Ich werde nach drei Tagen auferstehen. Gib also den Befehl, dass das Grab bis zum dritten Tag bewacht wird! Sonst könnten seine Jünger kommen, ihn stehlen und dem Volk sagen: Er ist von den Toten auferstanden. Und dieser letzte Betrug wäre noch schlimmer als alles zuvor. Pilatus antwortete ihnen: Ihr sollt eine Wache haben. Geht und sichert das Grab, so gut ihr könnt! Darauf gingen sie, um das Grab zu sichern. Sie versiegelten den Eingang und ließen die Wache dort« (Mt 27,63–66).

Als Jesus gefangen genommen und getötet wurde, stürzten die Apostel in solche Verzweiflung, dass sie davonliefen und sich versteckten. Petrus, der Apostelfürst, verleugnete aus Angst seinen Meister. Allein Johannes blieb bei Jesus. Stellen wir uns nun einmal diese elf verängstigten Männer vor. Diese sollen die Köpfe zusammengesteckt haben und sich eine Lüge ausgedacht haben, die sie nur in Schwierigkeiten bringen konnte?! Sie mussten doch annehmen, dass es ihnen genauso ergehen konnte wie ihrem Meister – von dem sie sich betrogen fühlten und von dem sie zunächst nicht glaubten, dass Er auferstehen würde.

NICHT NUR ANGESICHTS DER ÄUSSEREN UMSTÄNDE, SONDERN AUCH ANGESICHTS DER SEELISCHEN VERFASSUNG DER ELF APOSTEL WÄRE ES UNVORSTELLBAR, DASS DIESE VOM GRAB, DAS VON SOLDATEN BEWACHT WURDE, DEN STEIN WEGGEWÄLZT HÄTTEN – WOFÜR SIE JA MIT DIESEN DEN KAMPF HÄTTEN AUFNEHMEN MÜSSEN – UND DANN DEN LEICHNAM ENTWENDET HÄTTEN.

Andere Nichtchristen halten es für möglich, dass Jesus nicht wirklich gestorben wäre und man Ihn lebendig beigesetzt hätte. Er wäre dann nach einiger Zeit wieder zu sich gekommen, wäre aufgestanden und hätte als ganz normaler Mensch eine Familie gegründet, ungefähr so, wie es in dem ganz und gar unchristlichen Film The Da Vinci Code – Sakrileg *angenommen wird …*

Ich denke, dass die römischen Soldaten das, was ihnen befohlen worden war, nicht nur zur Hälfte ausführten. Man kann sich auch kaum vorstellen, dass Jesus – nachdem Er völlig zusammengeschlagen, mit Nägeln, die Hände und Füße durchbohrten, ans Kreuz geheftet worden war und durch Sein Herz der Stoß einer Lanze gedrungen war – nicht gestorben wäre.

Wenn wir einmal logisch darüber nachdenken, können wir uns dann also vorstellen, dass Jesus bei Seiner Abnahme vom Kreuz nur scheinbar tot gewesen wäre?! Können wir uns vorstellen, dass Er, nachdem Er in lange Leinenbinden eng eingewickelt und die Grabkammer mit einem schweren Stein verschlossen worden war, zu sich gekommen wäre, sich aus den Leinenbinden ausgewickelt, diese fein säuberlich zusammengelegt und den Stein weggewälzt hätte, dass Er die kräftigen, bewaffneten römischen Soldaten niedergerungen und vertrieben hätte und dass Er schließlich, während Ihn Seine Beine kaum zu tragen vermochten, die Apostel aufgesucht hätte, die sich aus Angst eingeschlossen hatten, und sie in Seinem elenden Zustand – mit blutenden Wunden und zwischen Leben und Tod schwebend – aufgemuntert und begeistert hätte?!

WENN DIE JÜNGER SICH NICHT HUNDERTPROZENTIG SICHER GEWESEN WÄREN, DASS JESUS AUFERSTANDEN IST, DANN HÄTTEN SIE SPÄTER NIE UND NIMMER DEN MUT GEHABT, FÜR IHN DIE SCHLIMMSTEN QUALEN AUF SICH ZU NEHMEN.

Es wäre dann all das zusammengebrochen, was Jesus ihnen zuvor gesagt hatte. Jesus gälte dann nur als Mensch, wenn auch als großartigster, der je gelebt hat. Doch bedenken wir: Von den zwölf Aposteln sollten zehn als Blutzeugen sterben. (Judas Iskariot beging Selbstmord, und nur Johannes sollte im hohen Alter eines natürlichen Todes sterben.) Diese zehn gaben für ihren Glauben ihr Leben hin. Nüchtern betrachtet ist es also unvorstellbar, dass Jesu Auferstehung ein Betrug gewesen wäre. Der Apostel Paulus schreibt: »Wenn aber Christus nicht auferweckt worden ist, dann ist euer Glaube nutzlos [...] Wenn wir allein für dieses Leben unsere Hoffnung auf Christus gesetzt haben, sind wir erbärmlicher daran als alle anderen Menschen« (1 Kor 15,17.19).

Es ist wunderschön, dass Gott, der selbst die Liebe ist, auch am Ostermorgen den Menschen nicht den Rücken kehrt, sondern wieder zu uns zurückkommt, um uns in Seine Arme zu schließen, Feuer zu machen, für Petrus und die anderen Fisch zu braten und uns so Seine Liebe zu zeigen.

Simon Petrus, Thomas, genannt Didymus, Natanaël aus Kana in Galiläa, die Söhne des Zebedäus und zwei andere von seinen Jüngern waren zusammen. Simon Petrus sagte zu ihnen: Ich gehe fischen. Sie sagten zu ihm: Wir kommen auch mit. Sie gingen hinaus und stiegen in das Boot. Aber in dieser Nacht fingen sie nichts.

Als es schon Morgen wurde, stand Jesus am Ufer. Doch die Jünger wussten nicht, dass es Jesus war. Jesus sagte zu ihnen: Meine Kinder, habt ihr keinen Fisch zu essen? Sie antworteten ihm: Nein. Er aber sagte zu ihnen: Werft das Netz auf der rechten Seite des Bootes aus und ihr werdet etwas finden. Sie warfen das Netz aus und konnten es nicht wieder einholen, so voller Fische war es. Da sagte der Jünger, den Jesus liebte, zu Petrus: Es ist der Herr! Als Simon Petrus hörte, dass es der Herr sei, gürtete er sich das Obergewand um, weil er nackt war, und sprang in den See.

Dann kamen die anderen Jünger mit dem Boot – sie waren nämlich nicht weit vom Land entfernt, nur etwa zweihundert Ellen – und zogen das Netz mit den Fischen hinter sich her. Als sie an Land gingen, sahen sie am Boden ein Kohlenfeuer und darauf Fisch und Brot liegen. Jesus sagte zu ihnen: Bringt von den Fischen, die ihr gerade gefangen habt! Da stieg Simon Petrus ans Ufer und zog das Netz an Land. Es war mit hundertdreiundfünfzig großen Fischen gefüllt, und obwohl es so viele waren, zerriss das Netz nicht. Jesus sagte zu ihnen: Kommt her und esst! Keiner von den Jüngern wagte ihn zu befragen: Wer bist du? Denn sie wussten, dass es der Herr war.

Jesus trat heran, nahm das Brot und gab es ihnen, ebenso den Fisch. Dies war schon das dritte Mal, dass Jesus sich den Jüngern offenbarte, seit er von den Toten auferstanden war.

(Joh 21,2–14)

Kann ich mit durchbohrtem Herzen den, der mich so sehr verletzt hat, lieben? Kann ich weiterhin gut zu ihm sein? Aus unserer menschlichen Erfahrung wissen wir, dass dies sehr schwer ist.

Jesu Vorbild gibt uns Kraft, uns wieder aufzurichten und neu anzufangen, wenn uns unser Ehepartner, sei es unabsichtlich oder auch absichtlich, mit seinen Worten oder seinem Tun einen Dolch ins Herz gestoßen hat. Daher ist seit Jahrhunderten bis heute das verwundete und doch wieder pochende Herz Jesu eines der bekanntesten christlichen Symbole.

Die Jünger haben Gottes Liebe, haben die Liebe Seines eingeborenen Sohnes, diese Gründonnerstag und Karfreitag überspannende Liebe selbst erlebt, haben die Erfahrung gemacht, dass Jesus die Hoffnung, die Er in sie gesetzt hat, nicht aufgibt, dass Er sie nach Seiner Auferstehung zum Frühstück einlädt, dass Er ihnen wieder Mut macht, sie voll Vertrauen entsendet, auf dass sie der ganzen Welt die Frohe Botschaft verkünden. Ohne diese Erfahrung ließe sich die Opferbereitschaft der Apostel nicht verstehen und nicht erklären.

Ich sehe, dass es nicht einfach ist, aus sich etwas Gutes hervorzubringen. Ein Leben lang einem guten Ideal treu zu bleiben, ist nicht leicht. Dass dies so viele Menschen dennoch geschafft haben, muss auf wirkliche Erfahrungen zurückzuführen sein.

Wenn es keine Auferstehung der Toten gibt, ist auch Christus nicht auferweckt worden. Ist aber Christus nicht auferweckt worden, dann ist unsere Verkündigung leer, leer auch euer Glaube. Wir werden dann auch als falsche Zeugen Gottes entlarvt, weil wir im Widerspruch zu Gott das Zeugnis abgelegt haben: Er hat Christus auferweckt. Er hat ihn eben nicht auferweckt, wenn Tote nicht auferweckt werden. Denn wenn Tote nicht auferweckt werden, ist auch Christus nicht auferweckt worden. Wenn aber Christus nicht auferweckt worden ist, dann ist euer Glaube nutzlos und ihr seid immer noch in euren Sünden; und auch die in Christus Entschlafenen sind dann verloren. Wenn wir allein für dieses Leben unsere Hoffnung auf Christus gesetzt haben, sind wir erbärmlicher daran als alle anderen Menschen. Nun aber ist Christus von den Toten auferweckt worden als der Erste der Entschlafenen. Da nämlich durch einen Menschen der Tod gekommen ist, kommt durch einen Menschen auch die Auferstehung der Toten. Denn wie in Adam alle sterben, so werden in Christus alle lebendig gemacht werden. Es gibt aber eine bestimmte Reihenfolge: Erster ist Christus; dann folgen, wenn Christus kommt, alle, die zu ihm gehören. Danach kommt das Ende, wenn er jede Macht, Gewalt und Kraft entmachtet hat und seine Herrschaft Gott, dem Vater, übergibt. Denn er muss herrschen, bis Gott ihm alle Feinde unter seine Füße gelegt hat. Der letzte Feind, der entmachtet wird, ist der Tod. Denn: Alles hat er seinen Füßen unterworfen.

(1 Kor 15,13–27)

Jesus Christus fuhr in den Himmel auf; Er sitzt zur Rechten Gottes, des allmächtigen Vaters; von dort wird Er kommen, zu richten die Lebenden und die Toten

Auf welcher Grundlage wird Er Sein Urteil sprechen?

Wenn wir die Möglichkeit hätten, uns in den Mutterleib zum ungeborenen Kind zu begeben, und ihm dort sagen könnten: »Du wirst bald auf die Welt kommen. Dort draußen wird ein blauer Himmel über dir sein. Auf grünem Gras wirst du Fußball spielen. Irgendwann wirst du eine junge Frau kennenlernen, sie bei der Hand fassen, lange Spaziergänge mit ihr machen und sie küssen ...«, dann würde das Kind, wenn es denn sprechen könnte, zurückfragen: »Was redest du nur für Zeug?! Was soll das: oben und unten, Fußballspielen, Gras, Küssen?!« All diese Begriffe wären dem Kinde unverständlich. Es dächte, man wolle es aus diesem so schön warmen und weichen, diesem gemütlichen Ort herausreißen, und würde sich mit Händen und Füßen dagegen wehren, ins Freie zu kommen. Das ungeborene Kind verstünde dies alles schlicht und einfach nicht.

Im Mutterschoß bildet sich der Körper des jungen Menschen aus.

Auch unser irdisches Leben ist ein Mutterschoss: Dort bilden sich unsere Seele, unser Geist, unsere Persönlichkeit und unser Ich aus.

Unsere zweite Geburt findet im Augenblick unseres Todes statt. Dann werden wir zum ewigen Leben geboren.

Wenn ein Mensch infolge einer Missbildung mit einer Behinderung zur Welt kommt, so ist dies für den Betroffenen und seine Umgebung mit ziemlichen Unannehmlichkeiten oder gar Schmerzen verbunden. Die Behinderung ist aber nicht seine Schuld, und man kann ihn darum genauso lieben wie jeden anderen Menschen.

Durch die schlechten Taten, die wir in unserem Leben auf Erden bewusst begehen, durch unseren Egoismus und unsere Lügen machen wir selbst unsere Seele krank, und unsere Persönlichkeit und unser innerstes Wesen leiden darunter Schaden.

Nach unserem Tode, wenn wir dem Gott der unendlichen Liebe und Gerechtigkeit begegnen, werden wir dann unsere verwachsene Seele vor Ihn bringen. In Seinem Lichte werden wir unser ganzes Leben, unsere Taten und deren Folgen, sehen. Beim Letzten Gericht wird Gott uns ganz klar und deutlich zeigen, was für Früchte unsere Entscheidungen für unsere Mitmenschen hervorgebracht haben, wie sich diese also auf das Leben derer ausgewirkt haben, die mit uns in Beziehung standen. Wir werden all das Gute sehen, dass wir anderen getan haben, all die Freude, die wir unseren Mitmenschen bereitet haben, und es wird uns selbst unsagbar große Freude darüber erfüllen. Aber wir werden auch das Schlechte sehen, das wir getan haben: dass wir unsere Familie zugrunde gerichtet haben, dass wir die Leibesfrucht grausam getötet haben, dass wir unsere Kinder nicht gut erzogen haben und sie deshalb auf eine schiefe Bahn geraten sind. Wir werden den Schmerz sehen, den wir einem andern mit einer Lüge oder durch üble Nachrede zugefügt haben. Wir werden die Folgen unserer Unterlassungssünden, unserer Faulheit und unserer Gleichgültigkeit sehen.

Im Jenseits fällt von allem der Schleier. Hier auf Erden können wir lügen und dem andern etwas vorgaukeln. Aber nach unserem Tode werden wir die Dinge so sehen, wie sie wirklich sind. Im Lichte Gottes können wir weder uns selbst noch den anderen etwas vormachen. Diese Konfrontation mit der Wahrheit kann sehr hart und schmerzhaft sein. Wir werden uns mit Jesu Augen sehen und selbst das Urteil über uns sprechen.

> Wenn aber das Vollendete kommt, vergeht alles Stückwerk. Als ich ein Kind war, redete ich wie ein Kind, dachte wie ein Kind und urteilte wie ein Kind. Als ich ein Mann wurde, legte ich ab, was Kind an mir war. Jetzt schauen wir in einen Spiegel und sehen nur rätselhafte Umrisse, dann aber schauen wir von Angesicht zu Angesicht. Jetzt ist mein Erkennen Stückwerk, dann aber werde ich durch und durch erkennen, so wie ich auch durch und durch erkannt worden bin. Für jetzt bleiben Glaube, Hoffnung, Liebe, diese drei; doch am größten unter ihnen ist die Liebe. (1 Kor 13,10–13)

Nicht Gott wird uns verurteilen. Er möchte, dass sich jeder Mensch entfalte, groß werde und all das Schöne und Wertvolle, das in ihm angelegt ist, sichtbar werde. Wenn wir durch unsere Kleingläubigkeit, unsere Sünden, unsere Faulheit oder unsere Lieblosigkeit diese Entfaltung verhindern, dann wachsen wir nicht zu jener Höhe empor, von der aus wir heil und unversehrt in das himmlische Reich eintreten können.

MAN SAGT, DASS EIN BAUM, WENN ER EINST UMBRICHT, IN JENE RICHTUNG KIPPT, IN DIE ER SICH ZEIT SEINES LEBENS GENEIGT HAT. JE NACHDEM, OB WIR UNS SELBST IN UNSEREM LEBEN ZUM SCHÖNEN-WOHLGEFORMTEN ODER ZUM MONSTRÖSEN-HÄSSLICHEN HIN ENTWICKELT HABEN, WIRD IM AUGENBLICK DES TODES UNSER WEITERER WEG UNS DIE EINE ODER ANDERE BAHN ENTLANGFÜHREN.

Wenn Saulus bei der Ermordung des heiligen Stephanus gestorben wäre, so wäre er in monströser Form vor Gott gekommen, als ein ganz anderer als der, der später aus ihm geworden war, als er den Hymnus auf die Liebe schrieb. Deswegen ist es von größter Bedeutung, wie wir leben. Das Leben hat seinen eigenen Einsatz und sein eigenes Gewicht. Daher müssen wir alles tun, um zur Freiheit von Gottes Liebe emporzuwachsen.

Wir alle müssen den Gipfel der vollkommenen Liebe erklimmen. Herrscht dabei unter uns Menschen Chancengleichheit? Eine schlechte Erziehung, ein liebloses Umfeld, aussichtslose Lebensumstände und noch zahllose andere Hemmnisse, die nicht in unserer Macht liegen, können uns auf den Weg dorthin stolpern lassen ...

Gott ist nicht nur der Gott der Gerechtigkeit, sondern auch der Gott der Liebe und der Barmherzigkeit. Er sieht den Weg, den wir hätten gehen sollen; aber Er kennt auch unsere Anlagen, unser Wissen und Unwissen, unsere Lebensumstände und wird uns deutlich zeigen, welche Sünden wir begangen haben, ohne etwas dafürzukönnen, und für welche wir tatsächlich verantwortlich sind.

Wir gehen nicht alle denselben Weg. Aber jeder Mensch muss seinen eigenen Weg *gut* gehen. Gewiss wird Gott einen jeden von uns nach dem Massstab messen, der ihm gerecht wird.

Jeder Mensch muss seine eigenen Früchte hervorbringen: Melonen, Äpfel, Trauben müssen ihren je eigenen Geschmack zur Entfaltung bringen. Wir können unser eigenes Leben mit seinen Erfolgen und Misserfolgen nicht mit dem Leben eines anderen Menschen vergleichen.

Als der heilige Franziskus von seinen Gefährten gerühmt wurde, sprach er: »Rühmt mich nicht! Wenn ein anderer ebenso viel Gnade erhalten hätte wie ich, dann hätte er weitaus mehr zustande gebracht als ich.«[52] Das ist auch umgekehrt wahr: Wenn ich den gleichen Versuchungen ausgesetzt wäre, im Leben mit den gleichen Schwierigkeiten zu kämpfen hätte und aus einer ebenso problematischen Familie käme wie ein anderer Mensch, dann würde sich herausstellen, wie weit ich es mit der Heiligung meines Lebens bereits gebracht habe. Gnadengaben und Versuchungen sind sehr individuell. Es gilt daher, unseren Blick nicht auf den andern zu richten, sondern auf uns selbst. Wir haben unseren eigenen Weg so gut wie möglich zu gehen.

Jesus sagt, dass niemand gerettet wird außer durch Ihn (vgl. Joh 14,6). Ist der, der Jesus nicht kennt und Ihm nicht nachfolgt, vom Himmelreich ausgeschlossen?

Von dem ungarischen Dichter János Pilinszky (1921–1981) stammen die schönen Worte: »In unsagbar schöner Ordnung ist alles eben so, wie es ist. | Von jedem Dach kann man die Sonne sehen.«[53] Gott will, dass ein jeder Mensch das Heil erlange (vgl. 1 Tim 2,4). Ganz gewiss gibt Er jedem Menschen ohne Ausnahme auch die Mittel dazu. Ich glaube nicht, dass jemand, der gute Eltern hat, bessere Chancen hätte, das Heil zu erlangen, als jemand mit schlechten Eltern, und ich glaube nicht, dass das Kind katholischer Eltern gegenüber dem Kind nichtchristlicher Eltern besser dran wäre. Wer mehr erhalten hat, von dem erwartet Gott auch mehr, und das gilt auch umgekehrt.

Den freien Willen halte ich für die größte existierende Kraft. Der Mensch kann sich stets und in jeder Situation

52 Übers. aus dem Ung.

53 »Kimondhatatlan jól van, ami van. | Minden tetőről látni a napot.« (Aranykori töredék [Fragment aus dem Goldenen Zeitalter]. In: Pilinszky, János: Összegyűjtött művei. Versek [Ges. W. Gedichte]. Hg. v. István Jelenits. Bp. 1993, S. 47 f.).

für die Liebe entscheiden, und leider kann er sich selbst im größten Komfort und im größten Wohlstand für Hass und Wut entscheiden. In Auschwitz, in der Hölle des Konzentrationslagers, im Schatten der Gaskammern, entschied sich der heilige Maximilian Kolbe für die Liebe: Freiwillig nahm er anstelle eines Familienvaters den Tod auf sich. Selbst dort vermochte er an der Seite Gottes auszuharren. Selbst dort war der Weg in den Himmel nicht verschlossen.

Gott ist nicht ungerecht. Unsere Lebenswege können sehr unterschiedlich sein; aber jeder Mensch hat es gleich schwer, das Heil zu erlangen, und ist in gleichem Maße der Gefahr ausgesetzt, verdammt zu werden. Wir glauben und bekennen, dass auch jene, die Jesus Christus noch nicht begegnet sind, denen also die Frohe Botschaft noch nicht in glaubwürdiger Weise verkündet worden ist und die daher noch nicht an Christus glauben beziehungsweise an einer anderen Religion festhalten, in der Tiefe ihres Gewissens Ihm begegnen können, sich für die Liebe entscheiden können und auf dem Weg der Güte und der Barmherzigkeit wandeln können. Natürlich kann auch ein Nichtkatholik das Heil erlangen und ins Reich Gottes kommen. Gleichwohl stellt die Lehre unserer Kirche für uns alle eine ›Krücke‹ dar, deren Bedeutung gar nicht hoch genug zu schätzen ist. Es wäre weitaus schwerer, ohne diese ›Krücke‹ auf dem Weg der Liebe zu bleiben und weiterzugehen – auch für mich. Wenn es einem Menschen schwindelt, dann hilft es ihm ungemein, wenn er einen sicheren Fixpunkt hat.

Klar kann man auch mit einem Arm schwimmen. Aber wenn wir die Hilfsmittel, die Gott uns anbietet, – einschließlich der Sakramente und der Heiligen Schrift – nicht nutzen, dann gelangen wir schwerer ans Ziel.

Jesus erklärt: »Was ihr für einen meiner geringsten Brüder getan habt, das habt ihr mir getan« (Mt 25,40). Stimmt es also, dass, wer sich mit wahrer Liebe und Güte seinem Mitmenschen zuwendet, Jesus begegnet?

Das ist wahr. Diese Bibelstelle bringt eindeutig das Wesentliche der Christusnachfolge zum Ausdruck. Es gilt stets aufmerksam auf die Stimme unseres Gewissens zu lauschen. Durch diese Stimme ruft Gott nämlich einen jeden Menschen immer wieder aufs Neue zum Schönen und Wahren. Gott berücksichtigt dabei die Lebensumstände des jeweiligen Menschen, seine Religion, seine Erziehung sowie die Tradition seines Volkes und seiner Familie. An dem, was ein Mensch aus seiner innersten Überzeugung heraus tut, zeigt sich, ob er mit seinem Leben und seinen menschlichen Beziehungen Jesus dient, unter Umständen sogar ohne dass er von Jesus je gehört hätte.

Trotzdem forderte Jesus nach Seiner Auferstehung die Jünger mit ganz klaren Worten dazu auf, das Evangelium, das heißt die Frohe Botschaft, zu verkünden. Wenn dieser Auftrag nicht von größter Wichtigkeit wäre, so hätte Er gesagt: »Wenn ihr Zeit habt, dann predigt ein bisschen!« Aber Sein Auftrag lautete anders: Seine Worte waren eine klare Aufforderung, ja ein Gebot. Stets war sich die Kirche der Bedeutung dieses Missionsauftrages bewusst.

WENN WIR IN EINEM LABYRINTH UMHERIRREN, IST ES SEHR WICHTIG, DASS WIR DEN ANDEREN ZURUFEN, WELCHER WEG NACH DRAUSSEN FÜHRT. ICH BIN DAVON ÜBERZEUGT, DASS DER WEG, DEN UNS DIE KATHOLISCHE KIRCHE WEIST, GEWISS ZUM EWIGEN LEBEN FÜHREN WIRD – WOMIT NICHT GESAGT SEIN SOLL, DASS ES NICHT AUCH ANDERE WEGE AUS DEM LABYRINTH GÄBE.

Wenn der Menschensohn in seiner Herrlichkeit kommt und alle Engel mit ihm, dann wird er sich auf den Thron seiner Herrlichkeit setzen. Und alle Völker werden vor ihm versammelt werden und er wird sie voneinander scheiden, wie der Hirt die Schafe von den Böcken scheidet. Er wird die Schafe zu seiner Rechten stellen, die Böcke aber zur Linken. Dann wird der König denen zu seiner Rechten sagen: Kommt her, die ihr von meinem Vater gesegnet seid, empfangt das Reich als Erbe, das seit der Erschaffung der Welt für euch bestimmt ist! Denn ich war hungrig und ihr habt mir zu essen gegeben; ich war durstig und ihr habt mir zu trinken gegeben; ich war fremd und ihr habt mich aufgenommen; ich war nackt und ihr habt mir Kleidung gegeben; ich war krank und ihr habt mich besucht; ich war im Gefängnis und ihr seid zu mir gekommen. Dann werden ihm die Gerechten antworten und sagen: Herr, wann haben wir dich hungrig gesehen und dir zu essen gegeben oder durstig und dir zu trinken gegeben? Und wann haben wir dich fremd gesehen und aufgenommen oder nackt und dir Kleidung gegeben? Und wann haben wir dich krank oder im Gefängnis gesehen und sind zu dir gekommen? Darauf wird der König ihnen antworten: Amen, ich sage euch: Was ihr für einen meiner geringsten Brüder getan habt, das habt ihr mir getan.

Dann wird er zu denen auf der Linken sagen: Geht weg von mir, ihr Verfluchten, in das ewige Feuer, das für den Teufel und seine Engel bestimmt ist! Denn ich war hungrig und ihr habt mir nichts zu essen gegeben; ich war durstig und ihr habt mir nichts zu trinken gegeben; ich war fremd und ihr habt mich nicht aufgenommen; ich war nackt und ihr habt mir keine Kleidung gegeben; ich war krank und im Gefängnis und ihr habt mich nicht besucht.

Dann werden auch sie antworten: Herr, wann haben wir dich hungrig oder durstig oder fremd oder nackt oder krank oder im Gefängnis gesehen und haben dir nicht geholfen? Darauf wird er ihnen antworten: Amen, ich sage euch: Was ihr für einen dieser Geringsten nicht getan habt, das habt ihr auch mir nicht getan.

Und diese werden weggehen zur ewigen Strafe, die Gerechten aber zum ewigen Leben.

(Mt 25,31–46)

Ich glaube an den Heiligen Geist

Wer ist der Heilige Geist? Unser Gewissen, unsere guten Gedanken, unsere Inspirationsquelle ...?

Der Heilige Geist ist die Dritte Göttliche Person. Jesus, der Vater und der Heilige Geist sind eins und können nicht voneinander getrennt werden.

Das ist ein Geheimnis, über das man nur staunen kann. Begreifen kann man es nicht. Üblicherweise sagen wir: der Vater, der die Welt erschaffen hat, Jesus, der sie erlöst hat, und der Heilige Geist, der sie heiligt.

Jesus kündigte an, dass Er, wenn Er fortgehen werde, den Heiligen Geist, den Tröster, senden werde. An Pfingsten hat sich Dieser über die ganze Welt ergossen, und bei der Firmung kehrt Er auch in unserem eigenen Herzen ein.

Auf unserer irdischen Pilgerreise ist uns der Heilige Geist am nächsten. Er macht uns heilig. Der Heilige Geist ist Gottes Wort und Stimme in uns und spricht zu uns durch unser Gewissen.

Nach der Himmelfahrt Jesu Christi waren die Apostel von Angst erfüllt, versteckten sich zitternd in einem Raum und hockten sich eng zusammen. Mutlos und kraftlos waren sie. Aber sie dachten daran, dass Jesus ihnen die Dritte Göttliche Person versprochen hatte, die ihnen Kraft geben werde und alles, was Er ihnen gesagt hatte, wieder in Erinnerung rufen werde. In der Tat geschah denn auch am Pfingsttag ein unvorstellbares Wunder: Ein gewaltiges

Brausen erhob sich, während sich der Heilige Geist auf sie niederließ.

Vor Pfingsten sahen die Apostel natürlich Jesus, konnten Ihn anfassen, sprachen und aßen mit Ihm, konnten sich davon überzeugen, dass Er, obwohl Er gestorben war, mit Seinem verherrlichten Leib zu ihnen kam, sahen, wie Er in den Himmel auffuhr – und hatten trotzdem nicht den Mut, Ihn vor den Menschen zu bekennen. Der Heilige Geist war es, der ihnen die Kraft, die Weisheit, die Begeisterung und den Mut verlieh, das Evangelium, Christi frohe Botschaft, zu verkünden. Obwohl die Apostel eigentlich nur eine Sprache sprachen, wurden sie doch von der gesamten – aus zahlreichen Volksgruppen bestehenden – Menschenmenge, die sich in Jerusalem versammelt hatte, verstanden. Auf ihre Worte hin ließen sich mehrere hundert Menschen taufen und begannen ein neues Leben. Zu einer Rede mit solcher Wirkung wären die Apostel aus eigener Kraft nicht fähig gewesen.

> Als der Tag des Pfingstfestes gekommen war, waren alle zusammen am selben Ort. Da kam plötzlich vom Himmel her ein Brausen, wie wenn ein heftiger Sturm daherfährt, und erfüllte das ganze Haus, in dem sie saßen. Und es erschienen ihnen Zungen wie von Feuer, die sich verteilten; auf jeden von ihnen ließ sich eine nieder. Und alle wurden vom Heiligen Geist erfüllt und begannen, in anderen Sprachen zu reden, wie es der Geist ihnen eingab.
>
> In Jerusalem aber wohnten Juden, fromme Männer aus allen Völkern unter dem Himmel. Als sich das Getöse erhob, strömte die Menge zusammen und war ganz bestürzt; denn jeder hörte sie in seiner Sprache reden. Sie waren fassungslos vor Staunen und sagten: Seht! Sind das nicht alles Galiläer, die hier reden? Wieso kann sie jeder von uns in seiner Muttersprache hören: Parther, Meder und Elamiter, Bewohner von Mesopotamien, Judäa und Kappadokien, von Pontus und der Provinz Asien, von Phrygien und Pamphylien, von Ägypten und dem Gebiet Libyens nach Kyrene hin, auch die Römer, die sich hier aufhalten, Juden und Proselyten, Kreter und Araber – wir hören sie in unseren Sprachen Gottes große

Taten verkünden. Alle gerieten außer sich und waren ratlos. Die einen sagten zueinander: Was hat das zu bedeuten? Andere aber spotteten: Sie sind vom süßen Wein betrunken.

Da trat Petrus auf, zusammen mit den Elf; er erhob seine Stimme und begann zu reden: Ihr Juden und alle Bewohner von Jerusalem! Dies sollt ihr wissen, achtet auf meine Worte! Diese Männer sind nicht betrunken, wie ihr meint; es ist ja erst die dritte Stunde am Tag; sondern jetzt geschieht, was durch den Propheten Joël gesagt worden ist: In den letzten Tagen wird es geschehen, so spricht Gott: Ich werde von meinem Geist ausgießen über alles Fleisch.

(Apg 2,2–17)

Gott kommt nie mit leeren Händen, sondern bringt immer ein Geschenk mit. Er gibt Sich selbst, verteilt Sich selbst und verliert dadurch doch nichts von Seiner Grösse.

Der Heilige Geist kehrt vollgepackt mit Geschenken in das Herz dessen ein, der Ihn zu sich ruft. In einem Augenblick der Gnade wird einem Menschen plötzlich klar, was er bisher nicht verstanden hat: Vom Heiligen Geist hat er das Geschenk der Einsicht erhalten. Wenn ein Mensch sich zu schwach fühlt, um von den Zigaretten loszukommen, und Gott um Hilfe bittet, wenn er dann plötzlich von Ihm die Kraft dazu erhält, so wundert er sich über sich selbst, dass es ihm nicht schon früher gelungen ist, Nein zu den Glimmstängeln zu sagen. Oder ein Mensch macht sich mit Elan und Mut an eine Aufgabe, von der er bislang glaubte, dass sie seine Kräfte übersteige, und fühlt auf einmal, dass ihm die Kraft gegeben worden ist, gleichsam Berge zu versetzen; denn die Kraft des Heiligen Geistes hat begonnen, in ihm zu wirken.

Um die sieben Gaben des Heiligen Geistes – Weisheit, Einsicht, Rat, Erkenntnis, Stärke, Frömmigkeit und Gottesfurcht – müssen wir ganz bewusst bitten. Von den Verkündern des Evangeliums lesen wir: »Sie aber zogen aus und verkündeten überall. Der Herr stand ihnen bei und bekräftigte das Wort durch die Zeichen, die es begleiteten« (Mk 16,20).

> Darum erkläre ich euch: Keiner, der aus dem Geist Gottes redet, sagt: Jesus sei verflucht! Und keiner kann sagen: Jesus ist der Herr!, wenn er nicht aus dem Heiligen Geist redet. Es gibt verschiedene Gnadengaben, aber nur den einen Geist. Es gibt verschiedene Dienste, aber nur den einen Herrn. Es gibt verschiedene Kräfte, die wirken, aber nur den einen Gott: Er bewirkt alles in allen. Jedem aber wird die Offenbarung des Geistes geschenkt, damit sie anderen nützt. Dem einen wird vom Geist die Gabe geschenkt, Weisheit mitzuteilen, dem anderen durch denselben Geist die Gabe, Erkenntnis zu vermitteln, einem anderen in demselben Geist Glaubenskraft, einem anderen – immer in dem einen Geist – die Gabe, Krankheiten zu heilen, einem anderen Kräfte, Machttaten zu wirken, einem anderen prophetisches Reden, einem anderen die Fähigkeit, die Geister zu unterscheiden, wieder einem anderen verschiedene Arten von Zungenrede, einem anderen schließlich die Gabe, sie zu übersetzen. Das alles bewirkt ein und derselbe Geist; einem jeden teilt er seine besondere Gabe zu, wie er will.
>
> (1 Kor 12,3–11)

Wie schön, dass Jesus mit solch zärtlicher Liebe von der Dritten Göttlichen Person zu sprechen vermag! »Es ist gut für euch«, sagt Er, »dass ich fortgehe. Denn wenn ich nicht fortgehe, wird der Beistand nicht zu euch kommen; gehe ich aber, so werde ich ihn zu euch senden. [...] Noch vieles habe ich euch zu sagen, aber ihr könnt es jetzt nicht tragen. Wenn aber jener kommt, der Geist der Wahrheit, wird er euch in der ganzen Wahrheit leiten. Denn er wird nicht aus sich selbst heraus reden, sondern er wird reden, was er hört, und euch verkünden, was kommen wird. Er wird mich verherrlichen; denn er wird von dem, was mein ist, nehmen und es euch verkünden. Alles, was der Vater hat, ist mein; darum habe ich gesagt: Er nimmt von dem, was mein ist, und wird es euch verkünden« (Joh 16,7.12–15).

Von den drei Göttlichen Personen ist keine geringer oder grösser als die anderen. Und doch sind Diese von solch grosser Demut erfüllt!

Wenn Jesus sagt, dass es »gut für euch« ist, so bringt Er damit zum Ausdruck, dass Er selbst – mit Blick auf Seine Menschennatur[54] – klein ist, der Heilige Geist aber so mächtig und stark. »Dieser wird euch alles lehren, wird euch auch Kraft geben«, versichert ihnen Jesus. »Das wird sehr gut für euch sein.«[55]

Ich freue mich, zu einer Familie zu gehören, in der man solch liebevolle Worte zu hören bekommt.

---

54 Von Jesus Christus bekennt die Kirche freilich, dass Er wahrer Mensch *und* wahrer Gott ist.

55 Kein wörtl. Zitat aus der Heiligen Schrift.

Ich glaube die heilige katholische Kirche

Was meinen wir, wenn wir von der »katholischen Kirche« sprechen?

Die Bezeichnung »katholisch« kommt von dem griechischen Wort »katholikós« (καθολικός), welches ›allumfassend‹, ›ganz‹, ›vollständig‹ bedeutet.[56] Das heißt: Niemand ist aus dieser Gemeinschaft ausgeschlossen. Sie erhebt sich über die engen Grenzen. Christus ist nicht nur für *eine* Nation gekommen, nicht nur für die Männer, nicht nur für die Gescheiten, sondern für jeden Menschen. Das ist sehr schön, und daher bekenne ich mich mit Stolz zum Katholizismus, dem ›allumfassenden‹ Christentum.

Der heilige Apostel Paulus bringt es mit wunderschönen Worten zum Ausdruck: »Die Kirche ist der lebendige Leib Christi.«[57]

> Denn wie der Leib einer ist, doch viele Glieder hat, alle Glieder des Leibes aber, obgleich es viele sind, einen einzigen Leib bilden: So ist es auch mit Christus. Durch den einen Geist wurden wir in der Taufe alle in einen einzigen Leib aufgenommen, Juden und Griechen, Sklaven und Freie; und alle wurden wir mit dem einen Geist getränkt. Auch der Leib besteht nicht nur aus einem Glied, sondern aus vielen Gliedern. Wenn der Fuß sagt: Ich bin keine Hand, ich gehöre nicht zum Leib!, so gehört er doch zum Leib. Und wenn das Ohr sagt: Ich bin kein Auge, ich

56 Vgl. *Katechismus der Katholischen Kirche*, 1997, Nr. 830.

57 Wörtl. schreibt der hl. Paulus im Brief an die Kolosser: »Jetzt freue ich mich in den Leiden, die ich für euch ertrage. Ich ergänze in meinem irdischen Leben, was an den Bedrängnissen Christi noch fehlt an seinem Leib, der die Kirche ist« (Kol 1,24).

> gehöre nicht zum Leib!, so gehört es doch zum Leib. Wenn der ganze Leib nur Auge wäre, wo bliebe dann das Gehör? Wenn er nur Gehör wäre, wo bliebe dann der Geruchssinn? Nun aber hat Gott jedes einzelne Glied so in den Leib eingefügt, wie es seiner Absicht entsprach. Wären alle zusammen nur ein Glied, wo bliebe dann der Leib? So aber gibt es viele Glieder und doch nur einen Leib. Das Auge kann nicht zur Hand sagen: Ich brauche dich nicht. Der Kopf wiederum kann nicht zu den Füßen sagen: Ich brauche euch nicht. Im Gegenteil, gerade die schwächer scheinenden Glieder des Leibes sind unentbehrlich. Denen, die wir für weniger edel ansehen, erweisen wir umso mehr Ehre und unseren weniger anständigen Gliedern begegnen wir mit umso mehr Anstand, während die anständigen das nicht nötig haben. Gott aber hat den Leib so zusammengefügt, dass er dem benachteiligten Glied umso mehr Ehre zukommen ließ, damit im Leib kein Zwiespalt entstehe, sondern alle Glieder einträchtig füreinander sorgen. Wenn darum ein Glied leidet, leiden alle Glieder mit; wenn ein Glied geehrt wird, freuen sich alle Glieder mit. Ihr aber seid der Leib Christi und jeder Einzelne ist ein Glied an ihm. (1 Kor 12,12–27)

Gott lädt jeden Menschen, jede Gemeinschaft, jedes Volk, ja die ganze Menschheit in die Ewigkeit ein. Er möchte, dass es in der Kirche »eine Herde [...] und einen Hirten« (Joh 10,16) gibt. Gott will, dass wir aufeinander achtgeben, dass wir einander bei der Hand fassen und Schulter an Schulter voranschreiten, um gemeinsam am Reich Gottes zu bauen. Wenn wir uns vom andern abwenden, wenn wir uns abschotten und mit dem andern den Konflikt suchen, dann ist der böse Geist am Werk.

Christus hat eine einzige Kirche gegründet: »Heiliger Vater, bewahre sie in deinem Namen, den du mir gegeben hast, damit sie eins sind wie wir« (Joh 17,11). Das ist ein Gebot.

Niemand kann sagen, dass er ganz gut ohne die anderen auskomme und sich jeder nur um seine eigenen Sachen kümmern solle.

Eben das ist nämlich Sünde. Die Abwendung von der Gemeinschaft, die Abkapselung, die Trennung von der Kirche, eine ›Ich-decke-nur-für-mich-selbst-den-Tisch‹-Haltung – das ist Sünde. Jesus ruft uns ganz klar dazu auf, einander anzunehmen, einander zu vertrauen, den Mut zu haben, uns auch dann an *einen* Tisch zu setzen, wenn wir nicht in allem einer Meinung sind, wenn wir die Schwächen und Fehler des andern sehen. Denn gegen unsere seelische Gebrechlichkeit und Unvollkommenheit vermögen wir nur dann etwas auszurichten, wenn wir beharrlich in Liebe zusammenstehen.

Wenn ein Kind neu zu uns kommt, ist es in der Regel verängstigt und zieht sich daher in sich zurück. Aber wenn wir ihm Liebe und Güte entgegenbringen, dann fühlt es sich in unserer Großfamilie zuhause und findet bei uns – obwohl in unserem Heim noch viele andere Kinder leben – doch sein eigenes Plätzchen. Vor ein paar Tagen warf ich mit einer Erzieherin einen Blick auf unsere schlafenden Kinder, und wir stellten dabei fest, dass man sich nur anzuschauen braucht, wie ein Kind schläft, um sagen zu können, wie lange es schon in unserem Heim lebt. Diejenigen, die erst vor kurzem zu uns gekommen sind, liegen mit angewinkelten Beinen und gleichsam in sich zusammengerollt, das Köpfchen unter das Kissen geschoben, in einer Ecke des Bettes, scheinen sich darin geradezu verstecken zu wollen. Jene Kinder, die schon ruhiger geworden sind und sich in unserem Heim wohl fühlen, haben von ihrem Bett in seiner ganzen Länge und Breite Besitz ergriffen, machen sich darin breit, sind darin sozusagen präsent. Wenn ich in einer Familie sehe, dass eines der Kinder gekränkt abseits sitzt, dann weiß ich, dass etwas vorgefallen ist.

Das Wesen der Liebe besteht darin, dass wir einander bei der Hand fassen. Ein Mangel an Liebe hat zur Folge, dass unsere Welt in lauter Einzelteile zerfällt. Je lebendiger die Kirche ist, desto mehr ist sie Gemeinschaft, desto mehr ist sie katholisch. Je mehr es an der Liebe, der Kraft, die zusammenhält, dem Sauerteig, fehlt, desto größer ist die Gefahr, dass wir auseinanderfallen, gleichsam vom Winde in alle Himmelsrichtungen verweht werden und der Böse, der stets auf der Jagd nach uns ist, einen nach dem andern von uns niederstreckt. Wie schön ist es doch, wenn im Herbst die Vögel gemeinsam in solch großer Zahl am Himmel dahinziehen, dass man sie fast schon als Wolke wahrnimmt. Von diesen fällt nur der einem Raubvogel zum Opfer, welcher zurückbleibt und sich aus dem Verband löst. Ich weiß, wie es ist, wenn die Mitglieder einer Gemeinschaft anfangen zu brummen, überall Fehler finden und die Schuld dafür immer nur bei den anderen sehen.

Der heilige Johannes vom Kreuz sagte: Wenn wir aus dem Moor torfiges Holz holen und aufs Feuer legen, dann muss zunächst einmal die morastige Feuchte von diesem ausgeweint werden und brodeln. Erst dann beginnt es zu brennen.[58]

Es wäre naiv zu glauben, das Feuer brächte die morastige Flüssigkeit hervor. Vielmehr hat sich diese faulige, unbrennbare Brühe über Jahre hinweg in dem Holz angesammelt und kommt durch die Hitze lediglich zum Vorschein. In Gottes Gegenwart und in der Gemeinschaft der Kirche erfahren wir eine wunderbare Reinigung, werden langsam eins mit der Flamme, beginnen zu lodern, werden hell und warm, vereinigen uns mit Christus. Das ist das Leben der Seele.

Die schönen Worte des heiligen Johannes vom Kreuz enthalten eine tiefe Wahrheit. Wir dürfen uns vor dem auflodernden Feuer und der unauffälligen Arbeit in der Ge-

---

58 Vgl. zu diesem Bild Johannes' vom Kreuz (1542–1591) Kommentar zu seinem eigenen Gedicht *La noche oscura* [Die dunkle Nacht] (San Juan de la Cruz: *La noche oscura II.* Libro II, cap. 10. http://www.mercaba.org/DOCTORES/JUAN-CRUZ/la_noche_oscura_2.htm (18.02.2018)). P. Csaba führt die Gedanken Johannes' vom Kreuz in ziemlich freier Weise an.

meinschaft nicht fürchten. Denn dadurch fördern wir aus uns Schätze zutage, von deren Existenz wir bis dahin nicht die geringste Ahnung hatten. Wir dürfen keine Angst vor der reinigenden Konfrontation mit der oft tiefschwarzen Finsternis haben. Jähzorn, Groll und Angst stecken in uns drin und dadurch, dass sie zum Vorschein kommen, werden sie greifbar und behandelbar. Wenn wir uns ehrlich dem stellen, was wir sind, werden unsere Fehler – im Bild des heiligen Johannes vom Kreuz gesprochen – in den immer wieder von neuem aufflackernden Flammen der Liebe verdampfen, und so erfahren wir Reinigung von unseren kleineren und größeren Sünden.

Es gibt viele Religionen und viele Kirchen. Die Vertreter einer jeden Religion beziehungsweise einer jeden Kirche sagen, dass die ihrige die wahre sei. Worauf gründen die Katholiken diese Behauptung?

Die Sehnsucht nach der Ewigkeit ist so alt wie die Menschheit selbst. Die Menschen waren stets auf der Suche nach Antworten auf die großen Fragen ihrer Existenz: Wozu lebe ich eigentlich, wenn ich letztlich doch sterben werde, begraben werde und man in hundert Jahren nicht einmal mehr wissen wird, was ich dachte, wonach ich mich sehnte und wonach ich strebte? Kann ich glücklich sein, wenn meine Freude so zerbrechlich und vergänglich ist, dass ein plötzlicher Unfall oder eine Krankheit jederzeit und gleichsam aus heiterem Himmel meine Träume zunichtemachen kann? Hat es einen Sinn, den ermüdenden Kampf des Lebens zu kämpfen, eine Familie zu gründen, wenn ein solch hoffnungsloses und unberechenbares Schicksal auf mich und meine Nachkommen wartet? ...

Das auf die Ewigkeit hin geschaffene Herz des Menschen ist unruhig. Die irdischen Freuden und die Beziehungen mit anderen Menschen auf dieser Welt bringen uns keine vollkommene Zufriedenheit und Erfüllung.

Die Anhänger einer jeden Religion glauben an die Existenz eines Wesens, das über den Menschen steht, das die Menschen und die ganze Welt geschaffen hat und regiert, glauben, dass das Leben mit dem Tode nicht zu Ende ist, dass es ein Leben im Jenseits gibt, in dem wir den Lohn oder die Strafe für unser irdisches Leben erhalten. In jeder Religion suchen die Menschen die Beziehung mit Gott, nehmen an Riten teil, bringen Opfer dar, beten, erhoffen sich von Ihm Antworten und Lösungen in den großen Fragen des Lebens.

Jede Religion sucht den Menschen Verhaltensregeln zu geben, die ihnen dabei helfen sollen, Gott – dem Vollkommenen und Mächtigen, der Weisheit und Liebe – näher zu kommen.

Der Mensch möchte gerne seinem Schöpfer begegnen, möchte den Sinn und das Ziel seines Lebens verstehen. Unter den Menschen gab es große Gottsucher: Buddha, Konfuzius, Mose, Mohammed, der heilige Franziskus von Assisi ... Sie suchten Gott, schrieben sehr schöne Werke, und es ist eine Freude, diese zu lesen, da man in ihnen durchaus Wertvolles findet. Die christlichen Kirchen glauben jedoch, dass Gott selbst auf die Welt gekommen ist und uns Menschen Sein wahres Gesicht gezeigt hat.

Keine andere Religion behauptet von ihrem Stifter oder Propheten, dass er Gott sei, sondern lässt keinen Zweifel daran, dass es sich im jeweiligen Falle um einen Menschen handelte: Buddha war ein Adliger, der im 6. Jahrhundert vor Christus lebte, Konfuzius ein chinesischer Weiser, der rund 500 Jahre vor Christus lebte, Mohammed ein Gottsucher des 6. und 7. Jahrhunderts ... Jesus Christus allein erklärte, dass Er vom Vater gekommen war, und Er sagte dies nicht bloß, sondern hat auch mit Seinem Leben und Sterben bewiesen, dass Er wahrhaft Gottes Sohn ist.

Auf der einen Seite gab es also Menschen, die sich zum Himmel streckten, etwas von jenen Geheimnissen erahnten, die das Irdische und Materielle übersteigen, und diese Erkenntnisse anderen Menschen mitteilten. Auf der anderen Seite aber ist Gott vom Himmel zu uns Menschen auf die Welt gekommen und streckt uns Seine Hand entgegen.

Das Werk eines Menschen lässt sich nicht mit dem Werk Gottes vergleichen. Ich gebe durchaus zu, dass das Werk eines Menschen sehr schön sein kann: Die Schriften der heiligen Theresia von Ávila und von Konfuzius, die Gedanken Gandhis, der Dalai-Lamas und der anderen Religionsstifter sind sehr wertvoll, und doch sind sie eine ganz andere Art von Text, sind kein Evangelium, nicht Gottes persönliches, unmittelbares Wort an uns. Die Schriften dieser Menschen sind sehr zu schätzen. Den Menschen, die auf der Grundlage solcher Ideale die Begegnung mit Gott und Erfüllung suchten, wird von der Kirche stets Respekt bezeugt. Aber durch den Schatz des göttlichen Wortes unterscheidet sich das Christentum von den anderen Religionen. Das heißt aber nicht, dass sich die Christen für besser halten könnten als die Angehörigen anderer Religionen und auf diese herabblickten dürften. Wohl aber glauben die Christen, dass die Anhänger anderer Religionen nicht den reinen, persönlichen Worten Gottes folgen, sondern den Worten eines Menschen, der großartig und bewundernswert gewesen sein mag, aber doch nicht Gott selbst war.

Gewiss ist in der Tiefe eines jeden Menschen, der bestrebt ist, ein sittlich gutes Leben zu führen, der lebendige Gott gegenwärtig – unabhängig von der Religion, der er angehört. Somit haben die Menschen aller religiösen Bekenntnisse die Möglichkeit, das Heil zu erlangen und zur vollkommenen Liebe aufzusteigen. Christi Lehre ist für mich eine Lehre, die alles umfasst, auf alles eine unendlich einfache Antwort gibt, eine Lehre, von der ich sagen kann: Ja, genau das habe ich gesucht!

Es mag sein, dass viele Wege den Berg hochführen. Aber es gibt *einen* Weg, den Gott selbst uns gezeigt hat, und ich glaube nicht, dass ein anderer Weg sicherer und einfacherer in den Himmel führen würde.

Ich glaube, dass ein Muslim vor demselben Gott niederkniet wie ich. Die Frage ist für mich nicht, an was für einen Gott jemand glaubt, sondern was dieser Gott nach dem, was die Religion der betreffenden Person lehrt, von den Menschen will.

Mein Vater wurde gegen alle Gerechtigkeit ins Gefängnis gesperrt und starb wenige Monate nach seiner Freilassung an den Folgen der erlittenen Misshandlungen. Als Kind hatte ich das Gefühl, dass ich ihm Vergeltung verschaffen müsse. Je besser ich Christi Lehre kennenlernte, desto deutlicher erkannte ich, dass ich ihm nicht in der Weise Vergeltung zu verschaffen hatte, wie ich es zunächst gedacht hatte. Wer oder was hat meinen Vater ermordet? Die Dummheit und Sündhaftigkeit der Menschen. Nicht der Gefängniswärter und auch nicht das kommunistische System haben ihn umgebracht, sondern die Finsternis und die Torheit im Menschen, die dazu führen, dass er seinem Mitmenschen an die Kehle springt.

Die Finsternis kann ich nicht dadurch bekämpfen, dass ich ein paar Menschen erschlage, sondern nur dadurch, dass ich ein Licht anzünde. Wenn ich das Flämmchen anfache, dann wird sein Licht hell und wird schließlich die Dunkelheit auflösen. Meine ›Vergeltung‹ der unendlichen Dummheit besteht darin, dass ich die mir anvertrauten Kinder liebe, unterrichte und erziehe, damit in der Welt weniger Finsternis herrscht.

Gott will von mir, dass ich »siebzigmal siebenmal«[59] vergebe. Ja, wenn ich den Mördern meines Vaters vergebe, dann ist diese Haltung in den Augen Gottes und

59 Mt 18,22.

der Gemeinschaft der Christen wertvoll und achtenswert, und auch ich sehe darin ein wertvolles und tugendhaftes Verhalten. Leider gibt es aber auch Religionsgemeinschaften, die meinen, ihr Gott wolle von ihnen, dass sie immer noch gemäß dem alttestamentlichen Grundsatz leben: »Auge für Auge, Zahn für Zahn«[60]. Es herrscht dort das Gefühl, dass man sich versündige, wenn man für den gewaltsamen Tod seines Vaters nicht Blutrache übt oder das Unrecht vergisst, welches das eigene Volk erlitten hat.

Entweder wir kehren um und beschenken einander mit barmherziger Vergebung oder wir vertilgen einander vom Erdboden, dadurch dass wir für das Unrecht, das uns vermeintlich oder tatsächlich widerfahren ist, Vergeltung üben.

ICH GLAUBE NICHT, DASS DIE MENSCHHEIT OHNE CHRISTUS IN DER LAGE WÄRE, AUF DER ERDE DAUERHAFT IN FRIEDEN ZU LEBEN. DESHALB IST DIE VERKÜNDIGUNG DES EVANGELIUMS, ALSO DIE MISSION, NICHT NUR EINE ›PFADFINDERAUFGABE‹, DIE WIR ÜBERNEHMEN, WENN UNS GERADE DER SINN DANACH STEHT, ETWAS GUTES ZU TUN, SONDERN IST UNERLÄSSLICH FÜR DAS ÜBERLEBEN DER MENSCHHEIT.

Wenn sich ein Mensch auf den Weg seines Lebens begibt, dann sucht er sich in jedem Falle einen Verbündeten. Er möchte jemanden bei der Hand fassen, mit dem er seine Träume verwirklichen kann. Für mich ist Jesus Christus ein wunderbarer Verbündeter, ein Partner. Es ist gut, Seine Hand zu fassen. Er führt mich zu unglaublichen Siegen, wird mir helfen, wie Er mir auch bisher geholfen hat. Mit Ihm spüre ich keine Erschöpfung oder Schwäche.

---

60 Ex 21,24.

Auf dem ›Markt der Ideale‹ finde ich unter denen, die sich mit ihren jeweiligen Idealen als Verbündete anbieten, keinen Grösseren, Stärkeren, Weiseren und Besseren als Ihn, keinen, unter dessen Fahne ich es wagen würde mich auf den Weg zu machen.

Der heilige Franziskus hörte einst eine Stimme, die ihn fragte, wem er dienen wolle, dem Herrn oder dem Knecht.[61] Einen größeren Herrn als Jesus Christus, der uns demütig die Füße wäscht, habe ich nicht kennengelernt, und deshalb soll Er es sein, dem ich, solange ich lebe, diene.

Die Sicht des Hinduismus, des Buddhismus, des Schintoismus und anderer asiatischer Glaubensrichtungen unterscheidet sich radikal von der der drei monotheistischen Weltreligionen ...

Für diese Religionen ist das irdische Leben vor allem eines, nämlich Leiden. Das Ziel sehen sie darin, dass der Mensch völlig frei wird von jeglichem Verlangen. Außerdem glauben sie an eine Seelenwanderung. Sie glauben, der Mensch würde so oft wiedergeboren, bis er die Vollkommenheit erreicht hat, sich von seinen Leidenschaften befreit hat, ein durch und durch guter Mensch geworden ist und ganz im Universum beziehungsweise im Nirwana aufgeht. Wenn man der Vollkommenheit näher gekommen ist, so würde man – glauben sie – auf einer höheren Stufe der Lebewesen wiedergeboren. Wenn man dagegen ein schlechtes Leben geführt hat, würde man als Angehöriger einer niedrigeren Kaste oder gar als Tier wiedergeboren. Der Mensch würde sich also – so meinen die Anhänger dieser Religionen – selbst erlösen und würde nicht durch Jesus, den Sohn

61 Vgl. *Legenda trium sociorum* [Dreigefährtenlegende], Kap. II. Hg. v. Giuseppe Cozza-Luzi. Pesaro 1831, S. 20.

Gottes, erlöst. Dieses Denken bildet die geistige Basis für ungerechte Diskriminierung und Untätigkeit gegenüber der Not anderer Menschen; denn dieser Vorstellung zufolge würde jeder Mensch die Situation verdienen, in die er hineingeboren wurde. Eben deshalb ist es so schwer, das Kastensystem zu überwinden. Es ermöglicht den Reichen zu erklären, warum sie selbst das Recht hätten, in Palästen zu wohnen, während andere auf der Straße oder in Baracken ihr Leben fristen müssen.

Wir Christen glauben, dass Gott alle Menschen aus dem gleichen Stoff geschaffen hat und dass nicht bestimmte Völker oder Gruppen von Menschen aus einem ›Ausschussmaterial‹ geformt worden sind. In Jesu Worten und Taten findet sich nichts, was darauf hindeuten würde, dass Jesus einen Unterschied zwischen Menschen gemacht hätte und Er Menschen erster und zweiter Klasse gekannt hätte. Er sagt zwar, dass Er in erster Linie zu Seinem eigenen Volke gesandt wurde, »zu den verlorenen Schafen des Hauses Israel« (Mt 15,24). Denn die Liebe entfaltet sich in konzentrischen Kreisen. Auch ich muss zunächst einmal dafür sorgen, dass meine ›eigenen‹ Kinder genug zu essen haben, und erst danach kann ich mich auch um andere kümmern. Aber Jesu Worte bedeuten nicht, dass es zwischen Menschen einen Rangunterschied gäbe.

Im Unterschied zu den Angehörigen der angesprochenen süd- und ostasiatischen Religionen glauben wir Christen, dass wir alle Kinder Gottes sind und dass Dieser einen jeden von uns mit unendlicher Liebe liebt. Das erfüllt unsere Seele mit großer Freude, mögen wir auch in unserem irdischen Leben mit noch so großen Schwierigkeiten zu kämpfen und noch so viel Leid zu tragen haben. Wir bemühen uns, Gottes Liebe zu erwidern. Aber aus eigenen Kräften werden wir nie solche Vollkommenheit erreichen, dass wir in unsere ewige Heimat gelangen könnten. Deshalb sandte Gott Seinen eigenen Sohn, Seinen einzigen, den Erlöser.

Ich bin jetzt fast fünfzig Jahre alt und habe bereits eine ganze Menge erlebt. Ich würde mich ganz schön hinters Licht geführt fühlen, wenn ich mein ganzes Leben von neuem beginnen müsste.

Ich bemühe mich, den guten Kampf zu kämpfen, meinen Weg zu gehen, und finde viel Freude an meinem Leben. Wenn ich nun wieder bei null, von ganz vorne anfangen sollte, dann würde ich mich von Gott ganz schön reingelegt fühlen. Wenn mein Leben schief läuft, so würde ja Gott wie bei einem Computerspiel auf »Neustart« drücken, und ich hätte dann wieder von vorne anzufangen – als Adler oder als Hund oder auch als Bienchen ... Dahinter kann ich keine Logik erkennen, und in den Evangelien deutet kein einziges Wort auf eine derartige Vorstellung hin. Außerdem sehne ich mich nicht nach einem unbewohnten Paradies, einem Nichts. Vielmehr ist für mich die Gegenwart meiner Mitmenschen das Himmelreich, und dieses Zusammensein erfährt seine Heiligung im unmittelbaren Anblick Gottes.

Jesus sagte zu Nikodemus, einem führenden Mann unter den Juden, der Ihn einst zu nächtlicher Stunde aufgesucht hatte: »Amen, amen, ich sage dir: Wenn jemand nicht von oben[62] geboren wird, kann er das Reich Gottes nicht sehen« (Joh 3,3). Nikodemus fragte sogar zurück: »Wie kann ein Mensch, der schon alt ist, geboren werden? Kann er etwa in den Schoß seiner Mutter zurückkehren und noch einmal geboren werden?« (Joh 3,1–4). Auf diese Schriftstelle berufen sich jene, die aus Christi Lehre – irrigerweise – eine Lehre der Seelenwanderung ableiten wollen ...

62 Die EÜ 1980 übersetzte das betreffende griech. Wort (ἄνωθεν ánōthen) mit »von neuem«. In der EÜ 2016 wird auf die Doppeldeutigkeit dieses Wortes hingewiesen.

In der Tat müssen wir, in gewissem Sinne, jeden Tag neu geboren werden, müssen immer mehr unsere Schwächen ablegen – aber in unserem eigenen Leben, hier und jetzt, in unserer eigenen Person, nicht in der Gestalt eines andern, nicht zu einem anderen Zeitpunkt, nicht in einer anderen Lebensform. Auch Nikodemus hatte sich verändert, lebte sein Leben fortan als besserer Mensch. Ebenso wurden Zachäus und der von Dämonen Besessene in der Gegend von Gerasa[63] gewissermaßen neu geboren, und nicht zuletzt auch Saulus. Wenn jemand in einem neuen Leben alles von vorne anfangen könnte, dann wäre er wohl geneigt zu denken, er könne leben, wie es ihm gerade gefällt, und große Sauereien begehen.

Doch in unserem Leben geht es nicht um Spielgeld. Unser Tun hat ernste Folgen. Wenn jemanden eine Kugel ins Herz trifft, wenn man einen Herzinfarkt erleidet, wenn man von einem Auto umgefahren wird, dann kann das wirklich den Tod bedeuten, und danach gibt es keinen Neuanfang: Aber nehmen wir für einen Moment an, es gäbe eine Seelenwanderung – was, wie wir gesehen haben, in keinster Weise dem christlichen Glauben entspricht –, aber einmal angenommen, es gäbe eine solche: Dann hätte ein wahrer Christ dadurch nichts zu verlieren, wohingegen jemand, der das Leben nicht ernst nimmt und sich alles Mögliche erlaubt, dabei ganz schön schlecht wegkäme.

Auch ich habe mich eine Zeit lang mit den süd- und ostasiatischen Religionen auseinandergesetzt und ich muss sagen, dass ich in diesen ganz wesentliche Dinge vermisse: die zahlreichen Beziehungen zu Personen, die Heiligen, der mir liebevoll sich zuwendende und mir Vergebung schenkende Jesus, die Barmherzigkeit, die lebendige Beziehung zu einem persönlichen Gott.

---

63 S. ob. Anm. 7 zu S. 50.

WORIN BESTEHT FÜR MICH VOLLKOMMENHEIT? KEINESFALLS IN EINEM VOLLKOMMENEN FREISEIN VON JEGLICHEN SEHNSÜCHTEN, KEINESFALLS DARIN, DASS ICH ÜBER DEM LEBEN SCHWEBE, SONDERN BEISPIELSWEISE DARIN, DASS SICH EIN KIND AN SEINE MUTTER SCHMIEGT.

Wenn ich niederknie, wiederhole ich nicht Mantras vor einem unpersönlichen Wesen, sondern spreche mit meinem Himmlischen Vater, meinem Schöpfer. Ich darf meinen Gott Vater nennen, im Reuegebet ebenso wie im Dank- und im Bittgebet. Ich spreche mit *Jemandem*. Das Himmelreich ist für mich bewohnt, nicht ein gesichtsloses Nirwana, nicht ein Nichts. Das Wesen der Liebe besteht nicht darin, dass ich mich selbst im Spiegel betrachte, sondern darin, dass ich die Begegnung mit dem andern suche und mich ihm zuwende. Mit dem Bild von Mutter und Kind ist vielleicht noch nicht die Vollkommenheit beschrieben; gleichwohl bringt es auf den Punkt, was das Wesentliche der Liebe ist: anderen Menschen in Freude zu begegnen und mit ihnen zusammen zu sein. Und wenn Mann und Frau in der ehelichen Liebe eins werden und sich die beiden ganz einander schenken, so hat für mich auch dies etwas von Vollkommenheit.

FÜR MICH RIECHT DAS CHRISTENTUM NICHT NACH SCHWEISS. ES GEHT IM CHRISTENTUM NICHT DARUM, DASS ICH MICH AUF MICH SELBST FOKUSSIERE UND MICH VERBISSEN DARUM BEMÜHE, SELBST MEINE REINIGUNG ZU ERWIRKEN UND KÖRPER UND SEELE DURCH ALLERLEI ÜBUNGEN ZU BEZÄHMEN. ES GEHT ALSO NICHT DARUM, DASS ICH KRAMPFHAFT NACH VOLLKOMMENHEIT STREBE. ICH SELBST BIN GANZ ZUFRIEDEN DAMIT, EIN MINDERER[64] BRUDER DES HEILIGEN FRANZISKUS ZU SEIN.

---

64 Der Franziskanerorden nennt sich selbst offiziell Ordo Fratrum Minorum (OFM), zu Dt. ›Orden der Minderen (also geringeren) Brüder‹.

Wenn ich als einfacher Mensch mein Leben lebe, muss ich nicht bangen, ich könnte nicht zu Gott kommen. Das, was ich nach Gottes Willen verstehen, erreichen, verwirklichen soll, das versuche ich zu tun. Gepriesen sei dafür Sein heiliger Name!

Wie denken Sie über die anderen Weltreligionen?

Was ein Jude, ein Muslim oder ein protestantischer Christ glaubt, das kann auch ich ohne weiteres glauben. Denn sie nehmen von einer größeren Menge nur einen Teil an. Ich halte mich daher für einen guten Juden, einen guten Muslim und einen guten Protestanten, glaube aber neben dem, was sie glauben, noch mehr.

So glaube ich im Unterschied zu Juden und Muslimen, dass der Messias bereits gekommen ist und uns den barmherzigen, gütigen und liebenden Gott gezeigt hat. Ich glaube an die Worte dieses Messias, wonach der Weg in den Himmel nicht mit rigiden Vorschriften gepflastert ist und vielmehr die Liebe das Hauptgebot darstellt.

Ich glaube den Lehren des Sohnes Gottes und nicht den Lehren Seines Propheten.

Ich glaube, dass sich der Glaube nicht mit Feuer und Schwert, sondern allein mit liebendem Herzen verbreiten lässt.

Ich glaube, dass ein Mensch hier auf Erden seine Sünden bereuen kann, und gemäß der zweitausendjährigen Lehre der Kirche glaube ich, dass den Priestern die Macht gegeben ist, einen Menschen von seinen Sünden loszusprechen ...

All dies richtet sich nicht gegen Protestanten, Juden oder Muslime. Wohl aber bin ich davon überzeugt, dass die Lehre der katholischen Kirche auf einer breiteren und reicheren Basis steht als die Lehren der anderen Religionen. Wenn ich zunächst immer mit dem Fahrrad herumgekurvt bin und dann mit einem Auto unterwegs bin, lehne ich durch diesen Wechsel des Verkehrsmittels den Straßenverkehr nicht ab, sondern komme lediglich schneller und bequemer an mein Ziel. Wenn ein Katholik Protestant wird, muss er sich von zahlreichen wertvollen Glaubenssätzen trennen. So muss er etwa den Glauben an Maria verleugnen, kann nicht täglich am Tisch des Herrn den Heiligen Leib empfangen und hat nicht die Möglichkeit, durch einen geweihten Priester die beruhigenden Worte zu hören, dass Gott ihm seine Sünden vergeben hat ... Wenn dagegen ein Protestant katholisch wird, dann erfährt er eine enorme Bereicherung durch eine große Zahl schöner, neuer Dinge. Er braucht auf nichts zu verzichten, braucht nichts zu verleugnen, sondern tritt in eine neue, weitere Welt ein, wo eine Milliarde Schwestern und Brüder bereits auf ihn warten.

Oder könnte Gott etwa von uns erwarten, dass wir selber entscheiden, welche von den unzähligen Kirchen und Sekten, die in jüngerer Zeit gegründet wurden, die richtige ist? Dabei sollten wir bedenken, dass wir in all diesen nicht nur sehr Wertvolles, sondern auch Missstände und Schwächen finden, nicht anders als in unserer katholischen Kirche.

Der heilige Petrus war der erste Papst. Alle anderen Päpste sind seine Nachfolger. Es ist nicht Überheblichkeit oder Dünkel, sondern kann sich auf eine zweitausendjährige Tradition stützen, wenn wir glauben, dass die katholische Kirche – unsere Mutter – von Christus gegründet worden ist. Dieser Glaube macht uns froh, schenkt uns Kraft und hilft uns, uns für Gott zu entscheiden.

Ich glaube nicht, dass sich die Kirche zweitausend Jahre lang geirrt hätte und ich infolge eines fatalen Missverständnisses katholischer Priester geworden wäre. Ich glaube nicht, dass es Gott zugelassen hätte, dass die von Christus gegründete Kirche im Irrtum lebe, und Er morgen erklären würde: »Jetzt knüllen wir alles schön zusammen, werfen es in die Mülltonne und lassen etwas ganz Neues beginnen.«

Die Kirchenspaltung hat der Kirche, das heißt dem Leib Christi, ohne Zweifel eine schwere Wunde zugefügt. Wir haben es nicht geschafft zu erfüllen, worum Christus uns bat, nämlich eins zu sein.[65] Gleichwohl ist es auch wahr, dass die Reformation der katholischen Kirche dabei half, sich zu erneuern und immer mehr ihre Fehler abzulegen. Dieser Reinigungsprozess wird bis ans Ende der Zeit andauern. Wir sollten jenen dankbar sein, die wegen unserer Fehler mit Geißeln über uns herfallen. Ich denke aber, dass die meisten tatsächlichen Fehler, die von den Reformatoren zu Recht angesprochen wurden, von der katholischen Kirche im Laufe der letzten Jahrhunderte in Demut behoben worden sind. So soll in der Heiligen Messe die Sprache des Volkes gebraucht werden. Die Heilige Schrift gilt es den Gläubigen in ihrer eigenen Sprache zur Verfügung zu stellen. Es dürfen keine Ablassbriefe mehr zum Kauf angeboten werden. Und noch manch anderes ließe sich hier anführen.

Es wäre gut, wenn die heutigen protestantischen Kirchen die Gründe benennen würden, weshalb sie die völlige Einheit nicht für möglich halten. Die katholische Kirche hätte dann – vielleicht auf einem neuen Konzil – Antworten auf diese Einwände zu geben, damit die Probleme behoben werden können, welche der Wiederherstellung der geschwisterlichen Gemeinschaft noch im Wege stehen.

Man kann freilich sagen, dass jeder sein eigenes Kind für das schönste hält. Das ist schon in Ordnung. Aber wichtiger als theoretische Probleme ist die Frage: »Was bringe ich durch meinen eigenen Glauben aus mir hervor?« Diese Frage sollte sich der Anhänger einer jeden Religion stellen. Wenn er darauf antworten kann, dass er durch seinen Glauben ein schönes und sinnvolles Leben führt, den Mitmenschen zugewandt ist und sich stets um seine eigene Erneuerung und Besserung bemüht, dann befindet er sich

65 Vgl. Joh 17,11.21f.

auf einem guten Weg. Aus mir jedenfalls, würde ich sagen, hat mein römisch-katholischer Glaube sehr viel Schönes hervorgebracht.

Gott setzt Ziegel auf Ziegel, und auch ich tue dies. Ich baue an dem weiter, was aus der Vergangenheit mir überkommen ist, von meinem Vater, meinem Grossvater und deren Vorfahren. Ich maure an dem Bau weiter, den mir mein Volk hinterlassen hat.

Ich bin in den katholischen Glauben hineingeboren. Ich möchte so sein, wie Gott mich geschaffen hat. Gott hat mich als Mann geschaffen und Er hat mich als Székler[66] geschaffen. Also will ich das auch sein. Ich sehe an meinem Volk das Wertvolle und ebenso auch seine Fehler, und ich bekenne mich dazu, nehme dieses Erbe als Gottes schönes Geschenk an. Sonderbar ist doch das Kind, das sein Weihnachtsgeschenk mir nichts dir nichts wegwirft und stattdessen das Geschenk eines anderen Kindes haben will. Ein jeder soll sich über das freuen, was er erhalten hat! So sehe ich auch meine Zugehörigkeit zur römisch-katholischen Kirche. In meinem Umfeld war jeder römisch-katholisch, und aufgrund der Nähe zu dem Wallfahrtsort Csíksomlyó[67] kam ich schon früh mit dem franziskanischen Geist

---

66 Székler: s. ob. Anm. 10 zu S. 56.

67 Csíksomlyó (gespr. Tschīkschomjō) – rum. Şumuleu Ciuc (gespr. Schumuleu Tschjuk), dt. Schomlenberg – ist ein bedeutender Marienwallfahrtsort, der von Franziskanern betreut wird. 1959 wurde das Dorf in Csíkszereda eingemeindet (vgl. *Wikipédia*, Csíksomlyó (09.07.2017)). Dort lebten die Eltern von Csaba Böjtes Mutter (vgl. Simon 2016: 23). Csíkszereda (gespr. Tschīkßärädå) – rum. Miercurea Ciuc (gespr. Mjerkurea Tschjuk), dt. Szeklerburg – ist eine heute rum. Kleinstadt in den Ostkarpaten, welche 1966 – als Csaba Böjte sieben Jahre alt war – rund 15 300 Einwohner zählte, von denen ca. 14 100 Ungarn waren. I. J. 2011 gehörten von knapp 38 000 Einwohnern rund 31 300 der ung. Volksgruppe an (vgl. *Wikipédia*, Csíkszereda (ung.) (17.03.2018)).

in Berührung. Ich halte es nicht für einen Zufall, dass Gott mich auf diesen Weg geführt hat.

Wenn in unserem Garten Äpfel und Walnüsse wachsen, dann macht es zwar nichts, wenn ich eine Banane koste, aber zu meiner Hauptnahrung werden Bananen nicht. Sie sind nicht das, was mich wirklich stärkt. Es gilt stets, zu den Wurzeln zurückzukehren. Der heilige König Stephan von Ungarn weihte unser Volk der Gottesmutter Maria. Ich gehöre zum Volk des heiligen Stephan, und dies bedeutet für mich bereits eine Prägung. Dessen ungeachtet hat jeder das Recht, unterschiedliche Weltanschauungen und Wertordnungen kennenzulernen, um selbst dazu Stellung nehmen zu können. Ich selbst schätze das, was ich von meinen Vorfahren als Erbe erhalten habe, sehr. Gott hat mir einen Glauben und eine Weltanschauung gegeben, und im Einklang damit suche ich mein Leben zu leben. Ich blicke nicht auf die Tiroler Volkstracht herab und ich habe auch kein Problem mit Schottenröcken. Nichtsdestotrotz habe ich das Gefühl, dass mir persönlich die Harischnja-Hose[68] der Székler am besten steht.

Können Hindus und Juden nicht behaupten, dass ihre Religion älter sei?

Ich möchte niemanden kränken ... Das, was uns in der Welt zu Bewusstsein gelangt, und wie wir über sie denken, hängt zu einem großen Teil von dem Umfeld ab, in dem wir aufgewachsen sind. Wenn ich auf dem vor mir liegenden Weg in meinem Glauben und mit Liebe konsequent voranschreite, werde ich ganz sicher zu dem lebendigen Gott gelangen.

68 Harischnja: eng geschnittene Herrenhose aus naturweißem, dickem Wollstoff (vgl. *Napilap.ro*: Székely népviselet. Hg. v. der Praetoria Egyesület [Verein Praetoria]. O. J. http://www.napilap.ro/HU/Szekelyfold/NEWS/Hirek/Cikk/Szekely-Lexikon-Szekely-nepviselet_1634/ (07.04.2018)).

Ich ermutige jeden dazu, den richtigen Weg zu suchen, gleichsam als Forscher durchs Leben zu gehen, stets Fragen zu stellen, alles zu prüfen, alle Ideale und alle philosophische Vorstellungen, mit denen man aufgewachsen ist, danach abzuklopfen, ob sie tragfähig genug sind und welche Früchte sie im eigenen Leben und dem Leben der Mitmenschen hervorbringen. Schenken sie meiner Seele Frieden? Sind sie meiner eigenen Entfaltung und der Entfaltung meiner Mitmenschen förderlich? Geben sie in schwierigen Situationen und gerade auch im Leiden Kraft? Stürzen sie mich in Knechtschaft? Kreise ich dadurch nur um mich selbst, oder helfen sie mir, mich meinen Mitmenschen gegenüber zu öffnen? ... Die Sonne ist wie die Nabe in einem alten Wagenrad, ihre Strahlen sind wie die Speichen eines solchen Rades. Entlang diesen Speichen gehen wir auf das Zentrum zu, dem Licht entgegen.

MEINE AUFGABE IST ES, MIT GRÖSSTMÖGLICHER GEWISSENHAFTIGKEIT AUF MEINER EIGENEN SPEICHE, MEINEM EIGENEN SONNENSTRAHL, VORANZUSCHREITEN. WENN DIES EIN JEDER TUT, DANN WERDEN UNSERE WEGE IM ZENTRUM DES WAGENRADES, DAS HEISST IN DER QUELLE DES LICHTES, GEWISS ZUSAMMENLAUFEN.

Menschen, die in ihrem Glauben nicht fest verwurzelt sind oder das Gefühl haben, dass ihnen die Kirche, in die sie hineingeboren sind, nicht genug gebe, schaffen sich oft selbst eine Ideologie, nehmen ein bisschen von hier, ein bisschen von dort. »New Age« ist eine synkretistische Lehre, die auf den asiatischen Religionen und den Geheimlehren des Spiritismus aufbaut. Was den Okkultismus betrifft, so gehören dazu ganz unterschiedliche Praktiken: mentale Kontrolle, Energietransfer, Geisterbeschwörung, Astrologie und andere mehr. Diese nehmen im Leben nicht weniger Menschen – völlig der christlichen Lehre zuwider – einen zentralen Platz ein ...

Ein Kind muss sich in der Schule hinsetzen und ernsthaft lernen. Das ist mühevolle Arbeit. Ein Kind, das nicht fleißig, ausdauernd und zielstrebig genug ist, macht sich Spickzettel und kommt auf allerlei Tricks. Das sind vom Menschen ersonnene ›Abkürzungen‹, mit denen einer nicht weit kommt.

Wenn ich Hunger habe, ist es doch das Normale, dass ich zu meiner Mutter gehe und sie um etwas zu essen bitte. Sie nimmt mich dann in die Arme, gibt mir ein Busserl, deckt den Tisch und sagt: »Komm her und iss!« Warum sollte ich mich an Tische setzen, von denen ich nicht einmal weiß, wer sie gedeckt hat?! Warum sollte ich von Speisen kosten, die mir von suspekten Fremden angeboten werden?!

ES ZEUGT DAVON, DASS ICH GOTT NICHT GENUG VERTRAUE, WENN ICH ALLEN MÖGLICHEN DINGEN HINTERHERLAUFE UND MIR VON ALLEM EIN BISSCHEN HERAUSPICKE, WÄHREND MIR DOCH MEIN HIMMLISCHER VATER DEN TISCH MIT GUTEN SPEISEN REICH GEDECKT HAT.

Natürlich sind wir Menschen auch neugierig und kosten gerne mal von dem und mal von jenem. Aber es muss uns bewusst sein: So wie ein Mensch zu Gott beten kann, steht es ihm prinzipiell auch offen, sich mit seinen Bitten an den Bösen zu wenden.

Wenn jemand über sein Horoskop lacht, dann gereicht ihm dies nicht zum Schaden und es ist nichts Krankhaftes daran. Wenn ein Mensch dagegen sein Leben nach dem Stand der Sterne ausrichtet und in Panik gerät, wenn die Astrologen ihm etwas Schlechtes vorhersagen, wenn er seine Entscheidungen von den Himmelskörpern abhängig macht und von diesen Hilfe erwartet, dann wird sein Leben dadurch ärmer, dann beraubt er sich dadurch seiner wahren Hoffnung und klammert sich an einen armseligen Strohhalm.

Das sind Sackgassen und führen nicht weit. Auf dem Weg zu meinen Zielen kann ich natürlich die Autobahn verlassen und mich auf Feldwegen und in engen Gässchen durch Fluren, Schrebergärten und Ortschaften schlängeln. Aber mein Wohnmobil – mein Leben – wird dort ganz sicher früher oder später feststecken, so dass ich mein Ziel nicht erreichen werde.

Im Übrigen ist es doch so, dass ein neugieriger Mensch zwar versuchen mag, ob der Tisch tanzt, dann aber, wenn dieser sich nicht rührt, mit seinen Beeinflussungsversuchen aufhört.

Und wenn man versuchen sollte, den Tisch tanzen zu lassen? Und wenn man sein Denken von dem leiten lässt, was man glaubt in einem Gespräch mit Geistern erfahren zu haben?

Ich wundere mich oft darüber, dass viele Menschen Grundelemente des Glaubens infrage stellen, zugleich aber allerlei abergläubische Dummheiten für wahr halten. Jede abergläubische Vorstellung ist gefährlich. Ich sage dies nicht deshalb, weil unser Himmlischer Vater sogleich beleidigt wäre und in Wut geriete, sobald jemand den Kopf ein klein wenig zur Seite dreht. Schließlich bin ich ja meinen Kindern gegenüber auch tolerant, wenn sie aus Neugier in ein paar Schubladen schauen. Dadurch bricht die Welt nicht zusammen. Ich nehme den Strolch in die Arme, gebe ihm ein Busserl und frage ihn, was er dort suche und wo ihn der Schuh drücke. So findet sich dann über kurz oder lang eine Lösung für das Problem, das den kleinen Matz umtrieb. Wenn ich mit der Neugier meiner Kinder in dieser Weise umzugehen vermag, um wie viel größer ist dann die Barmherzigkeit des guten Gottes!

Wir Menschen gleichen nicht einem von Motten zernagten Christbaumschmuck,

DER NUR NOCH AN EINEM HAUCHDÜNNEN FADEN HÄNGT UND HERUNTERFÄLLT, SOBALD MAN AN DEM BAUM ETWAS ZU HEFTIG RÜTTELT.

Gott hält uns Menschen, Seine Kinder, die Sein heiliger Sohn mit Seinem teuren Blut erlöst hat, mit treusorgender Güte in Seiner Hand.

Nichtsdestotrotz besteht die Gefahr, dass wir uns von Gott dadurch entfernen, dass wir uns selbst, unseren Körper oder eine bestimmte Methode in den Mittelpunkt stellen, und in vielen Fällen riskieren wir, mit Kräften in Kontakt zu kommen, die vom Bösen stammen.

Auch der böse Geist ist eine mächtige Kraft. Auch er kann Wunder vollbringen, welche dann die Menschen, die ihm folgen, zu seinen Sklaven machen. Wir müssen uns selbst fragen: Wer steht in meinem Leben im Mittelpunkt? Wer ist der Fels, auf dem ich mein Leben aufbaue?

Früher habe auch ich mich mit Yoga beschäftigt und ich habe nicht das Gefühl, dass die Körperübungen und das Meditieren meiner Seele geschadet hätten. Aber ich habe einfach gemerkt, dass es einen kürzeren und direkteren Weg gibt, nämlich meine Hinwendung zu Gott im Gebet. Ich habe nicht deshalb mit Yoga aufgehört, weil ich es für eine furchtbar schwere Sünde gehalten hätte, sondern weil ich mich nach dem persönlichen, lebendigen Gott sehnte, der mich mit meinen Schwächen und Fehlern kennt und mich wie ein guter Partner auf dem Weg des Lebens zu meiner Heiligung führt, indem Er mich nach Seinem Bilde und Sich ähnlich[69] gestaltet.

Warum sollte ich mich auf einem Weg abmühen, der zu niemandem führt? Ich sehne mich nicht nach etwas, auch nicht nach der Vollkommenheit an sich, sondern nach jemandem, der mich annimmt und liebt und in dessen Gesellschaft ich mich entfalten und glücklich sein kann.

---

69 Vgl. Gen 1,26: »Dann sprach Gott: Lasst uns Menschen machen als unser Bild, uns ähnlich!«.

Warum sollte ich aus einer dreckigen Pfütze trinken, wenn es eine Quelle gibt, aus der kristallklares Wasser sprudelt? Vergessen wir nicht, dass harmlose, aber doch dubiose Praktiken in den meisten Fällen ›Vorzimmer‹ okkulter Anschauungen sind.

Warum sollte ich versuchen, Tische tanzen zu lassen, wenn Gott selbst vor meiner Tür steht und anklopft[70]? Wenn ich dies oder jenes ausprobiere, dann sind dies nur menschliche Klimmzüge, dann ist dies ein bloßes Herumprobieren. Das Entscheidende ist aber, dass Gott mich sucht, sich zu mir herabneigt und mich bei der Hand fassen möchte.

In der Heiligen Schrift lesen wir, wie ein kleiner Junge namens Samuel im Schlaf von Gott gerufen wird. Samuel versteht Gottes Worte noch nicht, da er Ihn noch nicht wirklich kennt: Gott hat sich nämlich Samuel bis dahin noch nicht offenbart. Erneut spricht der Herr zu ihm. Samuel geht zu Eli, dem Priester, und fragt ihn um Rat. Dieser sagt ihm: »Geh, leg dich schlafen! Wenn er dich ruft, dann antworte: Rede, HERR; denn dein Diener hört« (1 Sam 3,9).

Gar nicht wenige Menschen haben das Gefühl, jemand spreche sie an und rufe sie. Mit den besten Absichten fangen sie an zu versuchen, ob sie nicht irgendwelche geheimen Kräfte wecken oder eine mentale Kontrolle ausüben können ...

Was mich betrifft, so setze ich mein Vertrauen nicht darauf, dass ich selbst Gott suche, sondern darauf, dass Gott mich sucht. Diese beiden Arten von Suche unterscheiden sich ganz wesentlich.

ICH GLAUBE NICHT, DASS SICH GOTT SO VERSTECKT HALTEN WÜRDE, DASS WIR IHN NICHT FINDEN KÖNNTEN, WENN WIR IHN MIT REINEM HERZEN SUCHEN. WER AUFRICHTIG UND MIT REINEM HERZEN SUCHT, DER KANN NICHT ALLZU SEHR IN DIE IRRE GEHEN.

70 Vgl. Offb 3,20.

So sagt auch der heilige Apostel Paulus: »[...] er [d. i. Gott], der allen das Leben, den Atem und alles gibt. Er hat aus einem einzigen Menschen das ganze Menschengeschlecht erschaffen, damit es die ganze Erde bewohne. Er hat für sie bestimmte Zeiten und die Grenzen ihrer Wohnsitze festgesetzt. Sie sollten Gott suchen, ob sie ihn ertasten und finden könnten; denn keinem von uns ist er fern. Denn in ihm leben wir, bewegen wir uns und sind wir, [...]«

(Apg 17,25–28)

Ist die »New Age«-Strömung vielleicht deshalb so attraktiv, weil diese Lehre mit keiner absoluten Bindung einhergeht? Der heilige Paulus schreibt: »Denn es wird eine Zeit kommen, in der man die gesunde Lehre nicht erträgt, sondern sich nach eigenen Begierden Lehrer sucht, um sich die Ohren zu kitzeln; und man wird von der Wahrheit das Ohr abwenden, sich dagegen Fabeleien zuwenden« (2 Tim 4,3f.).

Dieser Strömung mit ihren Methoden fehlt es an der Entschiedenheit des christlichen Glaubens, und eben dies ist auch ihre Schwäche.

Je mehr unser Glaube an den Gott der Liebe an Kraft und Tiefe verliert, desto mehr suchen wir hier auf Erden nach einem Gottesersatz. Wir fangen dann an, einen Menschen oder irgendeine Sache zu vergöttern, weil wir ohne Gott nicht leben können.

Dabei brauchen wir doch nur die Hand nach dem lebendigen Evangelium, der Frohen Botschaft, auszustrecken, um auf all unsere Fragen eine Antwort zu erhalten. Das ist der reine Brunnen. Und doch gibt es Menschen, die allerlei abergläubisches Zeug glauben, sich nach materiellen Glasperlen die Augen ausschauen, sich von allerlei Ängsten geplagt durchs Leben schleppen, ihren Durst mit dem faulen Wasser von Sümpfen und Straßengräben stillen.

Wenn ich dies so sage, will ich damit nicht hochmütig auf jene herabblicken, die meinen, es wäre gut, einen Schluck daraus zu nehmen. Ich möchte lediglich ihre Aufmerksamkeit auf Christi reine Frohbotschaft lenken.

Mögen sie sich von dem Staub und den Spinnweben, die sich im Laufe der Jahrhunderte darübergelegt haben, nicht abschrecken lassen!

Im Glaubensbekenntnis wird die Kirche heilig genannt. Gleichwohl sehen wir, dass sie im Laufe der Jahrhunderte unzählige Male gesündigt hat. Den von Kirchenleuten begangenen Sünden stehen viele Menschen betrübt oder empört gegenüber. Im Jahr 2000 bat der heilige Papst Johannes Paul II. dafür feierlich um Vergebung; 2016 tat dies auch Papst Franziskus. Auch zahlreiche andere, die in der Kirche ein hohes Amt bekleiden, haben in der jüngsten Vergangenheit eine derartige Geste gesetzt.

Wenn ich sehe, wie ein Skifahrer an einem Berghang übel stürzt und sich die Knochen bricht, dann denke ich nicht, dass das Skifahren schlecht ist, weil es mit solchen Gefahren verbunden ist, sondern ich denke mir, dass der Gestürzte ungeschickt war und die Kurve falsch genommen hat. Nichtsdestotrotz halte ich das Skifahren für einen grossartigen Wintersport.

Wenn sich ein Papst, ein Bischof, ein einfacher Priester oder ein Laie nicht an Christi Lehre hält und ›sich auf der Piste die Knochen bricht‹, dann will ich nicht sagen, dass dies nur seine Sache wäre. Denn das Scheitern eines einzelnen Gliedes der Kirche ist unser aller Scheitern, da wir ja ein Team bilden. Das hindert aber nicht, dass die Kirche wahr und heilig ist.

Der katholische Glaube ist das Gesetz des Gottes der Liebe. Ich weiß sehr wohl, dass im Laufe der Geschichte Bischöfe und einfache Priester des Öfteren vom Weg der Liebe abwichen. Die Kreuzzüge und andere Sünden ließen sich hier anführen. Aber angefangen beim ersten Blutzeugen, dem heiligen Stephanus, bis in unsere Tage setzten sich die großen Männer und Frauen der Kirche, ihre glaubwürdigen Vertreter, stets für Liebe, Güte, Barmherzigkeit und Versöhnung ein.

Auch ich könnte eine Reihe von Fehlern aufzählen, von denen ich mir wünschte, dass wir sie ablegen. Wenn wir die Dinge an einem Idealzustand messen, können wir sehr verbittern, da wir ja möchten, dass die Kirche vollkommen sei. Aber wir sehen auch, dass die Kirche im Laufe der Jahrhunderte viele menschliche Fehler abgelegt hat. Auch die Kirche in ihrer Geschichtlichkeit muss zu jener Höhe emporwachsen, wo sie zu einem Teil von Gottes Reich wird. Ich glaube nicht, dass die Kirche bereits an ihrem Ziel angekommen wäre. Es wird auch in Zukunft noch große Konzile und andere Versammlungen geben, auf denen die Kirchenführer von morgen versuchen werden, dieses oder jenes Gebrechen zu überwinden, und auf denen sie sich um Erneuerung bemühen werden, damit die schönen Gesichtszüge Gottes an unserer Großfamilie, der Kirche, besser sichtbar werden.

Den Weg vom Nichts zum Unendlichen geht nicht nur die Menschheit, sondern auch die Kirche. Ehe man sich versieht, kann man vom Weg der Liebe abgewichen sein. Das sehen wir am Beispiel von Judas Iskariot, der Jesus aus nächster Nähe erleben durfte und doch zu Seinem Verräter wurde. Und wir sehen dies auch im Falle des ersten Papstes, also des heiligen Petrus, der Jesus dreimal verleugnete. Leider können wir binnen weniger Augenblicke auf den Weg von Hass und Zorn abbiegen. Daher behauptet die Kirche nicht, dass der Heilige Vater, also der Papst, in jedem Falle und ohne weiteres heilig wäre. Im Laufe der Geschichte gab es Päpste, die heiliggesprochen wurden, aber auch solche, die wohl nie als heilig gelten werden. Es ist Tatsache, dass auch Priester und selbst der Papst regelmäßig beichten. Jeder Mensch wurde von Gott aus ein paar Handvoll Staub geschaffen. Oft sind wir schwach, und leider können wir als Einzelne wie auch als Gemeinschaft ganz leicht straucheln und stürzen.

Auch der heilige Apostel Paulus machte die Erfahrung dieses schmerzhaften Kampfes, den selbst ein tiefgläubiger Mensch Tag für Tag in sich austrägt. Im Brief an die Römer schildert er diesen mit aufrichtigen Worten. »Denn was ich bewirke, begreife ich nicht: Ich tue nicht das, was ich will, sondern das, was ich hasse. [...] in mir [ist] das Böse vorhanden [...], obwohl ich das Gute tun will. Denn in meinem Innern freue ich mich am Gesetz Gottes, ich sehe aber ein anderes Gesetz in meinen Gliedern, das mit dem Gesetz meiner Vernunft im Streit liegt und mich gefangen hält im Gesetz der Sünde, das in meinen Gliedern herrscht. Ich elender Mensch! Wer wird mich aus diesem dem Tod verfallenen Leib erretten? Dank aber sei Gott durch Jesus Christus, unseren Herrn! Es ergibt sich also, dass ich mit meiner Vernunft dem Gesetz Gottes diene, mit dem Fleisch aber dem Gesetz der Sünde« (Röm 7,15.21–25). Und Jesus erklärt: »Der Geist ist willig, aber das Fleisch ist schwach« (Mt 26,41).

Wir alle erleben, wie leicht wir durch diese Schwachheit zu Fall kommen. Das Sakrament der Versöhnung und der Vergebung hilft uns dabei, Gott und den Menschen um Vergebung zu bitten. Nach einer guten Beichte ist der Mensch ein leeres, weißes Blatt, auf dem er die Geschichte seines Lebens in schöner Weise weiterschreiben kann. Der heilige Papst Johannes Paul II. hat sehr gut gehandelt, als er für die Sünden, welche die Kirche begangen hatte, um Vergebung bat und sich um Aussöhnung bemühte.

Ich glaube, dass es unsere Welt bitter nötig hat, dass wir einander vergeben und, gereinigt und von der Last der Vergangenheit befreit, neu beginnen.

Wenn wir die ›Stürze‹ der Kirche mit denen beim Skifahren vergleichen, dann ist doch ein wesentlicher Unterschied festzuhalten: Niemand sagt vom Skifahren, dass dabei schwere Stürze ausgeschlossen wären, wohingegen die Kirche sich als heilig und unfehlbar sieht ...

Die Kirche ist heilig, insofern als sie der Leib Christi und Träger des göttlichen Lebens ist; und sie ist zugleich auch mit Sünden befleckt, insofern als sie eine Gemeinschaft von Menschen ist, die sich zwar darum bemühen, auf dem Weg der Heiligkeit zu wandeln, denen aber eben dies häufig nicht gelingt.

Jede menschliche Gemeinschaft und jede Ideologie hat schwere Sünden auf dem Gewissen. Die meisten Gemeinschaften haben aber in wenigen Jahrzehnten mehr Sünden begangen als die katholische Kirche – der Kritik zufolge – in zweitausend Jahren.

Denken wir nur an die beiden Ideologien des vorigen Jahrhunderts, an die vielen Millionen von Todesopfern, die der Faschismus und der Kommunismus gefordert haben. Demgegenüber beläuft sich die Zahl derer, die im Rahmen der katholischen Inquisition hingerichtet wurden, auf einige Tausend. Im Zuge der Vorbereitungen auf das Heilige Jahr 2000 wurden im vatikanischen Archiv jene Dokumente freigegeben, welche die Inquisition hinterlassen hatte. Unter Einbeziehung weltlicher Historiker machte man sich an die Aufklärung der Tatsachen. Dabei stellte man fest, dass die Zahl der Menschen, die der Inquisition zum Opfer fielen, keineswegs – wie bis dahin von einigen behauptet – in einer Größenordnung von mehreren Hunderttausend lag. Ich möchte betonen, dass jedes einzelne Opfer eine Sünde und ein Versagen darstellt. Aber blutrünstig, wie viele behauptet haben, war die Kirche gewiss nicht.

Die Unfehlbarkeit des Papstes bedeutet nicht, dass alles, was dieser tut und sagt, absolut richtig wäre, sondern dass dieser in Fragen des Glaubens und der Moral dann nicht irren kann, wenn er auf einem Konzil im Verein mit sämtlichen Bischöfen offiziell eine Glaubenswahrheit verkündet oder wenn er alleine, »ex cathedra« – also wörtlich ›vom Lehrstuhl herab‹, mithin offiziell – eine bestimmte Lehre für allgemein verbindlich erklärt.

Wir brauchen also nicht zu befürchten, der Papst würde morgen verkünden, dass es regnen werde, und dem zum Trotz würde die Sonne scheinen und die Leute würden sagen: »Schaut mal an! Da lag er aber ganz schön daneben!«

Der Papst entscheidet in wichtigen Fragen nur äußerst selten und nur in besonderen Fällen ex cathedra, also alleine. Von Zeit zu Zeit, wenn in einer Frage eine Kontroverse aufkommt, versammelt der Papst die führenden Personen der Kirche zu einem Konzil, um in der betreffenden Frage zu größerer Klarheit zu gelangen. Diese Zusammenkünfte werden sorgfältig vorbereitet. Es werden die Bischöfe in aller Welt und große Theologen nach ihrer Meinung gefragt. Diese Stellungnahmen werden zusammengefasst und den Kardinälen sowie dem Papst übermittelt. Es wird eine gemeinsame Position ausgearbeitet, sei es eine einfache Lehre oder ein Dogma, und diese Position wird dann vom Papst verkündet. Eine solche Entscheidung – so glaubt die Kirche – unterliegt keinem Irrtum. Das Dogma der päpstlichen Unfehlbarkeit wird von der Kirche auf die Worte zurückgeführt, die Jesus zu Petrus, dem ersten Papst, sprach: »Du bist Petrus und auf diesen Felsen werde ich meine Kirche bauen und die Pforten der Unterwelt werden sie nicht überwältigen. Ich werde dir die Schlüssel des Himmelreichs geben; was du auf Erden binden wirst, das wird im Himmel gebunden sein, und was du auf Erden lösen wirst, das wird im Himmel gelöst sein« (Mt 16,18f.).

Simon Petrus, der strauchelnde Mensch, bezieht seine Kraft allein aus der Macht, die ihm geschenkt worden ist, damit er die Gläubigen sicher zu Gott führen kann. Das gilt genauso für seine Nachfolger, also die ganze Reihe der Päpste.

»Simon, Simon, siehe, der Satan hat verlangt, dass er euch wie Weizen sieben darf. Ich aber habe für dich gebetet, dass dein Glaube nicht erlischt. Und wenn du wieder umgekehrt bist, dann stärke deine Brüder!« (Lk 22,31f.). Aus eigener Kraft wäre er dazu nicht imstande; aber der Heilige Geist leitet ihn, damit er das Schiff der Kirche nicht gegen ein Riff steure. Gott ließe nicht zu, dass die Kirche in Fragen des Glaubens und der Moral danebentappt, denn das hieße ja, dass der Irrtum, mithin der Böse, den Sieg davontrüge. Dabei hat doch Jesus versichert: »die Pforten der Unterwelt werden sie [d. i. die Kirche] nicht überwältigen« (Mt 16,18). Die Kirche hat im Laufe ihrer zweitausendjährigen Geschichte kein einziges Dogma zurücknehmen müssen.

Aber hat die Kirche nicht das Dogma, wonach nur Katholiken gerettet werden, zurückgenommen? Als Jesus nach Seiner Auferstehung den elf Aposteln erschien, sprach Er zu ihnen: »Geht hinaus in die ganze Welt und verkündet das Evangelium der ganzen Schöpfung! Wer glaubt und sich taufen lässt, wird gerettet; wer aber nicht glaubt, wird verurteilt werden« (Mk 16,15f.).

Dies war kein Dogma, sondern eine einfache Lehre. Früher war man der Meinung, dass alle, welche die Lehre der katholischen Kirche nicht annehmen, vom Heil ausgeschlossen seien. Später ist man zu einer tieferen Einsicht gelangt: Jeder ist für seinen Glauben in dem Maße verantwortlich, wie er die Möglichkeit hatte, die Wahrheit kennenzulernen. Diese differenziertere Sicht hat den Weg zur Ökumene geöffnet. Heute sagt die katholische Kirche, dass jeder Mensch guten Willens, der auf sein Gewissen hört – auch ein Ungetaufter, Heide oder Angehöriger eines sogenannten Naturvolkes – das Heil erlangen kann, wobei Gott berücksichtigen wird, wie viel diese Person von der Wahrheit erfahren hat.

Was ist der Unterschied zwischen Dogmen und Lehre der Kirche?

Das Wort ›Dogma‹ hat die Bedeutung: eine Wahrheit, die überall und unter allen Umständen gültig ist. Jede Wissenschaft baut auf Dogmen auf; nur werden sie dort Axiome genannt. Die Gültigkeit eines Dogmas ist von nichts und niemandem abhängig. Eines der einfachsten Dogmen lautet zum Beispiel: $2 \cdot 2 = 4$. Die Wahrheit dieser Aussage hängt nicht von Ort oder Zeit ab. Selbst wenn kein einziger Mensch diese Aussage anerkennte, wäre sie doch wahr, ebenso wie die Schwerkraft bereits vor ihrer Entdeckung wirkte.

JEDER MENSCH IST ›DOGMATISCH‹. WENN ZUM BEISPIEL EIN ARCHITEKT NICHT ›DOGMATISCH‹ WÄRE UND DIE PHYSIKALISCHEN GESETZE AUSSER ACHT LIESSE, WÜRDE DIE BRÜCKE, DIE NACH SEINEN PLÄNEN GEBAUT WURDE, ZUSAMMENBRECHEN.

Die Dogmen der katholischen Kirche sind Wahrheiten, die ihre Grundlage in der Lehre Christi haben und zu denen sich die Kirche in ihrer lebendigen Tradition seit jeher bekennt. So wurde beispielsweise kein neues Sakrament geschaffen, und nie wird vom Sakrament des Altares gelehrt werden, dass es nicht Christi Leib und Blut wäre.

Durch die Dogmen ist es leichter, die Liebe zu verwirklichen, weil diese uns die wichtigsten Wahrheiten klar präsentieren. In ihnen ist Leben. Ich möchte die Dinge klar sehen, möchte wissen, wo oben und unten, drinnen und draußen ist ...

Die Lehre dagegen ist eine Erklärung in Fragen des Glaubens und der Moral, die zwar hilft, die betreffenden Fragen besser zu verstehen, von der aber die Kirche nicht behauptet, dass sie nicht in Teilen einem Irrtum unterliegen könnte.

Die Dogmen sind ewige Wahrheiten. Dies schließt eine Entwicklung nicht aus. Dabei ändert sich aber die Wahrheit nicht. Vielmehr erfahren die diesbezüglichen Vorstellungen lediglich eine Nuancierung. Es mag sein, dass wir mit der Zeit zu einem sehr viel besseren Verständnis gelangen werden, was diese oder jene Wahrheit betrifft. Dann wird die Kirche die Geheimnisse Christi noch klarer formulieren können.

Entscheidungen von Gewicht trifft die Kirche nur sehr langsam und macht es sich dabei keineswegs leicht. Wir sagen nicht nur von Gottes Mühlen, sondern auch von den Mühlen der Kirche, dass sie langsam mahlen. So geht etwa Heiligsprechungen eine äußerst gründliche Untersuchung voraus, um zu prüfen, ob die betreffende Person wirklich als heilig gelten kann. Es wäre nicht gut, wenn irgendeine Sünde später noch an den Tag käme und die Leute sagen könnten: »Na hoppla, das war ja ein falscher Heiliger! Der ging ja ganz schön krumme Wege!« Ebenso gibt die Kirche auch zu Marienerscheinungen lange Zeit keine Erklärung ab, sondern wartet ab und schaut, was für Früchte diese hervorbringen …

Ein Katholik muss die Dogmen bedingungslos annehmen. Was den Glauben betrifft, so darf der Katholik keine eigene Meinung haben oder die Dogmen infrage stellen; sonst droht ihm die Exkommunikation. Soll den Gläubigen etwa das selbstständige Denken abgewöhnt werden?

Wäre es etwa klug, wenn ich mit einem selbstgebastelten Fernrohr den Himmel beobachten würde und dächte, ich wüsste jetzt ganz genau über das Universum mit seinen Sternen Bescheid, wüsste mehr als die berufsmässigen Astronomen, die ihr ganzes Leben mit dessen Erforschung zubringen?

Natürlich haben nicht nur die Berufsastronomen das Recht, den Himmel auszuspähen. Auch mir steht dies frei. Nur darf ich nicht die wissenschaftlichen Erkenntnisse von Jahrhunderten über den Haufen werfen und mich für gescheiter als alle anderen halten. Die Kirche will den Menschen nicht das eigenständige Denken abgewöhnen, sondern möchte ihnen jene wunderbaren Schätze präsentieren, welche uns aus zweitausend Jahren von den größten Heiligen, Wissenschaftlern und Denkern überkommen sind und die in der Gemeinschaft der Gläubigen stets lebendig gehalten wurden.

Kehren wir nach diesem Exkurs zu unserem vorigen Thema zurück: Sind die Sünden der Kirchenleute nicht die Sünden der Kirche?

Ich möchte in dieser Frage zum Vergleich zunächst auf ein anderes Problem hinweisen. Im 20. Jahrhundert hat sich eine Mehrheit der Gesellschaft dafür ausgesprochen, dass die Ärzte das Recht haben sollen, in bestimmten Situationen eine Abtreibung der Leibesfrucht vorzunehmen. Das heißt aber nicht, dass wir alle samt und sonders des Mordes an ungeborenen Kindern schuldig wären! Es ist Tatsache, dass die Mehrheit der Gesellschaft die Auffassung vertritt, ein Embryo wäre in den ersten Wochen nach der Empfängnis noch kein Mensch. Das sagt aber nichts über mich und viele andere. Als Minderheit vertreten wir durchaus eine gegenteilige Meinung, sind aber gezwungen, die Entscheidung der Mehrheit hinzunehmen.

Die Sünden einzelner Menschen dürfen nicht sämtlichen Zeitgenossen oder Mitgliedern einer Gemeinschaft zur Last gelegt werden, auch dann nicht, wenn diese von führenden Personen begangen wurden.

Wenn bei einer Klassenarbeit zwei oder drei Schüler Spickzettel verwenden, beginge der Lehrer einen großen Fehler, wenn er die ganze Klasse einen betrügerischen

Haufen nennen würde. Auch der Kirche darf man keine Kollektivschuld anlasten. Es handelt sich um die Sünden von Mitgliedern der Kirche, nicht um Sünden der Kirche. Mitglied der Kirche ist, wer getauft ist. Das kann auch ein großer Sünder sein, und in einem gewissen Sinne könnte man auch sagen, dass die Kirche eine Sünderin ist. Doch von dieser Frage unabhängig können und müssen wir festhalten: Wer auch immer sich mit seinem Verhalten des Namens eines Christen nicht würdig erweist, der sündigt; und so kann ein jedes Mitglied der Kirche – sei es ein bloßer Laie, sei es ein einfacher Priester, ein Bischof oder gar der Papst – ein Sünder sein.

Jesus vertat Seine Zeit und Kraft nicht damit, dass Er gegen Herodes wetterte, als dieser Johannes den Täufer hatte enthaupten lassen, sondern ging weiter den Weg der Liebe. Selbst am Karfreitag kümmerte Er sich nicht darum, dass die Leute schrien, rasten, spuckten, sondern blieb beharrlich auf dem Weg der Liebe.

AUCH ICH HABE MEINEN BLICK NICHT DARAUF ZU RICHTEN, WIE CHRISTLICH EIN ANDERER LEBT – SEI ES DER PFARRER MEINER KIRCHENGEMEINDE, SEI ES MEINE NACHBARIN, DIE JEDEN TAG IN DIE KIRCHE GEHT –, SONDERN ICH MUSS MICH FRAGEN, WAS FÜR FORTSCHRITTE ICH SELBST AUF MEINEM EIGENEN PFAD DER LIEBE MACHE.

Ihre Sünden und Fehler bieten mir keinerlei Rechtfertigung dafür, den Weg der Liebe zu verlassen.

Gewiss feiere ich nicht jenen Tag, an dem die kommunistischen Schergen meinen Vater abholten und ins Gefängnis steckten, wo sie ihn zugrunde richteten und zu seinem Mörder wurden. Aber einen jährlichen Trauertag habe ich aus diesem Datum auch nicht gemacht. Ich mache aus diesem Tag keinen Gedenktag, weil Christus von uns will, dass wir »siebzigmal siebenmal« vergeben. Das bedeutet für mich Freiheit, da ich diese Gräuel nicht mit mir herumzuschleppen brauche. Bei Jesus gibt es nur ein Gebot: das Gebot der Liebe.

Es wäre in meinen Augen eine große Verrücktheit, wenn ein Ehepaar Jahr für Jahr des traurigen Tages gedächte, an dem es sich mächtig gestritten hat. Entscheidend ist, dass sie sich nun wieder liebhaben und den Tag ihrer Hochzeit feiern. Das Fehlverhalten des andern – das oft seinen Sorgen und Problemen oder seiner menschlichen Schwachheit entspringt – gilt es in Demut zu verzeihen.

Man kann nicht jährlich immer wieder aufs Neue Tragödien in Erinnerung rufen und von den Enkeln Rechenschaft für die Vergehen ihrer Großeltern fordern. Wir sollten nicht so viel lamentieren, sollten nicht alte Feindbilder nähren, sondern stattdessen in die Zukunft blicken. Wir müssen der Zeit die Möglichkeit geben, alle – bewusst oder unbewusst zugefügte – Wunden der Vergangenheit zu heilen. Es gilt, sich auf die vor uns liegenden Aufgaben zu konzentrieren. Schaffen wir auch ruhig neue Gedenktage – aber solche, an denen wir uns an Momente der Versöhnung erinnern! Und lasst uns bei deren Einrichtung demütig sein!

Darf man schweigen, wenn Angehörige anderer Religionen und Ungläubige in der Öffentlichkeit Anschuldigungen gegen die katholische Kirche verbreiten? Diese scheint sich ja kaum dagegen zu verteidigen. Die gläubigen Katholiken werden dabei meist verlegen, schämen sich und fühlen sich unsicher, während ihre Gegner zufrieden einen triumphalen Sieg verbuchen können.

Die Kirche hat in der Tat keine großen Anstrengungen unternommen, um die gegen sie erhobenen Vorwürfe zu widerlegen. Sie hielt es für zielführender, der Weisung Christi zu folgen, wie sie uns in den Worten des heiligen Paulus begegnet: »Besiege das Böse durch das Gute!« (Röm 12,21). Viele hatten ein Interesse daran, die Sünden und Missstände der katholischen Kirche zu übertreiben, um ihr

Ansehen zu untergraben: die Anhänger der Reformation (die ebenso auf das Instrumentarium der Inquisition zurückgriffen und zahlreiche Menschen hinrichten ließen), die Vertreter der Aufklärung, die Kommunisten, die Gefolgsleute des liberalen Kapitalismus, fundamentalistische Regime und Sekten ... Ihre kirchenfeindlichen Foren und Druckschriften verbreiten eine stark verzerrte Darstellung der Tatsachen. Nicht nur stellen sie die Sünden der Kirche übertrieben dar, sondern sie verschweigen auch die andere – positive – Seite. Sie verlieren kein Wort über das Gute in unserer Kirche, das die großen Heiligen und einfachen Leute, deren Namen keiner kennt, getan haben und tun. Dieses Gute überragt die Sünden der Kirche um ein Vielfaches. Leute der Kirche waren es, die in früheren Zeiten – beinahe als einzige – Kranke pflegten, sich der Armen annahmen, Schriftlichkeit und wissenschaftliche Erkenntnisse verbreiteten und Bildungseinrichtungen betrieben. Die Kritiker der Kirche verweisen gerne auf die sogenannten Friedenspriester, also jene Priester, die mit dem kommunistischen Regime zusammenarbeiteten, verschweigen aber, dass die meisten Geistlichen nicht bereit waren, mit den kommunistischen Machthabern zu kollaborieren und viele Geistliche deshalb grausam misshandelt und ihrer menschlichen Würde beraubt wurden, ja ihre Haltung in vielen Fällen sogar mit dem Leben bezahlten. Ein ähnliches Schicksal erlitten Tausende von Katholiken, die Angehörige verfolgter Volksgruppen – zum Beispiel Juden – schützten und vor ihren Häschern versteckten.

Andererseits dürfen wir für jede berechtigte Kritik dankbar sein. Denn es ist nötig, dass uns der Spiegel vorgehalten wird und wir unsere tatsächlichen Fehler sehen. Es gereicht uns zum Wohle, wenn wir immer wieder hören: »Mein liebes Kind, schau: Du bist an deinem Ziel noch nicht angekommen! Und im Moment sehe ich leider keine Fortschritte, was deine geistige und seelische Entwicklung betrifft ...«

VOR UNSEREN AUGEN STEHT EIN IDEAL, DAS UNS LOCKT, RUFT UND AUF UNS WARTET. EIN PAAR HUNDE, DIE UNS, WENN WIR ZU LANGSAM SIND, INS BEIN BEISSEN, TUN UNS DURCHAUS NOT, DAMIT WIR EINEN ZAHN ZULEGEN. ES IST SEHR WOHL FRAGLICH, OB ES DER KIRCHE GUT BEKÄME, WENN IHR ANDAUERND APPLAUDIERT WÜRDE.

Auch Christus ging nicht auf einem roten Teppich und von einer Militärkapelle begleitet durchs Leben. Als Einzelne wie als Gemeinschaft müssen wir unseren eigenen Karfreitag und Karsamstag durchleben. Auch die Kirche muss immer wieder aufs Neue auf ihren eigenen Golgota steigen, um die Ostererfahrung einer Auferstehung in Reinheit und eines neuen Lebens machen zu können.

Wie beschwerlich und schmerzhaft ist der eigene Gründonnerstag und Karfreitag? Wir Menschen würden gerne einen leichteren und ›menschlicheren‹ Kreuzweg wählen. Aber ein solcher wird nicht jedem zuteil. Weder der Einzelne noch die Kirche kann sich einen leichteren Kreuzweg aussuchen. Um neu geboren werden zu können, müssen wir die Schmerzen des Gründonnerstags und des Karfreitags auf uns nehmen.

Ich glaube nicht, dass es das Schlimmste wäre, wenn die Kirche Angriffen ausgesetzt wäre und ihr Wirken behindert würde. Das Schlimmste wäre vielmehr, wenn wir keine Visionen und Träume hätten und es uns an Begeisterung fehlen würde ...

Wurde durch die gewaltsame Verbreitung der sanften Lehre Jesu Christi der Glaube nicht mit Füßen getreten?

Als Kinder haben meine jüngere Schwester und ich uns oft gestritten und manchmal haben wir uns auch richtig gerauft. Wenn mich jetzt jemand fragen würde, ob wir uns auch als Erwachsene noch zanken, könnte ich ihm sagen: »Das fällt uns ja gar nicht ein! Wir mögen und schätzen einander sehr!« Wir mussten erst einmal erwachsen werden, damit uns Seilspringen und Hüpfspiel nicht mehr wichtig sind. Aber damals ließen sich solch schwierige Lebensfragen kaum ohne ein paar Watschen lösen. Gott sei Dank sind wir heute fähig, sehr viel schwierigere Probleme zu lösen, und zwar lächelnd und in Liebe.

Auch im Leben der Menschheit gab es Zeiten, in denen es der Gesellschaft nur mit Gewalt gelang, ein bestimmtes Problem zu lösen. Es handelte sich dabei um die herrschende Meinung, von der sich die Kirche leider nicht zu lösen vermochte. Aber wir dürfen nicht übersehen, dass das kirchliche Gericht stets sehr viel milder und gnädiger war als das staatliche, und die Strafen nicht von der Kirche, sondern von der weltlichen Gewalt vollstreckt wurden.

Es zeugt von der Reife unserer Kirche, dass sie Konflikte schon seit langem gewaltlos löst. Die Staaten dieser Welt machen dagegen noch immer oft von kriegerischer Gewalt Gebrauch.

Denken wir nur an die Kriege, die in jüngster Zeit im Irak[71] und im Kosovo[72] geführt wurden! Die Regierenden der heutigen Großmächte und die internationalen

71 Im Irakkrieg von 2003, auch als Dritter Golfkrieg bezeichnet, griffen die USA und Großbritannien im Verein mit einer Reihe anderer Staaten den Irak an und stürzten das Regime des Staatspräsidenten Saddam Hussein. Als Begründung für diese Intervention führten sie an, dass Hussein über Massenvernichtungswaffen verfüge – was sich in der Folge nicht bestätigen ließ (vgl. *Wikipedia*, s. v. Irakkrieg (18.11.2017)).

72 1999 griff die NATO ohne UN-Mandat militärisch im Kosovo ein, um den Menschenrechtsverletzungen, denen die albanische Bevölkerungsgruppe dort durch serbische Polizisten und Soldaten ausgesetzt war, ein Ende zu bereiten. Serbien hingegen sah sein Vorgehen lediglich als Unterdrückung terroristischer Akte, mit welchen einige die Unabhängigkeit des Kosovos erzwingen wollten. Der NATO-Einsatz war nach eineinhalb Monaten abgeschlossen. Von Serbien und vielen anderen Staaten der Welt wird das Gebiet bis heute nicht als

Organisationen könnten viel gegen die auch gegenwärtig stattfindenden Gemetzel und Völkermorde unternehmen und doch bleiben sie untätig, ja schüren sogar nicht selten die Konflikte, weil dies in ihrem wirtschaftlichen oder politischen Interesse liegt. Ich reibe mir die Augen darüber, dass jetzt, wo wir in eine weltweite Wirtschaftskrise[73] geraten sind, die Regierungen für die Rettung von Banken im Nu gigantische Summen hervorzaubern können, während sie angeblich kein Geld haben, wenn es darum geht, Kindern zu helfen, die am Verhungern sind.

Wenn von den Gewalttaten, an denen die Kirche auf der Täterseite beteiligt war, die Rede ist, dann sollten wir auch darüber sprechen, dass die Kirche und ihre Glieder über die Jahrhunderte hinweg bis zum heutigen Tage allein des Glaubens wegen Gewalt in allen möglichen Formen ausgesetzt war und ist. Dabei schlugen die Christen nicht zurück, ging die Kirche nicht zum Gegenangriff über. Vielmehr beteten die Christen für ihre Peiniger und verziehen ihnen.

Denken wir nur an die Christen- beziehungsweise Katholikenverfolgungen mit ihren Millionen von Opfern: Menschen wurden von wilden Tieren zerfleischt, bei lebendigem Leibe verbrannt oder verstümmelt – nur weil sie sich nicht zum heidnischen beziehungsweise nichtkatholischen Glauben bekennen wollten.

---

souveräner Staat anerkannt (vgl. *Wikipedia*, s. vv. Kosovokrieg, Kosovo (18.11.2017)).

73 Als im Sommer 2007 in den USA der Hypothekenmarkt zusammenbrach, hatte dies eine weltweite Finanz- und Wirtschaftskrise zur Folge, welche den USA und den europäischen Staaten jahrelang schwer zu schaffen machte (vgl. Sievers, Markus: Vor zehn Jahren: Finanzkrise erreicht Europa. Hg. v. der BZ f. pol. Bildung. 09.08.2017. http://www.bpb.de/politik/hintergrund-aktuell/252866/finanzkrise-2007 (05.07.2018)).

Im vorigen Jahrhundert und in den Diktaturen der Gegenwart haben zahlreiche Christen mit unerschütterlicher Standhaftigkeit von ihrem Glauben Zeugnis abgelegt, sind dafür verhaftet, gefoltert und ermordet worden. Allein im letzten Jahrhundert wurden drei Millionen Christen ihres Glaubens wegen ermordet. Man könnte also eine lange Liste von Namen anführen. Ich möchte aber nur einige wenige herausgreifen: den jungen Priester János Brenner[74], dessen Ermordung dazu beitragen sollte, die Kirche in Ungarn einzuschüchtern, die heilige Maria Goretti[75], ein Mädchen, das den Tod dem Verlust ihrer Jungfräulichkeit vorzog, den seligen Vilmos Apor, Bischof von Győr[76], der von sowjetischen Soldaten erschossen wurde, als er diese im März 1945 daran hindern wollte, die im Keller der Bischofsburg in Sicherheit gebrachten jungen Frauen zu verschleppen. Wir können in diesem Zusammenhang auch an den heiligen Papst Johannes Paul II. denken. Dieser erhob stets seine Stimme gegen jede Form von Gewalt und reichte seinen Feinden die Hand zum Frieden. Als ein Auftragsmörder ihn zu erschießen versucht hatte und dieser nur um Haaresbreite dem Tode entgangen war, vergab der Schwerverletzte schon auf dem Krankenbett seinem Angreifer. Auch heute können wir in den Nachrichten hören, dass in verschiedenen Regionen der Welt Pfarrer und Missionare, die selbstlos der einheimischen Bevölkerung helfen, ermordet werden. Allein in

---

74 János Brenner, geb. 1931, war Kaplan in der an der Grenze zu Österreich gelegenen Kleinstadt Szentgotthárd (dt. St. Gotthard). In der Nacht auf den 15. Dezember 1957 wurde er ermordet, als er mit dem Sakrament des Altares zu einem angeblich schwerkranken Mann gerufen wurde – was sich als Falle herausstellte. Am 8. November 2017 wurde sein Tod von Papst Franziskus als Martyrium anerkannt. Die Seligsprechung fand am 1. Mai 2018 in Szombathely (Steinamanger) statt (vgl. *Wikipédia*, s. v. Brenner János (ung.) (24.02.2018)).

75 Das ital. Mädchen Maria Goretti (1890–1902) erlitt lieber den Tod, als eine Vergewaltigung zu erdulden (vgl. *Wikipedia*, s. v. Maria Goretti (dt.) (18.11.2017)).

76 Győr (gespr. Djőr): auf halber Strecke zw. Budapest u. Wien gelegen, im Dt. auch Raab.

Indien wurden im Jahr 2008 mehr als 500 Christen umgebracht.[77] Außerdem wurden dort mehrere hundert Kirchen zerstört oder beschädigt, katholische Schulen und Sozialunterkünfte ausgeplündert und mehrere tausend von Christen bewohnte Häuser in Brand gesteckt. Trotzdem plante der Vatikan keine Vergeltungsmaßnahmen, unternahm keine Antiterroraktionen gegen die Verantwortlichen, ließ keine Bomben abwerfen. Es wäre gut, wenn die Menschen auch diese Seite der Kirche sähen.

Wie kam die Kirche dazu, den Glauben mit Gewalt erzwingen zu wollen, wo doch der heilige Apostel Paulus im Falle derer, die auf Irrwegen gingen, den Ausschluss aus der Gemeinschaft als einzige Lösung ansah?

Aus heutiger Sicht ist dies kaum begreiflich. Zum Verständnis müssen wir uns in jene Zeit zurückversetzen, in der die Kreuzzüge und die Inquisition ihren Anfang nahmen. Die Verhältnisse, welche den Nährboden für diese bildeten, sind von außerordentlich vielschichtiger und komplexer Natur.

Auch in den ersten tausend Jahren der Kirche gab es Gruppen, die anderes lehrten als das, was die Apostel gepredigt hatten. Einige leugneten die göttliche Natur Christi, andere Seine menschliche Natur, und doch ließ die Kirche sie nicht hinrichten. Die Mitglieder der Kirche verteidigten den rechten Glauben vielmehr dadurch, dass sie selbst ihr Leben für diesen hingaben.

In den ersten Jahrhunderten war die Kirche Verfolgungen ausgesetzt. Deshalb bekannten sich in dieser Zeit nur jene als Christen, die aus voller Überzeugung ihr Leben der Lehre Christi gemäß lebten. Diese Zeit der Verfolgungen nahm mit Kaiser Konstantin ein Ende.

---

77 Vgl. Allen, J. L.: *Krieg gegen Christen*. Gütersloh 2014 [Orig.: *The Global War on Christians. Dispatches from the Front Lines of Anti-Christian Persecution*. New York 2013].

Das Christentum wurde mit Konstantin sogar Staatsreligion. Jeder liess sich fortan taufen und nannte sich Christ, auch dann, wenn er es nur formal war und sein Leben nur oberflächlich, nämlich hinsichtlich der Gebräuche, an Jesus ausrichtete.

Wenn diese oberflächlichen Christen irgendetwas Schlechtes taten, konnten die Nichtchristen sagen: »Schaut nur her, wie macht- und geldhungrig, wie sittenlos diese Christen sind!«

Die Kirche hat viel Gutes hervorgebracht und vielfach Pionierarbeit geleistet. Sie richtete Krankenhäuser und Schulen ein, wandte sich gegen die Sklaverei und half den Armen ... Auch viele reiche Menschen bekehrten sich und schenkten Klöstern und Pfarreien beträchtliches Vermögen, damit diese die genannten Ziele in möglichst großem Umfang verwirklichen konnten. Sie ließen Kirchen errichten und behielten sich selbst das Recht vor, dort den Pfarrer zu bestellen. Das stellte solange kein Problem dar, wie die Eigenkirchenherren von lauteren Absichten geleitet wurden. Später freilich mischten sich auch egoistische Motive darunter.

Das Priesteramt war in späterer Zeit in der Regel nicht mehr mit Gefahren verbunden, sondern bedeutete, dass man eine sichere, gutbezahlte und angesehene Stelle hatte. Daher wählten auch solche gerne diesen Beruf, die nicht von Gott berufen worden waren. Es ist nicht leicht – aber auch nicht unmöglich –, rein zu bleiben, wenn man in den Dunstkreis der Macht gerät.

Für die Herrscher wurde es immer wichtiger, dass solche Personen das Bischofsamt bekleideten, ja sogar auf den Stuhl Petri gelangten, mit denen sie gut zusammenarbeiten konnten. Deshalb rissen sie das Recht zur Einsetzung von Bischöfen an sich und bestimmten Personen, die zwar ihnen gegenüber loyal, aber oft für das kirchliche Amt ungeeignet waren. Daher konnte es auch vorkommen, dass, formal betrachtet, mehrere Päpste gleichzeitig im Amt waren. Aber natürlich konnte der ›Usurpator‹ nicht als Erwählter Gottes gelten, ebenso wenig wie der Unhold, der in ein Haus einbricht, als dessen Besitzer gelten kann.

Über die Sünden unwürdiger Kirchenleute haben sich zu Recht viele Menschen empört. Für mich ist es ein Wunder des treusorgenden Gottes, dass sich so viele trotzdem gegen den verderblichen Zeitgeist zu stellen vermochten und in Reinheit und Selbstlosigkeit als glaubwürdige Christen lebten und so der Kirche halfen, diese Krankheit, die ihren Leib auszehrte, zu überstehen und sich zu erneuern.

Auch der heilige Franziskus von Assisi sah die Flecken am Leib der Kirche. Trotzdem trat er nicht aus der Kirche aus, brach nicht mit ihr, gründete keine neue Kirche, wie dies später die Reformatoren taten, sondern beschritt in Demut einen Weg, von dem er fühlte, dass er Jesus mit Sicherheit gefiel.

Er verfluchte nicht die mit dem Staat verflochtene Kirche wegen ihres Reichtums und Prunks, sondern zeigte, welch Reichtum in der vollkommenen Armut, Reinheit und Einfachheit sowie im absoluten Vertrauen auf Gott verborgen liegt. Ohne viel Aufsehens stieß er eine revolutionäre Erneuerungsbewegung an, welche dem Leib der Kirche keine Wunde schlug, sondern ihm half, rein und gesund zu werden. In ähnlicher Weise handelten auch der heilige Benedikt, der heilige Ignatius von Loyola und noch viele andere.

Die Inquisition entstand im 12. Jahrhundert und richtete sich anfangs gegen jene, die die fundamentalen Werte der Gesellschaft ablehnten und deren Bestand selbst bedrohten. So griffen diese etwa grundlegende Institutionen an: die Ehe, die Familie oder den Staat. Einige brachten sich sogar gegenseitig um, weil sie beweisen wollten, dass es, wie sie fälschlicherweise glaubten, eine Seelenwanderung[78] gebe. Im römischen Recht – auf dem die europäischen Rechtsordnungen aufbauen – stellten staatsgefährdende Umtriebe das schlimmste Verbrechen dar.[79] Wenn man zugelassen hätte, dass sich eine solche Weltanschauung breitmacht, wäre der Staat in seinen Grundfesten erschüttert worden.

Die damalige Gesellschaft sah sich nicht nur von inneren, sondern auch von äußeren Feinden bedroht. Die Muslime hatten weite Gebiete erobert, und ein von inneren Zwistigkeiten geschwächtes Europa wäre nicht in der Lage gewesen, den Kampf gegen diese aufzunehmen. Daher war es notwendig, gefährliche Vorstellungen rasch und wirksam zu ersticken.

Die tatsächlichen Missbräuche und Sünden, welche aus den vorhin genannten Gründen in der Kirche bestanden, wurden von den Reformatoren angeprangert, und diese suchten möglichst viele für ihre Lehren zu gewinnen. Damals herrschte noch die Auffassung, dass die Untertanen dem Bekenntnis ihrer Obrigkeit anzuhängen hätten. Die andersgläubigen Untertanen wollten aber ihren Glauben nicht aufgeben. Die Obrigkeit suchte ihnen in dieser

---

78 In einem solchem Irrglauben befanden sich die sog. Katharer, die v. a. in Südfrankreich verbreitet waren. Diese lehnten auch die Ehe grundsätzlich ab (vgl. *MKL*, s. v. katarok).

79 Im römischen Recht wurde dafür der Ausdruck »crimen maiestatis« (Majestätsverbrechen) gebraucht (vgl. Mommsen, Th.: *Röm. Strafrecht.* Leipzig 1899, S. 537). Der Althistoriker Th. Mommsen nannte diesen Straftatbestand »Staatsverbrechen« (vgl. ebd.). Im Grundgesetz der BRD begegnet er unter der Bezeichnung »Hochverrat« (§§ 81, 82, 83 GG). Wenn hier P. Csaba auf das röm. Recht verweist, so könnte er die Dekretale *Vergentis in senium* aus dem Jahre 1199 anführen, in der Papst Innozenz III. den kirchenrechtlichen Tatbestand der Häresie mit dem römischrechtlichen Tatbestand des Majestätsverbrechens gleichsetzte (vgl. Hageneder, O.: Der Häresiebegriff bei den Juristen d. 12. u. 13. Jh. In: *The Concept of Heresy in the Middle Ages (11th-13th C.). Proceedings of the Internat. Conf. Louvain May 13-16, 1973*. Hg. v. W. Lourdaux / D. Verhelst. Leuven 1976, S. 92).

Situation den eigenen Glauben mit Gewalt aufzuzwingen, wogegen letztere rebellierten.

WEIL MAN DIE RELIGIONSFREIHEIT VERTEIDIGEN WOLLTE – WAS AN SICH DURCHAUS BERECHTIGT IST –, KAM ES ZU RELIGIONSKRIEGEN, IN DENEN VON ALLEN SEITEN VIEL BLUT VERGOSSEN UND VIEL UNRECHT BEGANGEN WURDE. ABER SEIEN WIR MAL EHRLICH: MIT WELCHEN EMOTIONEN REAGIEREN WIR SELBST, WENN UNS EINER IM DICHTEN VERKEHR – NATÜRLICH ORDNUNGSWIDRIG – RECHTS ÜBERHOLT ODER WENN SICH JEMAND VOR UNSERER NASE IN DIE PARKLÜCKE HINEINDRÄNGT, VOR DER WIR SCHON WARTETEN?

Wenn wir uns bereits über solche Dinge aufregen, um wie viel mehr mag man dann wohl in Rage geraten, wenn es um Fragen der eigenen Religionszugehörigkeit geht? Wenn wir darüber nachdenken, dann verstehen wir vielleicht besser die Emotionen, die damals die Menschen gegeneinander aufbrachten. Denn die Religion ist ja das Wertvollste für einen Menschen und prägt sein Leben zutiefst. Man kann also die Wut derer verstehen, die mit Gewalt zu einem Konfessionswechsel gezwungen werden sollten.

Ähnlich wie am 15. März 1848, als in Ungarn die Revolution gegen die habsburgischen Unterdrücker ausbrach, dachte zu Beginn der Religionskriege niemand, dass diese Tausende von Todesopfern fordern würden. Auch 1956, als die Ungarn zu den Waffen griffen, um ihre Unterdrücker fortzujagen, hätte niemand gedacht, welch schwere Konsequenzen dies haben würde. Heute gedenken wir der Revolutionäre von damals als Helden, und niemand würde sie verurteilen.

Wie die heldenhaften Revolutionäre von 1848 vertraute die Kirche zu Beginn auf die Kraft des wahren, ehrlichen Wortes. Erst als sie sah, dass diesem kein Erfolg beschieden war, gebrauchte sie auch Gewalt, um sich gegen das Unrecht zu wehren.

Hass und Feindschaft brachen zwischen den Konfessionen aus, und nur mit grosser Mühe liess sich dieser Geist, einmal aus der Flasche gelassen, wieder darin verschliessen.

Aber nicht nur Katholiken und Protestanten kämpften gegeneinander, auch unterschiedliche protestantische Richtungen. So ließ etwa der Genfer Reformator Calvin Michael Servetus auf den Scheiterhaufen stellen, weil dieser die Heiligste Dreifaltigkeit leugnete.

Das dem Volk von der jeweiligen Obrigkeit aufgezwungene Diktat machte es unmöglich, miteinander ins Gespräch zu kommen.

Die von edlen Idealen geleiteten Kreuzritter erwiesen sich nicht selten – sehr zurückhaltend formuliert – als ziemlich üble Gesellen. Es scheint doch gerade so, als hätten die aufgestauten Emotionen jäh alle Dämme durchbrochen, so dass viele von ihnen wie von Sinnen mordeten und plünderten ...

Die Muslime hatten das Heilige Land unter ihre Gewalt gebracht, die heiligen Stätten dort geschändet, holten zum Angriff auf Europa aus und suchten die Christen unter ihr Joch zu bringen. Sie fielen über Pilger her, töteten nicht wenige von ihnen, ja stachen ihnen auch die Augen aus, hackten ihnen die Hände ab und vergewaltigten christliche Frauen.

Die Gefolgsleute des Kaisers ließen die Verstümmelten vor einem Konzil in Frankreich berichten, was ihnen Furchtbares widerfahren war, was sie erlitten hatten und wie sie gedemütigt worden waren. Papst Urban II. rief die Ritter auf, Hilfe zu leisten. Diese hefteten ein Kreuz auf ihr Gewand und gelobten, die Pilger und die heiligen Stätten zu verteidigen. Geleitet von ihren Idealen, mit Begeisterung und reinen Herzens machten sich edel gesinnte junge Männer, Verwandte und Freunde zurücklassend, auf den Weg ins Heilige Land. Für viele von ihnen bedeutete dies einen harten Verzicht. Auch mehrere ungarische Könige hefteten das Kreuz auf ihre Fahne. Der heilige Johannes von Capestrano rekrutierte 1456 ein Kreuzfahrerheer, um János Hunyadi bei der Entsatzschlacht vor Belgrad Hilfe zu leisten. 1686 schickte der Papst Kreuzfahrer[80] zur Befreiung der Stadt Buda[81].

Auch der friedliebende heilige Franziskus von Assisi begab sich mit dem Kreuzfahrerheer, selbst allerdings gänzlich unbewaffnet, nach Ägypten, um dort den Sultan El-Kamil zum Christentum zu bekehren. Der Sultan ließ eine Menge Holz zu einem Haufen zusammentragen und ein großes Feuer entfachen. Dann hieß er Franziskus durch das Feuer hindurch zu sich kommen. Wenn er dies tue, sei er bereit, mit ihm zu sprechen. Franziskus ging durch die Flammen, und dank ihm gestatteten die Muslime dem neuen Orden der Minderen Brüder, also den Franziskanern, die Betreuung, Bewahrung und Pflege der meisten Pilgerstätten im Heiligen Land – und diese Aufgabe liegt bis heute in ihren Händen.

Neben den wahren Rittern – Männern, die von edlen Idealen erfüllt waren – gab es zu allen Zeiten auch Glücksritter. Diese sind leider eine Begleiterscheinung einer jeden Aufbruchsbewegung.

---

80 Papst Innozenz XI. brachte 1684 ein gegen die Türken gerichtetes Bündnis mehrerer europäischer Groß- und Mittelmächte zustande. Wie schon frühere Bündnisse, so nannte sich auch dieses »Heilige Liga« (vgl. *MKL*, Szt Liga; *Wikipedia*, Szt Liga (1684) (ung.), Hl. Liga (1684), Hl. Liga (21.11.2017)). Für die Liga wurde ein Kreuzzugszehnt erhoben, gepredigt und in der Heimat gebetet (vgl. Riley-Smith, J.: *The Crusades: A History*. London ³2014, S. 327). Inwieweit man jedoch in diesem Falle von einem Kreuzzug sprechen kann, scheint in der Geschichtswissenschaft umstritten zu sein (vgl. ebd.).

81 Das am hügeligen rechten Donauufer gelegene Buda wurde – zusammen mit Óbuda – erst 1873 mit dem jenseits des Flusses gelegenen Pest zu Budapest vereinigt (vgl. *Wikipédia*, Budapest (13.04.2018)).

Ob in den Religionskriegen, den europäischen Revolutionen von 1848 oder dem Ungarnaufstand von 1956 – stets schwammen im Kielwasser derer, die für die gerechte Sache kämpften, auch solche, die sich als unwürdig erwiesen, die das entstandene Chaos und die Notsituation ausnutzten, ihren Aggressionen freien Lauf ließen, raubten und plünderten. Auch das ist leider wahr.

Auch viele weltliche Machthaber, die in engem Kontakt mit einflussreichen Männern der Kirche standen, nutzten vielfach die inneren Wirren derselben aus und übten mithilfe der Inquisition Vergeltung für tatsächlich oder vermeintlich erlittenes Unrecht. Sie erwirkten Verurteilungen, die ihren eigenen Machtinteressen entsprachen, ließen Menschen hinrichten, wie etwa die Jungfrau von Orléans, die heilige Johanna. Hier gilt es hinzuzufügen, dass sich die Kirche oft mit Macht gegen derartige Exzesse wandte und so manchen Inquisitor für den Rest seines Lebens in den Kerker steckte.

Als Frau hatte man es in jenen Zeiten schon deshalb nicht leicht, weil man von der Dorfgemeinschaft, wenn diese einen auf dem Kieker hatte, leicht beschuldigt werden konnte, eine Hexe zu sein …

Der Bildungsstand der breiten Masse war in früheren Zeiten unvorstellbar niedrig. Die Leute waren daher oft sehr abergläubisch und hatten Angst vor Mächten, die ihnen schaden könnten. Es gab Frauen, die mit Beschwörungen und Flüchen die Menschen in ihrer Umgebung in die Irre führten und in Angst und Schrecken versetzten. Doch wenn diese Frauen in Not gerieten, waren die Leute durchaus bereit, ihnen zu helfen und ließen ihnen nicht selten ihre letzten Groschen. Auch heutzutage trifft man auf zahlreiche solche Quacksalberinnen, die die Leichtgläubigkeit ihrer Mitmenschen ausnutzen, diesen ihr Geld abnehmen und sich dabei ins Fäustchen lachen – was aber in unserer Zeit in der Regel keine strafrechtlichen Sanktionen nach sich zieht.

Häretiker und ›Hexen‹ versuchte man zunächst auf sanfte Weise zu Einsicht und Reue – im Falle der ersteren auch zum Widerruf ihrer Irrlehren – zu bewegen. Nur wenn auf diese Weise nichts auszurichten war, gelangte Gewalt zur Anwendung. Verglichen mit der damaligen Gewaltanwendung im weltlichen Bereich, war – so zynisch es klingen mag – diese jedoch immer noch deutlich ›milder‹: Folter war im kirchlichen Bereich auf eine halbe Stunde begrenzt und durfte erst nach mehreren Tagen wiederholt werden – wohingegen es im weltlichen Bereich für Straftäter keine derartigen Beschränkungen gab.

Heutzutage freilich kann von einer milden Behandlung der Häretiker und ›Hexen‹ allenfalls in Anführungszeichen die Rede sein. Denn unserer Zeit gilt auch eine solche ›geregelte‹ Folter als völlig inakzeptabel. Trotzdem stellte diese Beschränkung in der damaligen Zeit auf dem Gebiet der Menschenrechte einen Fortschritt dar. Leider fielen auch ungerechte Urteile. Unschuldige Menschen wurden aus Aberglauben, Neid und Angst aus der Gesellschaft ausgestoßen und auf den Scheiterhaufen gestellt. Auch wenn dies die Schuld der katholischen Kirche nicht geringer macht, sollte man doch auch bedenken, dass in protestantischen Gebieten ebenfalls zahlreiche Frauen als ›Hexen‹ verfolgt wurden – was vielen heute unbekannt ist. Außerdem traten die Jesuiten mit Macht gegen dieses Phänomen der Hexenverfolgungen auf.

Ich glaube, dass den Kreuzzügen, der Inquisition und anderen Formen der Gewaltanwendung seitens der Kirche ursprünglich eine gute Absicht zugrunde lag. Was freilich daraus wurde, entsprach dieser Absicht in keinster Weise. Und natürlich stellte dies – ebenso wie die Gewaltanwendung im weltlichen Bereich – ein sündiges Fehlverhalten dar. Festzuhalten bleibt aber, dass man die gewaltigen Konflikte im religiösen Bereich zunächst auf christliche Art und Weise zu lösen suchte und erst dann, wenn dies nicht gelang, auf die im Mittelalter weit verbreiteten brutalen Methoden zurückgriff.

Ein Ende fand das Zeitalter der Religionskriege schließlich 1648 mit dem Westfälischen Frieden – also vor nunmehr über 350 Jahren.

Über die bedauernswerten und beschämenden Entgleisungen und Sünden der Kirche in ihrer zweitausendjährigen Geschichte kann man sich gewiss empören. Aber wir sollten mindestens ebenso kritisch sein, was das Unrecht und die Gewalt unserer Tage betrifft!

Verschließen wir nicht die Augen davor, dass viele Staaten mit ihrer Rechtsordnung eine legale Möglichkeit zur Durchführung von Abtreibungen bieten und dass auf dieser Grundlage Hundertausende unschuldiger Kinder getötet werden!

Die reichen Wohlfahrtsstaaten lassen Millionen von Armen verhungern, während ihre eigenen Bürger im Überfluss schwelgen. Viele Menschen richten sich mit Zigaretten, Alkohol oder Drogen zugrunde, und es gibt Personen, die sich eine goldene Nase damit verdienen, dass sie andere zu einer solch schädlichen Sucht verleiten ... Auch in unseren Tagen werden Menschen Opfer von Gewalt, ja auch grausamer Behandlung. Nur sind Gewalt und Grausamkeit heute oft raffinierter und stärker ideologisch verbrämt. Viele schaffen oder propagieren eine Kultur des Todes.

Auch im 21. Jahrhundert gibt es Konflikte. Diese versuchen wir mit den ausgeklügelten, zivilisierten Methoden unserer eigenen Zeit zu lösen. Aber leider münden sie vielfach trotz aller Bemühungen in Grausamkeit und Brutalität.

Eine der Hauptursachen der Reformation war doch die befremdliche Situation, dass im späten Mittelalter, wie mir scheint, das Seelenheil für Geld angeboten wurde: Mit dem Kauf von Ablassbriefen wurde einem die Vergebung der Sünden versprochen – oder nicht? Der Ablassprediger Johann Tetzel soll zur Zeit Luthers mit dem Spruch geworben haben: »Wenn das Geld im Kasten klingt, die Seele in den Himmel springt!«

In der Heiligen Schrift können wir lesen, dass die barmherzige Liebe Sünden zu tilgen vermag. Bereits mehrere Jahrhunderte vor Christus gab der den Tod erwartende Tobit seinem Sohn den folgenden Rat: »Tu für alle, die die Gerechtigkeit tun, Almosen aus dem, was du hast! Wende dein Angesicht von keinem Armen ab, dann wird sich Gottes Angesicht nicht von dir abwenden! Wie es dir möglich ist: Aus dem Vollen schöpfend – gib davon Almosen! Wenn dir wenig möglich ist, fürchte dich nicht, aus dem Wenigen Almosen zu geben! So sammelst du dir einen guten Schatz für den Tag der Not. Denn Almosen retten aus dem Tod und lassen nicht in die Finsternis geraten« (Tob 4,6–10).

In seinem Evangelium berichtet Lukas von einer Sünderin, die Jesu Füße mit kostbarem Öl übergoss, das sie in einem Alabastergefäß mitgebracht hatte. Dieses Öl hatte einen Wert von dreihundert Denaren[82], was dem Jahreseinkommen eines einfachen Arbeiters entsprach. Nicht nur teures Öl vergoss die Frau, sondern auch eigene Tränen, und schließlich trocknete sie Jesu Füße mit ihren Haaren ab. Einige unter den Anwesenden bemerkten, dass es besser gewesen wäre, dieses Öl zu verkaufen und den Erlös unter den Armen zu verteilen.[83] Doch Jesus erklärte, dass die Frau die Vergebung ihrer Sünden erlangt hat und dass die aus dem Glauben entspringende großherzige Liebe sie gerettet hat (vgl. Lk 7,36–50).

---

82 Mk 14,5.
83 Ebd.

Es gibt Sünden, die einen Schaden anrichten, den wir nicht wiedergutmachen können, so sehr wir es auch wünschen. Wenn wir zum Beispiel jemanden durch üble Nachrede verleumdet haben, dann sind unsere Worte wie Daunenfedern, die in den Wind gestreut wurden: Es lassen sich einfach nicht alle wieder einfangen.

Wenn ein Mann seine Familie verlassen hat und seine Kinder ohne Vater aufwachsen mussten, dann kann er diesen später keine glückliche Kindheit zurückgeben, mag er sein Fehlverhalten noch so sehr bereuen. Gott vergibt ihm zwar; aber der entstandene Schaden bleibt.

Wenn ein Mensch seine Sünde aufrichtig bereut, so verlangt ihn danach, dafür Buße zu tun und die Wunde, die er der Liebe zugefügt hat, zu heilen.

Die aus barmherziger Liebe geleistete Geldspende ist ein Opfer. Denn in der Tat stellt es ein Opfer dar, auf das sauer verdiente Geld zu verzichten und es nicht für sich selbst auszugeben. Eine solche Spende kann daher ein äusseres Zeichen der Umkehr sein.

Aber wenn wir mit unserer Spende nur Eindruck schinden wollen, dann bringt sie unserer Seele rein gar nichts. Wenn die Spende freilich von Herzen kommt, so hat Gott großes Gefallen daran.

Uns selbst ist es ein Anliegen, das Böse, das wir getan haben, wiedergutzumachen, damit unsere Seele Frieden finden kann. Je mehr wir lieben, desto mehr suchen wir den Schaden, den wir durch unsere Sünde angerichtet haben, wiedergutzumachen. Eltern tadeln ihr Kind weniger heftig, wenn sie sehen, dass dieses sich bemüht, den angerichteten Schaden wiedergutzumachen. Ebenso befreit auch die Kirche die Gläubigen von den zeitlichen Strafen für die gebeichteten Sünden.

Seine Liebe kann man unter anderem – aber natürlich nicht nur! – mit einer Spende zum Ausdruck bringen. Jesus schaut dabei nie auf die Höhe des Geldbetrages. Einst beobachtete Er im Tempel, wie reiche Leute ihre Spenden in den Opferkasten warfen. Da erblickte Er auch eine arme Witwe, die nur zwei kleine Münzen opferte. Dies veranlasste Ihn zu erklären: »Wahrhaftig, ich sage euch: Diese arme Witwe hat mehr hineingeworfen als alle anderen. Denn sie alle haben nur etwas von ihrem Überfluss hineingeworfen; diese Frau aber, der es am Nötigsten mangelt, hat ihren ganzen Lebensunterhalt hergegeben« (Lk 21,3f.). Die zwei kleinen Münzen der armen Frau haben für Jesus einen größeren Wert als die stattlichen Spenden der Reichen.

Im 16. Jahrhundert hatte Papst Julius II. beschlossen, in Rom einen großen Dom errichten zu lassen, den Petersdom, den wir auch heute noch bewundern können. Mit diesem Neubau, der angesichts der starken Baufälligkeit der aus dem frühen Mittelalter stammenden Peterskirche angezeigt war, sollte die Christenheit ein würdiges Zentrum erhalten.

Wie wir als Staatsbürger mit unseren Steuergeldern zum Bau und Unterhalt eines Parlamentsgebäudes beitragen, so waren die Christen damals aufgerufen, im Rahmen ihrer finanziellen Möglichkeiten für die Errichtung dieses Domes zu spenden.

In Ungarn – wie auch in anderen Ländern – überließ der Papst zwei Drittel des zusammengekommenen Betrages dem König, auf dass dieser das Geld für den Krieg gegen die Türken verwende. Über die Geldspende und den damit erlangten Ablass wurden Bescheinigungen ausgestellt, damit es nicht zu Unterschlagungen komme. Meiner Einschätzung nach war daran im Prinzip nichts Schlechtes. Problematisch wurde es, wenn durch die präzise Buchhaltung die Form auf Kosten des Geistes ging, Gnade zu einer bezifferbaren Größe gemacht wurde und die Leute zu der

Auffassung gelangten, dass die Vergebung in exaktem Verhältnis zum gespendeten Geldbetrag stehe.

Papst Julius II. bat die Gläubigen nicht, im Rahmen der eigenen Möglichkeiten zu spenden, sondern legte in seiner Bulle »Salvator noster« von 1507 den genauen Betrag fest: »10 grossi Julii«. Wer weniger gab, dem wurde nur ein Teil seiner jenseitigen Sündenstrafen nachgelassen.[84]

Die Art, wie im Mittelalter gepredigt wurde, kann heute nicht mehr unsere uneingeschränkte Zustimmung finden. Die Anpreisung von Ablassbriefen war ein großer Fehler. Die Kirche war hierbei nicht vorsichtig genug. Sie hätte noch mehr darauf achten müssen, dass mit einem Mittel, das an sich einem heiligen Ziel diente, kein Missbrauch betrieben werde und dieses nicht ausarte. Wahr ist aber auch, dass diese Spendengelder für prächtige Kirchen, Gebäude von bleibendem Wert, sowie Schulen und andere Einrichtungen verwendet wurden. Zu König Matthias' Zeiten, also in der zweiten Hälfte des 15. Jahrhunderts, zählte Siebenbürgen gerade einmal sechshunderttausend Einwohner, und doch fand deren Liebe zu Gott in solch herrlichen Bauten ihren Ausdruck! Wenn wir bedenken, dass heute dort acht Millionen leben, dann können wir uns schon ein wenig schämen ... Gäbe doch Gott, dass heute von den Staatseinnahmen nur so viel verloren ginge, wie damals für die oben genannten Ziele scheinbar vergeudet wurde!

Die Ablassbriefe waren nicht etwas Krankhaftes, über das ich mich immer wieder von neuem aufregen müsste, sondern das Ergebnis einer exakten ›Buchhaltung‹, die leider eine recht unglückliche Form annahm. Heute gibt es so etwas nicht mehr. Trotzdem fühlen auch heute viele, dass sie bessere Menschen werden, wenn sie für den Bau einer Kirche oder für ein Kinderheim spenden, wenn sie die Kul-

84 Vgl. Paulus, N.: *Gesch. des Ablasses im Mittelalter.* Bd. 3: *Gesch. des Ablasses am Ausgange des MA.* Paderborn 1923, S. 171.

tur unterstützen oder wenn sie einer alten Person etwas Geld zukommen lassen, damit sie sich Brennholz für den Winter kaufen kann. Mit Seiner Ihm eigenen Großzügigkeit belohnt sie Gott hundertfach dafür.

Ein Mann erkauft sich mit einer einzelnen Rose nicht die Liebe seiner Frau. Wie schön ist es aber, wenn er ihr mit dieser Aufmerksamkeit zeigt, wie sehr er an ihr hängt!

Wenn er kann, kauft er ihr einen ganzen Strauß Rosen. Gebe Gott, dass es uns gelingt, Ihm durch gute Taten unsere Liebe zu Ihm zu beteuern!

Das Konzil von Trient (1545–1563) – das die Reinigung der Kirche sehr voranbrachte – hat den Handel mit Ablassbriefen abgeschafft. Doch auch heute noch gibt es Ablässe zu hohen Festen oder am Kirchweihtag. Worin unterscheidet sich die heutige Praxis von der früheren?

Unsere Taten haben Folgen. Sie setzen in unserer eigenen Seele und in der Seele der Mitmenschen Prozesse in Gang. Unsere bösen Taten und schlechten Gewohnheiten fressen sich langsam immer tiefer in unsere Seele ein. Wir verletzen unsere Mitmenschen oder verführen sie zur Sünde. Wenn wir diese Taten von Herzen bereuen, vergibt uns der gute Gott. Doch wir bleiben noch etwas schuldig. Wenn eines meiner Kinder bei einer Nachbarin eine Fensterscheibe zertrümmert hat und diese um Entschuldigung bittet, dann mag diese zwar sagen, dass sie dem Kind nicht mehr böse ist; doch die Glasscheibe setzt sich dadurch nicht wieder zusammen. Das Fenster muss repariert werden, und das kostet Geld.

Der heilige Petrus und mit ihm die Priester der Kirche haben die Macht erhalten, zu lösen und zu binden. Diesen kommt es zu, festzulegen, wie wir das Loch, das wir in die Liebe gerissen haben, flicken können.

Ablässe helfen uns dabei, uns seelisch zu erneuern und rein zu werden. Durch sie erhalten wir die Kraft, uns wieder aufzurappeln und weiterzugehen. Es ist, als ob die Sünde, mithin der böse Geist, etwas in unserer Seele abschnitte. Doch Gott gibt uns die Möglichkeit, neu ›geboren‹ zu werden, damit wir wieder Kraft zu unseren Aufgaben erhalten – nicht weil wir so geschickt und lebenstüchtig wären, sondern weil wir als Mitglieder einer großen Familie einander beschenken.

Jesus sagt: »Ich stehe vor der Tür und klopfe an. Wer meine Stimme hört und die Tür öffnet, bei dem werde ich eintreten und wir werden Mahl halten, ich mit ihm und er mit mir« (Offb 3, 20). Auch unsererseits gilt es etwas zu tun, damit wir uns mit Gott versöhnen und wir vor Ihm rein werden. Unser Verlangen nach Reinigung kann auf verschiedene Weise zum Ausdruck kommen: Wir gehen zur Beichte, können beten, eine Kreuzwegandacht verrichten, an Exerzitien oder an einer Wallfahrt teilnehmen ...

WIR ALLE, DIE GLIEDER DER KIRCHE, LEBENDE WIE BEREITS VERSTORBENE, GEHÖREN ZU EINER GROSSEN GEMEINSCHAFT, EINER FAMILIE. WIR NEHMEN UNS EINANDER AN, LIEBEN EINANDER, TEILEN ALLES MITEINANDER UND LASSEN NICHT ZU, DASS EINER VON UNS NOT LEIDET, WÄHREND WIR SELBST MEHR HABEN, ALS WIR FÜR UNS SELBST BRAUCHEN.

Für Gott sind die Schätze der Seele die wertvollste ›Währung‹, und über solche Schätze verfügen die Heiligen in reichem Maße. Sie teilen diese mit jenen, denen es gerade daran mangelt. In Anbetracht ihrer Verdienste erlässt Gott auf ihre Fürsprache hin die zeitlichen Strafen für die Sünden, die wir bereuen. Auch können wir einen vollkommenen Ablass erlangen, wenn wir am Fest eines Heiligen offenen Herzens an der Messe teilnehmen, zuvor beichten und am Ende der Eucharistiefeier den heiligen Leib Christi empfangen, reinen Herzens unseren Sünden und Fehlern den Rücken kehren und nach Meinung – das heißt für die Anliegen – des Papstes beten. Dies können wir auch für eine uns nahestehende Person tun, sei es eine lebende oder eine verstorbene. Wie gut tut es jemandem, der rein werden will, der entschlossen ist, von seinen Sünden loszukommen, aber fühlt, dass er aus eigener Kraft dazu nicht imstande ist, wie gut tut es einem solchen Menschen, wenn er von der Gemeinschaft der Kirche Unterstützung erfährt, ihm gleichsam eine ›Krücke‹ gereicht wird! Der Ablass ist eine Form der Nächstenliebe. Je mehr Gutes ich tue, desto edelmütiger werde ich, desto näher komme ich Gott – bereits hier auf Erden und auch einst im Himmel.

Schon oft fühlte ich mich durch einen Streit oder ein schlecht gelöstes Problem belastet, und wenn ich dann versuchte, ›die Hand‹ eines Heiligen ›zu fassen‹, ihn oder sie um Fürsprache bat, dann spürte ich, dass ich in diesem Augenblick ruhigen Gewissens vor Gott hintreten könnte, weil mein Rechenschaftsbericht sauber und in Ordnung ist. Denn Gott hat die Bilanz meines früheren Lebens durchgestrichen, hat hinter meine Fehler und falschen Entscheidungen eine Null gesetzt. Er hat mir die Last der moralischen Reinigung abgenommen, und ich habe Kraft und Selbstvertrauen zurückgewonnen. Ich wusste: Ganz gleich, was passiert ist – ich kann meinen Weg fortsetzen. In meinem Leben habe ich mehrmals sehr intensiv die Gnade der Reinigung und des Neuanfangs erlebt. Es ist ein wunderbarer Zustand der Katharsis, wenn der Mensch seine unendliche Kleinheit spürt, wenn er einerseits fühlt, dass er nur aus ein paar Handvoll Staub geschaffen ist und ein Wesen mit engen Grenzen ist, und andererseits, dass Gott mit Seiner Güte, Christus mit Seinem Kreuzesopfer die Sünde getilgt hat und er trotz seiner Schwachheit würdig ist, von Gott in die Arme genommen zu werden, und davon träumen darf, dass er ewig in der Gemeinschaft des dreieinigen Gottes leben wird.

Es tut so gut zu wissen, dass Gott nicht ein beleidigter und grollender alter Mann ist, der nichts mehr von uns wissen wollte, wenn wir Ihn gekränkt haben. Wie schön ist es zu wissen, dass Gott vergibt und uns die Möglichkeit zu einem Neuanfang bietet, wenn Er sieht, dass wir uns bemühen und von der reinen Absicht beseelt sind, zu Ihm zurückzukehren.

Gebe Gott, dass möglichst vielen Menschen das große Gnadengeschenk einer seelischen ›Neugeburt‹ zuteilwird und sie so wieder neu anfangen können.

Recht weit verbreitet ist die Ansicht, die Missionare wären geldhungrige Unterdrücker gewesen, welche den christlichen Glauben mit Gewalt verbreitet hätten. Ihre Frömmigkeit wäre bloß eine Maske gewesen und hätte letztlich bloß dazu gedient, ihnen die Herrschaft über die eroberten Völker zu sichern ...

Auch im Kolonialzeitalter waren die Staaten Europas offiziell christlich, und wie ich bereits an anderer Stelle angemerkt habe, ist es ein Leichtes, alles, was die Menschen damals an Schlechtem begingen, auf das Christentum zu schieben. Dabei wird aber nicht gefragt, ob die betreffenden Personen sich überhaupt darum bemühten, der Lehre Christi gemäß zu leben. Die Entdecker und Eroberer wurden auch von Ordensgeistlichen begleitet. Verantwortlich für die Grausamkeiten waren aber zum größten Teil die Eroberer, die sogenannten Konquistadoren, ausgesprochene Abenteurernaturen, die darauf aus waren, den Einheimischen ihre Silber- und Goldschätze zu entreißen, und die für ihre Eroberungen verschiedene Belohnungen erhielten: Ländereien, Adelstitel und Führungspositionen in den Kolonien. Oft schützten die Geistlichen die Einheimischen vor Übergriffen durch die Konquistadoren. Die Verbreitung des Glaubens war nur eines ihrer Ziele. Daneben unterwiesen sie die sehr einfachen Eingeborenen im Ackerbau und in der Viehzucht, vermittelten ihnen medizinische Kenntnisse und brachten ihnen Lesen und Schreiben bei. Sie suchten ihnen ein Leben als Freie zu ermöglichen und sie vor der Sklaverei zu bewahren.

Die Jesuiten gründeten in Südamerika Siedlungen, sogenannte Reduktionen, in der die Einheimischen in Frieden und auf hohem Niveau Landwirtschaft treiben konnten, wobei ihnen die Ordensleute beratend zur Seite standen. In diesen rasch aufblühenden Siedlungen wurde in vorbildlicher Form ein christliches, demokratisches Gemeinwesen mit sozialer Fürsorge verwirklicht.

ES VERWUNDERT NICHT, DASS DIE KOMMUNISTISCHEN UND LIBERALEN LEHRPLÄNE UND MEDIEN VÖLLIG VERSCHWEIGEN, DASS DIESE ORDENSLEUTE ALL DAS IN DER PRAXIS ZU VERWIRKLICHEN VERMOCHTEN, WOZU SIE SELBST SICH ALS UNFÄHIG ERWIESEN HABEN.

Diese außerordentlich schöne und fortschrittliche Initiative lief natürlich dem Eigeninteresse der Grundbesitzer zuwider. Denn die Indios siedelten sich ganz gern in diesen Reduktionen an, wodurch die Grundbesitzer ihre Sklaven verloren. Daher machten die Grundbesitzer diese ›Kommunen‹[85] mit übler Nachrede schlecht und versuchten mit allen Mitteln, ihnen ein Ende zu bereiten. Wie viele in Vergessenheit geratene Missionare errichteten Krankenhäuser und Schulen! Auf dem bloßen Boden sitzend, unterwiesen sie die einfachen Eingeborenen im Schönen, Wahren und Guten.

85 P. Csaba denkt hier vermutlich an die utopistischen ländlichen Kommunen, die in Europa im 19. Jh. im Zuge der Lebensreformbewegung unter unterschiedlichen ideologischen Vorzeichen entstanden und auf genossenschaftlichen Eigentumsverhältnissen beruhten. Diese Bewegung blieb allerdings auf einige wenige ›Alternative‹ begrenzt (vgl. Feuchter-Schawelka, A.: Siedlungs- u. Landkommunebewegung. In: Kerbs, D./ Reulecke, J. (Hgg.): *Hdb. der dt. Reformbewegungen 1880–1933*. Wuppertal 1998, S. 227–244.

Die Lebensverhältnisse der Missionare waren nicht beneidenswert. Sie lebten fern ihrer Angehörigen, entbehrten oft des geringsten Komforts und der mindesten Hygiene, arbeiteten unter ständiger Bedrohung ihres Lebens. Viele von ihnen wurden niedergemetzelt oder erkrankten schwer an den dortigen Infektionskrankheiten, gegen die sie weniger widerstandsfähig waren als die Einheimischen.

Es war für mich ein beeindruckendes Erlebnis, als wir in San Francisco die Missionsstation der Franziskaner besuchten, die von Junípero Serra (1713–1784) mitgegründet worden war. Die Siedlungen, die von den Franziskanern angelegt wurden – San Diego, San Francisco, Los Angeles und andere –, sind heute zu Großstädten angewachsen. Junípero Serras Biographen haben ausgerechnet, dass dieser über vierundzwanzigtausend Meilen zurücklegte, größtenteils zu Fuß, noch dazu mit einer chronischen Entzündung am Fuß. Bei einem Blick auf alte Photographien von San Francisco wird deutlich, welch enorme Entwicklung diese Stadt – nicht zuletzt dank Liebe und Güte – erfahren hat.

Die Menschheit ist es den Missionaren bis heute schuldig geblieben, deren in Liebe und unter großer Mühe geschaffenes Werk in den Rang eines gemeinsamen Erbes zu erheben. Denn unter großen Opfern haben diese die Schätze der europäischen Kultur in die weniger entwickelten Gebiete der Erde gebracht. Wenn es eine große Ode auf die Geschichte der Menschheit zu schreiben gälte, so würde ich am liebsten den Teil über die Mission schreiben. Das wäre einer jener Abschnitte, die am schönsten Selbstlosigkeit, Güte und Barmherzigkeit illustrieren.

Wir stellen uns das Leben der Naturvölker gerne als Idylle vor. Wir glauben, die Indianer hätten fröhlich gejagt und die Friedenspfeife geraucht. In Wirklichkeit aber metzelten die einzelnen Stämme in ihren Fehden einander mit grösserer Grausamkeit nieder als später die Europäer in ihren Auseinandersetzungen mit diesen.

Wir glauben, in Indien hätten in der ersten Hälfte des 20. Jahrhunderts alle so friedlich wie Gandhi gelebt. Dabei erklärte sich dieser, als er in England Recht studierte, erstaunt darüber, dass man dort abends unbewaffnet und ohne militärische Begleitung durch die Straßen gehen konnte. Warum? Weil dies in Indien seinerzeit nicht möglich war. Auch in den christlichen Ländern gab es Gewalt. Dort jedoch erreichte diese – jedenfalls insofern, als diese Länder nicht nur dem Namen nach christlich waren – nicht jenes Maß an Brutalität und Grausamkeit wie beispielsweise unter den Horden des Mongolenführers Dschingis, des berüchtigten Dschingis Khan. Durch die christliche Religion wurde die Brutalität aus der Gesellschaft zurückgedrängt und das soziale Leben nahm eine schönere Gestalt an. Obwohl es auch in den christlichen Ländern Menschen gab, die Böses taten, galt deren Verhalten in diesen dennoch nicht als nachahmenswert.

Die Eingeborenen lebten in Angst und Schrecken vor ihren Göttern, vor den Gewalten der Natur, vor Schicksalsschlägen und Krankheiten. Die Unterdrückten und Ausgebeuteten freuten sich sehr darüber, zu hören, dass der Mann oder die Frau von niedriger Geburt vor Gott genauso viel wert ist wie die Stammesführer. Dagegen fühlten sich letztere, die Unterdrücker, in ihren Interessen massiv verletzt und leisteten den Missionaren oft bis zum letzten Atemzug Widerstand.

WENN DER BÄCKER BROT BÄCKT, WIRD ER MEHLIG. AUCH EIN HAUS KÖNNEN WIR NICHT BAUEN, OHNE DASS UNSERE KLEIDUNG SCHMUTZIG WÜRDE. ES IST UNMÖGLICH, DASS EINE GROSSE GRUPPE VON MENSCHEN ETWAS HERVORBRINGT, OHNE DASS SICH DER GERINGSTE FEHLER DARIN EINSCHLICHE.

Ich will nicht bestreiten, dass die christlichen Kirchen bei ihren Missionstätigkeiten auch Fehler begingen, so manches Mal die Situation falsch einschätzten und danebengriffen. Aber das Wertvolle, das sie hervorgebracht haben, ist unvergleichlich viel größer als die dabei begangenen Fehler und Sünden. Es wäre wirklich schade, wenn wir die Schattenseiten der menschlichen Bemühungen über Gebühr herausstellen und das Kind mit dem Bade ausschütten würden! Wie schön wäre es doch, wenn die UNO-Soldaten aus Ungarn, Rumänien, den USA und anderen Ländern von christlichen Missionaren begleitet würden, die in den betreffenden Regionen Krankenhäuser und Schulen errichten würden und sich der Leidenden annähmen!

Welch hässliches Zerrbild verbreiten wir von Europa und der übrigen entwickelten Welt, wenn wir fast immer nur Soldaten schicken und längst nicht genug Menschen dort hingehen, um die Wunden der Menschen zu verbinden und Hass und Feindschaft durch Barmherzigkeit und Versöhnung zu überwinden! Ich schätze sehr die friedensstiftenden UN-Missionen und die Arbeit des Roten Kreuzes. Aber es ist auch nötig, dass die Kirche ihre Missionstätigkeit neu organisiert und sehr viel besser und bewusster diese Aufgabe wahrnimmt – wozu es allerdings weitaus mehr engagierte, opferbereite Menschen braucht.

Aber wurde nicht der Glaube des Öfteren auch mit Gewalt verbreitet?

Im Mittelalter machten sich die Missionare mit Begeisterung auf, um, Jesu Aufruf folgend, die Frohe Botschaft »bis an die Grenzen der Erde« (Apg 1,8) zu tragen. Denn Er hatte Seinen Jüngern ja aufgetragen: »Geht hinaus in die ganze Welt und verkündet das Evangelium der ganzen Schöpfung!« (Mk 16,15).

Nicht um zu morden und zu zerstören, gingen sie hinaus in die Welt, sondern weil sie von dem aufrichtigen Willen beseelt waren, jenen Völkern, die Christus noch nicht kannten, Trost zu bringen und ihnen Mut zu machen.

Damals glaubte man noch, dass diejenigen, die nicht getauft wurden, nicht das Heil erlangen könnten. Die Missionare früherer Zeiten sahen es als wichtiger an, dass die Angehörigen der fremden Völker das ewige Leben erlangen, als dass es ihnen hier auf Erden gutgeht.

Dabei begingen sie den Fehler, dass sie im Interesse eines »höheren Gutes« den freien Willen außer Acht ließen. Sie mussten in einer Welt, die ihnen völlig neu und fremd war, mit einer unbekannten Situation fertigwerden. Daher ist es verständlich, dass jene Missionare trotz edelster Absichten den fremden Völkern schwere Schmerzen zufügten. Sie berücksichtigten nicht, dass die seit Jahrhunderten eingewurzelten Traditionen und abergläubischen Vorstellungen nicht von heute auf morgen wie ein zu klein gewordenes Kleidungsstück abgelegt werden konnten.

Der heilige Franz Xaver (1506–1552), die bedeutendste Gestalt der neuzeitlichen Missionsgeschichte, der große Glaubensbote Indiens und Japans, erkannte die Notwendigkeit der Inkulturation, also der Anpassung an die jeweilige Kultur. Es galt, die Sprache der einheimischen Bevölkerung zu erlernen, sich mit ihren Sitten vertraut zu machen und dieses Wissen bei der Vermittlung von Christi Botschaft im Hinterkopf zu behalten. Dem heiligen Franz Xaver schlossen sich andere an, und dank dem Wirken dieser Männer bekehrten sich in Asien viele Menschen aus voller Überzeugung zum Christentum. Ein halbes Jahrhundert später, als über die japanischen Christen eine fürchterliche Verfolgung hereinbrach, nahmen es Tausende auf sich, für ihren Glauben an Christus zu sterben. Bei Todesstrafe war es Fremden verboten, das Land zu betreten. Als schließlich 1865 – mehr als zweihundert Jahre später! – ein katholischer Priester Japan betreten durfte, stellte er mit Erstaunen fest, dass über vierzigtausend Japaner ohne jede Unterstützung von außen den Glauben an Christus bewahrt hatten: Offenbar war dieser in den Familien von Generation zu Generation weitergegeben worden. Hätten die Missionare blutige Gewalt angewandt, so hätten sie nicht solch schöne Früchte hervorgebracht.

Ähnlich wie der heilige Franz Xaver wollte Roberto de Nobili (1577–1656), dem Beispiel des heiligen Apostels Paulus folgend, allen alles sein und passte sich äußerlich völlig der Kultur der Hindus an, bewahrte ihre alten Gebräuche, sofern sie nicht mit der christlichen Lehre unvereinbar waren, suchte sie mit christlichen Inhalten zu füllen und verbot lediglich die heidnischen und abergläubischen Zeremonien. Ausgehend von ihrem alten Glauben und der natürlichen Vernunft, erklärte er ihnen die christliche Religion und erreichte es auf diese Weise, dass in dem Gebiet seiner Missionstätigkeit, als er starb, mehr als vierzigtausend Christen lebten, die allesamt gewaltlos bekehrt worden waren und mit dem neuen Glauben das unmenschliche, diskriminierende Kastensystem hinter sich gelassen hatten.

Dieser Ansatz wurde später auch von anderen Missionaren übernommen. Das war aber keineswegs so einfach, wie wir uns dies, im Wohnzimmersessel sitzend, vorstellen. Viele abergläubische, unsinnige und oft brutale Elemente galt es auszumerzen, um zu gereinigten Riten zu gelangen. Dazu bedurfte es großer Empathie – an der es leider oft mangelte. Außerdem hatte man sehr darauf achtzugeben, dass nicht durch allzu große Toleranz die reine Liturgie vergiftet würde.

Das Bild vom Missionar mit blutbeschmierten Händen ist als Verallgemeinerung, soweit ich sehe, eine gewaltige Lüge, ein bewusst geschaffenes Zerrbild. Wie wir Ungarn den heiligen Gerhard[86] (977–1046), den ersten Bischof

86 Der hl. Gerhard von Csanád (980–1046), im Ung. als hl. Gellért bekannt, stammte aus Italien und wurde von König Stephan I. mit der Erziehung seines Sohnes Imre (Emmerich) und der Christianisierung des Landes beauftragt. Imre kam 1031 durch einen Jagdunfall ums Leben, und so hinterließ König Stephan bei seinem Tod i. J. 1038 das Reich ohne männliche Nachkommen. Da der heidnische Glaube unter den Ungarn zu dieser Zeit noch zahlreiche Anhänger hatte, und zwar sowohl in der Führungsschicht

von Csanád[87], der unser damals noch heidnisches Volk zum Christentum bekehrt hat, lieben und schätzen und auch die anderen Heiligen hochachten, die uns zum Glauben an Christus geführt haben, so verehren alle christliche Staaten ihre eigenen Missionsheiligen und sehen in ihnen Überbringer von Licht, Werten und geistigen Gütern. Die Völker der Welt sehen in ihnen nicht Zerstörer ihrer eigenen Kultur, sondern Menschen guten Willens, von denen sie zum Guten erzogen wurden. Sie pflegen ihr Andenken und errichten ihnen zu Ehren Kirchen.

Ein weiterer Vorwurf, dem sich die Kirche ausgesetzt sieht, ist der des Antisemitismus. Dabei gehörten doch zu dem Volk, das des Mordes an Christus beschuldigt wurde, auch der Erlöser selbst und Seine Mutter Maria. Wodurch wurde also unter den Christen der Hass auf die Juden geschürt?

---

als auch unter dem einfachen Volke, kam es 1046 zu einer gewalttätigen Erhebung gegen die Bischöfe und Priester der noch jungen ungarischen Kirche. Bei diesen Übergriffen starb auch der hl. Gerhard in Buda den Märtyrertod. Nach ihm trägt einer der dortigen Hügel den Namen »Gellértberg« (vgl. Kristó, Gy. / Barta, J. / Gergely, J.: *Magyarország története. Előidőktől 2000-ig*. Bp. 2002, S. 44–47; *MKL*, Gellért; Schäfer, J.: Gerhard Sagredo. In: ders.: *Ökum. Heiligenlex.* (online) (14.05.2018)).

87 Csanád (gespr. Tschånād) liegt heute in Rumänien knapp hinter der ungarischen Grenze. Mitte des 16. Jh. geriet das Gebiet um Csanád, das als Banat bekannt ist, in die Hände der Türken. Als diese nach knapp anderthalb Jahrhunderten vertrieben worden waren, war der Ort praktisch vollständig zerstört, und das nahegelegene Szeged trat die Nachfolge als Bischofssitz an. Durch den Vertrag von Trianon (1920) wurde das Banat, das einen Großteil des Bistums Csanád bildete, abgesehen von einem kleinen bei Ungarn verbleibenden Rest, auf Rumänien und Serbien aufgeteilt, und die Bistumsgrenzen wurden in der Folge vom Heiligen Stuhl den neuen Staatsgrenzen angepasst. Das heutige Bistum Szeged-Csanád umfasst daher nur einen sehr kleinen Teil des einstigen Bistums Csanád (vgl. *Wikipédia*, Szeged-Csanádi egyházmegye (ung.) (14.05.2018)). Der Ort Csanád selbst, auf Rum. Cenad (gespr. Tschenad) genannt, zählt heute nur rund 4 200 Einwohner (vgl. *Wikipedia*, Cenad (dt.) (14.05.2018)).

DIE MITGLIEDER EINER FAMILIE KÖNNEN GANZ UNTERSCHIEDLICH SEIN. AUCH IM VOLK DER JUDEN GAB ES UND GIBT ES SOWOHL EGOISTISCHE SÜNDER ALS AUCH GROSSHERZIGE HEILIGE. SO WAR HERODES EIN WAHNSINNIGER MÖRDER, WOHINGEGEN DIE HIRTEN, DIE ZU JESU KRIPPE KAMEN, EDEL GESINNTE MENSCHEN MIT EINFACHEM HERZEN WAREN.

Maria und Josef, die großherzig ihr Ja zu Jesus sprachen, gehörten zu einen m auserwählten Volk; aber auch die Hohen Priester, die Jesus ans Kreuz bringen wollten, waren Juden. Jesus selbst war Jude, ebenso wie Seine Apostel. So gibt es auch in der heutigen Welt im Leben eines jeden Volkes Licht und Schatten.

ICH GLAUBE NICHT, DASS GOTT DEN LEHM, DEN ER ZUR ERSCHAFFUNG DER MENSCHEN VERWENDETE, AUS UNTERSCHIEDLICHEN GEFÄSSEN GENOMMEN HAT. VIELMEHR HAT ER UNS ALLE AUS DEM GLEICHEN MATERIAL GEFORMT. WIR ALLE SIND KINDER GOTTES UND DAHER DÜRFEN WIR BETEN: »VATER UNSER ...«

Nicht umsonst will Jesus, dass es eine einzige Herde und einen einzigen Hirten gebe. Das bedeutet auch, dass wir uns nicht auf den Rahmen der Nation beschränken dürfen. Das von dem Stammesführer Álmos[88] im 9. Jahrhundert geknüpfte Bündnis der Magyarenstämme[89] zeichnete sich durch seine Offenheit gegenüber Fremden aus und integrierte im Laufe der Zeit zahlreiche andere Volksgruppen. Heute gibt es in Ungarn niemanden mehr, der sich in den engen Rahmen eines einzelnen Stammes, etwa des von

88 Gespr. Ālmosch.

89 Die Ungarn bezeichnen sich selbst als Magyaren (im Deutschen – entsprechend der Aussprache – bisweilen als Madjaren geschrieben). Wenn die Ethnie und nicht die dem ung. Staat Angehörigen gemeint sind, wird diese Bezeichnung bevorzugt.

Töhötöm[90] angeführten Stammes, zurückziehen möchte. Wir fühlen uns heute als Mitglieder der im weiten Karpatenbecken siedelnden Großfamilie der Ungarn und als solche fühlen wir uns sehr wohl. Álmos's Sohn, der Großfürst Árpád[91], verstand es bei der Landnahme, seine eigenen Leute, die ins Karpatenbecken einwanderten, und die bereits seit langem dort ansässige Bevölkerung gleichermaßen anzusprechen und dazu zu bewegen, sich mit ihm ›an *einen* Tisch zu setzen‹. Die Nation, die unsere schöne Heimat ist, ging nicht aus grausamen Schlachten hervor, sondern entstand dadurch, dass die verschiedenen Stämme einander in Liebe annahmen und – kurz vor der Landnahme – einen weisen Blutsvertrag[92] schlossen.

Ich stelle mir gerne jene sonnendurchflutete Lichtung vor, auf der unsere Stammesführer zusammenkamen, um sich zu beraten. Ich sehe es beinahe vor meinen Augen, wie jene grimmigen Krieger einander mustern, zornig nach ihrem Schwert greifen, um für tatsächlich oder vermeintlich erlittenes Unrecht Genugtuung zu verlangen; aber ich sehe auch, wie der weise Álmos entschlossen ihre Hand fasst und sie sanft zurechtweist: »Schaut doch, wie groß dieses Land ist! Es ist hier Platz für uns alle. Wir brauchen uns nur in Weisheit und Güte einander anzunehmen und ge-

90 Töhötöm, auch Tétény genannt, in der lat. Quelle Tuhutum geschrieben, war nach den *Gesta Hungarorum [Taten der Ungarn]* (Kap. VI), deren hochmittelalterlicher Verfasser nur als »Anonymus« bekannt ist, einer der sieben Stammesführer zur Zeit der ungarischen Landnahme im Karpatenbecken (vgl. Schwandtner, J. G. (Hg.): Anonymi Belae regis notarii historia Hungarica de septem primis ducibus Hungariae. In: Ders. (Hg.): *Scriptores rerum Hungaricarum veteres ac genuini*. Bd. 1. Wien 1746, S. 7.

91 Gespr. Ārpād.

92 Die sieben – heidnischen – Stammesführer sollen sich dabei miteinander verbündet haben und einem von ihnen, Álmos genannt, Treue geschworen haben. Diesen Eid sollen sie damit besiegelt haben, dass sie ihr Blut in eine Schale rinnen ließen, dieses vermischten und sodann ein jeder von ihnen aus dieser Schale trank (vgl. *Gesta Hungarorum*, Kap. VI f. In: Schwandtner (Hg.) 1746; h. S. 6 f.).

meinsam, Schulter an Schulter unsere Arbeit zu tun. Dann können wir hier für uns und unsere Nachkommen ein Zuhause, eine Heimat, ja einen Zaubergarten schaffen.«

Die Kämpen schauten einander zunächst gewiss argwöhnisch an. Doch schließlich öffnete sich ihr Herz für die schönen Worte, und mit Freude hörten sie dem wachen Auges träumenden Manne zu, jenem Stammesführer, der ihnen wie ein Vater war und somit unserem ganzen Volke, mithin auch den Nachgeborenen, zu einer Vaterfigur wurde. Die Krieger hörten auf Álmos's gute Worte, machten sich seinen Traum zu eigen. Dabei war damals die Chance sehr gering, dass aus den zahlreichen Stämmen und Völkerschaften eine einheitliche Gemeinschaft und ein gemeinsames Land hervorgehen würden. Das Wunder, an das Álmos glaubte, wurde wahr, und sehr schnell entstand durch die Auf- und Annahme des andern in Mitteleuropa ein Land, das einem jeden eine liebevolle Heimat bot.

Nicht Vergeltung, Abstemplung und Vernichtung ist das, was die Welt braucht, sondern Verbrüderung. Ich bin davon überzeugt, dass die der Schwester oder dem Bruder gereichte Hand früher oder später in Liebe ergriffen wird. Auch das Zweite Vatikanische Konzil erklärte:

»Gott, der väterlich für alle sorgt, wollte, dass alle Menschen eine Familie bilden und einander in brüderlicher Gesinnung begegnen.«[93] Das bedeutet auch, dass wir sehr viel besser einander annehmen und schätzen sollten.

Ja, das ist der Idealzustand, den es zu erreichen gilt; und doch lässt sich nicht leugnen, dass es nicht immer gelang, dieses Ideal zu verwirklichen. So schreibt etwa Karl Rahner, der

93 *Gaudium et Spes,* 24. Diese Stelle wurde von P. Csaba auch als Primizspruch gewählt (vgl. Böjte Csaba szentbeszéde Csíksomlyón. *Magyar Kurír,* 22.05.2010. http://www.magyarkurir.hu/hazai/boejte-csaba-szentbeszede-csiksomlyon (05.07.2018)).

vielleicht bedeutendste katholische Theologe des 20. Jahrhunderts: »Daß es einen fast zweitausend Jahre währenden Antisemitismus in der Christenheit gab, der unmenschlich, unchristlich und somit verwerflich war, daran kann man nicht zweifeln. [...] Die Kirche ist sicherlich nicht unmittelbar verantwortlich für den Holocaust, und an diesem unsagbar schrecklichen Ereignis unserer Gegenwartsgeschichte sind viele andere Ursachen wesentlich mitbeteiligt. Aber wäre dieser Holocaust möglich gewesen, wenn es nicht zuvor durch so viele Jahrhunderte und hinauf bis in die höchsten Spitzen der Kirche und hinunter bis zu den normalen frommen Christen und Predigern einen Antisemitismus gegeben hätte [...]?«[94]

Über den Antisemitismus wurden schon zahlreiche Bücher geschrieben. Da es sich um ein sehr komplexes und vielschichtiges Problem handelt, besteht im vorliegenden Rahmen nicht die Möglichkeit einer eingehenden Darstellung. Auch hier bietet sich ein sehr viel nuancierteres Bild als das, welches in der Öffentlichkeit für gewöhnlich präsentiert wird.

Nach Christi Tod stellten sich die Juden mit Gewalt gegen die junge Kirche. Als schließlich das Christentum Staatsreligion wurde, ›wandte sich das Blatt‹, und radikale christliche Gruppen rissen nicht nur heidnische Tempel ein, sondern auch Synagogen.

Die religiösen Differenzen waren der Hauptgrund für die ungerechte Diskriminierung, die Anfeindungen und Übergriffe; in der ersten Zeit waren die Juden die Täter und die Christen die Opfer, später war es andersherum.

Wenn unsere großen Heiligen – zum Beispiel Johannes Chrysostomus, Hieronymus oder Augustinus – negativ von den Juden sprachen, so taten sie dies, um den christlichen Glauben zu verteidigen. Beispielsweise folgten etliche Christen in der Liturgie jüdischen Riten, bildeten gewissermaßen eine eigene Sekte, welche die ihr misslie-

94 Kis, Gy.: *Gezeichnet mit dem Kreuz Christi u. dem Stern Davids*. Luzern ²1999, Vorw. v. Karl Rahner v. 1983, S. 7.10.

bigen christlichen Lehren ablehnte. Um den Menschen die Augen dafür zu öffnen, dass man nicht auf zwei Hochzeiten gleichzeitig tanzen kann, legten sie Punkt für Punkt dar, welchen Lehren sie nicht zustimmen konnten, zeigten sich misstrauisch und ablehnend gegenüber dem, was von Jesu eigenem Volk auf sie überkommen war, und erklärten, dass die Juden sich selbst dafür entschieden hätten, von Ihm getrennt zu sein, und dass sie Ihn ermordet hätten.

Auch aus dem Alten Testament ließen sich Worte von Propheten aus dem Zusammenhang gerissen zitieren, die selbst der ärgste Antisemit nicht von sich gäbe. Von Ezechiel, Jesaja und Mose kann man aber gewiss nicht behaupten, dass sie unter dem Einfluss der katholischen Kirche oder der Nazis gestanden hätten.

Der Prophet Jeremia spricht zum Beispiel im Namen des Herrn: »Wer hinfällt, steht der nicht wieder auf? Wer vom Weg abkommt, kehrt der nicht wieder zurück? Warum wendet dieses Volk sich ab, verharrt Jerusalem in der Abkehr? Warum halten sie am Irrtum fest, weigern sich umzukehren? Ich horche hin und höre: Schlechtes reden sie, keiner bereut sein böses Tun und sagt: Was habe ich getan? Jeder wendet sich ab und läuft weg, schnell wie ein Ross, das im Kampf dahinstürmt. Selbst der Storch am Himmel kennt seine Zeiten; Turteltaube, Schwalbe und Drossel halten die Frist ihrer Rückkehr ein; mein Volk aber kennt nicht die Rechtsordnung des HERRN. Wie könnt ihr sagen: Weise sind wir und die Weisung des HERRN ist bei uns? Fürwahr, siehe: Der Lügengriffel der Schreiber hat es zur Lüge gemacht. Zuschanden werden die Weisen, sie sind bestürzt und werden gefangen. Siehe, das Wort des HERRN haben sie verworfen und wessen Weisheit haben sie noch?« (Jer 8,4–9).

Auch Jesus schalt die Juden. Trotzdem war Er kein Antisemit. Schließlich war Er ja selbst Jude, war Seine Mutter Jüdin und waren auch Seine Jünger Juden.

Es versteht sich von selbst, dass die Propheten ebenso wie Jesus die Juden nicht als ›Rasse‹ kritisierten, sondern jene Menschen unter ihnen, die Gottes Güte nicht erkannten, die ohne wahren Glauben lebten, nur an sich selbst dachten, von Profitgier getrieben waren, nicht in Frömmigkeit lebten, sondern eine solche bloß zur Schau trugen.

Wer über einen anderen Menschen – wer auch immer es sei – aufgrund dessen Hautfarbe oder dessen Zugehörigkeit zu dieser oder jener Ethnie urteilt, der ist kein Christ, sondern allenfalls ein getaufter Heide. Niemand kann etwas dafür, dass er als Dunkelhäutiger, Jude oder Roma zur Welt gekommen ist. Ich kann nichts dafür, dass ich nicht als Jude geboren wurde. Ein Jude wiederum kann nichts dafür, dass er als solcher ins Leben getreten ist. Wohl aber kann ich etwas dafür, wenn ich kein *guter* Christ bin; und er kann etwas dafür, wenn er kein *guter* Jude ist.

Wer sich bloss Jude oder katholischer Christ nennt, aber nicht seinem Glauben gemäss denkt, redet und handelt, der verrät seinen Glauben.

In keiner anderen Schrift wird in solcher Klarheit wie im Evangelium dem Grundsatz Ausdruck verliehen, dass jeder Mensch vor Gott gleich viel wert ist. Wenn es jemand aufgrund der Verhältnisse, aus denen er kommt, in seinem Leben schwerer hat, so trägt der gute Gott diesem Umstand Rechnung; und wer im Lichte des Glaubens, den er kennengelernt hat, die Dinge klarer sehen sollte, über den wird Gott strenger richten. Sehr viele Christen werden leiden müssen, weil sie kein christliches Leben geführt haben.

Wenn jemand einer bestimmten Religion angehört und, der Lehre dieser Religion zuwiderhandelnd, sündigt – sei er nun ein einfacher Gläubiger oder ein Kirchenoberer –, dann ist nicht die betreffende religiöse Lehre dafür verantwortlich zu machen und für schlecht zu erklären, sondern jener Mensch, der durch seine Sünde dagegen verstoßen hat. Die ungläubigen Juden begingen Verrat am jüdischen Glauben, und so wird auch das Christentum von den ungläubigen Christen verraten.

Aus einem Text ein paar Worte herauszureißen und diesen einen Sinn beizulegen, welcher dem Gesamtsinn des Textes völlig widerspricht, ist alles andere als ethisch. Dennoch taten dies vielfach auch Christen. Sie brachen aus den Predigten ihrer einflussreichen Lehrer einzelne Stücke heraus, legten ihnen nach Belieben einen eigenen Sinn bei und fühlten sich dadurch in ihrer Feindseligkeit gegenüber anderen bestärkt. Ebenso taten dies die Angehörigen anderer Religionen, die derartige Erklärungen als aggressive Aufrufe zum Hass gegenüber ihrem Volk auffassten.

Im Priesterseminar wurden meinerzeit Anfänger von den Älteren damit geneckt, dass diese ihnen sagten: »Warum willst du Priester werden? In der Bibel steht doch geschrieben: ›Es gibt keinen Gott‹!«

In der Tat kann man in Psalm 53 lesen: »Der Tor sagt in seinem Herzen: Es gibt keinen Gott.« Wenn wir weiterlesen, dann sehen wir natürlich, dass dieser Psalm keineswegs die Existenz Gottes leugnen will. Aus dem Verhalten eines Menschen ein einzelnes Detail herauszugreifen, das noch dazu für ihn gar nicht charakteristisch ist, und so darzustellen, als ob dieses sein Wesen ausmachen würde, ist ungerecht und falsch.

Die Rede von einer Kollektivschuld des jüdischen Volkes an der Kreuzigung Christi geht nicht auf das kirchliche Lehramt zurück, sondern auf einzelne Kreise innerhalb der christlichen Welt. Die meisten Juden sind talentiert, gescheit und geschickt, und die Menschheit – speziell auch die Ungarn – hat ihnen auf den Gebieten der Kunst und der Wissenschaft viel zu verdanken. Die andere große Stärke der Juden ist ihr Zusammenhalt: Sie helfen einander, und mag auch unter ihnen bisweilen einer dem andern grollen, so ist er doch fähig, darüberzustehen und sich nicht von diesen Gefühlen leiten zu lassen.

Dank diesen Eigenschaften und ihrer besonderen Situation gelangten viele von ihnen zwischen dem späten 18. und dem frühen 19. Jahrhundert zu großem Vermögen und Einfluss. Über Beziehungen erreichten sie es, dass zahlreiche Universitätsstudenten Juden waren und ein großer Teil einflussreicher Posten in Staat und Gesellschaft von Juden besetzt waren. Daher waren deutlich mehr Juden als Kaufleute, Bankiers, Rechtsanwälte, Direktoren und Ärzte tätig, als es ihrem Anteil an der Bevölkerung entsprach – der bei wenigen Prozent lag.

So kam es, dass so mancher Kirchenoberer gegen die Gesetze, welche die Karrierechancen der Juden einschränkten, nichts einzuwenden hatte. In Ungarn wurde gesetzlich vorgeschrieben, dass in den einflussreichen Berufen der Prozentsatz der Juden nicht über ihrem zahlenmäßigen Anteil an der Gesamtbevölkerung liegen dürfe. Deshalb ist der Vorwurf des Antisemitismus ungerecht, der gegen bestimmte Kirchenobere, zum Beispiel gegen den Bischof von Székesfehérvár[95], Ottokár Prohászka (1858–1927), erhoben wird. Auch Prohászka war kein Feind der jüdischen ›Rasse‹, sondern suchte schlicht und einfach die ins Hintertreffen geratenen Christen zu verteidigen, wie ja auch die Rabbiner die Ihren in den Schutz nahmen ...

Im Jahre 70 nach Christi Geburt wurde Jerusalem samt dem Tempel von den Römern zerstört, und die Juden verloren ihre Heimat. Mit blutendem Herzen, ohne Heimat und als Ausgestoßene wuchs Generation um Generation heran. Wunden, die über Jahrhunderte nicht heilen können, hinterlassen im Leben eines Volkes Spuren. Die Juden haben unvorstellbar viel gelitten, und nichtsdestotrotz sind viele von ihnen ihrem Glauben treu geblieben. Der heilige Papst Johannes Paul II. nannte sie ältere Geschwister im Glauben.

---

95 Gespr. ßēkäschfähērwār. Zw. Budapest u. dem Plattensee gelegen, im Dt. a. Stuhlweißenburg.

Ein Baum stösst nicht seine Wurzeln ab, wenn er gross und mächtig geworden ist. Das Evangelium, also Christi Lehre, wuchs aus dem ›Wurzelstock‹ des jüdischen Volkes, dem Glauben des Alten Testamentes, hervor. Wer nach diesem Glauben ein Gerechter war, der befand sich auf geradem Wege zu Gott.

Ich frage also: Hat Gott sein Volk verstoßen? Keineswegs! Denn auch ich bin ein Israelit, [...] Nun frage ich: Sind sie etwa gestrauchelt, damit sie zu Fall kommen? Keineswegs! [...] Ist aber die Erstlingsgabe vom Teig heilig, so ist es auch der ganze Teig; und ist die Wurzel heilig, so sind es auch die Zweige. Wenn aber einige Zweige herausgebrochen wurden, du aber als Zweig vom wilden Ölbaum mitten unter ihnen eingepfropft wurdest und damit Anteil erhieltest an der kraftvollen Wurzel des edlen Ölbaums, so rühme dich nicht gegen die anderen Zweige! Wenn du dich aber rühmst, sollst du wissen: Nicht du trägst die Wurzel, sondern die Wurzel trägt dich. Nun wirst du sagen: Die Zweige wurden doch herausgebrochen, damit ich eingepfropft werde. Gewiss, wegen des Unglaubens wurden sie herausgebrochen. Du aber stehst durch den Glauben. Sei daher nicht überheblich, sondern fürchte dich! Hat nämlich Gott die Zweige, die von Natur zum edlen Baum gehören, nicht verschont, so wird er auch dich nicht verschonen. [...] Wenn du nämlich aus dem von Natur wilden Ölbaum herausgehauen und gegen die Natur in den edlen Ölbaum eingepfropft wurdest, dann werden erst recht sie als die von Natur zugehörigen Zweige ihrem eigenen Ölbaum wieder eingepfropft werden. [...] von ihrer Erwählung her gesehen [...] sind sie Geliebte, und das um der Väter willen. Denn unwiderruflich sind die Gnadengaben und die Berufung Gottes.

(Röm 11,1.11.16–21.24.28f.)

Man darf nie ein Volk oder eine Religion verurteilen. Was es abzulehnen gilt, das sind die Sünden der einzelnen Menschen, jener Geist, der nach dem Besitz von Geld und

Macht streben lässt. Dabei spielt es keine Rolle, ob es sich bei der betreffenden Person um einen Christen oder einen Juden handelt.

Der katholischen Kirche wurde vorgeworfen, nicht alles ihr Mögliche getan zu haben, um den Holocaust zu verhindern. In dem Film Der Stellvertreter *zum Beispiel wird Papst Pius XII. so dargestellt, als hätte er die Nationalsozialisten bei ihrem Vorgehen gegen die Juden stillschweigend unterstützt ...*

Was den Holocaust betrifft, so kann die katholische Kirche ruhigen Gewissens feststellen:

Die Kirche gehörte zu den grössten Beschützern der verfolgten Juden. Sie stellte für diese Taufscheine und Schutzbriefe aus. Christen versteckten Juden in Einrichtungen der katholischen Kirche – in Klöstern und Krankenhäusern – und setzten damit ihr Leben aufs Spiel.

So wurde zum Beispiel Sára Salkaházi[96], eine im Jahre 2006 seliggesprochene ungarische Ordensschwester, am 27. Dezember 1944 von sogenannten Pfeilkreuzlern, dem ungarischen Pendant der deutschen Nationalsozialisten,

96 Sára Salkaházi (gespr. Schārå Schålkåhāsi) wurde 1899 im damals noch zu Ungarn gehörigen, heute slowakischen Kassa (slowak. Košice, dt. Kaschau) geboren und trat 1929 in den sechs Jahre zuvor von Margit Slachta gegründeten Orden der Gesellschaft der Sozialen Schwestern (Societas Sororum Socialium) ein (vgl. *MKL*, s. vv. Salkaházi Sára, Szociális Testvérek Társasága; MKPK [Ung. Kath. Bischofskonf.]: Salkaházi Sára személye példakép számunkra. Boldoggáavatás a Szent István-bazilika előtt. 17. 09. 2006. http://uj.katolikus.hu/cikk.php?h=624 (22. 12. 2017)).

am Donauufer erschossen, weil sie in dem Arbeiterinnenhaus, das sie leitete, Juden versteckt hatte.

Führende Persönlichkeiten der Juden haben der Kirche ihren Dank dafür ausgesprochen, dass diese mehrere Hunderttausende der Ihren vor der Ermordung gerettet hatte. Die Nazis betrachteten die Christen als Gegner, weil viele von ihnen sich gegen den Völkermord stellten und sahen, wie gefährlich Hitlers Weltanschauung war. Daher wurden mehrere zehntausend Priester und Ordensleute verhaftet und nicht wenige von ihnen ermordet.

Hätte Papst Pius XII. lauter die Stimme erheben müssen, um die Juden zu schützen? Er verfügte nicht über die Macht, Hitler in seinem Treiben Einhalt zu gebieten. Und was hätte der Papst mit seinem Protest erreicht? Als das niederländische Bischofskollegium protestierte, reagierten die Nazis damit, dass sie nun auch noch Ordensleute jüdischer Herkunft, die zum katholischen Glauben konvertiert waren, in Konzentrationslager deportierten. Nach langer Abwägung und Beratung beschloss Pius XII., den bereits geschriebenen Protestbrief nicht zu verschicken, weil er Angst hatte, die Nazis könnten in ihrem Zorn mit noch schlimmeren Vergeltungsmaßnahmen reagieren. Billigte Pius XII. die Ermordung der Juden etwa? In den letzten Kriegsmonaten ließ der deutsche Nazi-Befehlshaber, dem in Italien seit September 1943 die Polizei unterstand, gegenüber den Juden der Stadt Rom verlautbaren, dass sie mit der Deportation zu rechnen hätten, sich jedoch als Kollektiv mit fünfzig Kilogramm Gold freikaufen könnten. Fast schon in letzter Minute wandte sich der Oberrabbiner von Rom, Israel Zolli[97], in seiner Verzweiflung an den

97 Israel Zolli wurde 1881 in Brody (Galizien, heute Ukraine) geboren. Nach Studien in Wien und Florenz wirkte er nach dem Ersten Weltkrieg als Rabbiner in Triest und als Professor in Padua. Aufgrund der italienischen Rassengesetze der faschistischen Diktatur war er zur Änderung seines Namens gezwungen: Seinen ursprünglichen Familienname »Zoller« italianisierte er zu »Zolli«, seinen Vornamen Israel ersetzte er durch »Italo«. 1940 wurde Zolli Oberrabbiner der jüdischen Gemeinde in Rom.

Papst und flehte ihn um Hilfe an. Dieser rief die Pfarrer auf, goldene Kirchengeräte ihm zu übergeben. So konnten den Juden die noch fehlenden fünfzehn Kilo Gold überreicht werden.

VIELE RÖMISCHE JUDEN FANDEN IM VATIKAN WÄHREND DER VERFOLGUNG ZUFLUCHT. IN SOUTANEN, ALSO TRADITIONELLE SCHWARZE PRIESTERGEWÄNDER, GEKLEIDET, WURDEN SIE DORTHIN IN SICHERHEIT GEBRACHT. ALS DER KRIEG VORÜBER WAR, KONVERTIERTE DER OBERRABBINER SAMT SEINER FAMILIE ZUM RÖMISCH-KATHOLISCHEN GLAUBEN. DAS SIND TATSACHEN!

Viele von denen, die dieses Buch [im ungarischen Original] gelesen haben, standen vielleicht selbst 2006 am Stephanstag[98], dem 20. August, in Budapest am Donauufer, um sich das traditionelle Feuerwerk anzuschauen. Damals brach plötzlich ein heftiges Gewitter mit wolkenbruchartigem Regen und starken Orkanböen aus. Wer nicht dabei war, kann sich die Szene aber wohl vorstellen. Binnen weniger Augenblicke kam es in der gedrängt stehenden gewaltigen Menschenmenge zu einem furchtbaren Chaos. An sich zivilisierte und ordentliche Menschen gerieten in Panik, stießen und traten einander. Sie wussten nicht, was sie tun sollten, konnten nicht erkennen, wie groß die Gefahr war, wann sie vorüber sein würde und wie sie heil davonkommen würden.

Für seine Taufe, die er im Februar 1945 empfing, wählte er als neuen Vornamen »Eugenio Maria« – zu Ehren seines Lebensretters, Pius' XII., der sich mit bürgerlichem Namen Eugenio Maria Giuseppe Giovanni Pacelli nannte (vgl. *Wikipedia*, Israel Zoller (ung., engl.) (22.12.2017)).

98 An diesem Tag, der heute Nationalfeiertag ist, wird in Ungarn des ersten Königs des Landes, Stephans I. des Heiligen (969–1038), gedacht, welcher einen entscheidenden Beitrag zur Christianisierung seiner Landsleute leistete (vgl. *Wikipedia*, Stephan I. (Ung.) (dt.) (11.03.2018)).

Die Naziherrschaft war aber nun ein Jahre dauernder, zerstörerischer und unberechenbarer Orkan. Es ist nicht zu leugnen, dass es damals Christen gab, die es nicht vermochten, das Wagnis einer großherzigen, heldenhaften Christusnachfolge einzugehen. Im Nachhinein ist es ein Leichtes, vom bequemen Wohnzimmersessel aus in aller Ruhe und voller Weisheit zu erörtern, wer sich wie hätte verhalten sollen. Die Betreffenden mussten sich ja damals vor Augen halten, dass sie mit ihren Entscheidungen nicht nur ihr eigenes Leben in Gefahr brachten, sondern möglicherweise auch das Leben ihrer Angehörigen.

Aber ich vertraue darauf, dass es auch dann, wenn es ernst wird, wenn Maschinengewehre knattern, wenn im Anblick des Grauens Totenstille herrscht, dass es auch dann möglich ist, sich für die selbstaufopfernde Liebe zu entscheiden.

In der ungarischen Geschichte stellt der Diktatfriede von Trianon[99] ein großes Unrecht dar. Es ist aber nicht damit getan, diesen Vertrag zu verurteilen. Vielmehr gilt es, für diese seitens vieler Ungarn als unbefriedigend empfundene Situation eine Lösung zu finden. Eine solche bestünde darin, dass sich die Völker des Karpatenbeckens miteinander aussöhnen und gemeinsam jenen multikulturellen ›Zaubergarten‹[100] schaffen, wo sich alle, indem sie ihre unterschiedliche Kultur und Sprache und das jeweils Wertvolle ihres Volkes bewahren, zuhause fühlen können, eine Region innerhalb der Europäischen Union bilden, wo die Menschen in Frieden und gegenseitiger Liebe leben können und jeder mit dem andern in Ruhe ein Glas Bier trinken kann.

---

99 Mit dem Vertrag von Trianon, den Ungarn i. J. 1920 nach der Niederlage im Ersten Weltkrieg zu unterzeichnen gezwungen war, verlor das Land gut zwei Drittel seines früheren Territoriums und musste u. a. Siebenbürgen, in dem zahlreiche Ungarn wohnten und immer noch wohnen, an Rumänien abtreten (vgl. *Wikipedia*, Vertr. v. Trianon (21.03.2018)).

100 S. ob. Anm. 17 zu S. 94.

Das wäre die richtige Antwort auf den Vertrag von Trianon. Jede andere Antwort würde die dadurch geschlagene Wunde nur tiefer machen.

Ebenso kann man es auch nicht bei einer Verurteilung des Holocausts bewenden lassen. Vielmehr müssen die Völker dieser Welt zu einem friedlichen Zusammenleben finden. Wenn wir jedes Jahr aufs Neue des Vertrages von Trianon gedenken, so machen wir dadurch diese Wunde nur tiefer. Gott will von mir, dass ich von einer besseren Welt träume und diesen Traum verwirkliche. Natürlich muss man sich auch die leidvollen Ereignisse in Erinnerung rufen, damit sich solche nicht wiederholen. Aber ich bin davon überzeugt, dass die Menschen dieser Erde prinzipiell die Möglichkeit haben, in gegenseitiger Achtung und Fürsorge zu leben.

Sezieren wir nicht die Vergangenheit mit all ihrem Unrecht, sondern schauen wir, was uns voranbringt und wodurch unsere Kinder und Enkelkinder auf einer Erde leben können, die jedem Volk ein Zuhause bietet.

Gegen die Kirche wurde auch der Vorwurf erhoben, sie hätte Wissenschaft und Fortschritt behindert ...

Gott hat mehrere Namen: Er ist die Liebe, die Güte, die Wahrheit. All diese Grundwerte sind in Ihm vereint. Wer die reine Schönheit sucht – die selbstlos ist und Gefallen erregt, ohne mit Habgier einherzugehen oder zur Sünde zu verleiten –, der ist in gewisser Weise auf der Suche nach Gott. Jesus hat gesagt: »Ich bin der Weg und die Wahrheit und das Leben« (Joh 14,6).

Das erste Wort, das Gott an den Menschen richtete, Sein allerererstes Gebot, das Er diesem noch vor dem Sündenfall gab, lautet: »Seid fruchtbar und mehrt euch, füllt die Erde und unterwerft sie [...]« (Gen 1,28). Mit dieser

Unterwerfung ist in erster Linie gemeint, dass wir Menschen die Erde erkunden und für sie Sorge tragen sollen.

Gott und Seine Dienerin, die Kirche, haben uns stets dazu ermuntert, diese Welt kennenzulernen. Es war schon gut zu entdecken, dass die Erde Eisenerz in ihrem Inneren birgt und wie es zu Stahl verarbeitet werden kann. Denn dadurch wurde es uns nicht zuletzt möglich, Autos herzustellen. Mit diesen können wir uns auf den Weg machen, um ferne Länder kennenzulernen. Wir können aus diesem Stahl auch hochseetüchtige Schiffe bauen, um zu noch ferneren Gegenden der Erde zu gelangen. Und mit einem Handy ist es heute leichter denn je, mit einem anderen Menschen Kontakt aufzunehmen und Beziehungen zu pflegen – auch über große Entfernungen hinweg ... Gott ermutigt uns dazu, uns selbst und unsere Umgebung, ja die ganze weite Welt, die wir als wunderschönes Geschenk erhalten haben, kennenzulernen. Wir sollen nicht auf der Stelle treten, sondern unsere Erfahrungen und Erkenntnisse in die Gesellschaft einbringen. Wir sollen Fortschritte machen, Neues entdecken, neue Erkenntnisse gewinnen.

ICH MÖCHTE, DASS JEDES MEINER WORTE VON EINER GANZ WICHTIGEN WAHRHEIT KÜNDET: DIE GANZE WELT IST EIN SCHÖNES GESCHENKPAKET! JEDER MENSCH IST EIN SOLCHES GESCHENKPAKET – AUCH DU UND ICH! WIR MÜSSEN DIESE PAKETE AUSPACKEN UND SCHAUEN, WAS SIE ALLES AN SCHÖNEM ENTHALTEN.

Ich glaube keineswegs, dass die Kirche jemals versucht hätte, Erkenntnisgewinn und Entfaltung aufzuhalten. Ja die ersten Schulen wurden von der Kirche eingerichtet, und die heidnische Literatur der klassischen Antike ist uns dadurch erhalten geblieben, dass Mönche in den Klöstern neben christlichen Werken auch diese heidnischen Autoren voller Fleiß abschrieben. Die Kirche war über Jahrhunderte hinweg eine Bastion von Kunst und Kultur, war eine geistige Quelle, aus der diese schöpften, und regte zu zahlreichen Werken an. Im Übrigen sind auch heute die Schulen in kirchlicher Trägerschaft keineswegs für ein niedriges Niveau bekannt.

Die meisten großen Wissenschaftler waren und sind auch heute noch gläubige Menschen: Kepler, Leibniz, Newton, Volta, Ampère, Faraday, Maxwell, Planck, Einstein – um nur die bedeutendsten zu nennen. Auch zahlreiche Ordensgeistliche und Pfarrer waren große Entdecker. Nur wird in den Lehrbüchern und Lexiken geflissentlich verschwiegen, dass dies Kirchenleute waren. So ließ etwa, wie erzählt wird, Papst Silvester II. (999–1003) die erste Räderuhr errichten. Gregor Johann Mendel, einem Augustinerpater, gelang die Aufstellung von Vererbungsregeln. Der ungarische Prämonstratenserpater Iréneusz[101] – mit dem bürgerlichen Namen József Károly – erfand 1895 den ersten drahtlosen Telegraphen und führte 1896 in die ungarische Medizin das Röntgen ein.[102] Ányos Jedlik[103], ein ungarischer Benediktinerpater, konstruierte den ersten Sodaautomaten, schon in den 1820er Jahren den ersten Elektromotor und bereits 1861 den ersten Dynamo.[104]

Ich hätte durchaus meine Freude daran, noch weitere Priester aufzuführen, die zugleich bedeutende Naturwissenschaftler waren, oder tiefgläubige Ärzte und Professoren. Aber an dieser Stelle muss ich es bei den genannten Beispielen bewenden lassen. Alle diese Forscher waren keineswegs der Ansicht, dass Glaube und Wissenschaft miteinander im Widerspruch stünden. Dadurch dass sie die

101 Sein Ordensname – im Dt. in der Schreibung »Irenäus« – erscheint auch in der magyarisierten Form »Irén«.

102 Jahreszahlen vom Übers. (vgl. *Wikipédia*, Károly Iréneusz József (ung.) (21.03.2018)).

103 Gespr. Ānjosch Jedlik. Mit bürgerl. Namen schrieb er sich zunächst »István Jedlik«.

104 Jahreszahlen vom Übers. Mit seiner Erfindung des Dynamos war er W. Siemens um mehrere Jahre voraus (vgl. *Wikipédia*, Jedlik Ányos (ung.) (26.12.2017)).

Gesetzmäßigkeiten der Schöpfung entdeckten, erkannten sie vielmehr, dass Gott existieren muss, Gott, der in Seiner Macht und Weisheit die ganze Welt geschaffen hat, erhält und regiert, der den Störchen ihren Weg am Himmel weist, die Atome mit gewaltiger Energie vollgepackt hat, der dafür sorgt, dass sich unsere Erde um sich selbst und um die Sonne dreht und diese wiederum, zusammen mit Abermillionen weiterer Sonnensysteme, um das Zentrum unserer Galaxie kreist – welch letztere nur eine von Abermillionen weiterer Galaxien im Universum ist. Und von all diesen Bewegungen bekommen wir nicht einmal etwas mit! Diese Forscher waren fest davon überzeugt, dass es, wie es kein Gesetz ohne Gesetzgeber geben kann, auch in der Natur keine Ordnung geben kann ohne jemanden, der diese Ordnung geschaffen hätte.

DIE KIRCHE LEHRT: NICHTS AUF DER WELT IST GUT ODER SCHLECHT AN SICH. OB ES GUT ODER SCHLECHT IST, HÄNGT DAVON AB, WOZU WIR ES GEBRAUCHEN.

So bestimmt sich etwa auch der sittliche Wert meines Autos danach, welchen Gebrauch ich von ihm mache. Wenn ich mit diesem vor meinen Kumpeln angeben will und wie verrückt, mich selbst und andere gefährdend, in der Gegend herumrase, oder wenn ich mit ihm irgendeine Ware schmuggeln will, dann ist das etwas ganz anderes, als wenn ich damit die kranke Oma zum Arzt bringe.

Wenn von der angeblichen Wissenschafts- und Kulturfeindlichkeit der Kirche die Rede ist, wird oft auch darauf hingewiesen, dass Galilei unter Hausarrest gestellt und Giordano Bruno verbrannt wurde ...

Giordano Bruno (1548–1600) war kein anerkannter, hochgeschätzter Wissenschaftler, auch wenn er aufgrund seiner neuartigen und überraschenden Vorstellungen an mehreren europäischen Herrscherhöfen und bei etlichen Gebildeten große Popularität genoss. In der *Encyclopédie* Denis Diderots (1713–1784), einer der führenden Gestalten der französischen Aufklärung, heißt es über ihn, dass er von seinem Verstand ›recht schlechten Gebrauch machte, indem er die obersten Glaubenswahrheiten angriff‹, und dass er ›sonderbaren Verirrungen verfiel‹[105]. Auch die protestantischen Kirchen haben ihn wegen seiner Lehren exkommuniziert. Er starb nicht wegen wissenschaftlicher Ansichten auf dem Scheiterhaufen, sondern weil er theologische Irrlehren verbreitete, weil er in Abrede stellte, dass die Welt von Gott geschaffen wurde, weil er die Heiligste Dreifaltigkeit leugnete und weil er Christus für einen Magier hielt. Sein Gerichtsprozess zog sich über viele Jahre hin. Die Richter wollten nicht, dass er sterbe, sondern dass er seine Irrtümer einsehe und sich mit der Kirche versöhne. Entgegen den Behauptungen, die verbreitet wurden, war er keinen Folterungen ausgesetzt. Vor seiner Hinrichtung versuchten sieben Priester aus vier verschiedenen Orden, ihn zur Einsicht zu bringen, allerdings ohne Erfolg. Bei der Verlesung des Urteils sagte er den berühmt gewordenen Satz: »Mit größerer Furcht verkündet ihr vielleicht das Urteil gegen mich, als ich es entgegennehme.«[106]

Giordano Bruno war ein Zeitgenosse Galileis. Vielleicht begegneten sie sich sogar. Wenige Menschen wissen heute, dass Galilei keine Schwierigkeiten bereitet wurden, solange er nur mündlich erklärte, die Erde drehe sich um die Sonne und nicht umgekehrt. In der Heiligen Schrift steht nun aber, dass während einer Schlacht der Israeliten gegen die Kanaaniterkönige auf Bitten Josuas die Sonne

105 »[…] il employa bien mal [son esprit], en attaquant les vérités les plus importantes de la foi. […] Il s'est étrangement égaré […]« (De Jaucourt, L.: Nole. In: Diderot, D. (Hg.): *Encycl., ou Dict. raisonné des sciences, des arts et des métiers*. Bd. 11. Paris 1765).

106 »Maiori forsan cum timore sententiam in me fertis quam ego accipiam« (*Wikipedia*, G. Bruno (dt.) (26.12.2017), dort a. die dt. Übers.).

am Himmel stillstand (vgl. Jos 10,12f.). Die Kirchenoberen sagten sich erschrocken: »Das ist wirklich ein Problem! Denn sollte auch nur ein einziger Satz der Bibel widerlegt werden können, dann kann unser ganzer Glaube infrage gestellt werden. Wenn sich die Erde um die Sonne drehen würde, dann wäre es unmöglich, dass die Sonne am Himmel stillstand.« Der Irrtum dieser Kirchenleute bestand darin, dass sie die Bibel wörtlich auslegten.

Der Papst rief die größten Naturwissenschaftler der damaligen Zeit zusammen, und eine Mehrheit von ihnen positionierte sich – irrigerweise – gegen die Anschauung Galileis. Dieser wurde gebeten, seine Ansicht nicht öffentlich zu vertreten, solange er diese nicht zweifelsfrei beweisen könne. In der Tat verfügte Galilei noch nicht über Beweise für die Richtigkeit seiner Auffassung. Mehr als zwei Jahrhunderte mussten vergehen, bis seine Theorie bewiesen werden konnte. Die Kirche fand, dass diese Hypothese auch Fragen des Glaubens und der Moral berühre, und stellte den Forscher daher unter Hausarrest, ließ ihn aber in seiner Arbeit fortfahren. Und man bedenke, dass es damals nicht unerträglich gewesen sein konnte, in der Residenz eines Erzbischofes zu wohnen! Nicht vergessen darf man auch, dass Galilei bis zu seinem Tode ein gläubiger Mensch blieb. Es ging in seinem Falle – wie auch sonst – nicht darum, dass die Kirche den wissenschaftlichen Fortschritt hätte aufhalten wollen. Diese wollte lediglich verhindern, dass eine damals noch unbewiesene Hypothese in die Welt gesetzt würde.

Mit großem Schmerz sehen wir freilich auch, dass es Zeiten gab, wo viele in der Kirche die christliche Wahrheit voller Ungeduld und mit gewaltsamen Methoden durchzusetzen suchten, in Christi Namen zum Schwert griffen oder Menschen auf Scheiterhaufen verbrannten.

Gott sei Dank bekennt sich die katholische Kirche – im Unterschied zu vielen Staaten dieser Welt – heute zu der goldenen Regel des Zweiten Vatikanischen Konzils, welche

LAUTET: »[...] ANDERS ERHEBT DIE WAHRHEIT NICHT ANSPRUCH ALS KRAFT DER WAHRHEIT SELBST, DIE SANFT UND ZUGLEICH STARK DEN GEIST DURCHDRINGT«[107].

Noch einen letzten schweren Vorwurf gegen die Kirche möchte ich ansprechen: die Spitzelakten, die nach der Wende von 1989/90 ans Tageslicht gekommen sind. Aus diesen geht hervor, dass die sogenannten Friedenspriester – also jene Priester, die mit dem kommunistischen Regime zusammenarbeiteten – Handlanger des Regimes waren und viele von ihnen Amtskollegen und Gläubige anzeigten. Und für all das haben sie nicht einmal um Entschuldigung gebeten ...

Anfang des 20. Jahrhunderts sahen sich die Menschen mit einer Vielzahl von Fragen konfrontiert. Die damalige Anhäufung von Kapital und die Globalisierung warfen eine ganze Menge von Problemen auf, für welche die Menschen damals Lösungen suchten – und zwar mit redlichem Bemühen, wie ich durchaus glaube. Vergessen wir auch nicht, dass die Menschen in den vierziger Jahren erneut unter einem Weltkrieg litten, große Verluste zu beklagen hatten und unzählige Wunden davontrugen, auch seelische. Die linksgerichteten Intellektuellen dachten, dass Gerechtigkeit und Friede dadurch zu schaffen seien, dass die von einzelnen Personen angehäuften Geldvermögen und Güter verstaatlicht, also in Gemeineigentum überführt und aufgeteilt würden. Das ist an sich eine sehr schöne Vorstellung, ja – ich könnte sogar sagen – eine Idee des Urchristentums.

Wir allen wissen nur zu wohl, dass die Kommunisten diese Gleichheit über gewaltsame Klassenkämpfe zu verwirklichen suchten, und diesem blutigen, traurigen Experiment sind siebzig Millionen Menschen zum Opfer gefallen, ohne dass es das Problem der Ungleichheit gelöst hätte.

---

107 *Dignitatis humanae*, Vorw.

Da die Kommunisten eine atheistische Gesellschaft schaffen wollten, war für sie die Kirche der größte ideologische Gegner.

DIE KOMMUNISTEN BEHAUPTETEN ZWAR, DASS DIE RELIGION VON ALLEINE EIN ENDE FINDEN WÜRDE. IN DEM MASSE, WIE DER WISSENSSTAND UND DIE AUFGEKLÄRTHEIT DES VOLKES ZUNEHME, WÜRDE »DAS OPIUM DES VOLKES« – WIE SIE DIE RELIGION NANNTEN – AN BEDEUTUNG VERLIEREN. ABER DAS GLAUBTEN SIE WOHL SELBST NICHT. DENN SIE KONNTEN NICHT GEDULDIG ABWARTEN, BIS DIE KIRCHE – WIE SIE ES SICH VORSTELLTEN – LAUTLOS VERSCHWINDE, VON SELBST PASSÉ UND ÜBERFLÜSSIG WERDE, SONDERN TRATEN MIT GEWALTSAMEN MASSNAHMEN GEGEN DIESE AUF.

Priester, Männer und Frauen des geweihten Lebens sowie auch einfache Gläubige sahen sich ständigen Schikanen ausgesetzt und mussten in dauernder Angst leben. Man suchte der Kirche die Wahrnehmung ihrer Aufgaben unmöglich zu machen und durch Verleumdungen den Ruf der Kirchenleute zu schädigen. Einige Pater erhielten jede Woche Schläge auf die Fußsohlen, bis diese geschwollen waren. Andere waren ständig in ihrer Existenz bedroht, waren dem Psychoterror einer permanenten Beobachtung ausgesetzt. Der psychische Druck, dem sie ausgesetzt waren, brachte sie bis an die Grenzen ihrer nervlichen Belastbarkeit. Mit plötzlichen Versetzungen ohne Begründung wurde versucht, ihnen den Aufbau einer Beziehung zu den Gläubigen unmöglich zu machen. Später wurden über sie Lügen verbreitet: So wurden diese würdigen Seelsorger, die ihrem Volke selbstlos dienten und viel Gutes wirkten, völlig zu Unrecht der Unterschlagung von Geldern und unkeuschen Verhaltens bezichtigt.

Etliche Geistliche wurden körperlich oder seelisch völlig zugrunde gerichtet. Andere wurden mundtot gemacht. Viele wurden in Arbeitslager verschleppt oder ins Gefängnis geworfen und waren grausamen Folterungen ausgesetzt. Auch Ordensmitglieder und einfache Gläubige blieben von diesen Repressalien nicht verschont.

Sie wurden als Reaktionäre, als Agitatoren der Imperialisten und als Spione verschrien, wurden auf der Grundlage erdichteter Anschuldigungen völlig willkürlich vor Gericht gestellt und dort niedergemacht. Die Ordensleute wurden aus ihren Ordenshäusern vertrieben und die Immobilien der Orden beschlagnahmt. Ihrer Berufung konnten die Ordensgeistlichen nur im Verborgenen und unter größter Geheimhaltung folgen und mussten dabei das Risiko auf sich nehmen, dass sie jederzeit von einem Spitzel verraten werden konnten.

Es wurde in Ungarn das sogenannte Staatliche Kirchenamt[108] eingerichtet, dessen Aufgabe es war, ein Netz von Spitzeln aufzubauen und die Bischöfe und einfachen Priester psychisch zu brechen. Per Verordnung schrieben die kommunistischen Machthaber vor, dass vor der Besetzung eines jeden kirchlichen Postens von einiger Bedeutung im Vorfeld die Zustimmung des Staates einzuholen sei. Von den jungen Priesteramtskandidaten, die nicht bereit waren, sich von den Kommunisten als sogenannte Friedenspriester vereinnahmen zu lassen, wurden viele vom Staat nicht zur Weihe zugelassen. Es spricht für sich, dass der letzte Leiter des Staatlichen Kirchenamtes ein Straßenbahnschaffner war.

---

108 Diese staatl. Behörde – auf Ung. »Állami Egyházi Hivatal« genannt – wurde 1951 eingerichtet und mit dem Ende des komm. Regimes i. J. 1989 aufgelöst (vgl. Gesetz Nr. 1/1951; VO d. Min.-Rats Nr. 110/1951. V, 19, GesetzesVO Nr. 14/1989, VO d. Min.-Rats Nr. 65/1989. VI, 30, n. Kisasszondy, É. (Hg.): *Az állami egyházügyi hivatal iratanyagának jegyzékei.* Bd. I: *Adattár.* Bp. 2005, S. 7.10).

Angesichts solcher Umstände finde ich, dass es von der wunderbaren Kraft des Glaubens zeugt, wenn die Mehrheit der Geistlichen und einfachen Gläubigen, bereit, alles aufzuopfern, Rom und der unabhängigen Kirche treu blieb. Diese Standhaften – seien sie Priester oder Laien –, die um den Preis großer Leiden an der Liebe, der geschwisterlichen Güte und dem Evangelium festhielten, haben es verdient, dass wir alle uns vor ihnen verneigen. Die Zahl dieser Treuen ist groß, und ich möchte hier nur deshalb keine Namen nennen, weil ich am liebsten jeden Einzelnen erwähnen würde. Károly Hetényi Varga (1932–2002) hat sein ganzes Leben der Aufgabe gewidmet, die Biographien dieser Helden zusammenzutragen.[109] Es wäre gut, wenn wir unsere Informationen nicht nur aus Zeitungsartikeln bezögen, welche die Spitzelakte dieser oder jener Person an die Öffentlichkeit bringen, sondern auch aus Büchern wie denen von Hetényi Varga.

Es ist nicht zu leugnen, dass nicht jeder Kirchenmann klar erkannte, dass man mit dem ausbeuterischen kommunistischen System nicht zusammenarbeiten durfte. Einige dachten anfangs, dass vielleicht in Zusammenarbeit mit den kommunistischen Machthabern die Probleme der Welt leichter zu lösen seien.

Andere wiederum erkannten zwar, dass die kommunistische Diktatur böse war. Aber sie sagten sich, dass sie,

---

109 Vgl. u. a. Hetényi Varga, K.: *Papi sorsok a horogkereszt és a vörös csillag árnyékában* [Priesterschicksale i. Schatten d. Hakenkreuzes u. d. roten Sterns]. 3 Bde. Abaliget 1992–1996. Bd. 1 (1992): röm.-kath. Diözesen Esztergom, Győr, Pécs, Székesfehérvár, Szombathely, Vác, Veszprém, gr.-kath. Eparchien Mukacsevo (ung. Munkács) i. d. heutigen SW-Ukraine, Prešov (ung. Eperjes) i. d. heutigen O-Slowakei u. Hajdúdorog i. O-Ungarn. Bd. 2 (1994): Diözesen Kalocsa-Bács (heute auf Ung. u. Serbien aufgeteilt), Csanád (s. Anm. 87 z. S. 244), Siebenbürgen / Alba Iulia u. Nagyvárad (rum. Oradea). Bd. 3 (1996): Diözesen Eger, Košice (ung. Kassa), Rožňava (ung. Rozsnyó, dt. Rosenau), Szatmár (rum. Satu Mare) u. Spiš (ung. Szepes, dt. Zips). Vgl. a. ders.: *Szerzetesek a horogkereszt és a vörös csillag árnyékában* [Ordensleute i. Schatten d. Hakenkreuzes u. d. roten Sterns]. Bd. I. Abaliget 2002.

wenn sie die Verständigung mit den Kommunisten suchen würden, zumindest in gewissem Rahmen die Möglichkeit hätten, der Kirche und den Gläubigen zu dienen, während sie andernfalls zu völligem Stillschweigen verurteilt wären, eingesperrt und eventuell sogar umgebracht würden, so dass sie wohl gar nichts mehr ausrichten könnten.

Schließlich gab es auch solche, die sich nach mehrmaliger Verhaftung und Folter – nicht aus freiem Willen, nicht aus Gewinnstreben, sondern unter dem Druck physischer und psychischer Gewalt – bereitfanden, dem Staat als Werkzeug zu dienen. Die Priester wussten in der Regel, wer die Spitzel in ihrem Umfeld waren. Es gab sogar Priester, die selbst ihre Gesprächspartner warnten: »Sprecht nicht mit mir über solche Dinge, weil ich gezwungen bin, darüber Bericht zu erstatten.« Es ist leicht, in Friedenszeiten in einem warmen Zimmer sich mit glühenden Worten für einen heldenhaften Widerstand im Glauben auszusprechen. Etwas ganz anderes ist es, wenn man jahrelang in Angst leben muss und trotzdem bis zum Ende treu in seinen Glaubensüberzeugungen ausharrt.

Es ist Tatsache, dass man, wenn man mit einem gewalttätigen, diktatorischen Regime zusammenarbeitet, keine gute Entscheidung treffen kann. Ein Kompromiss mit einem solchen Regime ist stets unmoralisch und entwürdigend.

Mir ist bekannt, dass viele dieser sogenannten Friedenspriester ihre Haltung später bereuten. Als Bischof Áron Márton[110] 1955 aus der Haft freikam, zu der ihn die Kom-

---

110 Áron Márton, geb. 1896 in Csíkszentdomokos (rum. Sândominic, dt. Sankt Domenikus) in den Ostkarpaten, war von 1939 bis 1980 Bischof des Bistums Gyulafehérvár (rum. Alba Iulia, dt. Karlsburg od. Weißenburg), welches sich weitgehend mit dem einstigen Fürstentum Siebenbürgen deckt. 1949 wurde er von den kommunistischen Machthabern inhaftiert. Drei Jahre lang

munisten verurteilt hatten, da rief er die ›Friedenspriester‹ Siebenbürgens zusammen und bat Franziskanerpater, dass sie für diese Exerzitien abhalten. Dann rief Márton die ›Friedenspriester‹ dazu auf, ihr Verhalten zu bereuen, um von ihren Sünden rein zu werden. Denen, die aufrichtigen Herzens umkehrten, trug er ein Bußwerk, eine Wiedergutmachung, auf, und mit dieser edlen Geste vermochte er der ›Friedenspriesterbewegung‹ in Siebenbürgen das Wasser abzugraben. Die Kirche möchte stets darauf hinwirken, dass der Sünder umkehrt, sich aussöhnt und das Leben hat.

Warum baten die betreffenden Geistlichen ihre Amtskollegen und die Gläubigen nicht um Entschuldigung?

Ein Pater erzählte, dass man ihn verhört hatte und, weil er keine Namen verriet, brutal gefoltert hatte. Er fragte sich, wie er sich in seiner Situation verhalten sollte. Er fürchtete, dass er, wenn er erneut brutal geschlagen würde, nicht mehr die Kraft haben würde, die Namen zu verschweigen. Deshalb gab er solche Personen an, die nicht mehr lebten oder von denen er mit Sicherheit wusste, dass sie emigriert waren. Er hat niemandem einen Schaden zugefügt, obwohl er aussagte und daher auf die Liste derer geriet, die andere angezeigt haben. Die Priester, die als Spitzel tätig waren, haben ihre Kollegen

---

verbrachte er in verschiedenen Gefängnissen in sog. Untersuchungshaft. 1951 lautete das Urteil auf lebenslängliche Freiheitsstrafe. 1955 wurde er zwar freigelassen, doch schon 1957 erneut seiner Freiheit beraubt, indem er in der Bischofsresidenz von Gyulafehérvár unter Hausarrest gestellt wurde. Erst 1967 erhielt er von den kommunistischen Behörden im Rahmen eines Rumänienbesuchs des Wiener Kardinals Franz König die Erlaubnis, wieder sein Hirtenamt auszuüben. 1980 wurde der Amtsverzicht, den er, gesundheitlich schwer angeschlagen, wenige Monate vor seinem Tode anbot, von Papst Johannes Paul II. angenommen (vgl. *MKL*, Márton Áron).

sehr wohl um Verzeihung gebeten. Ich hielte es aber für ungerecht, wenn die Veröffentlichung der betreffenden Namen so aussähe, dass die Namen der Hauptverantwortlichen, welche die ›Friedenspriester‹ zu Opfern des Kommunismus gemacht hatten, geheim blieben – was für diese Hauptschuldigen ein Leichtes ist, wo sie doch ihre eigenen Akten vernichtet haben oder sonst wie haben verschwinden lassen. Daher lassen sich die Spitzelakten nicht veröffentlichen.

WEITAUS MEHR GRUND, SICH ZU ENTSCHULDIGEN, HÄTTEN JENE, DIE AN DER SPITZE JENES EINSCHÜCHTERUNGSSYSTEMS STANDEN, DAS AUF BESPITZELUNG AUFBAUTE, JENE, DIE DIE GEISTLICHEN PSYCHISCH UND PHYSISCH TERRORISIERTEN UND VON DENEN MEHRERE AUCH HEUTE NOCH FÜHRENDE POSITIONEN IN STAAT UND GESELLSCHAFT INNEHABEN.

Brauchen die Menschen die Kirche? Die Zahl der Gläubigen ist ja im Abnehmen begriffen, und immer weniger fühlen sich zum Priesterstand oder zum Ordensleben berufen beziehungsweise folgen einer solchen Berufung …

In Europa haben zwei Weltkriege gewütet, und eine Revolution folgte hier der anderen. Viele sind binnen kürzester Zeit zu gewaltigem materiellem Wohlstand gelangt, und heute lebt ein Großteil von uns Europäern in größerem Komfort als ein paar Jahrhunderte zuvor die Adligen, während es auf der anderen Seite zahlreiche Menschen gibt, die kaum das Nötigste zum Überleben haben. Die Menschen unserer Zeit leben in gar vielerlei Fesseln und aufgrund der Informationsschwemme, der sie ausgesetzt sind, finden sie kaum Zeit, ihren Blick zum Himmel zu erheben. Zu sehr ist ihr Blick vom irdischen Horizont in Beschlag genommen. All dies hat den Glauben der

Menschen auf eine schwere Probe gestellt, und viele sind ins Wanken geraten. Die Menschheit durchlebt eine der größten Glaubenskrisen ihrer Geschichte. Zugleich sehe ich, dass die Menschen nach Glauben hungern. Die materiellen Güter und die irdische Dimension machen sie nicht zufrieden. Der heilige Augustinus drückte dies so aus: »Unruhig ist unser Herz, bis es ruht in Dir.« Ich spüre diese Unruhe in den Menschen unserer Zeit. Nur in Gott können wir unsere Ruhe finden. Die Menschheit hat im Laufe ihrer Geschichte umstürzende Revolutionen verschiedenster Art erlebt: die Renaissance, die Französische Revolution mit ihrer Losung »Freiheit, Gleichheit, Brüderlichkeit«, kulturelle, biologische, industrielle und sexuelle Revolutionen ... Ich glaube, dass eine wunderbare Revolution noch aussteht, die Revolution der Liebe und der Moral. Ich glaube, dass die heutige profanierte Welt die Menschen anwidern wird. Nur weiß ich nicht, welcher Erschütterungen es bedarf, damit die Menschen unserer Zeit ihren Blick zum Himmel erheben. Die Menschen sehnen sich nach hohen, reinen, wahren Werten, durch die sie sich in die Arme genommen fühlen und die sie emporwachsen lassen. Ich bin kein Pessimist: Ich denke, dass unsere Kirchen sich früher oder später wieder füllen werden und dass die Menschen in gereinigter Form erneut zu Gott finden.

George Mallory, der 1924 möglicherweise als Erster den Mount Everest erklomm, jedoch nicht mehr von dort zurückkehrte, wurde gefragt, warum er auf diesen Berg klettern wolle, der von den Einheimischen Qomolangma[111] genannt wird. Er gab darauf zur Antwort: »Weil er da ist.«[112]

111 Tibetisch. Gespr. Tschomolangma (vgl. *Wikipedia,* Mount Everest (06.03.2018)).

112 Vgl. Climbing Mount Everest is work for supermen. *The New York Times,* 18.03.1923. Im Orig. lautet die lapidare Antwort: »Because it's there.«

DIE MENSCHEN WERDEN MIT SICHERHEIT FRÜHER ODER SPÄTER DARAUFKOMMEN, DASS GOTT EXISTIERT UND MIT UNS IST. DAHER WERDEN SIE IHM NÄHER KOMMEN UND IHN ENTDECKEN WOLLEN. DAS IST EINE HERAUSFORDERUNG, DIE WEITAUS GRÖSSER IST ALS DIE BESTEIGUNG DES MOUNT EVEREST.

Was mochte Saulus fühlen, als der heilige Stephanus gesteinigt wurde? Hass, Verhärtung, Kälte. In seinem Herzen herrschte Winter. Was empfand wohl derselbe Saulus, als er seinen Hymnus auf die Liebe schrieb? Frieden, Freude, Glück. In seinem Herzen war es nun hell. Deswegen glaube ich, dass der Böse keine Chance hat.

Früher oder später werden sich immer mehr Menschen für die Liebe entscheiden. Ich glaube, dass das, worum wir im Vaterunser bitten – »Dein Reich komme« – wirklich eintreten wird und dass das Reich der Liebe zu seiner vollkommenen Entfaltung gelangen wird. Ich bin kein Prophet und kann also nicht sagen, wann und wie dies eintreten wird. Allerdings bete ich nicht nur darum, sondern arbeite auch hart daran. Das ist ein gewaltiges Projekt, das sich die Kirche vor 2000 Jahren auf ihre Fahne geheftet hat, und ich glaube, dass dieses verwirklicht werden wird.

Es ist gut, sich diesem ›Heer‹ anzuschließen, dessen Fahne von Jesus Christus selbst vorangetragen wird. In den ersten Reihen dieses ›Heeres‹ marschieren die Jungfrau Maria, die heiligen Apostel Paulus, Johannes und Thomas sowie die heilige Maria von Magdala. Es folgen der heilige Benedikt von Nursia mit seinen Mitbrüdern, der heilige Augustinus von Hippo, der heilige Franziskus von Assisi, der heilige Ignatius von Loyola, die heilige Theresia von Ávila und viele mehr, die keiner zählen kann. Am Ende dieses ›Heeres‹ marschieren die Heiligen unserer eigenen Zeit, Papst Johannes Paul II., Mutter Teresa von Kalkutta und andere mehr.

Die Kirche wird auch als Gemeinschaft der Gläubigen bezeichnet. Gandhi sagte einmal: »Wenn die Christen wirklich gemäß der Lehre Christi, so wie sie in der Bibel zu finden ist, leben würden, dann wäre heute ganz Indien christlich.«[113] *Und es wird gesagt: »Wir [Christen] sind die einzige Bibel, die die Öffentlichkeit noch liest.«*[114] *Inwieweit sind die ›lauen‹ Gläubigen dafür verantwortlich, dass viele nicht mehr an Gott glauben?*

Wie Gandhi sich selbst gegenüber sehr streng war, so war er auch gegenüber uns Christen sehr streng. Das Christentum ist ein Ideal, nach dem wir alle streben, das in Vollkommenheit zu verwirklichen jedoch sehr schwer ist.

Die wirklich großen Heiligen machen – nicht anders als wir Normalsterbliche – die Erfahrung ihrer eigenen Begrenztheit. Sie sind sich dessen bewusst, dass die großen Werke in Wirklichkeit der Heilige Geist vollbringt und sie nur Dessen Werkzeuge sind. Sie bekennen, dass sie schwach sind. Oft fallen sie unter Tränen vor Gott nieder und flehen Ihn um Vergebung ihrer Sünden an.

IM HELLEN LICHTE SIEHT MAN ALLES DEUTLICHER. WENN ICH IM DUNKELN LEBE UND DORT UMHERIRRE, DANN SEHE ICH SCHLICHT UND EINFACH NICHT, DASS MEINE HAND DRECKIG IST. ABER JE MEHR ICH ANS LICHT KOMME, DESTO MEHR MUSS ICH MIT ENTSETZEN FESTSTELLEN, WIE VIELE FEHLER ICH HABE, WIE SCHWACH UND GEBRECHLICH ICH BIN UND WIE VIELES ICH NOCH IMMER NICHT WEISS.

---

113 »If Christians would really live according to the teachings of Christ, as found in the Bible, all of India would be Christian today« (https://thespotlessbride.wordpress.com/2012/05/18/gandhi-if-christians-were-like-christ-all-of-india-would-believe/ (13.05.2018)).

114 Aus einem Text des 14. Jh. (vgl. Nothelle-Wildfeuer, U.: Aggiornamento od. Entweltlichung – Aggiornamento u. Entweltlichung? In: Walter, P. (Hg.): *II. Vaticanum – 50 J. danach. Theol. Meditationen i. d. Fastenzeit*. Freiburg i. Br. 2012, 47–58; h. S. 56).

Ich möchte selbst ein weitaus besserer Mensch werden, als ich es bin, und ich wünsche mir, dass auch meine Kirchengemeinde und die Kinder, um die ich mich kümmere, ja die gesamte Kirche noch viel, viel besser werden. Gewiss liegt in dieser Hinsicht vor mir wie auch vor der Kirche ein unglaublich weites Land, in das wir unseren Fuß noch gar nicht gesetzt haben! Als Mensch, der aus Staub geschaffen wurde, bin ich nicht heilig. Aber indem ich mich ordentlich anstrenge und immer wieder neu anfange, strebe ich dem Unendlichen zu.

Ich und du, lieber Leser, wir alle befinden uns auf dem Weg. Ich glaube, dass ein Christ, der vor rund zweitausend Jahren lebte und als Märtyrer starb, wenn er unsere heutige Gesellschaft, also die als sündig verschriene Welt des 21. Jahrhunderts, kennenlernte, erklären würde, dass er sein Leben nicht vergeblich für die Liebe hingegeben hat. In der Tat hat die Menschheit nämlich einen unglaublichen Weg zurückgelegt. Herodes beschloss in herrscherlicher Willkür, sämtliche Knäblein in Betlehem und dem Umland ermorden zu lassen, und schickte seine Soldaten, auf dass sie das blutige Werk ausführen. Dschingis Khan fegte mit seinen Reitertruppen über Asien und Europa, beging auf dem Weg zahlreiche Massenmorde und brachte ganze Völker an den Rand ihres Untergangs. Niemand vermochte ihm Einhalt zu gebieten. Erst als eine Krankheit ihn hinwegraffte, wurden die Menschen von ihm befreit. Natürlich gibt es auch heute noch Kriminalität, und immer noch fallen Menschen Gewalttaten zum Opfer. Aber wir finden es heute ganz selbstverständlich, dass wir in Europa und der Welt herumreisen können, ohne uns fürchten zu müssen, ja wir staunen schon gar nicht mehr darüber, wie großartig das ist! Ich glaube, dass wir in einer schönen, heiligen Welt leben, die in Entfaltung begriffen ist. Arbeiten wir also daran, dass das Reich Gottes Wirklichkeit wird!

Es verlangt von uns große Demut zu akzeptieren, dass wir nicht perfekt sind. Als der heilige Franziskus sich einen

»minderen Bruder« nannte, wollte er damit auch sagen, dass er sich als einfältig, ungeschickt, unwissend und keineswegs perfekt ansah. In meinen Augen ist seine Demut nicht tadelnswert, sondern verdient große Achtung. Ja, wir Christen sollen die minderen Brüder dieser Welt sein. Es gilt, uns vor Gott und den Mitmenschen unserer eigenen Grenzen bewusst zu sein, und Gott wird auf unsere aufrichtige, aus der Selbsterkenntnis hervorgehende Demut gewiss nur so viel antworten: »Klein bist du, ein Schlingel noch dazu, und doch bist meiner du.«[115]

Wir müssen unsere eigenen Fehler und Schwächen annehmen. Der heilige Apostel Paulus schrieb: »[es] wurde mir ein Stachel ins Fleisch gestoßen: ein Bote Satans, der mich mit Fäusten schlagen soll, damit ich mich nicht überhebe. Dreimal habe ich den Herrn angefleht, dass dieser Bote Satans von mir ablasse. Er aber antwortete mir: Meine Gnade genügt dir; denn die Kraft wird in der Schwachheit vollendet« (2 Kor 12,7–9). Die Bücher, die der Frage nachgehen, was für einen »Stachel« Paulus hier meint, füllen ganze Regalreihen in den Bibliotheken. Paulus fühlte in sich eine Behinderung, einen Fehler, und die Theologen schließen nicht aus, dass dieser das Gebiet der Moral betraf.

Es rührt mich, wenn ich sehe, dass Jesus Christus, unser Herr, Sein Kreuz nicht mit einem harten, hollywoodhaften Lächeln und aufrechtem Rücken trug.

Vielmehr brach Er mehrmals unter der Last zusammen und litt große Schmerzen. Er war überströmt von Schweiß, Tränen und Blut. Der, der als Unschuldiger Sein Kreuz schleppte, war zerbrechlich, einer, der völlig zerschunden war, einer, der auf die Hilfe Simons von Kyrene angewiesen war. Veronika reichte Ihm aus Mitleid ein Tuch, damit Er sich damit Sein Gesicht abwischen konnte, und Seine

115 Vgl. ob. S. 49.

Mutter begleitete Ihn unter Tränen. Dieser Kreuzweg, auf dem Jesus selber die Schwäche des Menschen erlebt und aller Welt vor Augen stellt, rührt mich weitaus mehr als ein hollywoodhafter Aufstieg zum Golgota, bei dem sozusagen alles reibungslos verläuft.

Auch die kleineren und größeren Fehler meiner Mutter[116] und meiner Großmutter sind beziehungsweise waren liebenswert. So macht mir meine Mutter immer den Hemdkragen zurecht. Ich sage zu ihr: »Mama, warum behandelst du deinen fünfzigjährigen Sohn noch immer wie ein kleines Kind?« An der Unvollkommenheit, den Schwächen und der Fehlbarkeit der Menschen nehme ich keinen Anstoß. Wenn die Kirche und ihre Priester immer spitze wären und ich diesen immer die Bestnote geben könnte, brächten wir auch nicht so viel Gutes hervor. Wenn in dieser Welt alles zum Besten stünde, dann wäre es mir nie eingefallen, Priester zu werden, mich selbst – mit Herz und Hand und allem, was ich bin und habe – Gott darzubringen. Ein unglaublich weites Land wäre mir dann verschlossen geblieben. Ich hätte dann vielleicht am Strand gesessen und vor mich hingeraucht. Ich finde dieses Leben, für das ich mich entschieden habe, unvergleichlich viel bereichernder als ein bequemes Leben, das mir nicht immer wieder von neuem jene Anstrengungen abverlangt hätte, derer es bedarf, um die Menschen aus ihrer Gleichgültigkeit zu reißen und dem Himmel näher zu bringen.

Die Arbeit ist nicht eine Folge der Erbsünde, entspringt nicht unserer Neigung zum Bösen, sondern einer tiefen Sehnsucht des Menschen, sich stets selbst zu übertreffen. Stets gilt es daran zu arbeiten, dass die Kirche eine bessere wird, als sie es ist. Immer wieder von neuem müssen wir Gottes Gebote an die Tür unseres eigenen Herzens anna-

116 Julianna Böjte (1937–2015) (vgl. Elhunyt Böjte Julianna, Böjte Csaba édesanyja. *Székelyföld.ma*, 16.12.2015. http://szekelyfold.ma/hirek/elhunyt-bojte-julianna-bojte-csaba-edesanyja (30.12.2017)); Simon 2016: 22).

geln. Vergessen wir nicht: »Ecclesia semper reformanda – Die Kirche bedarf stets der Erneuerung.«[117]

ES IST WICHTIG, DASS GOTTES BOTEN VON HEUTE SICH NICHT DER NOSTALGIE HINGEBEN, SONDERN SELBER DAS EVANGELIUM LEBEN. DENN WENN SIE DIES TUN, WERDEN VIELE ZUM HERRN DES LEBENS FINDEN.

Deshalb gibt es immer wieder Konzilien, Synoden, Kongresse, Foren und andere Treffen ... In einer sich wandelnden Welt wandelt sich auch die Kirche. Gewiss wird die Kirche auch in Zukunft so manchen Sturm erleben, und vom großen Baum der Kirche werden einige morsche Äste abbrechen – denn in der Tat gibt es auch solche. Aber ich glaube daran, dass der heilige Stamm immer wieder neue Triebe hervorbringt und weiterwächst.

Ich weiß nicht, wie die Kirche von morgen aussehen wird. Ich weiß nicht, ob Bischöfe auch in Zukunft noch in barocken Palästen wohnen werden, ob es noch ein hauptamtliches Priestertum geben wird und ob der Zölibat der Priester Bestand haben wird. Aber ich bin mir sicher, dass es auch in Zukunft eine Kirche und eine Gemeinschaft der Gläubigen geben wird. Diese Kirche, diese Gemeinschaft, wird aus jenen Menschen bestehen, die selbstlos von der Liebe Zeugnis ablegen.

117 Die dt. Übers. dieses lat. Satzes lehnt sich bewusst an die ung. Übertragung an, wie sie sich im Original findet.

Ich glaube die Gemeinschaft der Heiligen

Welcher Mensch kann heilig genannt werden?

Ein Heiliger ist ein Mensch, der jene Ideale vertritt, die uns Christus gebracht hat, jemand, an dem sich in irgendeiner Weise das Antlitz Christi zeigt, dadurch dass er in seinem Leben eine bestimmte Tugend in heroischem Grade verwirklicht. Bei der Heiligsprechung erklärt die Kirche, dass diese Menschen [die zum Zeitpunkt der Heiligsprechung alle schon mehr oder weniger lange aus dieser Welt geschieden sind – *Anm. d. Übers.*] nun in Gottes Nähe, also im Himmelreich, leben.

Als Paulus seinen Hymnus auf die Liebe schrieb, konnte er sagen: »Ich habe den guten Kampf gekämpft, den Lauf vollendet, [...]« (2 Tim 4,7). Die Heiligen sind also am Ziel angekommen. Sie haben mit ihrem Leben den Weg gezeigt, auf dem auch wir zu unserem Glück gelangen können. Sie stehen uns als Vorbilder vor Augen. Ihnen wollen wir nacheifern.

Nicht deshalb gilt es, ein Heiliger zu werden, weil wir glauben, dass uns ein Heiligenschein ja so gut stünde, sondern weil aus uns eine Quelle reiner, tiefer Freude hervorbricht, wenn wir nach der vollkommenen Liebe streben.

Der heilige Papst Johannes Paul II. trug mit heiterem Herzen sein eigenes Kreuz und spendete jedem Trost. Egal wohin er auf der Welt kam, küsste er auf Knien den Boden –

mochte das betreffende Land auch noch so klein sein. Noch als er im Sterben lag, konnte er sagen: »Seid nicht traurig! Ich freue mich.«

Wenn wir uns die Machthaber des 20. Jahrhunderts, zum Beispiel Hitler oder Stalin, anschauen, dann stellen wir fest, dass es ihnen rein gar nichts nützte, dass sie unumschränkte Macht hatten und in maßlosem Luxus schwelgen konnten; denn all dem zum Trotz mussten sie unablässig um ihr Leben zittern.

Mögen in unserer Zeit die Rockstars und andere ›aufgeblasene‹ Berühmtheiten auch noch so viele Fans haben, die ihnen kreischend hinterherrennen; ihr Leben ist nichtsdestotrotz voller Skandale, ihre Seele ist ausgebrannt und leer, und ich finde in ihnen nicht jene kindlich-überschwängliche Freude. Auf der Welt lebten – und leben auch heute – zahllose reiche, mächtige, angesehene oder gelehrte Menschen, die niemand selig, das heißt glücklich, nennen würde.

Wir alle sehnen uns danach, auf Erden glücklich zu sein. Nur wenige Menschen sind aber glücklich, und von noch weniger Menschen kann gesagt werden, dass sie tatsächlich auf dem guten Weg wandelten, das heißt, ihrem wahren Glück entgegengingen.

Die Heiligen waren und sind wirklich glücklich – nicht deshalb, weil sie in Wohlstand und Komfort gelebt hätten, nicht deshalb, weil man ihnen zugejubelt hätte, sondern weil sie die Quelle des ewigen Glücks, nämlich Gott, gefunden hatten. Indem sie aus Gottes Lehre schöpften, lebten sie die Liebe in heroischem Grade und wurde ihr Leben durch und durch von Licht erfüllt.

Die gelebte Liebe macht glücklich. Glücklich – oder anders gesagt: selig – ist der, der gut ist, der, der selbst inmitten aller Schwierigkeiten heiteren Herzens ist.

Mutter Teresa von Kalkutta (1910–1997) wurde selig- und bald darauf auch heiliggesprochen. Es war einer der schönsten Tage meines Lebens, als ich ihr persönlich begegnen durfte. Ich war bereits zum Priester geweiht, hatte aber meine Ausbildung noch nicht abgeschlossen, als sie das Franziskanerkloster[118] in Esztergom[119] besuchte. Das war im Jahre 1990. Der Reihe nach traten wir vor sie hin, und ich küsste ihr mit aufrichtigem Respekt die Hand. Und ich staunte über mich selbst: Denn wie ein kleines Kind stellte ich mich wieder hinten in der Reihe an, um nochmals diese runzelige und knotige Hand küssen zu können – und das, obwohl ich sonst niemandem die Hand zu küssen pflege. Es war mir eine große Freude, mich reinen Herzens zu der kleingewachsenen Frau hinabzubeugen und ein zweites Mal diese Hand zu berühren, die zahllosen Menschen auf dem Sterbebett die Augen zugedrückt, so vielen Leprakranken die Wunden gewaschen, so vielen Menschen die Tränen abgewischt und Trost gespendet, mit einem Wort, so viel Gutes getan hatte. Ich spürte, dass diese Frau sehr glücklich und heiter war, obwohl sie, wie man ihr deutlich ansah, von der Last des Alters gebeugt war. Ich bin mir sicher, dass nur wenige Menschen so viel Leid gesehen haben wie sie, und doch strahlten aus ihren Augen Lebenskraft, Optimismus und Frohsinn. Es war ein schönes Gefühl, mit ihr in einem Raum zusammen zu sein und dieselbe Luft zu atmen. Dieser Tag war einer der schönsten meines Lebens.

Meine Seele erbebt bei dem Gedanken, dass vielleicht einst die Zeit kommt, wo auch ich, vor Freude weinend, der langen Reihe meiner lieben Heiligen entlanggehen darf, um schliesslich vor meinem Herrn und Gott auf die Knie zu sinken.

118 Da es mit einem Gymnasium verbunden war, wurde den Franziskanern in Esztergom – anders als andernorts – in der Zeit der kommunistischen Diktatur das Ordenshaus belassen (vgl. MKPK: Kapisztrán Szt Jánosról Nevezett Ferences Rendtartomány [Franziskanerprov. vom hl. Joh. v. Capestrano], https://uj.katolikus.hu/rendek.php?h=78 (02.07.2018)).

119 Die am Donauknie gelegene Stadt Esztergom (gespr. Eßtergom) ist Sitz des Erzbistums Esztergom-Budapest und wird im Dt. auch Gran genannt.

Wir Christen glauben an die Gemeinschaft der Seligen. Wir glauben, dass wir hier auf Erden zu Frieden, Frohsinn und Freude gelangen können. Wenn die Kirche erklärt, dass es Selige und Heilige gibt, dann sagt sie damit auch, dass unser irdisches Leben kein aussichtsloses Unterfangen ist. Es ist keineswegs wahr, dass die guten Absichten und die Mühen eines Menschen von vornherein zum Scheitern verurteilt wären. Und ich bin sehr dankbar für das Sakrament der Buße, diesen kostbaren Rettungsring, der uns immer wieder von neuem die Möglichkeit gibt, unser ewiges Ziel zu erreichen. Ich freue mich, dass uns in den Heiligen so viele schöne Vorbilder ganz unterschiedlicher Natur vor Augen stehen.

Wie wird jemand heiliggesprochen?

Fünf Jahre nach dem Tod der betreffenden Person kann ein einzelner Gläubiger, eine Pfarrgemeinde oder Ordensgemeinschaft als sogenannter Actor[120] den Bischof darum ersuchen, den Selig- beziehungsweise Heiligsprechungsprozess einzuleiten.

Dieser Actor – welcher auch der Bischof beziehungsweise die Diözese sein kann – setzt dann, nachdem er die bischöfliche Zulassung[121] erhalten hat, einen sogenannten Postulator[122] ein, der seinerseits ebenfalls vom zuständigen Bischof approbiert werden muss und dessen Aufgabe es ist zu untersuchen, ob die betreffende Person ein heiligmäßiges Leben geführt hat. Historiker und andere Experten lesen sämtliche auffindbare Dokumente, die von dem Se-

120 Zum Actor vgl. *Instructio ad peragendas inquisitiones dioecesanas vel eparchiales de causis sanctorum* (*Instruktion bzgl. des Ablaufs der diözesanen od. eparchalen Ermittlungsverfahren im Falle von Heiligsprechungsprozessen*). Rom 2007 (abgek.: *Sanctorum Mater*), Art. 10.

121 Vgl. *Sanctorum Mater*, Art. 11, Abs. 2.

122 Zum Postulator vgl. *Sanctorum Mater*, Art. 12–19.

lig- beziehungsweise Heiligzusprechenden verfasst wurden, und hören Zeugen zu dieser Person an.

Wenn der zuständige Bischof und die Bischofskonferenz auf der Grundlage der vom Postulator gesammelten Erkenntnisse zu dem Schluss gelangen, dass alles in Ordnung ist, und es für erwiesen ansehen, dass die betreffende Person es verdient, dass ihr Fall weitergeleitet wird, dann wird eine italienische Übersetzung des gesamten Materials an den Vatikan geschickt. Dort wird die Dokumentation auch von der Kongregation für die Selig- und Heiligsprechungsprozesse einer gründlichen Prüfung unterzogen.

Wenn sich der Kardinalpräfekt, also der Leiter dieser Kongregation, zustimmend dazu äußert, dann ist es Sache des Papstes, im Falle der betreffenden Person endgültig über die Heiligmäßigkeit ihres Lebens zu entscheiden.

ZUR SELIGSPRECHUNG BEDARF ES EINES WUNDERS, WELCHES NACHWEISLICH DURCH DIE FÜRSPRACHE DES SELIGZUSPRECHENDEN GESCHEHEN SEIN MUSS, UND DIESES WUNDER MUSS DAZU BEITRAGEN, DASS DIE GEMEINSCHAFT DER GLÄUBIGEN IN IHREM GLAUBEN GESTÄRKT WIRD. ES MUSS ALSO EIN WUNDER VORLIEGEN, WELCHES DAS POSITIVE URTEIL GOTTES BESTÄTIGT.

Im Falle eines Märtyrers ist ein Wunder nicht erforderlich. Denn in diesem Falle zeugt die Tatsache selbst, dass die betreffende Person ihr Leben für den Glauben an Christus hingegeben hat, von ihrem heroischen Tugendgrad.

Selig- und Heiligsprechungsprozesse unterscheiden sich darin, dass bei ersterem ein einziges Wunder ausreicht, während bei letzterem zwei verlangt werden.

Warum wartet man nach dem Tode erst einmal fünf Jahre ab?

Man wartet deshalb fünf Jahre lang ab, damit die Gemüter, die durch das Verscheiden der betreffenden Person noch erhitzt sind, sich erst einmal beruhigen. So kann sich nämlich erst herausstellen, ob der Ruf der Lebensheiligkeit, in dem diese Person in der Gemeinschaft der Gläubigen stand, von Dauer ist und die Erinnerung an sie lebendig bleibt.

Gibt es einen qualitativen Unterschied zwischen Heiligen und Seligen?

Ein Heiliger wird überall auf der Welt von der Kirche verehrt und er kann überall zum Patron eines Gotteshauses gewählt werden. Wenn die Verehrung nur innerhalb eines bestimmten geographischen Gebietes der Kirche oder nur an genau festgelegten Orten gestattet ist, spricht man von einem Seligen. Aber das bedeutet nicht einen qualitativen Unterschied, und oft wird ein Seliger später heiliggesprochen.

Heilige und Selige werden von vielen mit vollkommenen Menschen ohne Sünden gleichgesetzt. Können sich auch Heilige schuldig gemacht haben? Der heilige Augustinus hatte ja zum Beispiel zunächst ein recht ausschweifendes Leben geführt ...

Es ist keine Schande, dass der Mensch Mensch ist. Sogar Jesus Christus sagte ja: »Mein Vater, wenn es möglich ist, gehe dieser Kelch an mir vorüber« (Mt 26,39). Dass Jesus unter der Last des Kreuzes zusammenbrach, bedeutet ja keineswegs, dass Er nicht heilig gewesen wäre. Die Begrenztheit Seiner körperlichen Kraft war die Begrenztheit der menschlichen Natur. Durch diese Menschlichkeit fühle ich mich noch mehr zu Jesus hingezogen.

Die Kirche kennt viele Heilige, die vor ihrer Bekehrung ein lockeres, ja ausschweifendes und liederliches Leben führten. Als sie die Erfahrung von Gottes Liebe machten und Seinen Willen erkannten, weihten sie Ihm ihr ganzes Leben. Das bedeutet aber nicht, dass man unbedingt Priester werden oder in einen Orden eintreten müsste, um ein Heiliger sein zu können. Vielmehr kann man auch als Mutter oder Vater und an seinem Arbeitsplatz in der Welt die vollkommene Hingabe an Gott leben, kann in Einfachheit und Heiterkeit und ohne viel Aufsehen zu erregen, in den Menschen, mit denen man zusammen lebt oder arbeitet, Jesus dienen. Das Beispiel jener Heiligen, die zunächst kein heiligmäßiges Leben geführt hatten, stellt für uns alle eine Ermutigung dar: Selbst aus der größten Tiefe kann man zum Licht emporsteigen, niemandem ist der Weg verschlossen, der zur Lebensheiligkeit führt. Ja, jene, die sich von ihren Sünden losgemacht und bekehrt haben, verlangt es oft noch mehr danach, Gott Wiedergutmachung zu leisten, dafür, dass sie nicht Gott geliebt haben, sondern sonst alles Mögliche. Sie fühlen sich wie jener Schuldner, dem eine große Schuld erlassen worden ist.

WENN ICH AN EINEM HEILIGEN DIE SCHWÄCHE SEHE, GEGEN DIE ER MIT GROSSER MÜHE ANKÄMPFT, SO MACHT MIR DAS HOFFNUNG, DASS ICH TROTZ MEINER FEHLER NICHT VERLOREN BIN UND AUCH ICH, WENN ICH JEDEN TAG NEU ANFANGE, GOTT IMMER NÄHER KOMMEN KANN.

Wie sollen wir gewisse Taten großer Heiliger beurteilen, die uns schlicht sprachlos machen? Ich denke hier zum Beispiel an den heiligen Stephan von Ungarn. Wie konnte dieser König einen Verwandten vierteilen lassen, obwohl ihm als Heiligem doch Christus als Vorbild dienen musste und Dieser gesagt hatte: »Alle, die zum Schwert greifen, werden durch das Schwert umkommen« (Mt 26,52)?

Bei dieser Frage kann ich auf das verweisen, was ich bereits an früherer Stelle (siehe S. 220–229) zur Inquisition und den Kreuzzügen gesagt habe. Wir können eine Epoche, die mehrere Jahrhunderte zurückliegt, nur dann verstehen, wenn wir uns genau anschauen, was für Verhältnisse in der damaligen Gesellschaft herrschten.

Ein Metzger ist gezwungen, Tiere zu töten. Im Garten müssen wir das ein oder andere Unkraut aushacken. Als Pädagoge muss ich meinen Schülern, wenn sie nicht ordentlich lernen, eine schlechte Note geben – mag ich sie auch noch so gern haben. Damit wir uns entfalten, ist es notwendig, dass wir Aufgaben verrichten, die uns fordern. Als der heiliggesprochene König Stephan von Ungarn (gestorben 1038) den Leichnam Koppánys[123], seines Verwandten, der 997 in einer entscheidenden Schlacht gegen ihn den Tod gefunden hatte, in vier Teile zerlegen ließ, diese in die Städte Veszprém[124], Győr[125] und Esztergom sowie nach Gyulafehérvár[126] verschicken und sie zur Abschreckung über den Stadttoren anbringen ließ, da hielt er dieses Vorgehen für besser, als das Reich der Ungarn auseinanderfallen zu lassen, wodurch sein Volk – wie so viele – in anderen Völkern aufgegangen wäre.

Natürlich ist das aus heutiger Sicht nur schwer nachvollziehbar. Die Kirche hat stets gelehrt, dass ein Staat oder eine andere Gemeinschaft das Recht hat, sich gegen Angriffe zu verteidigen. Wenn ein Mann, der sich mit seinen Kindern auf dem Weg nach Hause befindet, von jemandem angegriffen wird und er den Kampf gegen diesen aufnimmt, um seine Familie zu verteidigen, wird ihn dann irgendjemand für sein Tun verurteilen?! Wenn in dieser

123 Koppány: gespr. Kopānj.

124 Veszprém (gespr. Wäßprēm): wenige Kilometer nördl. des Plattensees.

125 Győr (gespr. Djȍr), im Dt. a. Raab: etwa auf halber Strecke zw. Budapest u. Wien.

126 Gyulafehérvár (gespr. Djulåfähērwār), im Dt. a. Weißenburg od. Karlsburg, im südl. Siebenbürgen gelegen.

Auseinandersetzung der Angreifer den Tod findet, dann wird man dem Vater nicht vorwerfen, dass er ein Mörder sei, sondern von ihm sagen, dass er seine Familie sehr liebt und sein Leben für diese riskiert hat.

AUCH DER HEILIGE STEPHAN, DER ERSTE KÖNIG VON UNGARN, KANN IN MEINEN AUGEN NICHT ALS MÖRDER GELTEN, NUR WEIL ER SEIN LAND UND SEIN VOLK VERTEIDIGTE. JA ICH GLAUBE, DASS ER SICH IN DEN KÄMPFEN, DIE MIT DER STAATSGRÜNDUNG VERBUNDEN WAREN, KEINESWEGS DIE HÄNDE SCHMUTZIG GEMACHT HAT, SONDERN MORALISCHE GRÖSSE GEZEIGT HAT.

Ein Herrscher muss das Beste für sein Volk wollen. Dass der heilige Stephan von Ungarn dies tat, hat die Geschichte schließlich gezeigt.

Ist die Selbstkasteiung der mittelalterlichen Heiligen, so zum Beispiel die Selbstgeißelung der heiligen Margareta von Ungarn, als nachahmenswert anzusehen? Nicht selten brachte diese für die Betreffenden einen frühen Tod mit sich ...

In der Welt von heute wird kaum noch von der Erbringung eines Opfers gesprochen, und immer weniger sind wir dazu um eines andern willen imstande, ja nicht einmal um jener Menschen willen, die uns am nächsten stehen.

Die heilige Margareta von Ungarn (1242–1270) wurde zur Zeit der Mongoleneinfälle geboren, als die Bevölkerung ganzer Landstriche ausgelöscht wurde. Ihr Vater, König Béla IV. (gestorben 1270), hatte 1241 in der Schlacht von Muhi[127] gegen die Mongolen eine vernichtende Niederlage erlitten. Margareta wurde bereits als Kind von ihren Eltern Gott geweiht. Damit verbanden diese die

127 Muhi: Dorf in NO-Ungarn ca. 15 km südöstl. der Großstadt Miskolc (gespr. Mischkolz).

Hoffnung, dass die Mongolen Ungarn verlassen würden. Und es ist staunenswert, dass sich diese, nachdem sie noch ein Jahr lang in der Pannonischen Tiefebene gewütet hatten, tatsächlich zurückzogen. Als Erwachsene wiederholte Margareta selbst den Akt der Aufopferung für ihre Nation.

Auch in unserer Zeit verlangt die Liebe Opfer ab. Wenn ein Kind sich beim Spielen bemüht, leiser zu sein, damit seine kranke Mutter schlafen kann, so ist dies ein Opfer. Wenn ich für andere den Müll aus der Wohnung wegbringe, so ist diese gute Tat ein Opfer. Wenn eine Mutter nachts aufsteht, um ihren kleinen Sohn zu stillen, und ihn dann wieder gut zudeckt, so stellt auch dies ein Opfer dar.

Opfer heiligen unser Leben und machen die Welt schöner. Die Liebe kann ihre Stärke nicht ohne Opfer unter Beweis stellen.

Während die anderen jungen Leute ins Kino oder an einen Badesee gehen, brütet ein Student, der sich ernsthaft auf einen wichtigen und schönen Beruf vorbereitet, über seinen Vorlesungsmitschriften. Große Dinge kommen nicht ohne Opfer zustande. Das größte Opfer ist das Kreuzesopfer Jesu Christi. Denn: »Es gibt keine größere Liebe, als wenn einer sein Leben für seine Freunde hingibt« (Joh 15,13).

Die heilige Margareta hatte das Gefühl, dass es zur Rettung, Befreiung und Reinigung Ungarns nicht zu predigen gelte, sondern dass sie sich selbst ganz und gar Gott allein hingeben müsse, dass sie, obwohl sie eine Königstochter war, die schwersten und niedrigsten Arbeiten verrichten müsse und auch ihren Körper zu kasteien habe.

Aus der Geschichte kann man viel lernen; aber man muss nicht alles nachmachen. Im Mittelalter glaubten viele, dass sie ihre Liebe zu Gott dadurch zum Ausdruck bringen könnten, dass sie sich selbst körperlichen Schmerz zufügen. Viele hatten auch das Gefühl, dass sie die in ihrem Körper wallenden Begierden und Gefühlsregungen nur mit Gewalt bändigen können.

Es ist eine Tatsache, dass jeder Mensch von vielerlei Begierden, Emotionen und Stimmungen hin- und hergerissen wird und zu diesem und jenem verleitet wird. Leider entscheiden oft nicht wir selbst, sondern die Emotionen, die gerade in uns aufschäumen. Wenn sich ein junger Mensch nicht hinsetzt und lernt, so ist er sich sehr oft durchaus der Tatsache bewusst, dass er lernen sollte; aber die Trägheit in ihm hält ihn davon ab. Wenn wir in unschönem Ton mit jemandem sprechen oder ihm ein liebloses Wort an den Kopf werfen, so tun wir dies oft nicht deshalb, weil der andere eine solch grobe Behandlung verdient hätte, sondern weil wir nicht imstande sind, unserer schlechten Laune Herr zu werden.

Die Menschen des Mittelalters wollten ihren Körper und ihre Emotionen beherrschen, und auch wir könnten es uns heute weitaus mehr angelegen sein lassen, Herr über uns selbst zu werden. Diese jähen, momentanen Stimmungsschwankungen und Begierden können wir am besten dadurch in Schach halten und beherrschen, dass wir selbst an unserer eigenen Erziehung arbeiten, dass wir fasten und Entsagung üben.

Auch heute nehmen viele Menschen freiwillig nicht unerhebliche Schmerzen auf sich. So lassen sie sich zum Beispiel von der Kosmetikerin die Haare am Körper ausreißen. Sie lassen sich an verschiedenen Stellen ihres Körpers – an der Zunge, am Ohr, an den Augenbrauen oder auch am Bauchnabel – ein Loch stechen und dort Piercings befestigen, lassen sich für eine Tätowierung mit einer feinen Nadel Dutzende Male in die Haut stechen. Sie legen sich einem Chirurgen unters Messer, damit dieser etwas an ihrem Aussehen ändere.

Im Unterschied dazu war es für den Menschen des Mittelalters kein Selbstzweck, wenn er einen Bußgürtel trug oder sich selbst geißelte. Ja vielleicht bemühte er sich weitaus bewusster als wir heutigen Menschen darum, Gott zu lieben und durch ein Leben nach Gottes Willen seine Träume und Ziele zu erreichen.

In unserer heutigen Zeit kann ein kleines Opfer darin bestehen, dass wir am Freitag fasten oder unsere Arbeit ohne Gemurre verrichten.

Die heilige Theresia vom Kinde Jesus[128] sagte: »Dadurch, dass wir unseren täglichen Pflichten ordentlich nachkommen, setzen wir uns die Dornenkrone auf.«[129]

Wir brauchen uns nicht allerlei ausgefallene Formen der Selbstverleugnung auszudenken. Wenn wir unsere Aufgaben ordentlich verrichten und dabei heiter sind, so findet dies vor Gott und den Menschen Wohlgefallen.

Es ist immer wieder von neuem nötig, dass wir aus reiner, selbstloser Liebe ein Opfer auf uns nehmen. Gebe Gott, dass wir spüren, wie schön es ist, für seine Mitmenschen und natürlich besonders für jene, die einem am nächsten stehen, Opfer auf sich zu nehmen; und gebe Gott auch, dass unsere Mitmenschen ihrerseits bereit sind, für uns Opfer zu bringen, wenn es nötig ist, dass einer an unserem Krankenbett wacht, und wenn wir einmal alt und gebrechlich sind!

Wird den Katholiken nicht gesagt, sie sollen die Heiligen und ganz besonders die Jungfrau Maria anbeten? Meinen Sie nicht, dass dadurch die Heiligste Dreifaltigkeit in den Hintergrund gedrängt wird?

---

128 Die hl. Theresia vom Kinde Jesus, im Dt. auch unter dem Namen Theresia von Lisieux bekannt, wurde 1873 in der Normandie geboren und starb 1897 an Tuberkulose. 1888 trat sie in den Orden der Karmelitinnen ein und nahm den Namen Thérèse de l'Enfant Jésus et de la Sainte Face (Theresia vom Kinde Jesus und vom Heiligen Antlitz) an. 1997 wurde sie zur Kirchenlehrerin erhoben (vgl. Schäfer, J.: Theresia v. Lisieux. In: ders.: *Ökum. Heiligenlex.* (online) (06.07.2018)).

129 Übers. aus dem Ung.

Gott allein beten wir an.

Aber ich finde es sehr schön, dass der Himmel bewohnt ist. Es gefällt mir, dass ich im Jenseits nicht allein bei Gott sein werde, sondern dort die Gemeinschaft der Heiligen auf mich wartet.

ICH HABE NICHT DAS GEFÜHL, DASS DIE HEILIGEN DER GRÖSSE JESU CHRISTI EINEN ABBRUCH TÄTEN. GOTT WIRD DADURCH, DASS IHN GROSSE MENSCHEN UMGEBEN, KEINESWEGS KLEINER. VIELMEHR WIRD SEINE GRÖSSE DADURCH HERVORGEHOBEN, DASS ES MENSCHEN DANK SEINER LEHRE ZU SOLCHER SEELISCHER GRÖSSE ZU BRINGEN VERMÖGEN.

Ich bewundere den Weinstock, der Reben trägt und nährt, welche solch prächtige Früchte hervorbringen. Wenn uns ein solches Gleichnis vor Augen steht, dann müssen auch wir einander dabei helfen emporzuwachsen. Wenn eine Frau an der Seite ihres Ehemannes aufblüht, sich entfaltet und an Seelengröße gewinnt, so gereicht dies auch dem Manne zum Ruhm. Wenn wir an Gottes Seite, dem Vorbild eines Heiligen folgend, aufblühen, so rühmen wir mit unserem eigenen Leben Gott selbst.

Die Kirche sah in der Jungfrau Maria stets ihr größtes Vorbild. Ich selbst liebe hier auf dieser Welt niemanden so sehr wie meine Mutter. Aber das bedeutet nicht, dass ich nicht auch Freunde und Kollegen hätte, mit denen ich mich gerne ungezwungen bei einem Bier unterhalte.

Die Heiligen stellen einen großen Reichtum dar. Unter ihnen finden sich ganz unterschiedliche Persönlichkeiten, und mit ihrem Leben zeigen sie ganz unterschiedliche Wege zu Gott auf. Sie sind wie Lampen, die nicht nur vor Gott leuchten, sondern auch ihren Mitmenschen hier auf Erden.

Ich bin dem heiligen Franziskus, dem heiligen König Stephan von Ungarn und vielen anderen, die mir zu Vorbildern wurden, sehr dankbar. Denn in der Tat habe ich diesen Heiligen, zu denen ich emporschaue, viel zu verdanken.

Am Heiligabend feierte ich die Messe einmal in einem abgelegenen Dorf namens Kackó[130]. Niemand erschien. Das war auch kaum verwunderlich. Denn in dem Dorf, das natürlich keine eigene Pfarrgemeinde bildete, gab es kaum noch Katholiken. Als ich in der leeren Kirche aus der Zeit der Arpaden[131] sprach: »Der Herr sei mit euch!«, tat es mir gut zu glauben, dass es nicht nur die sichtbare Welt gibt, sondern auch die Gemeinschaft der Heiligen und den Chor der Engel. So vermochte ich in der gähnend leeren Kirche mit reiner Freude die Heilige Messe zu zelebrieren.

Warum wenden sich die Katholiken – in einem gewagten Vergleich gesprochen – an ›einfache Angestellte‹ oder an die ›Sekretärin‹, wenn sie sich doch auch direkt an den ›Chef‹ wenden können? Der heilige Paulus schreibt doch: »Einer ist Gott, Einer auch Mittler zwischen Gott und den Menschen: der Mensch Christus Jesus« (1 Tim 2,5) ...

Wenn es ein schweres Möbelstück zu verrücken gilt, dann können wir natürlich auch alleine schieben und versuchen, dieses von der Stelle zu bekommen. Aber es ist doch viel leichter, wenn noch mehrere andere uns dabei helfen.

130 Kackó (gespr. Kåzkō): Dorf im nördl. Siebenbürgen.

131 Die Arpaden waren das erste Herrschergeschlecht des Königreiches Ungarn. I. J. 1001 bekam Stephan I., ein Nachfahre des Stammesführers Árpád (s. ob. S. 246), von Papst Silvester II. die Königswürde verliehen, welche bei seinem Hause blieb, bis mit dem Tode König Andreas' III. i. J. 1301 die Dynastie ausstarb.

Ich liebe meine Mutter[132] sehr, und auch sie liebt mich sehr. Stets wollte sie nur das Beste für mich. Daher war sie konsequent und, wenn nötig, auch streng. Wenn ich ins Kino gehen wollte und mir dieses Vergnügen zur Strafe verwehrt war, ging ich recht traurig zu meiner lieben Oma und klagte ihr mein schreckliches Leid. Diese redete meiner Mutter so lange gut zu, bis ich schließlich doch ins Kino durfte. Der Fürsprache meiner Großmutter habe ich es somit zu verdanken, dass ich im Kino viele gute Filme anschauen konnte.

Meine Mutter betet jeden Tag den Rosenkranz für mich. Auf welche Weise dies Früchte trägt und wie diese aussehen, weiß ich nicht. Ich kann nicht sagen, auf welche Weise dies dem anderen Menschen Flügel verleiht. Aber ich bin mir absolut sicher, dass es vor Gott gut ist und Ihm gefällt, wenn wir Menschen auch in seelischer Hinsicht einander beistehen.

Es ist für mich eine Freude, wenn ich sehe, wie meine Kinder zusammenhalten und wie sie, wenn einer etwas angestellt hat, diesen in Schutz nehmen, wie sie versuchen, ihn herauszureden, als unschuldig darzustellen und ihm aus der Patsche zu helfen. Natürlich durchschaue ich ihr Tun, und trotzdem hat es in meinen Augen einen sehr hohen Wert, ja es macht mich regelrecht glücklich. Auch dem guten Gott bedeutet es sehr viel, wenn uns das Schicksal des andern am Herzen liegt und wir danach trachten, gemeinsam in Sein himmlisches Reich zu gelangen.

Ein älterer Priester erzählte einmal, dass er geträumt habe, er wäre gestorben. Er hatte ein ruhiges Gewissen, weil er sich rückblickend sagen konnte, dass er ein ordentliches Leben geführt hatte. Die erste Frage aber, die Gott ihm stellte, lautete: »Wo sind die, die ich dir anvertraut habe?« Der Priester schaute im Traum hinter sich und stellte fest, dass er alleine dastand. Als er aufwachte, war ihm klar, dass er seine Herde um sich zu versammeln hatte. Er erkannte,

---

132 S. ob. Anm. 116 zu S. 276.

dass es nicht reichte, danach zu trachten, selbst ein guter Mensch zu sein, und so gab er sich fortan alle Mühe, auch die ihm anvertrauten Gläubigen in den Himmel zu führen. Dort lebt eine gewaltige Gemeinschaft, zu der zahllose geläuterte Menschen gehören, die das Band der Liebe innig miteinander verbindet, die Gott von Angesicht zu Angesicht schauen und in enger Gemeinschaft mit Ihm leben.

WARUM SOLLTE MEINER LIEBEN GROSSMUTTER IM HIMMEL NICHT AUCH JETZT MEIN SCHICKSAL AM HERZEN LIEGEN?! WARUM SOLLTE SIE NICHT AUCH JETZT DORT BEI GOTT FÜR MICH BETEN?! WARUM SOLLTE NICHT AUCH DIE SELIGE JUNGFRAU MARIA FÜR MICH BETEN KÖNNEN?! WIR MENSCHEN – WIR, DIE NOCH AUF ERDEN LEBEN, UND JENE, DIE BEREITS AUS DIESER WELT GESCHIEDEN SIND – GEHÖREN SEHR VIEL ENGER ZUSAMMEN UND UNSERE GROSSFAMILIE UMFASST SEHR VIEL MEHR MITGLIEDER, ALS WIR UNS DAS VORSTELLEN KÖNNEN.

Was bedeutet dies nun konkret? Ganz gewiss geht dies über das hinaus, was wir mit unserem irdischen Verstand fassen können. Warum wenden wir uns an die ›Sekretärin‹? Nun, denken wir daran, dass Jesus Sein allererstes Wunder deshalb wirkte, weil Seine Mutter Ihn darum bat, ja Ihn nachgerade dazu drängte und zu überreden suchte. Das war auf der Hochzeit in Kana:

> Am dritten Tag fand in Kana in Galiläa eine Hochzeit statt und die Mutter Jesu war dabei. Auch Jesus und seine Jünger waren zur Hochzeit eingeladen. Als der Wein ausging, sagte die Mutter Jesu zu ihm: Sie haben keinen Wein mehr. Jesus erwiderte ihr: Was willst du von mir, Frau? Meine Stunde ist noch nicht gekommen. Seine Mutter sagte zu den Dienern: Was er euch sagt, das tut!
>
> Es standen dort sechs steinerne Wasserkrüge, wie es der Reinigungssitte der Juden entsprach; jeder fasste ungefähr hundert Liter. Jesus sagte zu den Dienern: Füllt die Krüge mit

Wasser! Und sie füllten sie bis zum Rand. Er sagte zu ihnen: Schöpft jetzt und bringt es dem, der für das Festmahl verantwortlich ist!

Sie brachten es ihm. Dieser kostete das Wasser, das zu Wein geworden war. Er wusste nicht, woher der Wein kam; die Diener aber, die das Wasser geschöpft hatten, wussten es. Da ließ er den Bräutigam rufen und sagte zu ihm: Jeder setzt zuerst den guten Wein vor und erst, wenn die Gäste zu viel getrunken haben, den weniger guten. Du jedoch hast den guten Wein bis jetzt aufbewahrt. So tat Jesus sein erstes Zeichen, in Kana in Galiläa, und offenbarte seine Herrlichkeit und seine Jünger glaubten an ihn.

(Joh 2,1–11)

Jesus lehnte die Bitte der Seligen Jungfrau Maria zunächst ab. Aber schließlich erfüllte Er sie doch. Maria hatte gesehen, in welch misslicher Lage sich das junge Brautpaar befand. Sie wollte nicht, dass die beiden dem Spott ausgeliefert werden und ihnen die Freude verdorben wird. Maria sagt im Wesentlichen stets nur: »Was Jesus euch sagt, das tut!«

Einem netten Lehrgeschichtchen zufolge stürmte der heilige Petrus wütend zu Gott, warf die Schlüssel auf den Boden und klagte: »Also ich werde in Zukunft nicht mehr am Tor sitzen! Ich erledige ordnungsgemäß meine Arbeit und prüfe gründlich das Leben eines jeden Menschen. Nur den lasse ich herein, der auch wirklich in den Himmel gehört. Und was sehe ich da?! Wen ich fortgeschickt habe, den lässt Deine Mutter hinten zum Fenster herein!« Das ist natürlich nur ein Lehrgeschichtchen, und doch zeigt dieses ein wenig, welcher Art das Verhältnis der Jungfrau Maria zu ihren Kindern ist. Gott zu ehren und Ihm zu dienen, bedeutet auch, dass wir uns einander annehmen, füreinander Sorge tragen und uns im Gebet füreinander einsetzen.

Erscheint es Ihnen denkbar, dass die Jungfrau Maria barmherziger ist als Gott? Hat sie eine größere Liebe zu uns Menschen, ein größeres Verlangen, uns zu retten, als Jesus, der Sein Leben für uns hingab?

MAN KANN IM HIMMEL KEINE TOPLISTE AUFSTELLEN. ABER GEWISS KÖNNEN DIE JUNGFRAU MARIA, DIE ANDEREN HEILIGEN UND AUCH ICH SELBST NUR JENE BARMHERZIGKEIT UND LIEBE WEITERGEBEN, DIE WIR VON GOTT, DEM QUELL ALLES GUTEN, ERHALTEN HABEN.

Natürlich sind meine Kinder nicht besser als ich, wenn sie sich füreinander einsetzen. Gleichwohl tut mir das unendlich gut.

Jesus Christus entsandte Seine Jünger mit dem Auftrag, Gutes zu tun und die Frohe Botschaft zu verkünden – während Er selbst zuhause blieb. Wäre es nicht einfacher gewesen, wenn Er sich selber aufgemacht hätte? Warum schickte Er andere? Wäre es nicht einfacher gewesen, wenn Er selbst das Hohelied der Liebe geschrieben hätte? Warum musste Er den heiligen Apostel Paulus darauf bringen?

Gott möchte mit uns die Freude an guten Werken teilen. Barmherzig sein und in Güte sich zueinander hinabbeugen ist ein schönes, göttliches Verhalten, ein erhebendes, reines Gefühl, mit dem uns Gott beschenken möchte. Deshalb sandte Er und sendet Er auch heute Seine Jünger zu den Menschen.

Man könnte meinen, es wäre einfacher, wenn Gott am Morgen im Fernsehen predigen würde: »Schaut her, meine Lieben! Hier bin ich. Ich habe alle anderen Sendungen abgeschaltet. Von heute an glaubt bitte an mich und führt ein gutes Leben!« Am Abend – so könnte man sich weiter vorstellen – würde Er sich uns dann ›vornehmen‹ und Seinen Tadel dafür aussprechen, dass wir dies und das ›verbockt‹ haben.

Aber Gott tut dies nicht, sondern schickt eben auch mich nach Lateinamerika in die Elendsviertel und heißt mich, Seine Liebe zu allen Menschen zu tragen.

Wenn Gott andere damit beauftragt, so tut Er dies nicht deshalb, weil Er selbst träge wäre oder weil Er nicht gut genug predigen könnte, sondern weil Er mit uns allen jene göttliche Freude teilen möchte, die darin besteht, füreinander einzutreten und einander zu helfen.

Welche Bedeutung hat die Jungfrau Maria für die Menschen von heute?

Wenn die Menschen unserer Zeit gebeten werden, eine bestimmte Aufgabe zu übernehmen, dann bekommt man von ihnen in der Regel dreierlei zu hören. Erstens: Ich kann das nicht, bin dazu nicht fähig. Zweitens: Es fehlt mir dazu an Zeit, an Kraft. Drittens: Ich habe dazu keine Lust.

Die Selige Jungfrau Maria antwortete nicht in dieser Weise. Ich habe bereits an anderer Stelle[133] darüber gesprochen, wie Maria reagierte, als der Engel des Herrn sie bat, Gott selbst zur Welt zu bringen. Etwas später sprach der Engel zu ihr: »Schau, Elisabet, deine Verwandte, ist schon alt und erwartet ein Kind.« Die Selige Jungfrau hätte auch erwidern können: »Ach, Engel, du weißt doch, dass ich selbst ein Kind erwarte. Vor mir liegt eine Menge Arbeit. Ich habe jetzt wirklich keine Zeit, mich um Elisabet zu kümmern. Flieg lieber du nach En Kerem[134]! Dort kannst du eine Kindsmagd anheuern, die das Baby hüten wird. Ich tue meine Arbeit. Geh nun und tu, was *du* zu tun hast!«

Maria aber lässt alles stehen und liegen und macht sich auf den Weg. Schwanger legt sie hundertzwanzig Kilome-

---

133 S. ob. S. 128 f.

134 En Kerem ist das Dorf, in dem der Tradition zufolge Johannes der Täufer geboren wurde. Dieses liegt heute innerhalb der Stadtgrenzen Jerusalems (vgl. Gorys, E. / Gorys, A.: *Heiliges Land: ein 10 000 Jahre altes Kulturland zw. Mittelmeer, Rotem Meer u. Jordan.* Ostfildern [4]2006, S. 148 f.).

ter auf einem Esel zurück, trägt das Kind ihres Himmlischen Vaters unter ihrem Herzen mit sich zu Elisabet.

ALS DIE SELIGE JUNGFRAU BEI IHR ANKOMMT, JAMMERT SIE NICHT DARÜBER, WIE LANG UND HOLPRIG DER WEG WAR, WELCH GROBE WORTE SIE VON DEN KAMELTREIBERN SICH ANHÖREN MUSSTE UND WIE SCHLIMM DOCH DIESE WELT IST, SONDERN SINGT FREUDIGEN HERZENS IHR MAGNIFIKAT, KOCHT, SPÜLT, PUTZT – UND DAS ALLES HEITER UND GUTER LAUNE.

> Meine Seele preist die Größe des Herrn und mein Geist jubelt über Gott, meinen Retter. Denn auf die Niedrigkeit seiner Magd hat er geschaut. Siehe, von nun an preisen mich selig alle Geschlechter. Denn der Mächtige hat Großes an mir getan und sein Name ist heilig. Er erbarmt sich von Geschlecht zu Geschlecht über alle, die ihn fürchten. Er vollbringt mit seinem Arm machtvolle Taten: Er zerstreut, die im Herzen voll Hochmut sind; er stürzt die Mächtigen vom Thron und erhöht die Niedrigen. Die Hungernden beschenkt er mit seinen Gaben und lässt die Reichen leer ausgehen. Er nimmt sich seines Knechtes Israel an und denkt an sein Erbarmen, das er unsern Vätern verheißen hat, Abraham und seinen Nachkommen auf ewig.
>
> (Lk 1,46–55)

Wenn ich gefragt würde, was das Ideal sei, das ich mit meinem Leben verwirklichen möchte, dann gäbe ich zur Antwort: Maria, die Elisabet besucht. Gott in meinem Herzen tragend, möchte ich wohlgelaunt und voller Freude, ein Magnifikat singend, den Menschen dienen, unter ihnen jene Arbeit verrichten, zu der ich gerade gebraucht werde.

Als Maria in den Tempel kommt, erklären ihr die beiden Propheten dort: »Ach, arme Maria! Durch dein Herz werden einmal sieben Schwerter dringen! Du bist wirklich nicht zu beneiden! Was du da auf dich genommen hast, ist alles andere als leicht!«

Und siehe, in Jerusalem lebte ein Mann namens Simeon. Dieser Mann war gerecht und fromm und wartete auf den Trost Israels und der Heilige Geist ruhte auf ihm. Vom Heiligen Geist war ihm offenbart worden, er werde den Tod nicht schauen, ehe er den Christus des Herrn gesehen habe. Er wurde vom Geist in den Tempel geführt; und als die Eltern das Kind Jesus hereinbrachten, um mit ihm zu tun, was nach dem Gesetz üblich war, nahm Simeon das Kind in seine Arme und pries Gott mit den Worten: Nun lässt du, Herr, deinen Knecht, wie du gesagt hast, in Frieden scheiden. Denn meine Augen haben das Heil gesehen, das du vor allen Völkern bereitet hast, ein Licht, das die Heiden erleuchtet, und Herrlichkeit für dein Volk Israel. Sein Vater und seine Mutter staunten über die Worte, die über Jesus gesagt wurden. Und Simeon segnete sie und sagte zu Maria, der Mutter Jesu: Siehe, dieser ist dazu bestimmt, dass in Israel viele zu Fall kommen und aufgerichtet werden, und er wird ein Zeichen sein, dem widersprochen wird, – und deine Seele wird ein Schwert durchdringen. So sollen die Gedanken vieler Herzen offenbar werden.

(Lk 2,25–35)

Maria stürmte nicht in den Tempel, um dort um das, was ihr durch Gott widerfahren war, ein großes Trara zu machen, sondern brachte Ihm, wie es dem damaligen Brauch entsprach, als Zeichen ihres Dankes zwei junge Turteltauben dar, dafür, dass Er sie für würdig befunden hatte, mit der Sorge für Seinen heiligen Sohn und mit Dessen Erziehung betraut zu werden. Wie anders sähe die Welt aus, wenn wir die Aufgaben, die wir von Gott erhalten haben, in der gleichen Gesinnung verrichten würden!

GERNE STELLE ICH MIR VOR, WIE DIE JUNGFRAU MARIA UND DER HEILIGE JOSEF HARMONISCH ZUSAMMENLEBTEN, WIE SIE GEMEINSAM DIE PROBLEME DES LEBENS LÖSTEN, UND VOR ALLEM AUCH, WIE SIE HAND IN HAND DEN ZWÖLFJÄHRIGEN JESUS SUCHTEN.

In der Tat konnte ein Kind in der gewaltigen Menschenmenge leicht verlorengehen. Denn noch dazu gingen in den kilometerlang sich hinziehenden Pilgerscharen Männer, Frauen und Kinder in getrennten Gruppen.

> Die Eltern Jesu gingen jedes Jahr zum Paschafest nach Jerusalem. Als er zwölf Jahre alt geworden war, zogen sie wieder hinauf, wie es dem Festbrauch entsprach. Nachdem die Festtage zu Ende waren, machten sie sich auf den Heimweg. Der Knabe Jesus aber blieb in Jerusalem, ohne dass seine Eltern es merkten. Sie meinten, er sei in der Pilgergruppe, und reisten eine Tagesstrecke weit; dann suchten sie ihn bei den Verwandten und Bekannten.
>
> Als sie ihn nicht fanden, kehrten sie nach Jerusalem zurück und suchten nach ihm. Da geschah es, nach drei Tagen fanden sie ihn im Tempel; er saß mitten unter den Lehrern, hörte ihnen zu und stellte Fragen. Alle, die ihn hörten, waren erstaunt über sein Verständnis und über seine Antworten. Als seine Eltern ihn sahen, waren sie voll Staunen und seine Mutter sagte zu ihm: Kind, warum hast du uns das angetan? Siehe, dein Vater und ich haben dich mit Schmerzen gesucht. Da sagte er zu ihnen: Warum habt ihr mich gesucht? Wusstet ihr nicht, dass ich in dem sein muss, was meinem Vater gehört? Doch sie verstanden das Wort nicht, das er zu ihnen gesagt hatte.
>
> Dann kehrte er mit ihnen nach Nazaret zurück und war ihnen gehorsam. Seine Mutter bewahrte all die Worte in ihrem Herzen. Jesus aber wuchs heran und seine Weisheit nahm zu und er fand Gefallen bei Gott und den Menschen.
>
> (Lk 2,41–52)

Maria und Josef fallen nicht übereinander her und fragen nicht danach, wer wie viel Schuld an der Situation hat, mit der sie konfrontiert sind. Natürlich hätte Maria sagen können: »Du bist doch der Mann! Warum passt du nicht auf den Buben auf?« Und auch Josef hätte sagen können: »Hat denn Gott nicht dir das Kind anvertraut?! Du hast mit dem Engel gesprochen. Du bist Seine Mutter!« Ein jeder von beiden hätte recht gehabt, aber in dieser Situation galt es nicht zu schauen, wer recht hat, sondern Jesus – die auf die Erde gekommene Liebe, den Sohn Gottes – zu suchen. »Dein Vater und ich haben dich voll Angst[135] gesucht«, sagt Maria. Gemeinsam Verantwortung übernehmend, tun sie alles dafür, dass die Sache ein gutes Ende nimmt.

Es ist ihnen klar, dass sie nicht beim andern die Schuld suchen dürfen, wo sie doch beide von Angst und Sorge gequält werden. Deshalb fassen sie einander bei der Hand, nehmen all ihre Kräfte zusammen und lösen das Problem gemeinsam.

Als Pädagoge bewundere ich die Jungfrau Maria für ihre grenzenlose Geduld. Als sie und Josef den Buben finden, fragen sie nur: »Kind, warum hast du uns das angetan?« (Lk 2,48). Wie anders sähe so manche Ehe, so manches Verhältnis zu einem Arbeitskollegen oder einem Nachbarn aus, wenn wir voll Demut einander in die Augen schauen würden und sagen könnten: »Schau, das, was du da getan hast, hat mir wirklich wehgetan. Warum hast du das getan?«

Jesus erwidert: »Warum habt ihr mich gesucht? Wusstet ihr nicht, dass ich in dem sein muss, was meinem Vater gehört?« (Lk 2,49). Maria versteht diese Antwort zwar nicht; aber sie bewahrt die Worte ihres Sohnes im Herzen und denkt voll Vertrauen darüber nach. Es mag sein, dass wir den andern nicht immer verstehen. Nichtsdestotrotz müssen wir uns darum bemühen, müssen über die Meinung des andern nachdenken und versuchen, sie zu akzeptieren, auch dann, wenn wir sie nicht ganz nachvollziehen können. Wenn wir bei der Jungfrau Maria in diese Schule der Liebe gingen, gäbe es auf dieser Welt sehr viel weniger Streit, Affentheater, Scheidungen und Feindseligkeiten.

Ich stelle mir gerne vor, wie Josef, Maria und Jesus sich zuhause an einen kleinen Tisch setzen, auf dem eine einfache Öllampe aus Ton flackert und in drei Holzschüsseln das Linsengericht dampft. Und sie danken ihrem Himmlischen Vater für das tägliche Brot.

---

135 Nach der EÜ 1980. Statt »voll Angst« steht in der EÜ 2016 »mit Schmerzen«.

Der heilige Josef, der einfache Zimmermann, spricht das Gebet, und die Mutter Gottes und der Sohn Gottes folgen den Worten voll Demut und sprechen schliesslich ihr »Amen« dazu.

Nach dem Abendessen setzen sie sich vor das Haus auf eine Bank, reden miteinander, hören einander zu. Die Nacht bricht darüber herein, und am Firmament erstrahlen die Sterne. Sie haben weder Fernseher noch Handy, aber ihr Herz ist von Freude erfüllt. Sie achten aufeinander, helfen einander, sich zu entfalten. Die Selige Jungfrau Maria wirkte kein einziges Wunder und hielt keine großen Predigten, und dennoch wurde sie mit ihrem stillen, einfachen und fleißigen Leben in Nazaret die Himmelskönigin.

Wie gut wäre es doch, wenn auch in unserem Herzen die Sehnsucht nach einem Leben in Reinheit und Einfachheit wieder auflodern würde! Wenn wir auf der Welt lernen würden, diesem Ideal gemäß zu leben, das heißt, in der Stille uns zu entfalten – wie Jesus, Maria und Josef in Nazaret –, so wie sie Freude an der in Heiterkeit verrichteten Arbeit zu finden und aufeinander zu achten, dann würde die Menschheit zu ihrem Glück finden!

Die Jungfrau Maria ist die himmlische Mutter von uns allen. Als Jesus Christus am Kreuze hing, da stand auch Seine Mutter bei Ihm. Der leidende Jesus schaute auf Seine Mutter und sagte: »Frau, siehe, dein Sohn!«, und auf Johannes blickend, sprach Er: »Siehe, deine Mutter!« (Joh 19,26f.). Jesus hat dem Apostel Johannes und mit ihm uns allen als Geschenk das Teuerste hinterlassen, was Er auf Erden besaß, nämlich Seine Mutter Maria. Dies waren die letzten Worte des Erlösers, und deshalb stellen sie geradezu ein geistliches Vermächtnis dar, ein Vermächtnis, durch das ein jeder Mensch Maria zur himmlischen Mutter hat.

Betrifft dieses Vermächtnis, das der gekreuzigte Jesus dem Apostel Johannes und Seiner Mutter Maria hinterließ – »Siehe, dein Sohn!«, »Siehe, deine Mutter!« (Joh 19,26f.) –, nicht allein Johannes? Wenn diese Worte eine solch weite Bedeutung haben, dass Jesus damit Maria zur himmlischen Mutter aller Menschen erklärt – warum hat Jesus dies dann nicht mit größerer Eindeutigkeit gesagt?

Ich möchte wissen, wer, am Kreuz mit dem Tode ringend, in der Lage wäre, dies noch deutlicher zu sagen! Schon in der Urkirche, also in den Anfängen des Christentums, wurde der Mutter Jesu besondere Verehrung zuteil. Schon damals war für jeden die Bedeutung dieser Worte klar und eindeutig. Durch Eva, die erste Frau und erste Mutter der Menschheit, kam die Sünde in die Welt. Maria ist die Mutter der Christenheit, und durch sie strömt auf uns alle die Gnade Gottes.

Was bedeutet die Unbefleckte Empfängnis Marias?

Schon von ihrer Empfängnis im Mutterleib an war sie rein. Sie wurde ohne Sünde geboren, war frei von jeder Neigung zum Bösen und beging nie eine Sünde.

DIE KIRCHE MÖCHTE UNS AN MARIA ZEIGEN, DASS GOTT DIE LIEBE IST UND DASS NEBEN DIESER UNENDLICHEN GÜTE UND LIEBE ALLES SÜNDIGE, SCHMUTZIGE KEINEN PLATZ HAT.

Auch wenn wir selbst nicht in unbefleckter Empfängnis empfangen wurden und nicht ohne Sünde sind, möchten wir doch diesen Traum verwirklichen und dieses Ziel erreichen, möchten wir, dass unser Leben immer weniger von Egoismus, Habgier und Machtstreben bestimmt ist und es immer mehr von jener reinen, christlichen Freude erfüllt wird, die Gott uns anbietet, und wir so wahrhaft glücklich sind.

Bietet die Heilige Schrift eine Grundlage für diese Lehre?

Der Engel Gabriel grüßte Maria mit den Worten: »Sei gegrüßt, du Begnadete [*wörtl. nach dem offiziellen lat. Text*: die du voll der Gnade bist – *Anm. d. Übers.*], der Herr ist mit dir« (Lk 1,28). Gott hatte Maria in besonderer Weise auf ihre heilsgeschichtliche Rolle vorbereitet, damit sie die Mutter des Erlösers werde. Daher kann Er ihr, noch ehe sie ihr Ja spricht, mitteilen: Du bist voll der Gnade und auf dir ruht ein größerer Segen als auf jeder anderen Frau. Wer voll der Gnade ist, in dem kann keine Sünde sein. Denn Gnade und Sünde schließen einander aus. Das ist wie bei einem Glas Honig, welches bis zum Rand gefüllt ist: Auch in dieses passt nichts anderes mehr. Das heißt zwar nicht, dass es Maria leicht gefallen wäre; stets jedoch vermochte sie den Willen des Himmlischen Vaters zu erfüllen.

Warum ist es nötig, dass die Jungfräulichkeit Marias von der katholischen Kirche so sehr betont wird, dass sie sogar als Dogma verkündet, dass Maria nicht nur vor Jesu Geburt Jungfrau war, sondern auch danach noch Jungfrau blieb?

Jesus konnte uns Menschen hier auf Erden in eigener Person eine ganze Menge zeigen, nur eines nicht, nämlich wie es gilt als bloßer Mensch Gott nachzufolgen, in welcher Weise es die Ideale, die Gott uns zu erkennen gegeben hat, im eigenen Leben zu verwirklichen gilt. Unsere Mutter, die Kirche, lehrt, dass die Jungfrau Maria diese Ideale am vollkommensten verkörpert hat.

DIE JUNGFRAU MARIA IST DER ›PROTOTYP‹, DIE NUMMER EINS, DER ERSTE CHRIST. SIE ZEIGT UNS SO VOLLKOMMEN WIE KEIN ANDERER MENSCH, WIE NACHFOLGE CHRISTI AUSSIEHT.

Die Kirche stellt uns seit zweitausend Jahren Maria als Vorbild vor Augen, und die wahrhaft großen Heiligen strebten danach, den Weg zu gehen, den auch sie gegangen war, und so Christus nachzufolgen. Daher ist die Person der Jungfrau Maria von außerordentlicher Bedeutung. Sie ist in den Evangelien keineswegs nur eine Nebenfigur.

»Ist das nicht der Zimmermann, der Sohn der Maria und der Bruder von Jakobus, Joses, Judas und Simon? Leben nicht seine Schwestern hier unter uns?« (Mk 6,3), fragten die Bewohner von Nazaret, als Jesus als Erwachsener in ihrer Gegend lehrte. Wie konnte Maria Jungfrau bleiben, wenn sie – wie von Nichtkatholiken behauptet wird – neben Jesus noch weitere Kinder zur Welt brachte?

›Bruder‹ wurde damals – und übrigens auch heute – nicht nur jemand genannt, der dieselben Eltern hatte, sondern auch ein entfernterer Verwandter und sogar ein nicht verwandtes Mitglied derselben Gemeinschaft.

Als der Engel des Herrn Josef im Traume gebot, Maria nicht zu verlassen, weil das Kind, das sie erwarte, vom Heiligen Geiste sei, da »nahm [er] seine Frau zu sich. Er erkannte sie aber nicht, bis sie ihren Sohn gebar. Und er gab ihm den Namen Jesus« (Mt 1,25). Jesus wird als »Erstgeborener« bezeichnet (Lk 2,7). Bedeutet dies nicht, dass Er wohl jüngere Geschwister hatte?

Dieses Missverständnis beruht auf dem eigentümlichen Sprachgebrauch der Heiligen Schrift. Wenn wir untersuchen, wie diese Ausdrücke an anderen Stellen gebraucht werden, dann sehen wir, dass sie, für sich betrachtet, zwar nicht ausschließen würden, dass Jesus Geschwister hatte, andererseits aber auch nicht den Schluss zulassen, dass dem tatsächlich so gewesen wäre. Selbst wenn ein Kind noch keine jüngeren Geschwister hatte, wurde dieses als ›Erstgeborener‹ bezeichnet; denn diesem kam eine besondere Bedeutung zu: Es gehörte dem Herrn und war auszulösen[136].

»Bis« ist die Übersetzung von »ἕως« (héōs) im griechischen Urtext. Dieses Bindewort gebraucht die Heilige Schrift unter anderem auch in der folgenden Stelle: »Der Herr sprach zu meinem Herrn: Setze dich mir zur Rechten, bis (ἕως) ich dir deine Feinde als Schemel unter die Füße lege!« (Lk 20,42f.). Sollte Gott Vater Jesus etwa nicht mehr länger zu Seiner Rechten sitzen lassen, wenn Dessen Feinde einmal vernichtet sind? Hätte Jesus dann etwa zur Linken des Vaters Platz zu nehmen? Natürlich nicht! Aus dem Bindewort »bis« lässt sich also keineswegs folgern, dass Josef nach Jesu Geburt Maria »erkannt« hätte, also ihr beigewohnt hätte. Die gegen die immerwährende Jungfräulichkeit Marias angeführten Argumente haben also aus meiner Sicht keinerlei Beweiskraft.

In urchristlicher Zeit und in den Jahrhunderten davor galt Jungfräulichkeit bei Eheleuten nicht als Wert. Das Ideal war vielmehr die fruchtbare Mutter, die möglichst viele Kinder zur Welt bringt.

Kinderlose Frauen waren verachtet. Ihre Unfruchtbarkeit wurde als Strafe für ihre Sünden angesehen. In der Heiligen Schrift finden sich eine ganze Reihe solcher Geschichten. Als Beispiel sei Hanna herausgegriffen, die von den anderen Frauen beschimpft und aus ihrer Mitte ausgestoßen wurde. Unter Tränen flehte sie zum Herrn, gelobte Ihm, dass sie Ihm ihr Kind weihen werde – wenn Er ihr doch nur eines schenken wolle. Der Herr erhörte sie, und das Kind, das sie gebar, erhielt den Namen Samuel.[137]

Die Verehrung der Jungfräulichkeit Marias nahm ihren Anfang in einem gesellschaftlichen Umfeld, das die Jungfräulichkeit gerade nicht als Wert ansah und sie eher verachtete.

---

136 Vgl. Ex 13,13.
137 Vgl. 1 Sam 1,1–20.

Wenn wir uns über die Jahrhunderte hinweg die Marienbildnisse anschauen, so stellen wir fest, dass Maria nicht ein einziges Mal – auf den frühesten Ikonen nicht und selbst auf den Gemälden der Reformationszeit nicht – als Mutter mit mehreren Kindern dargestellt wurde.

Heißt das, dass Gott am jungfräulichen Leben nach dem Evangelischen Rat der ehelosen Keuschheit mehr Gefallen hat als am Eheleben?

Die Jungfräulichkeit Marias ist Ausdruck ihrer vollständigen Hingabe an Gott. Sie zeigt, dass sie mit Leib und Seele zu Gottes Plan Ja gesagt hat und mit ihrem ganzen Leben Gott allein gehört.

Der Zölibat, also ein Leben in eheloser Keuschheit, ist eine eigene Lebensform, für die sich Ordensleute und Weltpriester entschieden haben. Diese ist aber gegenüber dem Eheleben weder höher- noch minderwertig. Alles, was uns umgibt, ist ein Geschenk Gottes: die breite Palette der verschiedenen Geschmacksrichtungen, das Licht und vieles andere mehr ... Es ist auch ein Geschenk Gottes, wenn ich mit meiner Hand ein Kind streicheln kann oder wenn ein Mann und eine Frau in der Ehe sich einander schenken. Die Kirche schätzt die Ehe, die Liebe von Mann und Frau, das Eheleben, die Treue und auch die Geschlechtlichkeit sehr. Auch all dies ist uns von Gott geschenkt.

Die vom Zölibat geforderte Jungfräulichkeit verstehe ich als Opfer. Ein Lamm zu opfern, es mit dem Messer zu schlachten, unter dem getöteten Tier ein Feuer zu entzünden, auf dass es von den Flammen verzehrt werde, auf das Fleisch des mühevoll aufgezogenen Tieres, eine köstliche Speise, zu verzichten, um seine Liebe zu Gott zum Ausdruck zu bringen – das war das Opfer des Alten Bundes.

Ein Leben in Jungfräulichkeit ist keine höherwertige Lebensform, sondern ein Opfer, das ein Mensch freiwillig und bewusst aus Liebe auf sich nimmt, auf dass sein Leben nicht an der Seite eines Ehegatten Erfüllung finde, sondern Gott der alleinige Inhalt und die Fülle seines Lebens sei.

Die Person der Jungfrau Maria war geeignet, die alttestamentliche Vorstellung, wonach ein kinderloser Mensch keinen Wert habe, aus der Welt zu schaffen. Diese Frau, die voller Gnade ist und in der die Sünde also keinen Platz hat, stellt uns einen hohen Wert vor Augen, nämlich den Wert des Opfers – das unter anderem in der freiwilligen Jungfräulichkeit bestehen kann.

Der heilige Apostel Paulus schreibt dazu: »Der Unverheiratete sorgt sich um die Sache des Herrn; er will dem Herrn gefallen. Der Verheiratete sorgt sich um die Dinge der Welt; er will seiner Frau gefallen. So ist er geteilt. Die unverheiratete Frau aber und die Jungfrau sorgen sich um die Sache des Herrn, um heilig zu sein an Leib und Geist. Die Verheiratete sorgt sich um die Dinge der Welt; sie will ihrem Mann gefallen« (1 Kor 7,32–34). Es ist also nicht zuletzt auf die Jungfräulichkeit Jesu und Marias zurückzuführen, dass sich die ehelose Keuschheit von Priestern und Ordensleuten als erstrebenswerte Lebensform herausgebildet hat.

Aber nehmen wir einmal für einen Augenblick an, aus der dem Gesetz gemäß geschlossenen Ehe von Maria und Josef wären weitere Kinder hervorgegangen. Dann würde sich an der Stellung Jesu und Marias nichts ändern – denn die Empfängnis Jesu durch den Heiligen Geist lässt sich ohnehin zweifelsfrei der Heiligen Schrift entnehmen. Doch warum sollten die ersten Christen es nötig gehabt haben, diesbezüglich eine Lüge zu erfinden? Zu bedenken ist ja auch, dass damals noch Menschen lebten, deren Eltern oder Großeltern Jesu Familie persönlich gekannt hatten. Wenn die Urchristen also über die Gottesmutter Maria eine Lüge in die Welt gesetzt hätten, so wäre diese gewiss rasch aufgeflogen.

Gott hielt es für nötig, den enormen Wert der Jungfräulichkeit herauszustellen, und daher sah Er vor, dass die Gottesmutter Maria ebenso wie Jesus zeit ihres Lebens in jungfräulicher Reinheit lebe.

Warum sprachen die Apostel nicht von der besonderen Bedeutung Marias?

Weil dies nicht nötig war. Die Apostel sprachen von dem, was die Menschen der damaligen Zeit infrage stellten. Es war einfach wichtiger, die Göttlichkeit Jesu und Seine Auferstehung zu verkünden, als der Jungfräulichkeit Marias Erwähnung zu tun.

Die Lehre der katholischen Kirche beruht also nicht nur auf den Wahrheiten der Heiligen Schrift, sondern entspringt auch der Heiligen Überlieferung?

Eine der Quellen unseres Glaubens ist das Wort der Heiligen Schrift – wobei dieses auch verdreht werden kann, wenn eine bestimmte Stelle aus ihrem Zusammenhang herausgerissen wird. Die andere Quelle unseres Glaubens ist die viele Jahrhunderte lang zurückreichende Überzeugung der Gläubigen. Diese wird als »Heilige Überlieferung« bezeichnet.

In der Kirche gibt es das nicht, dass die Menschen jahrhundertelang etwas glauben und dann in dieser Frage zu einer ganz anderen Auffassung kommen. Allenfalls wächst und entfaltet sich die Erkenntnis der Kirche, wie ich dies ja bereits gesagt habe, als ich über die Glaubenssätze, die Dogmen, sprach.[138] Es gibt einen Wahrheitskern, der sich

138 S. ob. S. 207–212..

entfaltet wie ein Weizenkorn – das ja wesensmäßig nichts anderes ist als die Ähre, die sich aus diesem entwickelt und die lediglich einen Zustand höherer Entwicklung und größerer Fülle darstellt. Alle Wahrheiten, alle Dogmen stehen von Anfang an fest; aber sie werden von den Menschen erst nach und nach entdeckt. Das ist wie mit der Entdeckung eines neuen chemischen Elements: So wussten die Menschen zum Beispiel sehr lange Zeit nichts von der Existenz jenes Elements, das wir heute Plutonium nennen. Aber ganz unabhängig von unserem Wissen lag es in der Tiefe der Erde bereits vor. Wir wären ärmer, wenn wir die Heilige Überlieferung verwürfen. Sie abzulehnen wäre sehr unklug.

In Christus ist den Menschen die ganze Wahrheit offenbart worden. Aber die Heilige Schrift enthält nicht jedes Wort, das Jesus sagte.

Beispielsweise steht in der Bibel nicht genau, wie man die Heilige Messe zu feiern habe: zuerst läuten, dann unter Gesang einziehen, niederknien, sich bekreuzigen ... In der Apostelgeschichte steht bloß: »Sie hielten an der Lehre der Apostel fest und an der Gemeinschaft, am Brechen des Brotes und an den Gebeten« (Apg 2,42), und: »[...] am ersten Tag der Woche [waren wir] versammelt, um das Brot zu brechen [...]« (Apg 20,7). Wie sich die Liturgie über die Jahrhunderte hinweg im Einzelnen entwickelt hat, das wissen wir aus der Heiligen Überlieferung.

Jesus hat Seinen Aposteln aufgetragen: »Tut dies zu meinem Gedächtnis!« (Lk 22,19). Jesus hat Seinen Jüngern nicht alles vorgekaut. Auch konnten diese nicht alles aufschreiben, was Er in den drei Jahren Seines öffentlichen Wirkens sagte.

Der Apostel Johannes erklärt aufrichtig: »Es gibt aber noch vieles andere, was Jesus getan hat. Wenn man alles einzeln aufschreiben wollte, so könnte, wie ich glaube, die ganze Welt die dann geschriebenen Bücher nicht fassen« (Joh 21,25). Paulus schreibt in seinen Briefen: »So gründet der Glaube in der Botschaft, die Botschaft aber im Wort Christi. [...] In die ganze Welt ist ihr Schall gedrungen und bis an die Enden der Erde ihre Worte« (Röm 10,17f.). »Seid also standhaft, Brüder und Schwestern, und haltet an den Überlieferungen fest, in denen wir euch unterwiesen haben, sei es mündlich, sei es durch einen Brief!« (2 Thess 2,15). Und: »Was du vor vielen Zeugen von mir gehört hast, das vertraue zuverlässigen Menschen an, die fähig sein werden, auch andere zu lehren!« (2 Tim 2,2).

JESUS HIESS NICHT DIE SCHRIFTGELEHRTEN UM SICH HERUM PLATZ NEHMEN, DAMIT ER IHNEN – SIE DARAN ERINNERND, DASS DAS GESPROCHENE WORT VERHALLT, DAS GESCHRIEBENE ABER BLEIBT – EIN PROJEKT ODER EIN GENAUES PROGRAMM, IN WELCHER WEISE MAN IHM NACHZUFOLGEN HABE, ZU DIKTAT GEBE.

In den Evangelien sehen wir Jesus nur ein einziges Mal schreiben – und bei dieser einen Gelegenheit schreibt Er bloß auf die Erde, in den Staub.[139] Statt zu schreiben, gab uns Jesus mit Seinem eigenen Leben ein Beispiel, und immer wieder von neuem ruft Er uns zu: »Komm und folge mir nach!«

Nach der Lehre der katholischen Kirche wurde die Jungfrau Maria von Gott mit Leib und Seele in den Himmel aufgenommen, ja sie wird sogar »Himmelskönigin« genannt. Es scheint fast so, als würde sie mit Christus, dem König, auf eine Stufe gestellt ...

Das himmlische Reich hat viele Bewohner. Diese haben alle das Heil erlangt. Aber kein anderer Mensch stand Je-

139 Vgl. Joh 8,1–10.

sus so nahe wie Maria, und daher wird sie auch Himmelskönigin genannt.

Auch diese Lehre beruht auf der Heiligen Überlieferung. Schon die Christen der ersten Jahrhunderte brachten der Jungfrau Maria tiefe Verehrung entgegen. Ein Gebet, das aus der Zeit um 300 stammt, zeugt davon, dass die christlichen Gemeinden sie um Hilfe anriefen:

»Unter deinen Schutz und Schirm fliehen wir, o heilige Gottesgebärerin.
Verschmähe nicht unser Gebet in unseren Nöten,
sondern errette uns jederzeit aus allen Gefahren.
O du glorreiche und gebenedeite Jungfrau,
unsere Frau, unsere Mittlerin, unsere Fürsprecherin,
versöhne uns mit deinem Sohne,
empfiehl uns deinem Sohne,
stelle uns vor deinem Sohne.«

Nicht mit gewaltigen Predigten wurde Maria zur Himmelskönigin. Sie war keine Person, die wir heute als Star bezeichnen würden. Sie lebte in einem unscheinbaren kleinen Dorf in Palästina, führte ein Leben wie jede andere Frau der damaligen Zeit. Indem sie aber ihre täglichen Pflichten erfüllte und sich in bedingungslosem Vertrauen ganz Gott überließ, wuchs sie zu jener Größe empor, die aus ihr die Himmelskönigin machte. Sie nahm das Kind vom Heiligen Geiste an, auch auf die Gefahr hin, bei niemandem Glauben zu finden. Sie war bereit, trotz aller Angst und Ungewissheit Ja zu sagen. Sie war gezwungen, mit Josef und ihrem Kinde nach Ägypten zu fliehen. Obwohl sie Jesus nicht immer verstand, hielt sie in Treue zu Ihm. Sowohl zu Beginn als auch am Ende Seines öffentlichen Wirkens war sie bei Ihm. Sie begleitete Ihn auf dem Kreuzweg, litt mit Ihm unter dem Kreuz und empfing zusammen mit den Aposteln den Heiligen Geist.

Aus der Heiligen Schrift wissen wir, dass Maria nach Jesu Tod im Hause des Apostels Johannes lebte. Gewiss starb Maria vor Johannes. Von diesem erfahren wir jedoch nichts über eine Grabstätte Marias. Die Tatsache, dass Johannes nichts darüber sagt, ist nun aber vielsagend.

EINE AUFNAHME IN DEN HIMMEL KENNT DAS JÜDISCHE VOLK AUCH IN ANDEREN FÄLLEN. ELIJA WURDE VOM WIRBELWIND VOR DEN AUGEN ELISCHAS AUF EINEM FEURIGEN WAGEN IN DEN HIMMEL GETRAGEN.[140] NACHDEM MOSE AUF DEM BERG NEBO GESTORBEN WAR, WURDE SEIN LEICHNAM ZWAR BEIGESETZT; ABER VON SEINEM GRABE FEHLTE SPÄTER JEDE SPUR.[141]

Die Gläubigen hätten Marias Grab – wenn sie denn begraben worden wäre – gewiss bewahrt, so wie auch die letzte Ruhestätte König Davids bis heute in hohen Ehren gehalten wird. Doch Gott ließ nicht zu, dass ihr Grab Gegenstand einer falsch verstandenen Verehrung werde. Die frühen Christen konnten es sich daher nicht anders vorstellen, als dass mit Maria das Gleiche geschehen war wie mit Elija. So wurde auf einem Konzil offiziell verkündet, was die Christen schon von jeher glaubten, nämlich dass die Jungfrau Maria mit Leib und Seele in den Himmel aufgenommen wurde.

Doch nicht darin wird die Rolle Marias am deutlichsten offenbar, sondern in den Erfahrungen, welche Menschen Tag für Tag dank der Seligen Jungfrau Maria machen. Sollte es etwa das Ergebnis einer Lüge sein, einer Lüge, die zu großartig und zu schön wäre, als dass man sie sich überhaupt hätte ausdenken können, das Ergebnis einer solch undenkbaren Lüge, dass die Gottesmutter Maria in der Welt weitaus mehr bewirkt hat als jede andere Frau?! Wer erschien denn in Fatima, Lourdes und an anderen Orten? Es mögen freilich welche sagen, dass

140 Vgl. 2 Kön 2,11.
141 Vgl. Dtn 34,1–6.

sie nicht glauben, dass Jesus an diesen Orten auf die Fürsprache der Jungfrau Maria den Menschen Seine Gnaden zuteilwerden lässt. Jene, die in Abrede stellen, dass Maria an diesen Orten wirkt, könnten ebenso gut sagen: »Wer weiß, ob es den Planeten Mars wirklich gibt? Viele sprechen zwar von ihm. Aber ich war noch nie dort. Ich kann mir auch nicht vorstellen, dass es diesen gibt. Also gibt es ihn auch nicht.« Ein Mensch tut gut daran, sich näher zu informieren, wenn er etwas nicht versteht. Dann wird er, was diese Marienerscheinungsorte betrifft, zu der Erkenntnis gelangen: Es ist unmöglich, dass all dies nicht wahr ist, wo doch Millionen von Menschen dort hinpilgern, Dinge dort geschehen, die absolut unerklärlich sind, wunderbare Heilungen an Leib und Seele, und Menschen sich dadurch von ihrem sündigen Leben, das sie bis dahin geführt haben, radikal abwenden.

Was ist heute mit den Frauen, denen einst Tausende zu Füßen lagen – der Königin von Saba[142], Kleopatra, der Herrscherin Ägyptens, Maria Theresia von Österreich, der mächtigen Frau des 18. Jahrhunderts, Marilyn Monroe, der berühmten Schauspielerin der fünfziger Jahre, oder der Prinzessin Diana und so vielen anderen mehr? Vielleicht können wir das eine oder andere aus ihrem Leben lernen und an diese oder jene denken wir vielleicht heute noch. Aber betend aus ihnen Kraft schöpfen können wir nicht. Wenn Maria nichts weiter als die vor zweitausend Jahren gestorbene Frau eines armen palästinensischen Zimmermanns wäre, wie könnte sie dann auch heute noch Millionen von Menschen zutiefst berühren und ihr Leben verändern?!

Für den, der an Marias unbefleckte Empfängnis und ihre Gottesmutterschaft glaubt und diesen Glauben bekennt, tut sich eine neue Welt auf. Wenn Gott von mir etwas will, dann schaue ich nicht, wozu ich selbst mich

142 Die Königin von Saba war voller Bewunderung für die Weisheit König Salomos und beschenkte ihn mit gewaltigen Schätzen (vgl. 1 Kön 10,1–13).

körperlich, seelisch oder finanziell imstande fühle, sondern ›fasse die Hand‹ der Jungfrau Maria, folge ihrem Beispiel und werde so fähig, in Demut, stets auf Gott horchend, Seinen Willen zu erfüllen.

Die Marienverehrung hat der katholischen Kirche wahrhaft Flügel verliehen. Ohne diese Flügel wären in ihrer zweitausendjährigen Geschichte viele schöne und heilige Dinge nicht zustande gekommen, und das trifft auch, wie ich fühle, auf mein eigenes Leben zu. »Es gibt keinen guten Baum, der schlechte Früchte bringt, noch einen schlechten Baum, der gute Früchte bringt. Denn jeden Baum erkennt man an seinen Früchten: Von den Disteln pflückt man keine Feigen und vom Dornstrauch erntet man keine Trauben« (Lk 6,43f.).

Die Aufnahme Marias in den Himmel erfüllt mich mit großer Freude. Wie ich bereits mehrfach gesagt habe, gefällt mir ein Himmel, in dem neben dem dreifaltigen Gott auch noch andere wohnen, weitaus besser als einer, der ansonsten leer wäre. Natürlich liebe ich Gott sehr; aber auch die Gesellschaft von Menschen ist mir sehr angenehm. Es tut mir gut, glauben zu können, dass in Gottes Reich meine himmlische Mutter – mein großes Vorbild, meine Fürsprecherin und Helferin – mit Leib und Seele auf mich wartet!

Wenn mir jemand meinen Glauben an Maria nehmen wollte, dann würde sich dies für mich anfühlen, als ob mir ›die Flügel gestutzt‹ würden.

Mag es auch für manchen Menschen noch so schwer zu verstehen und zu akzeptieren sein, so denke ich doch, dass es auf jeden Fall weise von der Kirche ist, an dieser zweitausend Jahre alten Lehre festzuhalten.

Wenn ich völlig erschöpft bin, denke ich oft, ja ... an das Himmelreich. Wenn die Menschen des Mittelalters verzagt waren, dann schöpften sie in ihren Nöten sehr oft

Kraft aus ihrem Glauben an das Jenseits, und dies half ihnen, auf dem rechten Weg zu bleiben.

DIE MENSCHEN UNSERER ZEIT WEICHEN DESHALB SO LEICHT VOM WEG DER LIEBE AB, WEIL SIE NICHT AN JENES REICH GLAUBEN, DAS »GOTT DENEN BEREITET HAT, DIE IHN LIEBEN« (1 Kor 2,9). DIE GOTTESMUTTER MARIA IST – NACH DEM DREIFALTIGEN GOTT NATÜRLICH – DIE ERSTE IN DIESEM REICH, UND SO IST FÜR MICH DIE SELIGE JUNGFRAU VON GRÖSSTER BEDEUTUNG.

Ich glaube die Vergebung der Sünden

Was ist eine Sünde?

Wenn der Mensch wissentlich und willentlich vom Weg der Liebe abweicht und sich auf den Weg des Zornes, des Hasses und des Egoismus begibt, wenn er bewusst von dem abweicht, was er als gut erkannt hat, dann begeht er eine Sünde.

Eine Sünde begehen kann man durch das, was man denkt, sagt oder tut, aber auch durch Unterlassung.

Wenn jemand in einen Keller hinabgestiegen ist, wenn es ihn dort friert, die Dunkelheit ihn mit Angst erfüllt, er die Schönheit der Farben vermisst und sich dort in dieser kalten, finsteren Einsamkeit schlecht fühlt, so darf er nicht glauben, dass deshalb kein Licht zu ihm dringe, weil die Sonne auf ihn böse wäre und er sie zu versöhnen hätte, damit sie wieder scheine – sondern muss schlicht und einfach wieder hochgehen und ins Freie hinaustreten.

Die Sonne verströmt auch dann ihr helles, wärmendes Licht, wenn Wolken sie verdecken. Es sind unsere bösen Taten und schlechten Entscheidungen, die einen Schatten auf uns werfen.

Die Kirche unterscheidet zwischen Todsünden und lässlichen Sünden ...

Man kann Sünden nicht auf eine Waagschale legen und genau ausrechnen, welche schwerer und welche weniger schwer ist. Aber jedem dürfte klar sein, dass es ein großer Unterschied ist, ob jemandem etwas herausrutscht, was er für sich hätte behalten sollen, oder ob er einen andern absichtlich verleumdet. Welche Absichten unser Herz erfüllen, welche Prozesse sich in unserem Geist und unserer Seele abspielen, liegt im Verborgenen und lässt sich nur schwer aufdecken; eben deshalb ist es nicht einfach, die Schwere einer Sünde genau zu bestimmen. Niederträchtige, böse Kränkungen, mit denen ein anderer Tag für Tag gedemütigt wird und die ihm ständig ›Nadelstiche‹ versetzen, können in den Augen Gottes eine schwerere Sünde darstellen, als wenn einem in der Erregung des Gemüts unversehens die Hand ausrutscht. Wir dürfen nicht den Fehler begehen, von dem Jesus spricht, wenn Er sagt: »Ihr siebt die Mücke aus und verschluckt das Kamel« (Mt 23,24).

Eine Todsünde ist nie eine Kleinigkeit, sondern stets etwas Ernstes, wodurch wir das ewige Leben verlieren und die Verdammnis erleiden können, wenn uns keine Befreiung davon zuteilwird. Die Kirche will uns mit dieser Lehre nicht erschrecken, sondern nur deutlich machen, dass viel auf dem Spiel steht.

Wie schwer eine Sünde ist, ob sie eine Todsünde oder eine lässliche Sünde ist, hängt davon ab, wie tief diese den Menschen in die Finsternis stürzt. Wenn ich bewusst und mit voller Absicht in einer wichtigen Sache sündige, dann begehe ich eine Todsünde. Wenn ich dies wieder und wieder tue, dann schließe ich mich von Gott immer mehr aus, mein Auge entwöhnt sich des Lichtes immer mehr und es wird mir immer schwerer, aus dieser Finsternis herauszufinden.

Unsere Taten machen uns zu dem, der wir sind. Sie wirken auf uns selbst zurück. Gute Taten und tugendhafte Haltungen machen uns immer besser; schlechte Taten, also Sünden, ziehen uns in die Tiefe und beschmutzen unsere Seele.

UNSERE TATEN WERDEN TEIL UNSERER PERSÖNLICHKEIT. WENN WIR UNS GÜTIG VERHALTEN, WERDEN WIR DADURCH ZWANGSLÄUFIG GÜTIG. WENN WIR NACH GERECHTIGKEIT STREBEN, WERDEN WIR DADURCH ZWANGSLÄUFIG IMMER MEHR ZU EINEM GERECHTEN. UND WENN WIR LÜGEN, WERDEN WIR DADURCH ÜBER KURZ ODER LANG ZWANGSLÄUFIG ZU EINEM LÜGNER.

Unsere Taten prägen uns und holen uns im Jenseits ein. Sie bringen uns Verdammnis oder Heil ein.

Zu viel sollte man sich jedoch nicht mit den Sünden beschäftigen. Wenn ein Mensch merkt, dass er sich auf einem falschen Weg befindet, dann kehre er um. Gott ist nicht nachtragend und verlangt nicht, dass wir Ihn erst einmal besänftigen, sondern erwartet uns alle in Seinem Haus, und so haben wir die Möglichkeit, neu anzufangen.

Ich glaube, dass jede Sünde bei Gott Vergebung finden kann. Interessant ist etwa das Beispiel des rechten Schächers[143]. Dieser gibt selbst zu, Sünden begangen zu haben, für die er den Kreuzestod verdient hat. Nichtsdestotrotz verspricht ihm Jesus Christus, dass er noch am selben Tage mit Ihm im Paradies sein wird.

> Zusammen mit Jesus wurden auch zwei Verbrecher zur Hinrichtung geführt. Sie kamen an den Ort, der Schädelhöhe heißt; dort kreuzigten sie ihn und die Verbrecher, den einen rechts von ihm, den andern links.
>
> Jesus aber betete: Vater, vergib ihnen, denn sie wissen nicht, was sie tun! Um seine Kleider zu verteilen, warfen sie das Los. Das Volk stand dabei und schaute zu; auch die führenden Männer verlachten ihn und sagten: Andere hat er gerettet, nun soll er sich selbst retten, wenn er der Christus Gottes ist, der Erwählte. Auch die Soldaten verspotteten ihn; sie traten vor ihn hin, reichten ihm Essig und sagten: Wenn

---

143 Der Ausdruck ›Schächer‹, welcher der traditionellen dt. Bibelsprache angehört, bezeichnet einen Räuber oder einen Mörder (vgl. *Duden* online).

du der König der Juden bist, dann rette dich selbst! Über ihm war eine Aufschrift angebracht: Das ist der König der Juden.

Einer der Verbrecher, die neben ihm hingen, verhöhnte ihn: Bist du denn nicht der Christus? Dann rette dich selbst und auch uns!

Der andere aber wies ihn zurecht und sagte: Nicht einmal du fürchtest Gott? Dich hat doch das gleiche Urteil getroffen. Uns geschieht recht, wir erhalten den Lohn für unsere Taten; dieser aber hat nichts Unrechtes getan. Dann sagte er: Jesus, denk an mich, wenn du in dein Reich kommst! Jesus antwortete ihm: Amen, ich sage dir: Heute noch wirst du mit mir im Paradies sein.

(Lk 23,32–43)

Im Himmelreich wird es auch Sünder aller Art geben – solche freilich nur, die bereits geläutert sind. Hochmütige aber, die nicht imstande sind, um Entschuldigung zu bitten, wird es dort nicht geben.

Die Sünde des unverbesserlichen Hochmuts schließt uns vom Paradies aus. Denn wer sein böses Tun nicht bereuen kann, wer sich nicht in Demut bekehren und neu anfangen kann, der ist unfähig, in der Gemeinschaft Gottes zu leben.

Die Kirche hat noch nie von einem Menschen erklärt, dass er verdammt sei, nicht einmal von Judas, dem Verräter. Indes ist nicht ausgeschlossen, dass sich in der Hölle auch Ordensleute, Kirchenmänner aller Ränge, Gelehrte sowie Menschen, die zu ihren Lebzeiten von den Massen umjubelt wurden, befinden; aber reumütige, demütige Seelen finden sich dort mit Sicherheit nicht. Reue und Demut befreien uns aus Satans Klauen.

Um Vergebung unserer Sünden zu erlangen, ist es wichtig, dass wir nicht andere verurteilen und uns nicht herauszureden suchen, sondern in Demut eingestehen, dass wir – aus ein paar Handvoll Staub geschaffen – schwach sind und eine Stütze und Hilfe nötig haben.

Gibt es keine versehentlich oder unbewusst begangenen Sünden?

Vor den staatlichen Gerichten werden auch versehentlich oder aus Unwissenheit begangene Straftaten geahndet, wenn auch freilich dieser Umstand als Strafmilderungsgrund Berücksichtigung findet. Auf dieser Welt bewahrt einen die Unkenntnis der gesetzlichen Normen nicht vor einer Verurteilung. Aber die Gerichte dieser Welt sehen nicht in die »Nieren«[144], und deshalb ist ein Urteil, das ein Richter dieser Welt spricht, oft ungerecht.

Der heilige Pater Pio von Pietrelcina hat auf diese Frage einmal eine treffende Antwort gegeben: »Der Teufel hat nur einen Zugang zu unserer Seele: den Willen. Sonstige – versteckte – Tore hat er nicht. Es gibt keine Sünde, die wir nicht mit unserem Willen begangen hätten. Wenn der Wille nicht zustimmt, liegt keine Sünde vor, sondern menschliche Schwäche.«[145]

Gedanken kommen und gehen, und wir können kaum Einfluss darauf nehmen, was uns gerade in den Sinn kommt.

---

144 Vgl. Ps 7,10: »Die Bosheit der Frevler finde ein Ende, doch dem Gerechten gib Bestand, der du Herzen und Nieren prüfst, gerechter Gott!«; Jer 20,12: »Aber der HERR der Heerscharen prüft den Gerechten, er sieht Nieren und Herz.«

145 Übers. aus dem Ung. Vgl. Padre Pio: *Breviario.* Hg. v. C. Marcellino. Bologna 2002, S. 178: »Ricordati che il demonio ha una sola porta per entrare nell'animo nostro: la volontà. Porte segrete e nascoste non ve ne sono.« (›Denk daran, dass der Teufel eine einzige Tür hat, um in unseren Geist einzutreten: den Willen. Geheime oder verborgene Türe gibt es darin nicht.‹); a. a. O., S. 162: »Nessun peccato è tale, se non è stato commesso con la volontà.« (›Keine Sünde ist eine solche, wenn sie nicht willentlich begangen wurde.‹); ebd.: »Non può esservi colpa se non in ciò che l'anima vuole, oppure non avendolo voluto, l'approva o non faccia sforzo alcuno per rimuoverlo da sé.« (›Schuld kann nur in dem vorliegen, was die Seele will oder aber, obschon nicht gewollt, so doch billigt oder in keinster Weise wegzuschaffen sucht.‹).

Wenn der Vorstellung keine Tat folgt, warum ist es dann trotzdem eine Sünde? Warum sollte ich auch meine Gedanken disziplinieren?

Zu Beginn unserer seelischen Entwicklung bemühen wir uns darum, die groben Fehler auszumerzen und mit der schlimmsten Unordnung aufzuräumen. Doch dann müssen wir danach streben, auch unsere Begierden und Gedanken zu bezähmen.

Wenn ich früher mit Schwierigkeiten konfrontiert war, wurde ich wütend und zeigte dies auch den Menschen um mich herum. Heute bin ich so weit, dass ich, wenn etwas Unerfreuliches vorfällt, bei mir sagen kann: »Halleluja! Hier wirst du auf die Probe gestellt. Jetzt kannst du zeigen, wie stark dein Glaube und deine Hoffnung sind. Wollen wir einmal sehen: Wie lässt sich dieses Problem auf christliche Art lösen?«

Eine Zeitlang sagte ich mir dies zwar schon, aber innerlich war ich nichtsdestotrotz noch von Anspannung, Wut und Zorn erfüllt. Inzwischen merke ich oft, dass in solchen Situationen auch in meinem Innern Friede, ja sogar Neugier herrscht: »Himmlischer Vater, wie wirst Du wohl dieses Problem durch mich lösen?«

Als ich in einem Bergwerk arbeitete, rutschte auch mir hin und wieder ein unschönes Wort heraus. Nach einiger Zeit war ich zwar in der Lage, mir solche Ausdrücke zu verkneifen; aber gedacht habe ich mir derlei immer noch.

ICH ERLEBE ES ALS GROSSE BEFREIUNG UND ALS EIN GESCHENK GOTTES, DASS ICH GANZ ALLMÄHLICH NICHT NUR DAZU GELANGT BIN, MICH ZU BEHERRSCHEN, SONDERN MICH INZWISCHEN AUCH AUS DEM STRUDEL DER EMOTIONEN HERAUSZUHALTEN VERMAG.

Ich lächle nicht nur höflich, sondern spüre dabei auch, dass mich innerlich Frieden erfüllt. Natürlich habe ich dafür an mir gearbeitet und arbeite auch heute noch an mir. Sobald mir zu Bewusstsein gelangt, dass in mir etwas Schlechtes vor sich geht, versuche ich, dem schnell zu widersagen, und gebe den negativen Gefühlen und der Abneigung keine Nahrung.

Jesus sagt: »Wes das Herz voll ist, des geht der Mund über.«[146] Und auch unsere Taten gehen aus unserer Seele hervor. Wenn wir unsere Gedanken und Gefühle nicht in Zaum halten, dann beherrschen sie auch unser Tun, reißen uns in alle mögliche Richtungen und führen uns auf Wege, die wir eigentlich gar nicht gehen wollten.

Wir müssen uns bewusst darum bemühen, das Schlechte in uns mit Stumpf und Stiel auszureissen, bevor es zu wuchern beginnt und das Gute in uns erstickt.

Ich bin davon überzeugt, dass ein Mensch, indem er bewusst an sich arbeitet, zur Läuterung gelangen kann. Es ist gut, wenn wir auch mit einem sündigen Menschen, der ohne Obdach ist, ins Gespräch treten und nicht mehr den schlechten Menschen in ihm sehen, sondern die kleine Maus, die sich unter den Klauen der Katze windet. In unserem Herzen regt sich dann Mitleid, und es kommt in uns der Wille auf, ihm etwas Gutes zu tun. Eben dies spürt der sündige Mensch, und so kommen die Zachäusse unserer Zeit wirklich wieder auf die Beine. Sie beurteilen dann selbstkritisch das Leben, das sie bisher geführt haben, und beginnen, von uns dabei unterstützt, ein neues, besseres Leben.

---

146 Lk 6,45. Im Dt. hat diese Stelle in der von Luther gewählten Übersetzung Eingang in den allgemeinen Zitatenschatz gefunden. In der EÜ 2016 heißt es dafür: »[…] wovon das Herz überfließt, davon spricht sein Mund«. Schon die ersten kath. Übersetzungen der Heiligen Schrift – von Hieronymus Emser aus dem Jahr 1527 und Johannes Eck aus dem Jahr 1537 – übernahmen Luthers Lösung an dieser Stelle nicht.

Die durch Unterlassung begangenen Sünden sind schwer zu fassen, weil wir ja nichts Böses getan haben ...

Wenn wir ein Gemüsebeet nicht entkrauten, aufhacken und gießen, dann werden die Folgen dieser Unterlassung schnell sichtbar: Das Gemüse geht ein. Wenn Eltern sich um ihre Kinder nicht kümmern, sie nicht streicheln und nicht loben, dann tut dies oft mehr weh als eine Ohrfeige. Wenn ein Mann Schlendrian treibt und seine Arbeit mehr schlecht als recht verrichtet, dann ruiniert er sich und kann auch seine Familie nicht unterhalten. Wenn eine Frau aus Trägheit nicht kocht, nicht putzt und sich nicht um ihre Kinder kümmert, dann verwahrlosen diese und ihre Familie bricht auseinander. Es gibt Unterlassungen, deren Folgen klar sichtbar sind und ganz konkret angegeben werden können.

Ich möchte dazu ein Lehrgeschichtchen erzählen:

Die Menschen stellen sich vor Gott auf und zeigen der Reihe nach ihre Hände vor.

Da spricht Gott zum Ersten: »An deinen Händen klebt Blut. Du bist ein Mörder! Weg von mir!«[147]

Der Nächste zeigt seine Hände vor, und Gott spricht zu ihm: »An deinen Händen klebt Gold. Du bist ein Dieb! Weg von mir!«

Der Dritte streckt Gott seine Hände entgegen und sagt: »Schau, Herr, meine Hände sind sauber!« Gott wirft einen Blick auf sie und erwidert dann: »Sauber, ja, gewiss, aber leer! Weg von mir auch du!«

Zu der Zeit, als der rumänische Diktator Ceauşescu[148] gestürzt wurde, war ich als Priester in Dés[149] eingesetzt.

---

147 Auch ein Mörder wird von Gott nicht weggeschickt, wenn er sich geläutert hat – ebenso wenig natürlich ein geläuterter Dieb (s. ob. S. 319 f.).

148 Nicolae Ceauşescu regierte von 1965 bis 1989 Rumänien als kommunistischer Diktator. Im Dez. 1989 wurde er gestürzt und hingerichtet (vgl. *Wikipedia*, Nicolae Ceauşescu (07.07.2018)).

149 Dés: s. ob. Anm. 19 zu S. 96.

Wir hätten damals einen Kindergarten gründen wollen. Aber wir sagten uns, dass dies noch zu früh sei und wir zu dieser Aufgabe erst noch emporzuwachsen, zunächst einmal Geld zu sammeln und uns fortzubilden hätten.

Auch im darauffolgenden Jahr nahmen wir das Projekt nicht in Angriff, weil wir uns zu klein und schwach dazu fühlten. Im Oktober desselben Jahres erhielt ich von meinen Vorgesetzten einen Brief, in dem sie mir mitteilten, dass sie mich von Dés nach Déva[150] versetzen. Für mich brach eine Welt zusammen! Umsonst hatte ich mich innerlich auf diese Aufgabe vorbereitet und Geld gesammelt. Die Verwirklichung des Traumes, den ich mit solcher Begeisterung geträumt hatte, musste ich einem andern überlassen, dem die Sache vielleicht gar nicht so am Herzen lag wie mir. Heute[151] gibt es in Dés noch immer keinen Kindergarten. Es mag sein, dass dort ein solcher auch nicht nötig ist. Aber das ist gar nicht das Entscheidende. Was ich damit sagen will, ist vielmehr, dass ich damals das Gefühl hatte, dass drei Jahre ungenützt verflogen waren. Ich hatte in dieser Sache durch mein Tun keine Sünde begangen. Nichtsdestotrotz hatte ich das Gefühl, etwas, was ich hätte tun sollen, unterlassen zu haben, indem ich nur auf der Stelle getreten war.

Es reicht nicht, sich nichts zuschulden kommen zu lassen und keine Fehler zu begehen. Vielmehr müssen wir auch ganz bewusst danach streben, dass wir Früchte hervorbringen, ein jeder seine eigenen.

Wir sind zu einer Aufgabe auf die Welt gekommen. Ich glaube, dass jeder Mensch die Antwort Gottes auf ein Gebet ist. Einst dürfte jemand gebetet haben: »O Gott, wie gut wäre es doch, wenn es etwas gäbe, womit ich meine schönen Gedanken festhalten könnte, damit diese nicht verlorengehen!«

---

150 Déva: s. ob. Anm. 25 zu S. 109.

151 Die ung. Erstauflage erschien 2009.

Als die Menschen in der Hitze oder in der Kälte zu Fuß unterwegs waren, da seufzten sie wohl: »Wie gut wäre es doch, in Windeseile am Ziel zu sein! Wir hätten dann im Sommer nicht zu schwitzen und im Winter nicht zu frieren!«

Auch heute beten wir oft, wenn wir mit dieser oder jener Krankheit konfrontiert sind: »O Herr, wie gut wäre es doch, wenn es gegen meine Krankheit ein Medikament gäbe!«

Ein anderer mag aufseufzen: »Wie gut wäre es, wenn ich im Alter nicht allein wäre, wenn einer da wäre, der mit mir plauschen würde und der mir meine Arznei aus der Apotheke brächte!«

Gewiss erhört Gott unsere Gebete und gibt uns in Gestalt eines Kindes eine Antwort. Den Kindern gibt Gott die Fähigkeit und die Sehnsucht mit auf den Weg, das Tonbandgerät und das Automobil zu erfinden und das lebensrettende Medikament zu entdecken. Er gibt ihnen auch die Fähigkeit mit, anderen Menschen Liebe zu erweisen und ihnen die Tränen abzuwischen. Die Aufgabe der Erwachsenen ist es, den Kindern dabei zu helfen, sich zu entfalten und emporzuwachsen, damit sie uns einst laut und vernehmlich ihre Antwort geben können, eine Antwort, die eine Lösung für dieses oder jenes Problem der Menschen darstellt und die letztlich von Gott kommt.

Es gibt Menschen, die einem Autofahrer gleichen, der mit seinem schnellen, PS-starken Auto höchstens im dritten Gang fährt und nie in den vierten oder fünften hochschaltet.

Ich bin mir sicher, dass es einen solchen Menschen einst nach seinem Tode mit großer Bitterkeit erfüllen wird, wenn er feststellen muss, dass Gott durch ihn einen Berg versetzen wollte und er in seiner Kleingläubigkeit, Schwachheit oder Faulheit nur einen Sandhaufen umgeschaufelt hat. Diese Person sieht dann die Gesichter der Kinder, denen Gott durch sie Leben schenken wollte, und sie muss feststellen, dass sie ihre Zeit verplempert hat, sich davor gedrückt hat, zu heiraten und die Kinder anzunehmen, die Gott ihr schenken wollte. Nach dem Tode können wir aber unser irdisches Leben nicht von neuem beginnen.

Viele Menschen sausen wie starke Lokomotiven allein auf den Schienen dahin. Dabei wäre es ihnen ein Leichtes, eine ganze Reihe von Waggons zu ziehen. Ihr Leben, ihre Arbeit, ihr Gehetze erhielte einen Sinn, wenn sie sich Waggons anhängten und ihren Kräften entsprechend ausgelastet dem Ziel entgegenrattern würden.

Heißt das, dass wir zu jeder guten Aufgabe, die sich uns bietet, Ja sagen müssen, da wir sonst durch Unterlassung sündigen? Muss eine verheiratete Frau zum Beispiel weitere Kinder zur Welt bringen, wenn sie und ihr Mann schon für den Unterhalt derer, die sie haben, kaum aufkommen können oder wenn es in ihrer Ehe bereits kriselt? Wann kann ich guten Gewissens sagen: »Na, jetzt mal ein bisschen langsamer! Wir hetzen ja nur noch aneinander vorbei!«, oder: »Ich muss mal stehenbleiben und auftanken, muss wieder Kraft schöpfen, sonst würge ich meinen Motor ab und bleibe am ›Straßenrand‹ stehen«?

Entschuldigen Sie, dass ich bei diesem ernsten Thema einen Witz erzähle:

Fahren eine Blondine und eine Brünette auf der Autobahn. Auf einmal bleibt ihr Wagen stehen. Fragt die Blondine die Brünette: »Warum haben wir angehalten?« Antwortet die Brünette: »Weil wir keinen Sprit mehr haben« – worauf die Blondine erklärt: »Wie gescheit du doch bist! Dass du das gemerkt hast! Also ich wäre weitergefahren!«

Wie weit der Sprit dieses oder jenes Menschen reicht, wozu er also Kraft hat, das kann ich nicht sagen. Jeder muss selbst auf Gottes Stimme hören, um zu erfahren, was Er von ihm will. Das lässt sich von außen nicht beurteilen. Es gilt, stets danach zu fragen, was Gottes Wille ist, Ihn im Gebet zu fragen, unsere Sehnsüchte und Ängste vor Ihn zu bringen und darauf zu achten, welche Gefühle uns bewegen. Wenn wir Ihn aufrichtigen Herzens suchen, dann werden wir von Ihm gewiss früher oder später eine Antwort erhalten. Wir müssen es wagen, vertrauensvoll zu Ihm zu rufen. Wir müssen glauben, dass Er uns nicht alleinlässt, wenn wir uns an Ihn wenden.

Es gibt eine verantwortungsbewusste Vaterschaft und eine verantwortungsbewusste Mutterschaft. Es ist an den Eheleuten, zu erkennen, wie viel sie tragen können, wie viele Kinder sie ordentlich großzuziehen vermögen. Dazu ist es notwendig, viel miteinander zu reden. Wenn wir auf den andern achten, wenn wir uns die Last teilen, wenn wir uns gegeneinander großherzig zeigen, wenn wir nötigenfalls auch fremde Hilfe in Anspruch nehmen und wenn wir unsere Zeit besser einteilen, dann sind wir unter Umständen in der Lage, eine größere Last zu schultern.

Ich glaube und spüre es auch an mir selbst, dass ein Mensch zu sehr viel mehr fähig ist, als er in der Regel auf sich nimmt.

Gott hat, als Er uns schuf, nicht gepfuscht: Er hat uns gut zusammengefügt. Wir vermögen daher Belastungen standzuhalten und Berge zu versetzen.

Die meisten Menschen laufen nicht Gefahr, sich zu übernehmen. Vielmehr sehe ich viele Menschen, die ihr Leben ›auf Sparflamme gestellt‹ haben, viele, die zwar ständig durch die Gegend brausen, aber keine Waggons angehängt haben oder einem sinnlosen, vergänglichen und fraglichen Ziel nachjagen, für das man sie nur bedauern kann.

Man muss immer klein anfangen. Gott legt einen kleinen Krümel der Welt in unsere Hände. Diesen Krümel gilt es mit großer Liebe zu formen, gleichsam neu zu schaffen. Wenn Gott dann unseren Eifer und unsere demütige Mühewaltung sieht und würdigt, wird Er uns vor immer größere Aufgaben stellen. »Sehr gut, du tüchtiger und treuer Diener. Über Weniges warst du treu, über Vieles werde ich dich setzen. Du warst ein guter und treuer Diener! Du warst im Kleinen treu, ich werde dir Großes anvertrauen« (Mt 25,21).

Lieber sterbe ich, am Reich Gottes mitbauend, erschöpft von der Arbeit als träge und eingerostet.

Vertrauen wir auf Gott, fragen wir uns, was Er von uns will, und schauen wir, ob wir nicht einen vierten oder gar fünften Gang haben. Gebrauchen wir den Schaltknüppel dann so, dass wir uns sicher fühlen, ohne uns aber krampfhaft zu drosseln.

Gewiss hat man im Auto deshalb eine Bremse und kann herunterschalten, weil dies von Zeit zu Zeit nötig ist. Wenn man ausgebrannt ist, läuft man leicht Gefahr, verbittert und gereizt zu werden, ja sogar unfähig zu werden zu lieben ...

Wenn wir Sport treiben, nutzen sich unsere Muskeln dadurch nicht ab, sondern werden kräftiger, so dass wir immer größeren Belastungen standzuhalten vermögen.

WENN JEMAND VON SEINEN MUSKELN KEINEN GEBRAUCH MACHT, DANN VERKÜMMERN SIE. DURCH DIE KÖRPERLICHE ANSTRENGUNG WERDEN WIR KRÄFTIGER. MIT UNSEREM KÖRPER VERHÄLT ES SICH GERADE ANDERS HERUM WIE MIT EINEM AUTO, IN DESSEN TANK DER TREIBSTOFF IMMER WENIGER WIRD, JE WEITER WIR DAMIT FAHREN.

Wie mit den körperlichen Fähigkeiten, so ist es auch mit den geistigen. In unserer Kindheit sagten ich und andere oft, dass unser Kopf mit allerlei überflüssigem Zeug vollgestopft würde und wir darin einmal nicht mehr genug Platz für die wirklich wichtigen Dinge hätten. Daher lösten wir die Rechenaufgabe lieber nicht und lernten das lange Gedicht lieber nicht auswendig, damit wir später noch ausreichend Kapazität für anderes hätten.

Das ist pure Kinderlogik! Dadurch, dass wir unsere grauen Zellen anstrengen, bilden sich mehr Verbindungen zwischen ihnen aus. Auf diese Weise werden wir fähig, auch schwierigere Aufgaben zu lösen. Wir erfahren eine geistige Bereicherung, werden klüger. Unsere Gehirnzellen sterben gewiss nicht dadurch ab, dass wir lernen und sie für allerlei Aufgaben nutzen, sondern viel eher dadurch, dass wir dahinträumen und Maulaffen feilhalten. Durch Anstrengung entwickeln wir uns. Das gilt für alle Fähigkeiten und Fertigkeiten.

Wenn ich im Leben noch nie mit einer Sense gearbeitet habe, wird mir dies in den ersten Tagen gewiss sehr schwerfallen. Doch dann bin ich eingearbeitet und vermag damit eine größere Fläche zu mähen.

Als ich das erste Mal als Priester nach Csíksomlyó[152] zu fahren hatte, wofür es eine Strecke von hundertfünfzig, zweihundert Kilometern zurückzulegen galt, überprüfte ich zunächst das Auto, angefangen beim Luftdruck der Reifen bis hin zum Fahrgestell. Bruder Rókus machte mir Vesperbrote und gab mir ein kleines Kissen mit, für den Fall, dass ich unterwegs im Auto ein Nickerchen zu machen hätte. Seither habe ich mehrere hunderttausend Kilometer zurückgelegt, und es macht mir nichts mehr aus, wenn ich gerade von Déva nach Budapest zu fahren habe und noch am selben Tag wieder dorthin zurückkehren muss.[153]

In einem Lied der ungarischen Rockband LGT hieß es: »Die erste Watschen ist die schlimmste, die nächsten einfach nimmste.« Durch Anstrengungen wird ein Mensch nicht schwächer, sondern stärker. Auch einer Mutter macht ihr erstes Kind die meiste Arbeit, bei den folgenden hat sie schon Routine. Auch Menschen mit Behinderung

152 Csíksomlyó: s. ob. Anm. 67 zu S. 196.

153 Wie É. Karikó in ihrer Einleitung zu diesem Buch erklärt, entstand dieses buchstäblich, während P. Csaba am Steuer saß. Von dem im südl. Siebenbürgen gelegenen Déva, wo P. Csaba sein erstes Kinderheim gegründet hatte, bis Budapest sind es rund 440 km.

können, wenn sie eine Beschäftigung erhalten, über ihre Einschränkungen hinauswachsen und ein schönes, menschenwürdiges Leben führen.

Oft machen wir die Erfahrung, dass Gott uns in unserer Schwäche zu Hilfe eilt.

Ein Mensch muss sich seiner eigenen Grenzen bewusst sein. Es muss ihm aber auch bewusst sein, dass er diese erweitern kann, wenn er dazu von Gott Kraft und Weisheit erhält.

In unserer heutigen Welt sehen wir dennoch, dass viele ständig Vollgas geben. Die heilige Mutter Teresa von Kalkutta sagte einmal: »Die Liebe fängt bei uns zuhause an; Zuhause hat die Liebe ihre Wohnung. In der Welt herrscht deshalb so viel Leid und Traurigkeit, weil die Eltern keine Zeit füreinander haben. So nimmt die Zerstörung des Friedens in der Welt ihren Anfang in der Familie. Jeder hat es heute offenbar furchtbar eilig, jagt voller Ungeduld immer größeren Erfolgen, immer größerem Fortschritt, immer größerem Reichtum und dergleichen nach. Für die Kinder aber bleibt den Eltern darüber kaum noch Zeit.«[154] *Dazu fällt mir auch ein ergreifendes Bild des reformierten Pfarrers Endre Gyökössy (1913–1997) ein, mit dem dieser die Rolle der Eltern verdeutlicht: »Wir selbst sind die Bilder in der Bilderbibel unserer Kinder. Der Unterricht im Glauben ist schon Zugabe.«*

---

154 Übers. aus dem Ung. »Love begins at home; love lives in homes and that is why there is so much suffering and so much unhappiness in the world today … Everybody today seems to be in such a terrible rush, anxious for greater developments and greater riches and so on, so that children have very little time for their parents. Parents have very little time for each other, and in the home begins the disruption of the peace of the world« (Mother Teresa Found., https://motherteresafoundation.org/2010/06/message_of_love_3/ (16.01.2020)). Die Reihenfolge ist in der ung. Fassung eine andere. Auch ist im Engl. von der Zuwendung der Kinder gegenüber ihren Eltern die Rede, in der ung. Fassung vom umgekehrten Verhältnis.

Man sagt, dass, wenn der böse Geist einen Menschen nicht zu etwas Schlechtem verleiten kann, er ihn dazu bringe, das Gute zu übertreiben. Der böse Geist hetzt uns, und der übermüdete, ausgebrannte Mensch läuft leicht Gefahr, falsche Entscheidungen zu treffen.

Im Geiste des Gebets müssen wir Tag für Tag uns selbst die Frage stellen: Was ist meine Aufgabe? Was für eine Frucht habe ich selbst hervorzubringen?

Eine wichtige Aufgabe des Vaters ist es, den Lebensunterhalt seiner Familie sicherzustellen. Doch es reicht nicht, dass er für materielle Sicherheit sorgt. Ebenso ist es wichtig, dass er als Vater im Leben der Familie präsent ist und seine Kinder bereits hier auf Erden die Liebe des Himmlischen Vaters – der auf sie aufpasst und für sie sorgt – erfahren können.

Wie sollen sich die Kinder vorstellen können, dass Gott ihr Gebet erhört, wenn schon ihre Eltern ihnen keine Beachtung schenken? Wie sollen die Kinder glauben können, dass Gott barmherzig ist und selbst ihre Haare gezählt hat[155], wenn ihre Eltern sich nur um das materielle Wohl kümmern, aber nicht um die Seele ihrer Kinder, um deren Gefühle, deren tägliche Probleme und deren Ängste?

Im christlichen Glauben bilden Leib und Seele eine Einheit und lassen sich nicht voneinander trennen. Die schön eingerichtete und ordentlich aufgeräumte Wohnung muss die Mutter mit einer Seele erfüllen. Sie muss die kalten Wände, Möbel und anderen Gegenstände zu einem warmen Heim machen, muss das Zuhause mit dem Glück gemeinsam verbrachter Stunden erfüllen.

An einem Flugzeug darf nicht der eine Flügel kleiner oder größer sein als der andere, sonst stürzt es ab. Heutzutage erleben wir, dass für viele die materiellen Güter

155 Vgl. Mt 10,30; Lk 12,7.

und die Verwöhnung des Körpers wichtiger sind, und wir sehen, dass dies in zahlreichen Familien zu Tragödien führt: Scheinbar haben diese Familien alles, doch die Eheleute leben wie Fremde nebeneinanderher.

Die Vorstellung, dass in einer Familie materielle Güter nicht wichtig wären, ist ebenso schädlich, wie wenn die Eltern nur auf diese bedacht sind und das Seelische, die in trautem Beisammensein verbrachte Zeit, die gemeinsame Fröhlichkeit und das Mitgefühl geringachten und dafür keine Zeit aufbringen. Gebe Gott, dass wir mit Leib und Seele daran arbeiten, dass Sein Reich auf Erden Wirklichkeit werde!

Jeder Mensch muss betend stets danach fragen, was für eine Aufgabe ihm gleichsam auf den Leib geschneidert ist, und diese ruhig und beharrlich erfüllen. Dabei hat Jesus Geduld mit uns.

Mochte Gott die Erlösung der Menschheit auch noch so dringend erscheinen, so kam doch Jesus nicht schon zwei Monate nach dem Besuch des Engels zur Welt.

Auch Maria selbst trug ihr Kind geduldig neun Monate lang im Mutterleib. Es täte uns allen not, uns, auf Gott horchend, in Ruhe zu entfalten.

Das ruhige, harmonische Familienleben ist nicht so spektakulär wie eine hart erkämpfte Karriere, die jemanden in die höchsten Positionen führt und es ihm erlaubt, sich den neuesten elektronischen Schnickschnack zu kaufen und mit einem teuren Schlitten über die Straßen zu brettern; doch der Wert eines friedlichen Familienlebens ist so gewaltig, dass er bis zum Ende der Welt Bestand hat. Während Geld, Macht, Erfolg und Schönheit vergehen, werden unsere glücklichen Kinder, Enkel, Urenkel und noch weitere Generationen in der Ewigkeit des himmlischen Reiches einst unseren Namen preisen.

Was früher als Sünde galt, sehen heute viele als wünschenswerte Eigenschaft oder als verfeinerten Genuss an: Unmäßigkeit gilt nun als – durchaus positiv besetztes – Schlemmen, Hochmut als Selbstbewusstsein oder Stolz[156], *Habsucht als Geschäftssinn, Unkeuschheit als gesteigerte Sinnlichkeit, Neid als Ehrgeiz, Zorn als unerbittlicher Gerechtigkeitssinn und gerechtes Verlangen nach Vergeltung, Trägheit in guten Werken als Eigengesetzlichkeit im Sinne eines So-bin-ich-halt …*

Der Unterschied, den Sie hier angesprochen haben, ist der von subjektiver und objektiver Moral. Die Vertreter einer subjektiven Moral behaupten, dass unmoralisch schlichtweg nur das wäre, was wir dafür halten. Dadurch machen sie den Menschen zum Maß aller Dinge.

Die Kirche lehrt dagegen seit ihren Anfängen, dass es objektive Wahrheiten gibt und es also nicht vom menschlichen Subjekt abhängt, ob etwas gut oder schlecht ist. Die Zehn Gebote und Jesu Christi Liebesgebot lassen allesamt erkennen, dass es eine von den Vorstellungen des Subjekts unabhängige, objektive Wahrheit gibt, nach der jeder Mensch sein Handeln ausrichten muss.

Ich neige sehr dazu, das menschliche Handeln nicht von der Sünde her zu betrachten, sondern von der Tatsache auszugehen, dass jeder Mensch glücklich sein möchte und es Faktoren gibt, die mit einer Ablehnung dieses

156 Im *Katechismus der Katholischen Kirche* (Nr. 1866) wird in der dt. Fassung der Ausdruck »Stolz« gebraucht. Dieser dient als Entsprechung für den lat. Begriff »superbia«, welcher ansonsten im Dt. auch oft als »Hochmut« wiedergegeben wird. Dem von der ung. Ausgabe des Katechismus hierfür gebrauchten Ausdruck »kevélység« stellt É. Karikó den Begriff »büszkeség« (›Stolz‹) gegenüber, welch letzterer eine Haltung bezeichnet, die heute vielfach nicht negativ, sondern meistens sogar positiv gewertet wird. Eben diese Unterscheidung ist auch im heutigen Dt. zu beobachten: Einem nunmehr positiv gewerteten ›Stolz‹ wird oftmals die negative Haltung des ›Hochmuts‹ gegenübergestellt.

Glücks verbunden sind und die einen Menschen vom Licht, von der Entfaltung und vom Wachstum ausschließen.

Es mag durchaus sein, dass sich jemand danach sehnt, Eingang zum Himmel zu finden, von entsprechender moralischer Größe zu sein und sein Herz von Friede, Freude und Licht erfüllt zu spüren; doch seine Sünden ziehen ihn wie gewaltige Klötze in die Tiefe hinab und die Schmerzen über die durch das Böse geschlagenen Wunden hindern ihn daran, Erfüllung dieser Sehnsucht zu finden.

Die Menschen des 21. Jahrhunderts werden noch daraufkommen – wie sie schon auf so vieles gekommen sind –, dass die Sünde vom Glücklichsein ausschliesst, und sich deshalb alle Mühe geben, nicht zu sündigen.

Wenn einem Vogel am Flügel eine goldene Kette umgebunden wird, dann stellt diese für ihn einen Ballast und eine versklavende Fessel dar. Denn sie hindert ihn ja daran, sich in die Lüfte zu erheben, und wirft ihn, der doch eigentlich für den blauen Himmel geboren ist, in den Staub der Erde.

Ich glaube, dass die Menschen unserer Zeit weit weniger Sünden begehen als in früheren Zeiten. Es findet sich nicht so viel Arroganz. Mitte des 5. Jahrhunderts nach Christus schnitt der Hunnenführer Attila seinen Feinden ohne jeden Skrupel die Kehle durch. Brutale Verhaltensweisen, wie wir sie uns heute nicht einmal mehr vorstellen können, waren seinerzeit allgemein akzeptiert. Sicher ist es ausgesprochen schlecht, wenn jemand lügt, betrügt und korrupt ist und anderen dadurch Leid zufügt. Dennoch lebe ich lieber in der Welt von heute als in einer Zeit, wo jemand auf dem Marktplatz einfach so gevierteilt wurde oder vor den Augen der Kinder gepfählt wurde und die Menschenmenge sich diese barbarische Quälerei von Anfang bis Ende ansah ... Früher wurde einem Dieb die Hand abgeschlagen; heute hat auch ein solcher die Möglichkeit, mit heilen Gliedern neu anzufangen.

Wir haben für Ungerechtigkeiten eine größere Sensibilität entwickelt. Sklaverei war einst selbstverständlich. Inzwischen wird sie von uns längst verurteilt. Mittlerweile haben auch Tiere Rechte. Das Gesetz erlaubt es nicht mehr, sie zu quälen, und schreibt vor, unter was für Bedingungen sie zu halten sind. Die Menschen unserer Zeit führen ein reineres und schöneres Leben als früher und sind aufrichtiger im Umgang miteinander. Wir kommen nicht aus dem Goldenen Zeitalter, sondern steuern auf dieses zu. Jesus Christus bittet im Vaterunser[157] nicht darum, dass wir Sein Reich bewahren oder diesem nachweinen, sondern darum, dass Sein Reich komme. Aus dem Nichts kommen wir und streben dem Unendlichen zu; die Finsternis lichtet sich, und wir sehen alles zunehmend klarer ... Wir sind auf dem Weg, und selbst wenn wir oft vom rechten Wege abweichen, gehen wir doch letzten Endes in die richtige Richtung.

Es gibt Leute, die sagen: »Was mir guttut, kann keine Sünde sein.« Neidet Gott den Menschen etwa das Gute?

Gott möchte für uns, was gut ist. Nur erkennen wir Menschen leider oft nicht richtig, was wirklich gut für uns ist. Kann sich jemand gut fühlen, wenn sein Verhalten für andere mit Leid verbunden ist? Jemand feiert eine rauschende Fete, indes der Lärm die ganze Nachbarschaft nicht schlafen lässt. Ein anderer vertrinkt sein Geld, macht dadurch seine Familie kaputt und stürzt sie in materielle Not. Ein dritter strebt auf der Karriereleiter nach oben und nimmt dabei keine Rücksicht auf die anderen. Ein vierter macht sich in geselliger Runde zum Mittelpunkt, indem er andere verspottet oder vertrauliche Dinge ausplaudert. Ein fünfter schließlich

157 Vgl. Mt 6,7–12; Lk 11,2–4.

macht einer anderen Frau den Hof, bricht seiner Gattin damit das Herz und ruiniert seine Ehe.

Der Sinn eines jeden Gebotes besteht darin, dass sowohl ich selbst als auch meine Mitmenschen glücklich sein können. Die Liebe zu Gott ist ›mit Händen zu greifen‹, wenn wir das Gebot befolgen: »Du sollst deinen Nächsten lieben wie dich selbst!« (Gal 5,14).

Obwohl wir nichts dafür können, dass Adam und Eva im Paradies gesündigt haben, sind wir doch alle mit der Erbsünde behaftet. Ist das nicht irgendwie ungerecht?

Ich habe bereits mehrfach darauf hingewiesen, dass kein Mensch eine isolierte Insel ist. Unsere Worte und Taten, unsere Entscheidungen und auch unsere Sünden haben einen Einfluss auf unsere Nachkommen und andere Menschen, denen wir begegnen, so wie sich auch von dem Stein, der ins Wasser geworfen wurde, die Wellen kreisförmig fortpflanzen. Das liegt in der Natur der Dinge.

Die Anzahl der Stechmücken, die geboren werden, wirkt sich auf die Anzahl der Frösche aus, die das Erwachsenenalter erreichen. Diese wiederum hat Einfluss auf die Anzahl der Störche, die von ihren Eltern großgezogen werden können. Wenn in der Nahrungskette eine Art ausstirbt, kann das leicht zum Tod weiterer Spezies führen.

DIE ENTSCHEIDUNGEN DER ELTERN HABEN AUSWIRKUNGEN AUF DAS LEBEN DER KINDER. DAS GUTE WIE DAS SCHLECHTE VORBILD UND DIE VON DEN VORFAHREN ERERBTEN NEIGUNGEN ZIEHEN ÜBER GENERATIONEN HINWEG IHRE KREISE. DIES HAT ZWAR EINFLUSS AUF DEN MENSCHEN; DOCH DIESER KANN AUCH SELBST SEIN LEBEN STEUERN, KANN SICH DAFÜR ENTSCHEIDEN, ANDERS ALS SEINE VORFAHREN ZU LEBEN.

Die Geschichte von Adam und Eva ist ein Gleichnis, welches uns sagen will, dass Gott dem Menschen das ganze

Paradies angeboten hatte. Wie anders sähe das Leben der Menschheit aus, wenn die beiden ersten Menschen sich für die Liebe entschieden hätten, wenn sie Gott vertraut hätten und nicht im Paradies ›herumgestochert‹ hätten.

Gott findet sich nicht damit ab, dass die ersten Menschen zu Ihm Nein gesagt haben. Unermüdlich, geduldig und immer wieder aufs Neue ruft Er den Menschen zu sich. Dem Mose gab Gott die beiden steinernen Tafeln, auf denen Er uns die Spielregeln für unser Leben kundtat. Wenn wir nach diesen Regeln ›gespielt‹ hätten, wenn wir diese Regeln also ernst genommen hätten, welch schönes Leben hätten wir dann alle!

Gott sandte sogar Seinen eigenen Sohn, damit Dieser uns den Weg zu Ihm zeige. Viele sagten auch zu Diesem Nein; aber es machten sich auch viele auf, Christus nachzufolgen.

Wenn ich mich seit meiner Taufe stets nur für Jesus entschieden hätte – wenn ich ehrlich bin, dann kann ich mich auch den Wunden in meinem eigenen Leben stellen –, wie stünde dann meine Seele und mein Körper da, ja wie anders sähe so vieles in meinem Leben aus?! Aber leider war auch ich in meinem Leben oft träge, traf falsche Entscheidungen, ließ mich von egoistischen Gefühlen leiten und beging so mancherlei Dummheit.

Wir büßen nicht für die Sünde Adams. Vielmehr ist es eher so, dass sich die Menschen im Laufe der Jahrhunderte – ebenso wie auch wir heute – oft für den Unglauben und den Egoismus entschieden haben. Gewiss würden wir in einer schöneren Welt leben, wenn sich die Menschen von Anfang an und im Laufe der Jahrtausende immer wieder aufs Neue für Gott entschieden hätten. Die Menschheit hätte sich dadurch die Weltkriege und all die anderen – mit unvorstellbar großem Leid verbundenen – Kriege und Massenmorde erspart.

Auch heute haben die Menschen die Möglichkeit, sich für oder gegen Gott zu entscheiden. Wenn sich unsere Familien für das Leben entscheiden könnten, wenn wir uns an den Palmsonntagen des Alltags für Christus entscheiden könnten, um wie viel schöner wäre dann unsere Welt, um wie viel besser stünde es dann auch um unsere ungarische Nation!

Ist in diesem Sinne auch das Schriftwort zu verstehen, wonach Gott »die Schuld der Väter bei den Söhnen und Enkeln heim[sucht], bis zur dritten und vierten Generation« (Ex 34,7)?

Ja, ich glaube, dass es nicht Gott ist, der die unschuldigen Nachkommen straft. Wir selbst bringen dieses Leid über sie, wenn wir unseren Pflichten als Vater oder Mutter nicht ordentlich nachkommen, wenn wir lieblos und egoistisch sind, wenn wir uns nicht um unsere Kinder kümmern oder ihnen ein schlechtes Vorbild sind. Dadurch nehmen die Kinder Schaden an ihrer Seele und folgen oftmals eben jenen Verhaltensmustern, die sie selbst kennengelernt haben.

Die Folgen unserer Taten – der schlechten ebenso wie der guten – können im Leben unserer Kinder fortwirken, und oft verhalten sich dann auch diese, vielfach ihrer eigenen Absicht zum Trotz, in gleicher Weise gegenüber ihren eigenen Kindern.

Nicht Gott wird unsere Nachkommen bis in die dritte oder vierte Generation für eine schlechte Entscheidung, die wir selbst zu verantworten haben, strafen, sondern die Eltern bringen dieses Leid über ihre Kinder und Kindeskinder, indem sie, ohne über die Folgen nachzudenken, sich haben scheiden lassen, indem sie ihre Familie zugrunde gerichtet und ihre Kinder in eine ungewisse Zukunft gestürzt haben. Denn dieses Verhalten zieht schwere Folgen nach sich.

Unter der maßlosen, arroganten Verschwendung, die die Menschheit heute begeht, dieser sündhaften Aufzehrung der natürlichen Ressourcen, werden, so fürchte ich, unsere Nachfahren noch über die vierte Generation hinaus zu leiden haben.

Der heilige Franziskus von Assisi lebte vor achthundert Jahren, und wir halten sein Andenken bis heute in Ehren. Auf der anderen Seite fordert der wilde Klassenkampf, den Marx und Lenin entfesselt haben, noch heutigen Tages seine Opfer. Die Lektüre von Hitlers Buch *Mein Kampf* kann leider auch heutzutage noch eine Einstellung hervorbringen, die unter Umständen den Tod von Menschen zur Folge hat – obwohl inzwischen schon mehrere Generationen vergangen sind.

Es ist zu wünschen, dass unsere Entscheidungen positive Folgen haben und unsere Nachkommen, wenn sie sich an unser gutes Leben, unsere guten Taten und unser gutes Beispiel erinnern, bis ins dritte und vierte Glied jenen kraftvoll mit der Gründung einer Familie begonnenen Faden preisen, der sich über die Generationen hinweg durch ihr Leben zieht. Es hängt von uns selbst ab, was wir den Nachgeborenen hinterlassen.

Bislang haben wir uns mit der Sünde an sich beschäftigt, mit der Frage, wie wir uns durch diese von Gott absondern. Und wie blickt Gott auf den Menschen, der sich damit beladen hat?

In den meisten Actionfilmen geht es darum, dass ein guter Kerl auf einen Bösewicht trifft und die beiden den Kampf gegeneinander aufnehmen. Die beiden kämpfen bis aufs Blut, und schließlich siegt der Gute, indem er den Bösen tötet.

Das Schöne an unserem christlichen Glauben ist nun aber, dass wir sehen: Jesus Christus wirft den bösen Menschen nicht nieder, sondern glaubt daran, dass der heuchlerische, schon bejahrte Pharisäer Nikodemus imstande ist, ein neues Leben zu beginnen. Er glaubt auch daran, dass der von Dämonen besessene Mann in der Gegend von Gerasa[158] umkehren und ein neues Leben anfangen kann. Er begegnet dem geldhungrigen Zachäus und der unkeuschen Maria von Magdala, spricht mit ihnen, erbarmt sich ihrer und gibt ihnen die Chance, neu anzufangen.

> Da brachten die Schriftgelehrten und die Pharisäer eine Frau, die beim Ehebruch ertappt worden war. Sie stellten sie in die Mitte und sagten zu ihm: Meister, diese Frau wurde beim Ehebruch auf frischer Tat ertappt. Mose hat uns im Gesetz vorgeschrieben, solche Frauen zu steinigen. Was sagst du? Mit diesen Worten wollten sie ihn auf die Probe stellen, um einen Grund zu haben, ihn anzuklagen.
>
> Jesus aber bückte sich und schrieb mit dem Finger auf die Erde. Als sie hartnäckig weiterfragten, richtete er sich auf und sagte zu ihnen: Wer von euch ohne Sünde ist, werfe als Erster einen Stein auf sie.
>
> Und er bückte sich wieder und schrieb auf die Erde. Als sie das gehört hatten, ging einer nach dem anderen fort, zuerst die Ältesten. Jesus blieb allein zurück mit der Frau, die noch in der Mitte stand.
>
> Er richtete sich auf und sagte zu ihr: Frau, wo sind sie geblieben? Hat dich keiner verurteilt? Sie antwortete: Keiner, Herr. Da sagte Jesus zu ihr: Auch ich verurteile dich nicht. Geh und sündige von jetzt an nicht mehr!
>
> (Joh 8,3–11)

Gott ›schreibt‹ keinen Menschen ›ab‹. Keiner ist für Ihn ein hoffnungsloser Fall. Er wartet darauf, dass der sündige Mensch sich Ihm zuwendet, den Weg der Liebe einschlägt und dadurch glücklich wird.

Als Jesus am Gründonnerstagabend den Aposteln die Füße wusch, da hat Er auch mir und allen anderen Menschen die Füße gewaschen, nicht deshalb, weil wir dies verdient hätten, sondern weil Er möchte, dass wir rein

158 S. ob. Anm. 7 zu S. 50.

und schön und heilig werden. Er ermuntert uns, Seinem Beispiel folgend, in gleicher Weise zu handeln. Gebe uns Gott die Kraft, den andern nicht zu verurteilen, sondern auch an unserem eigenen Karfreitag den uns Anvertrauten treu zu bleiben und in Liebe einander rein zu waschen.

Am Gründonnerstag wusch ich selbst einem Schüler aus jeder Klasse die Füsse, und zwar dem jeweils grössten Schlingel, dem das Jahr über eine ganze Reihe von Erziehern und Lehrern ausgiebig ›den Kopf gewaschen‹ hatten.

Ich ließ sie direkt vor dem Altar Platz nehmen. Nach der Predigt kniete ich mich zu ihnen nieder, und während der Heimleiter die Waschschüssel hielt, wusch ich in Demut den Bengeln – einem nach dem andern – schön die Füße. Dabei betete ich für ihre Läuterung, betete darum, dass sich die Tür ihres Herzens weit öffne und sie merken, dass sie vielen Menschen in ihrer Umgebung viel Leid zufügen. Auch für mich war es eine riesige Erfahrung, mich zu jenen, die den Ausschluss aus dem Heim verdient gehabt hätten, hinabzubeugen und ihnen die Füße zu waschen. Neben mir kniete der Leiter unserer Einrichtung und trocknete den perplexen Kindern die Füße ab.

Gewiss hatte diese Fußwaschung einen symbolischen Charakter! Aber auch sonst gilt: Wir haben keine Zukunft, wenn das Band der Liebe, das unsere Familien, unsere Kirche, unsere Nation und die ganze Menschheit zusammenhält, nur in schönen, freudigen Momenten hält. Wenn an den von Zeit zu Zeit unvermeidlich wiederkehrenden Karfreitagen das Bündnis, das wir mit den anderen geschlossen haben, zusammenbricht und alles unter sich begräbt, dann haben wir keine Zukunft. Wir haben nur dann eine Zukunft, wenn wir in guten wie in schlechten Zeiten und selbst in den schwersten Augenblicken treu zum andern halten – bis zum Tode. Wenn sich jemand besudelt hat, dann wird er dadurch wieder sauber, dass wir ihn in Demut waschen.

Ich glaube die Auferstehung der Toten[159] und das ewige Leben

Wodurch wissen wir, dass es ein Leben nach dem Tode gibt?

In allen Religionen findet sich der Glaube an ein Leben nach dem Tode; Unterschiede gibt es dabei nur in den Einzelheiten, insofern als sie unterschiedliche Vorstellungen vom ewigen Leben selbst und dem Weg dorthin haben. Die Menschen haben seit vielen Jahrtausenden die Erfahrung gemacht, dass mit dem Tode nur der vergängliche Körper dem Zerfall preisgegeben ist, wohingegen unsere mit Händen nicht zu greifende Seele, welche unsere Gefühle, Gedanken und Taten lenkt, weiterlebt.

In der Heiligen Schrift – in Texten, die mehrere tausend Jahre alt sind – spricht Gott zu uns: »Mit ewiger Liebe habe ich dich geliebt« (Jer 31,3), und: »Sieh her: Ich habe dich eingezeichnet in meine Hände« (Jes 49,16). Er sagt nicht, dass Er uns siebzig oder achtzig Jahre lang liebt, sondern dass Er uns »mit ewiger Liebe« liebt.

Unsere lieben Angehörigen, die bereits aus dieser Welt geschieden sind, würden wir doch mit blossen Händen aus der Erde ausgraben, wenn wir sie zu uns zurückholen könnten. Wenn wir, obwohl wir Sünder sind, so sehr aneinander hängen und so sehr einander lieben können, um wie viel mehr liebt uns dann unser Himmlischer Vater!

159 S. ob. Anm. 37 zu S. 141.

Ja, Gott vermag uns mit grenzenloser Liebe zu lieben und uns allen das ewige Leben zu schenken.

Wenn es kein Leben nach dem Tode gäbe, würde zudem auf Erden völliges Chaos herrschen, weil weder gute noch schlechte Taten Konsequenzen nach sich zögen. Ohne Sanktionen gibt es kein Gesetz. Das Gesetz der Liebe hat nur dann Bestand, wenn es mit Konsequenzen verbunden ist: Lohn erwartet uns, wenn wir uns daran halten, Strafe, wenn wir uns darüber hinwegsetzen.

Was ist der Unterschied zwischen dem Letzten Gericht und dem besonderen Gericht, das heißt jenem Gericht, dem wir alleine im unmittelbaren Anschluss an unseren Tod unterworfen werden?

Durch unsere Taten leben wir gewissermaßen weiter. Marx' *Kommunistisches Manifest* und Hitlers *Mein Kampf* auf der einen Seite und der *Sonnengesang* des heiligen Franziskus auf der anderen Seite wirken auch nach dem Tod ihrer Verfasser fort – mögen diese das gewollt haben oder auch nicht. Die Einrichtungen, welche Menschen aufbauen, setzen ihre Tätigkeiten auch nach dem Tod ihrer Gründer fort und bringen so weiterhin Gutes oder Schlechtes hervor. Unsere Taten haben Auswirkungen im Raum wie auch in der Zeit.

Von der heiligen Mutter Teresa von Kalkutta ging ein Impuls aus, ein Impuls zur Unterstützung der Ausgestoßenen und Mittellosen, der bis heute wirkt. Viele eifern ihrem Beispiel nach – auch ich. Mutter Teresa hat die Welt besser gemacht. Für all die Früchte, die, von ihrem Vorbild geleitet, andere hervorbringen, sagt der gute Gott auch ihr Dank.

Wenn eine Mutter oder ein Vater sich im Jenseits ›aus dem Himmelsfenster hinauslehnt, auf die Erde hinabschaut‹ und sieht, dass sie beziehungsweise er die eigenen Kinder vernachlässigt hat und diese deswegen auf den Weg der Sünde geraten sind, dann wird das diese Mutter oder diesen Vater mit großem Schmerz erfüllen: Die Ohrfeigen, welche ihre Kinder anderen geben, werden auch auf ihrer Wange brennen. Wenn sie dagegen ihre Kinder auf den Weg des Guten geführt haben, dann wird Gott für das Glas Wasser, das diese einem Kranken oder einem Armen einschenken, auch den Eltern Dank sagen.

MIT MEINEN TATEN, MEINEN WORTEN UND DEM VORBILD, DAS ICH ABGEBE, KANN ICH ANDEREN HEILUNG ODER AUCH VERDERBEN BRINGEN, ETWAS AUFBAUEN ODER ETWAS EINREISSEN, LEBEN SCHENKEN ODER AUCH EINEM ANDERN DAS LEBEN RAUBEN.

All dies tut unglaubliche Weiten auf. Die Taten der Menschen bringen Früchte hervor – gute oder auch schlechte. Gut ist es, wenn wir so leben, dass wir Früchte hervorbringen, auf die wir stolz sein können und die unserem Heile dienen. Daher lehrt unsere Mutter, die Kirche, dass wir im Augenblick unseres Todes vor Gottes Richterstuhl kommen, wo über uns das sogenannte besondere Gericht, also das nur uns geltende Gericht, ergehen wird und jeder seinen Lohn oder seine Strafe erhalten wird, und dass es ein Letztes Gericht gibt, welches in Gegenwart aller Menschen am Ende der Welt stattfinden wird, wenn alle ›Früchte gereift‹ sein werden.

Wie sieht es im Himmel aus? Was tun wir dort, wenn wir dort hingelangen? Wird uns dort nicht furchtbar langweilig vor lauter Nichtstun? Werden wir dort nicht irgendwann einmal müde werden, Gott zu loben?

Erkenntnis bedeutet, die großen Geheimnisse und Wahrheiten des Lebens zu verstehen. Dank Gott können wir Menschen schon hier auf Erden eine ganze Menge verstehen. Aber uns allen werden sich einst noch unglaubliche

Weiten auftun. Gott ist unendlich. Zu Erkenntnis gelangen bedeutet, das Unendliche zu durchschreiten.

Ich glaube nicht, dass irgendein Mensch von sich behaupten könnte, dass er schon zur vollkommenen Erkenntnis gelangt sei und schon alles wisse. Ich denke nicht, dass es einen Menschen gibt, der die Hände in den Schoß legen und Däumchen drehen könnte, weil er ja mit allem schon fertig wäre. Der Erkenntnisgewinn ist ein allmählicher Prozess. Auf das Unendliche hin geschaffen und ausgerichtet, können wir dieses Unendliche mit unserem endlichen Wesen letztlich nie durchmessen.

Wir werden eine Ewigkeit brauchen, um Gottes wunderbare Welt tiefer zu erkunden, sie intensiver zu erleben und ihre Geheimnisse in immer mehr Facetten zu verstehen. In der Ewigkeit erfahren wir eine fortwährende Entfaltung, ein ständiges Wachstum.

Im Himmel sitzen wir nicht untätig herum. Denn Gottes Weisheit, Liebe, Güte und schöpferische Kraft sind wahrhaft unendlich. Selbst eine unendliche Zeit reicht nicht aus, um diese Unendlichkeit Gottes zu durchmessen. Es wird unvorstellbar spannend sein, einst in all dem Gottes Partner zu sein.

Wenn ein kleines Kind eine Sandburg baut, wird es damit ein kleiner Partner Gottes, des Schöpfers. Wenn ein reifer Mann ein Haus für seine Familie errichtet oder wenn er seine Freunde um sich sammelt und mit ihnen eine Gemeinschaft gründet, dann tut er damit das Gleiche wie das kleine Kind, das eine Sandburg baut, nur auf einer höheren Stufe.

Ja, der Hausbauer und der Gründer lernen eine höhere Ebene der Schöpfung kennen.

Wenn jemand eine Gemeinschaft gründet, so setzt er diese nicht aus Steinen und Mörtel zusammen, sondern aus Herzblut, reinen Idealen und einer guten Portion Verstand. So gerüstet geht der Gründer einer Gemeinschaft gegen die Unzulänglichkeiten und Fehler des irdischen Lebens an. Wenn eine Familie, ein Orden oder eine Einrichtung entsteht, wenn dann die Leiter einer Einrichtung Mitarbeiter suchen, die sich gegenseitig helfen, so ist auch dies Sandburgenbau, nur auf einer höheren Ebene.

Indem das kleine Kind lernt, wie hoch es die Sandmauer machen kann, ohne dass diese in sich zusammenbricht, erfasst es das Geheimnis des Sandburgenbaus. Der erwachsene Mensch lernt, ein Haus für seine Familie zu bauen oder eine Gemeinschaft zu gründen und deren Schönheit und Wert zu schätzen. Damit steigert sich die Intensität der Erfahrungen, aber im Grunde geht es um das Gleiche.

Im Himmelreich führt man ein aktives, schöpferisches Leben und wird immer mehr zu Gottes Partner. In unserem irdischen Leben staunen wir immer wieder aufs Neue über dieses oder jenes Geheimnis, einen schönen, wertvollen Gedanken, eine Landschaft oder einen Menschen, und dadurch entfalten wir uns. Diese Entfaltung kommt im Augenblick des Todes nicht zum Stillstand, sondern setzt sich fort. Wir lernen Gottes Welt immer intensiver kennen, dringen immer tiefer in Seine Wunder, Seine Schönheit und Seine Geschenke vor.

Da hier auf Erden niemand Däumchen zu drehen braucht, glaube ich nicht, dass man sich im Jenseits langweilen könnte. Die Menschen werden erschauern, wenn sie im Jenseits sehen, welch riesige Möglichkeiten der Vereinigung, der Zusammenarbeit und der schöpferischen Tätigkeit sich ihnen auftun. Die heilige Theresia vom Kinde Jesus[160], die in den Stand einer Kirchenlehrerin erhoben wurde, sagte einst, dass für sie das Himmelreich eine Hölle wäre, wenn sie dort nicht noch mehr Gutes tun könnte als auf Erden. Auch ich bin dieser Ansicht: Ich würde mich ausgesprochen schlecht fühlen, wenn ich ›von oben herab‹ jene Einrichtungen, die ich aufgebaut habe, nicht noch

160 S. ob. Anm. 128 zu S. 290.

mehr unterstützen könnte, wenn ich nicht mit zufällig scheinender Einfachheit meinen Kindern die Wege ebnen könnte.

Himmel und Erde stehen miteinander in lebendiger Verbindung, und es herrscht zwischen ihnen also eine Art ›Kommunikation‹ – freilich nicht dergestalt, dass Geister die Menschen erschrecken würden.

Der Tod bedeutet nicht, dass wir vom Spielfeld gestellt würden und nur noch vom Rand aus die Daumen drücken könnten. Vielmehr geht unser schöpferisches Tätigsein, mit dem wir an der Weiterschöpfung der Welt mitarbeiten, auf höherer Ebene und in grösserer Weisheit weiter.

Wie dies dann konkret aussehen wird, kann ich nicht sagen. Der Himmel ist der Ort, wo wir in vollkommener Gemeinschaft leben – mit Gott, der gesamten Schar der Heiligen und allen Menschen, die das Heil erlangt haben –, der Ort, wo niemanden ein Brustpanzer umgibt, wo wir uns nicht verteidigen, wo jeder Schleier von den Menschen abgefallen ist und wo wir schlicht und einfach beisammen sind. Der heilige Apostel Paulus schreibt: »Wir wissen: Wenn unser irdisches Zelt abgebrochen wird, dann haben wir eine Wohnung von Gott, ein nicht von Menschenhand errichtetes ewiges Haus im Himmel« (2 Kor 5,1). Wenn ich völlig ermattet und verbittert bin, stelle ich mir gerne dieses schöne Reich vor, wo Gott selbst uns den Tisch gedeckt hat und es unter den Tischgenossen keine Ersten und keine Letzten gibt.

Der heilige Franziskus litt an einer schweren, sehr schmerzhaften Erkrankung der Augen, und als er eben im Begriff stand, vor Ermattung in den Schlaf zu sinken, ließen ihn die Mäuse, die in seiner einfachen Hütte herumwuselten, kein Auge zutun. Am nächsten Morgen erklärten seine Gefährten ihr Mitleid mit ihm, weil er in solch elenden Verhältnissen lebe. Franziskus entgegnete ihnen: »Wenn jemand mit einem großen König ins Feld zieht und heldenhaft in der Schlacht kämpft, dann entbehrt er vieler Dinge und erleidet schwere Wunden. Trotzdem nimmt er diese Prüfungen auf sich, weil der König ihn reich belohnen wird.«[161] Der Lohn, den wir von Gott erhalten, wird uns für jedes erlittene Leid überreich entschädigen.

Ich weiß nicht, was uns im Himmel konkret erwartet. Aber eines weiß ich gewiss: Es lohnt sich, dort hinzugelangen! Wir machen – sehr salopp gesagt – ein gutes ›Geschäft‹, wenn wir, auf ein glückliches Leben im Himmel hoffend, Gutes tun und uns in unseren Entscheidungen von der Güte leiten lassen.

Jesus sagt: »Sammelt euch nicht Schätze hier auf der Erde, wo Motte und Wurm sie zerstören und wo Diebe einbrechen und sie stehlen, sondern sammelt euch Schätze im Himmel, wo weder Motte noch Wurm sie zerstören und keine Diebe einbrechen und sie stehlen!« (Mt 6,19f.). Ich bin davon überzeugt, dass ich Gott an Großherzigkeit niemals zu übertreffen vermag. Ganz gewiss wird Er meine Güte und Liebe im Himmel weit überbieten.

Wie kann ich im Himmel glücklich sein, wenn ich von dort zu einem ›Fenster‹ hinausschaue und vielleicht sehe, dass mein Kind schwer krank ist oder von einem Auto angefahren wird?

Alles, was uns auf Erden widerfährt, kann für uns ein Hindernis sein, das uns zu Fall bringt, oder aber ein Sprungbrett, das uns nach oben verhilft.

Wenn jemand schwer erkrankt, kann er dadurch seelisch tief stürzen, kann seinen Glauben verlieren, kann sich in Selbstmitleid ergehen, Gott und dem Leben dadurch den Rücken kehren. In diesem Falle wird ein Mensch durch sein Leiden

161 Übers. aus dem Ung.

in Verzweiflung gestürzt. Aber ich bin davon überzeugt, dass die Wirkung auch eine gegenteilige sein kann: Der Schmerz hilft dem Menschen, in seine eigene Seele hinabzüsteigen und sich bestimmter Dinge bewusst zu werden.

Beim Militär erkrankte ich an Hepatitis und erlitt zweimal einen Rückfall. Die Ärzte waren schon nahe daran, mich aufzugeben. Diese mehrmonatige Bettlägerigkeit war für mich eine ruhige Zeit, die mir die Gelegenheit bot, mich zu fragen, was mir im Leben wirklich wichtig ist, meine Gedanken zu läutern und gute Bücher zu lesen.

Viel hängt von unserer eigenen Einstellung ab. Zudem stehen auch unsere Mitmenschen in der Verantwortung, uns in einer schwierigen Lebenslage beizustehen und nach oben zu helfen. Wie oft sehen wir nicht, dass ein Mensch, der eine Krebserkrankung überstanden hat, oder ein körperlich Behinderter vielen Leidenden das Leben erleichtert, eine Selbsthilfegruppe oder einen Verein zur Vertretung der Interessen betroffener Menschen gründet! Sein Leben kann dann unter Umständen noch mehr Früchte tragen als zuvor. Durch das selbst erlebte Leid ist sein Herz weiter, sensibler und mitfühlender geworden.

Einer lieben Bekannten von mir war als Kind ein Mittel zur Erweiterung der Pupillen gegeben worden. Als sich ihre Augen in diesem Zustand befanden, leuchtete plötzlich ein starkes Licht auf, wodurch sie auf einem Auge erblindete. Jahre später lag dann diese Frau mit einem Kind in den Wehen, und diese zogen sich furchtbar lange hin, so dass auch ich schon ungeduldig ihren Arzt rief und ihn drängte, ihr Leiden mit einem Kaiserschnitt abzukürzen. Plötzlich erlangte da die Kreißende unter den Qualen der Geburt auf dem blinden Auge das Sehvermögen zurück und sieht seitdem mit beiden Augen gleich gut. Der schockartige Zustand und die ihren Körper belastende Anstrengung ließen den Damm brechen, welcher sie bis dahin daran gehindert hatte zu sehen.

Nur sehr schwer erhaschen wir einen Blick hinter die ›Kulissen‹. Wenn jemand unerwartet eine Million Euro im Lotto gewinnt, dann wäre ich mir keineswegs sicher, dass dies nur seinem Besten, seinem wahren Glücke dient. Was Geschenk und was Prüfung ist, das lässt sich nur sehr schwer entscheiden. Die Mutter, die zum ›Himmelsfenster‹ hinausschaut, versteht schon das Warum, sieht die Früchte, die in dem, was ihrem Kinde widerfährt, angelegt sind, sieht, wie dieses aus dem Geschenk oder dem Verlust Kapital schlagen kann.

EINS WEISS ICH GEWISS: JEDE WUNDE, DIE WIR ERLITTEN HABEN, UND JEDES PROBLEM, MIT DEM WIR ZU KÄMPFEN HABEN, SIND GEEIGNET, WERTVOLLE HIMMELSFRÜCHTE HERVORZUBRINGEN. UMGEKEHRT KANN JEDES IRDISCHE GESCHENK UND JEDER ERFOLG, DEN WIR AUF ERDEN VERBUCHEN, IM HINBLICK AUF UNSER EWIGES LEBEN EINE FALLE UND EINE GEFAHR FÜR UNSERE SEELE DARSTELLEN.

Die in Gottes Nähe lebende Mutter wird Ihn gewiss darum bitten, dass ihr Kind die Hürden gut zu nehmen vermag.

Gott weiß ganz genau, dass wir Menschen aufgrund unserer menschlichen Natur zur vollkommenen Liebe unfähig sind. Dies lässt uns oft erbärmlich leiden. Wozu bedarf es dann noch der Schmerzen des Fegefeuers?

UNSER IRDISCHES LEBEN IST EIN GEBURTSSTADIUM. NACH NEUN MONATEN IST EIN KIND ZWAR LEBENSFÄHIG; DOCH EIN JEDER MENSCH HAT DIE GANZE IHM ZUGEMESSENE ERDENZEIT NÖTIG, UM ZUM EWIGEN LEBEN FÄHIG ZU WERDEN.

Damit wir uns an der Schönheit des himmlischen Reiches und der dort herrschenden Freude selbst erfreuen können und nicht anderen dort Leid zufügen, mithin aus dem Leben im Himmel ein irdisches Leben machen, müssen wir alle zu dieser Höhe emporwachsen und geläutert werden. Wie das irdische Leben, so dient auch das Fegefeuer diesem Ziel.

Die materielle Welt hat in Christus jenen Grad und jene Reinheit der Liebe erreicht, wodurch es ihr möglicht wurde, aus dem von Gleichgültigkeit bestimmten irdischen Dasein auszubrechen und die Schranke zum Himmel zu überwinden. Dieser Weg ruft uns dazu auf, selbst zu lieben und rein zu werden. Natürlich spüren wir, dass es unmöglich ist, auf Erden all dies in Vollkommenheit zu verwirklichen. Der Reinigungsort, das Fegefeuer[162], ist derjenige Zustand nach unserem Tode, in dem wir jene vollkommene Reinheit der Liebe zu erlangen vermögen, die auch uns das Tor zum Himmel öffnen wird.

Den Kindern pflege ich dies so zu erklären: »Stell dir vor, dass dich Gott so, wie du jetzt bist, mit all deiner Spitzbübigkeit in den Himmel hereinließe und du dort in die Bäume des Paradieses deinen Namen einritzen würdest, um zu zeigen, dass dort Zoli[163] aus Déva vorbeigekommen ist – wie ›oberpeinlich‹ wäre das doch! Und wenn du dich mit den Engeln zanken würdest und ihnen Federn aus den Flügeln ausreißen würdest, nur weil du von der Torte nicht das erste Stück bekommen hast, dann würde es im Himmel ganz schnell so zugehen wie hier auf der Erde …« Wir müssen zur wahren Liebe also emporwachsen.

Wodurch werden wir im Fegefeuer gereinigt?

Die Erkenntnis wird den Menschen reinigen. Wir werden das Wesen der Liebe erfassen und mit Staunen sehen,

162 Auf die Reinigung verweist auch der direkt dem Lateinischen entnommene Ausdruck »Purgatorium«, der sich von dem Verb »purgare« (›reinigen‹) herleitet.

163 Zoli (gespr. Soli) ist die Koseform des männl. Vornamens Zoltán, der Ende der 1970er und Anfang der 1980er Jahre in Ungarn Spitzenplätze auf der Beliebtheitsskala belegte (vgl. Magyar Keresztnevek Tára, http://magyarnevek.hu/ (06.02.2018)).

dass all diese Schönheit und Harmonie, die uns umgibt, keineswegs selbstverständlich ist, und dass wir die Güte und Liebe, mit der uns Gott begegnete, oft missbraucht haben. Im Lichte der Wahrheit werden wir sehen, dass wir unsere Mitmenschen verletzt und ausgenutzt haben. Dabei sind diese ebenso wie wir Kinder Gottes, und Gott liebt sie ebenso sehr wie uns, ganz gleich, wie sie auch seien. Ja, Gott sagt sogar, dass das, was wir unseren Mitmenschen getan haben, Ihm getan haben, und das, was wir unseren Mitmenschen nicht getan haben, Ihm nicht getan haben.[164]

Im irdischen Leben kann ich ›hinwerfen‹ und sagen: »Was interessieren mich die anderen? Ich kümmere mich nur um meine eigenen Angelegenheiten.« Ich sinke dann immer tiefer in die materielle Welt hinab. Nach unserem Tode aber werden wir alles klar sehen. Wir werden dann nämlich in den Strudel der Erkenntnis Gottes gerissen. Wir möchten dann zu Ihm kommen; doch zugleich sehen wir unsere eigene seelische Missgestaltigkeit und unsere Unzulänglichkeiten. Solange ich im Finstern wandle, kann ich mich für alles Beliebige entscheiden. Wenn wir aber im Lichte Gottes stehen werden, so zieht uns dieses an wie ein Magnet, und nichts kann uns dann mehr halten. Nur vollkommen geläutert können wir mit Gott, der vollkommenen Liebe, eins werden. Darin besteht der Sinn des Fegefeuers.

Wie das irdische Leben, so ist auch das Fegefeuer kein statischer Zustand. Wenn ich nach meinem Tode dort hinkomme, dann sitze ich nicht einfach Schmerzen leidend herum, schlage, während nichts geschieht, die Zeit tot, sondern dringe stets tiefer in die ewige, wahre Schönheit, Güte und Liebe vor und darf Gott dabei immer intensiver erleben.

---

164 Vgl. Mt 25,40.45.

Auch wenn der Ausdruck ›Fegefeuer‹ nicht wörtlich, sondern bildlich zu verstehen ist, so weist dieser doch darauf hin, dass der damit bezeichnete Zustand mit ganz erheblichen Schmerzen einhergeht und keineswegs eine Kleinigkeit ist. Das Fegefeuer vernichtet nicht, sondern reinigt, wie die Flamme, in die der Goldschmied das Gold hält, damit es jede Verunreinigung ausschwitzt.

Es wird einen Menschen mit unvorstellbarem Schmerz erfüllen, wenn er klar erkennt, wo er es an Liebe zu Gott hat fehlen lassen. Wenn wir etwas Böses getan haben, dann bereuen wir es auf Erden nicht zuletzt deshalb, weil wir Angst haben, dafür Rechenschaft ablegen zu müssen, bestraft zu werden oder keinen Lohn zu erhalten. Das ist eine unvollkommene Reue, die egoistischen Motiven entspringt. Wenn ich jedoch Gott schaue und Seine große Güte sehe, dann wird es mir von Herzen leidtun und mich mit Schmerz erfüllen, dass ich in der Liebe und Güte so sehr hinter den Möglichkeiten zurückgeblieben bin. Dieser Schmerz wird uns läutern.

Ohne Schmerz gibt es keine Reinigung. Wie ein Messer wird uns die Erkenntnis durchbohren, wie wenig Gott und meine Mitmenschen, deren Schmerz auch Gottes Schmerz ist, mein schlechtes Verhalten verdienten.

Der Schmerz, der einen Menschen im Fegefeuer erfüllt, ist umso größer, je mehr dieser anderen Menschen an Liebe schuldig geblieben ist. Ich werde dann klar erkennen, inwieweit es an mir lag, dass ich anderen nicht jene Liebe und Großherzigkeit zeigen konnte, die Gott von mir erwartete. Das Leiden im irdischen Leben ist gleichsam eine Vorwegnahme des Leidens im Fegefeuer. Das Leiden ist unvermeidlich, da sich die Löcher im Gewand der Liebe nur auf diese Weise stopfen lassen. – Bei unserem Tode wird es uns, auch wenn wir der Läuterung bedürfen, mit großer Freude erfüllen, zu erfahren, dass wir das Heil erlangt haben, dass Gott uns also angenommen hat.

Inwiefern unterscheiden sich die Leiden der Hölle von denen des Fegefeuers?

GOTT HAT NUR DAS PARADIES GESCHAFFEN, DIE HÖLLE SCHAFFEN WIR SELBST. JA, WIR SIND ES, DIE DIESE MIT UNSEREN TATEN, UNSEREN UNTERLASSUNGEN UND UNSEREN WORTEN LEIDER SCHAFFEN – IN UNS SELBST UND UM UNS HERUM, AUCH HIER AUF ERDEN SCHON.

Niemand ist zur Hölle prädestiniert, also im Voraus dazu bestimmt. Gott lädt einen jeden Menschen in Sein himmlisches Reich ein. Die Kirche hat in zweitausend Jahren von keinem einzigen Menschen erklärt, dass er in die Hölle gekommen sei. Am Kreuze hängend, sprach Jesus Christus zu dem Schächer, der zu Seiner Rechten gekreuzigt worden war: »Heute noch wirst du mit mir im Paradies sein« (Lk 23,43). Über den links von Ihm gekreuzigten Schächer und Judas Iskariot sagte Er nichts. Wohl aber hatte Er bereits früher gesagt: »Wer einem von diesen Kleinen, die an mich glauben, Ärgernis gibt, für den wäre es besser, wenn ihm ein Mühlstein um den Hals gehängt und er in der Tiefe des Meeres versenkt würde (Mt 18,6)«.

Aber Jesus sagt doch im hohepriesterlichen Gebet: »Solange ich bei ihnen war, bewahrte ich sie in deinem Namen, den du mir gegeben hast. Und ich habe sie behütet und keiner von ihnen ging verloren, außer dem Sohn des Verderbens, damit sich die Schrift erfüllte« (Joh 17,12f.). Wurde der »Sohn des Verderbens« nun also verdammt oder nicht?

Jesus sagt dies von der Sünde, die Judas begangen hat. Denn diese wiegt in der Tat so schwer, dass sie dem Menschen die Verdammnis einbringen kann. Jesus spricht über Judas nicht das Urteil, sondern erklärt, dass ohne Reue und Umkehr diese Tat zur Verdammnis führt. Wir können nicht ausschließen, dass Judas vor seinem Tode seine Sünde bereute und dass er in geistiger Umnachtung Selbstmord beging. Wohl hat die Kirche Menschen heiliggesprochen; für verdammt hat sie jedoch niemanden erklärt. Freilich heißt das nicht, dass es überhaupt keine verdammten Seelen gäbe; aber von niemandem können wir mit Gewissheit behaupten, dass er oder sie endgültig verloren sei. Warten wir also das Ende ab.

Was ist die Hölle?

Als der Mann in der Gegend von Gerasa[165] in die Gewalt des Bösen geriet, entfernte er sich immer mehr von seinen Mitmenschen, vertraute ihnen nicht mehr, wollte nicht mehr in Gemeinschaft mit ihnen leben, bewarf sie mit Steinen und hasste auch sich selbst, suchte seinen Kopf auf den Steinen zu zertrümmern. Die Sünde führt zu Abschottung, Abkapselung, Verzweiflung und Hoffnungslosigkeit. Das ist nicht eine Strafe Gottes, sondern der »Lohn der Sünde«[166]. Das Paradies zeichnet sich aber durch Freude, Hinwendung zum andern und Vertrauen aus; es ist ein Zustand der Geläutertheit. Was auf Erden seinen Anfang nimmt, das entfaltet sich im Jenseits.

Wenn ich im irdischen Leben mit meiner Lieblosigkeit Mauern um mich herum errichtet habe und mich so gegenüber Gott und meinen Mitmenschen verschlossen habe und wenn ich Sklave meiner selbstsüchtigen Interessen geworden bin, dann werde ich mich bei meinem Tode vollkommen ausserstande fühlen, Gott zu begegnen, und daher Nein zu Ihm sagen.

Ich werde dann unfähig sein, bei Gott zu sein, weil ich mein ganzes Leben lang gegen Ihn war. Die damit verbun-

165 S. ob. Anm. 7 zu S. 50.
166 Röm 6,23.

denen Schmerzen gleichen denen, die man im Fegefeuer leidet, nur dass es in dieser Situation nicht den Trost gibt, dass der Zustand irgendwann ein Ende finden und darauf große Freude folgen wird. Denn die Hölle ist ein endgültiger Zustand.

Entscheiden wir uns immer wieder von neuem für die Liebe! Dann treten wir schon hier auf Erden in unseren eigenen Garten Eden ein, und nach unserem Tode wird dieser Zustand schließlich zu seiner vollen Entfaltung gelangen.

Der Apostel Paulus schreibt: »Wir wissen aber, dass denen, die Gott lieben, alles zum Guten gereicht, denen, die gemäß seinem Ratschluss berufen sind; denn diejenigen, die er im Voraus erkannt hat, hat er auch im Voraus dazu bestimmt, an Wesen und Gestalt seines Sohnes teilzuhaben, damit dieser der Erstgeborene unter vielen Brüdern sei. Die er aber vorausbestimmt hat, die hat er auch berufen, und die er berufen hat, die hat er auch gerecht gemacht; die er aber gerecht gemacht hat, die hat er auch verherrlicht« (Röm 8,28–30). Ist also ein Mensch im Voraus für den Himmel oder die Hölle bestimmt? Was versteht man unter der Prädestination, also der Vorherbestimmung?

Nach der Lehre der katholischen Kirche sind alle Menschen im Voraus zum ewigen Leben berufen. Die Kirche lehrt somit eine positive Prädestination, also eine positive Vorherbestimmung. Diese sieht aber nicht so aus, dass wir die Hände in den Schoß legen könnten und nur zu warten bräuchten, bis wir automatisch ins Paradies befördert werden. Vielmehr müssen wir zu dieser Höhe emporwachsen und dafür etwas tun.

Der heilige Paulus schreibt in seinem Brief an die Epheser: »Er hat uns aus Liebe im Voraus dazu bestimmt, seine Söhne zu werden durch Jesus Christus und zu ihm zu gelangen nach seinem gnädigen Willen, zum Lob seiner herrlichen Gnade. Er hat sie uns geschenkt in seinem geliebten Sohn« (Eph 1,5f.).

Gott hat nicht zwei Sorten von Menschen geschaffen, nicht gute und schlechte Menschen, sondern einfach nur Menschen, die Er auf ihren Lebensweg schickt, auf dem sie zu der Einsicht gelangen und erfahren müssen, wie süss und wunderbar es ist, den Weg der Liebe zu gehen.

Ein jeder Mensch wird auf diesem Weg geistige und seelische Schätze finden, wird Wahrheiten verstehen, die Teil seines Denkens und seiner Welt werden, und so wird er langsam, aber sicher voranschreiten. Jesus hat zu uns allen ohne Ausnahme gesagt: »Seid also vollkommen, wie euer himmlischer Vater vollkommen ist!« (Mt 5,48). Dazu ruft Jesus uns auf, und danach streben wir also.

Jesus vermochte dem rechten Schächer zu vergeben, und ich bin mir sicher, dass Er auch dem linken Schächer gegenüber dazu bereit war. In keinem Falle glaubt Jesus, dass jemand von vornherein zur Verdammnis geschaffen wäre und es für diesen daher sinnlos wäre, sein Leben zu ändern. Vielmehr will Jesus, dass jeder sich bekehre und das Leben habe.

Für Jesus gibt es keinen ein für allemal schlechten, verlorenen Menschen. Nicht einen einzigen Menschen gibt Er auf. Er sagt nicht, dass es keinen Sinn hätte, einen halbtoten Klepper neu zu beschlagen, und es schade um die Hufeisen wäre. Von hundert Schafen sucht Er das eine, das sich verlaufen hat, um es zu retten. Der verlorene Sohn ist Ihm genauso lieb wie dessen älterer Bruder, der ein anständiges Leben in Liebe geführt hat.

Wenn wir Grund hätten anzunehmen, dass es Menschen oder ganze Völker gäbe, die Gott von vornherein dazu geschaffen hätte, schlecht zu sein, ein sündiges Leben zu führen und die Vernichtung zu verdienen, so würde dies zu der irrigen und mit entsetzlichen Folgen verbundenen Vorstellung führen, dass diese zu bekämpfen, zu verstoßen und auszutilgen wären. Es mag sein, dass die

Menschheit nicht zuletzt aufgrund solcher Annahmen sich von einem Schwarzweißdenken leiten lässt und glaubt, das Wesen eines Menschen wäre ein für alle Mal durch seine Gene geprägt. Ein solches Denken hat bis in unsere Tage zu furchtbaren Weltkriegen und anderen Tragödien geführt und kann auch in Zukunft zu solchen führen.

Diese Denkweise – Schneewittchen gegen die böse Hexe – stellt derzeit, glaube ich, die größte Gefahr dar.

Natürlich sind immer wir selbst die Schneewittchen und die, die sich gegen uns stellen, die bösen Hexen. Deswegen bekämpfen und bekriegen Menschen einander und bringen einander um ...

Auch in mir kommt sehr oft die böse Hexe zum Vorschein. Nicht selten bin ich der siebenköpfige Drache, und mir gegenüber steht die Prinzessin. Es ist wichtig, dass wir aus dem andern den guten Freund und Gefährten hervorbringen. Wie in Antoine de Saint-Exupérys Geschichte der kleine Prinz den Fuchs zähmt, so müssen auch wir aus dem andern das Gute und Schöne hervorlieben[167]. Jesus Christus ist dies gelungen, und die Heilige Schrift ist voll von solchen Geschichten. Schön ist es, wenn sich auch mit unserem eigenen Leben viele derartige Geschichten verbinden. Gott entscheidet nicht an unserer Stelle. Er treibt uns zum Guten und Schönen an, spricht zu uns über unser Gewissen; aber die Entscheidung überlässt Er uns selbst. »Von jedem Dach kann man die Sonne sehen«[168] – und ja, unser freier Wille ist etwas Wunderbares.

Wie haben wir uns das Ende der Welt vorzustellen, und wann wird dieses eintreten?

---

167 S. ob. Anm. 5 zu S. 43.

168 »Minden tetőről látni a napot« (Pilinszky, J.: *Aranykori töredék*). Vgl. Anm. 53 zu S. 169.

Wir Menschen sind nicht nur geistige Wesen, sondern bestehen aus Leib und Seele. Im ersten Korintherbrief schreibt der heilige Paulus: »Nein, wir verkünden, wie es in der Schrift steht, was kein Auge gesehen und kein Ohr gehört hat, was in keines Menschen Herz gedrungen ist, was Gott denen bereitet hat, die ihn lieben« (1 Kor 2,9). Damit nimmt Paulus auf die Worte des Propheten Jesaja Bezug: »Seit Urzeiten hat man nicht vernommen, hat man nicht gehört; kein Auge hat je einen Gott außer dir gesehen, der an dem handelt, der auf ihn harrt« (Jes 64,3). Mit dem Verb »handeln« wird hier dasselbe hebräische Wort (ʿāsāh) wiedergegeben, welches auch in der Schöpfungserzählung mehrfach Verwendung findet und dort im Deutschen mit »machen«[169] übersetzt wird (vgl. z. B. Gen 1,7.16).

Wie schön sind doch die Worte der Heiligen Schrift: »Denn die Schöpfung wartet sehnsüchtig auf das Offenbarwerden der Söhne Gottes« (Röm 8,19)! Es heißt dort nicht ›die Welt des Menschen‹, sondern »die Schöpfung«. Diese Welt, in der wir heute leben, eben diese Welt wird einst verherrlicht werden. »Ja, mit ewiger Liebe habe ich dich geliebt; [...]« (Jer 31,3), sagt Gott. Dies schließt alles ein, was Er aus Liebe geschaffen hat. Die wunderbare Landschaft Siebenbürgens mit dem Gebirgszug der Hargita[170] und all den anderen Gipfeln des Karpatenbogens wird Gott nicht von der Erde wischen, sondern verherrlichen und für die Ewigkeit bewahren. Wenn Gott Hündchen, Schäfchenwolken und Sonnenuntergänge geschaffen hat, dann liebt Er sie in gewisser Weise auch und will, dass all dies irgendwie seine Verherrlichung findet.

---

169 Daneben findet sich in der Schöpfungserzählung – so z. B. im allerersten Vers – ein zweites Verb (bārā'), welches mit »erschaffen« ins Dt. übertragen wird.

170 Die Hargita (gespr. Hårgitå) ist ein Gebirgsmassiv vulkanischen Ursprungs in den Ostkarpaten. Ihr höchster Gipfel, die Madarasi-Hargita (gespr. Mådåråschi Hårgitå), erreicht eine Höhe von 1801 m.

Es tut gut zu sehen, wie ein kleines Kind sein Gekritzel, das ein älteres Kind zerreißen und in den Mülleimer werfen will, gegen den Zugriff des älteren verteidigt, weil es ja sein eigenes Werk ist. – Unser Himmlischer Vater hat fünf Milliarden Jahre darauf verwandt, diese Welt zu erschaffen, zu formen und zu verschönern. Wie viel schöpferische Arbeit und Mühe hat Gott in diesen fünf Milliarden Jahren darin investiert! Nichts ist Stückwerk geblieben, alles funktioniert, lebt, bewegt sich und steht miteinander in enger Verbindung. Ich glaube nicht, dass es Gott zuließe, dass jemand oder etwas diese Welt zerstört, sie gleichsam zertritt oder zusammenknüllt und in den Mülleimer wirft.

Ich bin mir sicher, dass das Ende der Welt nicht durch den Menschen herbeigeführt wird, etwa dadurch, dass die Erde in einem Atomkrieg zerstört würde, oder dadurch, dass wir die Luft so sehr verschmutzen würden, dass wir allesamt ersticken. Vielmehr wird die Erde wie eine Frucht zu ihrer Reife gelangen.

Diese wunderschöne Welt wird zu ihrer Vollendung gelangt sein, wenn das Schöpfungswerk fertig ist. Am Anfang der Schöpfung sprach Gott: »Seid fruchtbar und mehrt euch, füllt die Erde und unterwerft sie [...]« (Gen 1,28). Das Ende der Welt wird herbeigekommen sein, wenn die Menschheit ihre Arbeit getan hat und die Früchte ihrer Anstrengungen gereift sind.

Im Vaterunser beten wir, dass Gottes Reich komme, dass also Seine Herrschaft auf Erden Wirklichkeit werde. Das Ende der Welt wird einst mit dem Kommen von Gottes Reich zusammenfallen, und dann werden die Menschen zu ihrer vollen Würde als Kinder Gottes gelangt sein.

Einst klaubten die Menschen Eisenerz aus der Erde und fertigten daraus die erste Beilklinge aus Eisen. Um wie viel höher steht demgegenüber ein Düsenflugzeug oder eine Schweizer Uhr in der Entwicklung! Wie filigran und zierlich sind diese doch, ja auch ein Düsenflugzeug in seinem Innern! Wie viel Wissen steckt doch in ihnen!

Ich glaube, dass wir das Ende der Fahnenstange noch keineswegs erreicht haben und dass es noch höher hinausgeht. Welch schwindelerregende Weiten liegen noch vor uns! Wenn wir von den riesigen Fortschritten der heutigen Medizin lesen, dann verschlägt es uns den Atem, dass es uns tatsächlich möglich ist, die Wurzeln so vieler Krankheiten zu entdecken und diese dadurch zu heilen.

Es reicht, zum Handy zu greifen, um Fotos von unseren Verwandten oder Freunden zu machen, und in null Komma nichts können wir sie unseren Freunden in der Ferne zuschicken. Mit Sicherheit kann ich sagen, dass wir die Grenzen noch nicht erreicht haben. Die Menschheit kann hinter den Auftrag, den ihr Gott bei der Erschaffung der Welt mitgegeben hat, noch kein Häkchen setzen. Wir können noch nicht sagen: »Hoppla, wir sind fertig! Wir können aufhören zu arbeiten und uns im Liegestuhl die Sonne auf den Bauch scheinen lassen.«

Die verherrlichte Welt wird unsere Welt sein, die von allem Schmutz und allen Verletzungen befreit sein wird und gereinigt und strahlend uns allen ein Zuhause bieten wird.

Ich glaube, dass unsere Anstrengungen nicht vergeblich sind, dass wir vielmehr gemeinsam die Fundamente für Gottes Reich legen und seine Mauern und Türme errichten. Wie ich glaube, dass mit dem Frühling eine schöne Jahreszeit kommt, so glaube ich auch, dass sich das Reich Gottes immer mehr entfalten wird.

Unser endlicher Kopf vermag das Unendliche nur sehr, sehr schwer zu fassen.

Aber wenn schon die Vorspeise, die Suppe, also unser irdisches Leben, so lecker ist, dann vertraue ich darauf, dass der himmlische ›Koch‹ auch Hauptspeise und Dessert meisterhaft zuzubereiten versteht. Und diese Hauptspeise haben wir gewiss noch vor uns.

Nach der Heiligen Schrift wird das Nahen des Weltendes nicht von solch friedlichen Zeichen begleitet. Dort kommen ja nicht so schöne Bilder vor wie das einer heranreifenden Frucht. Vielmehr werden Naturkatastrophen, große Bedrängnis, Verleugnung Gottes, Irrlehren und das Auftreten des Antichrists vorhergesagt ...

Mit Sicherheit steht die Menschheit gegenwärtig vor gewaltigen Problemen, und leider habe ich das Gefühl, dass der verschwenderische, hochmütige und sündige Mensch unserer Tage nur in Blut und Tränen seine Läuterung erfahren kann. Es ist unglaublich, wie groß die Habgier der Menschen ist, der Sumpf unsinniger, abscheulicher Sünden, die zynische Gleichgültigkeit gegenüber dem Leid der anderen.

Leider ist »der Lohn der Sünde [...] der Tod«[171]. Die Menschheit steht vor gewaltigen Stürmen, welche unter ihr die Spreu vom Weizen trennen werden. Mit Maria, der Friedenskönigin, bete ich jeden Tag für den segensreichen Frieden und dafür, dass die miteinander im Streit liegenden Menschen, insbesondere auch die Politiker, von reinem Licht erhellt werden. Egal wie heftig auch immer der reinigende Sturm sein mag und wie viele morsche Äste auch immer vom Baum der Menschheit abbrechen mögen, der Mensch von morgen wird, so glaube ich, mit elementarer Kraft Gott suchen und Dieser wird die Ihm entgegengestreckte Hand ergreifen. Ich glaube, dass Gottes Reich hier zu uns auf die Erde kommt.

Ich glaube an die Zeit nach dem Sturm, weil die Kinder Gottes, die Menschen, keine aus Bronze gegossenen statischen, starren Statuen sind, weil ihre momentane Blindheit, ihre unglaubliche Habgier und ihr Gezänk vergehen werden und ihre Seele in ihrer gottgegebenen Schönheit erstrahlen wird. Denn wir alle sind Geschöpfe, die zwar bloß aus ein paar Handvoll Staub gemacht sind, die jedoch nach dem Lichte streben, die Wahrheit suchen und sich dynamisch entwickeln.

---

171 Röm 6,23.

Ich glaube, dass wir uns alle danach sehnen, uns zu entfalten, im Leben aufzublühen und einst gute Früchte hervorzubringen, damit unser Leben einen Sinn, ein edles Ziel hat. Im Grunde unseres Herzens sehnen wir uns alle nach einem geschwisterlichen, sich entfaltenden, sinnvollen Leben.

Ich bin davon überzeugt, dass Gott unsere schöne Welt groß genug geschaffen hat, dass wir hier alle reichlich Platz haben. Ich bin mir auch sicher, dass unser Himmlischer Vater in Seiner Güte unsere Erde gut mit Proviant versehen hat. Sie böte uns allen genug Eisen, Kupfer, Kohle und Erdöl, wenn wir diese Rohstoffe klug und in geschwisterlicher Liebe nutzen würden.

Ich stelle mir unsere Welt wie ein riesiges Puzzle vor: Alles ist hier vorhanden, nur dass der Böse die Teile ein bisschen durcheinandergebracht hat. Uns Menschen kann – und muss – es in ruhiger, friedlicher und beharrlicher Arbeit gelingen, all diese Teile in eine schöne Ordnung zu bringen.

Das ist eine großartige Sache und ermöglicht es uns, ein Leben zu führen, das eines Menschen wahrhaft würdig ist. Ich finde dies schöner, als bloß eine perfekte Welt, die schon fix und fertig wäre, mit offenem Mund zu bestaunen. Wichtig ist, dass wir unseren Mitmenschen durch den Dialog dabei helfen, ihren je eigenen Hymnus auf die Liebe zu schreiben.

Jesus Christus sagte: »Mein Vater wirkt bis jetzt und auch ich wirke« (Joh 5,17). Meine wahre Hoffnung ruht in diesem Gott, der bis heute am Werk ist. Denn ich könnte noch irgendwie glauben, dass die Arbeit des Menschen weder Sinn noch Ziel hat und nichts als ein leeres Hin- und Hergerenne ist. Aber ich kann mir unmöglich vorstellen, dass Gott, der Schöpfer, immer ›danebenhauen‹ würde.

Wir alle sind Mitarbeiter dieses Schöpfergottes. Ich glaube, dass allem Geraunze und Gejammer zum Trotz sich unsere Welt auf dem Weg der Entfaltung und Vervollkommnung befindet. Natürlich wachsen wir von Zeit zu Zeit aus unseren Schuhen und unseren übrigen Kleidungsstücken heraus. Gesellschaftliche Bräuche, vermeintlich oder auch tatsächlich wertvolle Gepflogenheiten sinken um uns dahin. Vom großen Baum der Menschheit brechen Völker und Nationen ab und verschwinden, wenn sie nicht flexibel genug sind, sich nicht erneuern und in die Zukunft blicken können; doch das ist noch nicht das Ende der Welt.

Ich glaube an das sich entfaltende, triumphierende Leben, welches bewusst dem Licht zustrebt, dem Licht zu, das die Namen trägt: Aufrichtigkeit, Gerechtigkeit, Solidarität, Leben, Liebe, Gott.

Es gilt nicht, den Blick nach hinten zu richten. Jesus wurde gekreuzigt, weil Er so aus den über Jahrhunderte hinweg ›abgewetzten‹ Traditionen und Gewohnheiten des Alten Bundes heraustrat, als wären sie ein nicht mehr zeitgemäßes Gewand. Nur an einem einzigen Wert hielt Er bedingungslos fest: an der Liebe zu Gott und den Mitmenschen, wie Er dies im Liebesgebot formuliert hat. Er liebt Seinen Himmlischen Vater und vertraut Ihm. Am Kreuze hängend, legt Er Seinen Geist in die Hände dieses Himmlischen Vaters.[172] Er glaubt an den von Gott geschaffenen Menschen, glaubt an das Gute im Menschen. Deshalb bittet Er am Karfreitag Seinen Himmlischen Vater darum, dass Er uns Menschen diese Schuld vergebe: »Vater, vergib ihnen, denn sie wissen nicht, was sie tun!« (Lk 23,34). Auch wir müssen unbedingt an dem Gebot der Liebe festhalten, an jenem Gebot, das der Kern des von Christus gestifteten Neuen Bundes ist. Der Verlust aller anderen Dinge braucht uns nicht zu beunruhigen: Die Wunden der Vergangenheit und einstige Staatsgrenzen können wir Vergangenheit sein lassen; das sinkende Ansehen von Einrichtungen, de-

172 Vgl. Lk 23,46.

nen es mehr und mehr an Zulauf fehlt, und vieles andere lässt sich hinnehmen.

Zeremonien, Traditionen und unzählige Gewohnheiten sind bloss Hilfsmittel, Krücken, die es uns ermöglichen, auf dem Weg der Liebe voranzukommen. Entscheidend ist, dass wir dem zu Gott führenden Weg der Liebe folgen, nicht das ›Fahrzeug‹, mit dem wir unterwegs sind.

Im eigenen Leben wie auch im Leben unserer Gemeinschaft gilt es, in die Zukunft zu blicken. Ich glaube, dass es irgendwie weitergehen wird. Die Menschheit hat den Hymnus auf die Liebe, an dem sie mit ihrem eigenen Leben schreibt, noch nicht vollendet. Die Liebe kommt auch mit der Vollendung von Gottes Reich nicht zu einem Ende. Wir brauchen keine Angst zu haben; denn vor uns sehen wir die Arme unseres treusorgenden Gottes. Angst lähmt; die Hoffnung hingegen, der Glaube an Gottes Fürsorge und Güte, verleiht uns Flügel.

Auch wenn Jesus Christus am Gründonnerstag in Seiner Angst Blut geschwitzt hat, folgt Er doch am Karfreitag und Ostersonntag in friedlicher Ruhe dem Weg der Liebe, weil Er daran glaubt, dass die Liebe letztlich siegen wird. Es gibt nur den Weg des Dialogs und der Liebe, keinen anderen, und wenn wir konsequent diesem Weg folgen, dann wird, so glaube ich, unser Leben in einen Liebeshymnus münden.

Am Ende der Welt wird Christus wiederkommen ...

Die Kirche wartet darauf, dass Jesus, unser Herr, wiederkommt und sichtbar immerfort bei uns sein wird. Im Advent denken wir besonders viel daran und singen, dass Er kommen möge, »adveniat«, wie es auf Lateinisch heißt, singen »Komm, du Heiland aller Welt«[173]. Danach sehnen

173 Es handelt sich um den Beginn des Hymnus *Veni, redemptor gentium,* der vom hl. Ambrosius v. Mailand (4. Jh.) gedichtet und

wir uns. Wir glauben, dass die Zeit kommen wird, wenn Christus alles in allem sein wird, wenn nicht nur der heilige Paulus voll Demut sagen kann: »Nicht mehr ich lebe, sondern Christus lebt in mir« (Gal 2,20), sondern jeder Mensch und alles, was lebt, dies sagen kann.

Dann wird vor aller Augen das Letzte Gericht stattfinden, und wir werden an unserer Liebe und an unseren Taten gemessen werden.

Unsere sterbliche Hülle wird auferstehen. Jesu Himmelfahrt war keine Theaterszene, keine himmlische Show, sondern Jesu Leib wurde wirklich verherrlicht – mit seinen Wundmalen, seinem Haar, seinen Händen, seinen Augen und seinen Tränen. Auch die Jungfrau Maria wurde, wie die Kirche verkündet, mit Leib und Seele in den Himmel aufgenommen. In ähnlicher Weise wie Jesus und Maria werden auch wir mit unseren Atomen, Zellen und Knochen einst verherrlicht werden.

Wer aus zwei Zellen, die mit blossem Auge gar nicht sichtbar sind, im Mutterschoss den Körper eines Menschen zusammensetzt, ist weise genug, auch dies zu bewerkstelligen.

Amen, amen, ich sage euch: Die Stunde kommt und sie ist schon da, in der die Toten die Stimme des Sohnes Gottes hören werden; und alle, die sie hören, werden leben. Denn wie der Vater das Leben in sich hat, so hat er auch dem Sohn gegeben, das Leben in sich zu haben. Und er hat ihm Vollmacht gegeben, Gericht zu halten, weil er der Menschensohn ist. Wundert euch nicht darüber!

Die Stunde kommt, in der alle, die in den Gräbern sind, seine Stimme hören und herauskommen werden: Die das Gute getan haben, werden zum Leben auferstehen, die das Böse getan haben, werden zum Gericht auferstehen.

(Joh 5,25–29)

---

mehrfach ins Dt. übersetzt wurde. Auch eine Übertragung ins Ung. liegt vor.

Ist es nicht kühle Berechnung, wenn wir das Gute nicht deshalb tun, weil uns das Herz dazu drängen würde, sondern weil uns die Angst vor der Hölle oder die Hoffnung auf den Himmel dazu bewegt?

Wir gleichen dem Bauern, der sich daran macht, mit harter Arbeit und Vertrauen den Ackerboden zu bearbeiten, weil er weiß, dass es auch an ihm liegt, wie viel Frucht dieser tragen wird. Die zärtliche Liebe des Bauern zum Ackerboden zeigt sich darin, dass er sich aufrafft, die Hacke in die Hand nimmt, arbeitet und schwitzt – ob er nun gerade Lust dazu hat oder nicht, ob seine Mühewaltung nun gerade von Herzen kommt oder nicht. Er setzt sich nicht nur an den Rand des Ackers und wartet, bis er von Begeisterung ergriffen wird, schaut nicht nur mit träumerischen Augen den Maispflanzen beim Wachsen zu.

Die Liebe zu anderen kann sich nicht auf ein platonisches Gefühl beschränken, sondern muss mit einem Willensakt einhergehen: ›Ich möchte dich glücklich machen. Ich möchte, dass du dich entfaltest, dass die in dir angelegten Blüten zum Vorschein kommen, dass du deine eigenen Früchte trägst und zur Reife bringst. Ich bin neugierig darauf, was in dir steckt, und mit meiner Liebe stehe ich dir dienend zur Seite.‹

Liebe bedeutet, sich bewusst für den andern zu entscheiden und an seiner Seite auszuharren, auch wenn mich mein Herz darin gerade nicht unterstützt.

Es bringt nichts, wenn ich die Strassenkinder in der Ruhe meiner Wohnung liebe. Was diese Kinder brauchen, das ist nicht der Anblick meiner tränenvollen, sanften Augen, sondern Brot auf dem Tisch, volle Teller, ein Dach über dem Kopf, ein Bleistift in der Hand, eine Decke im Bett, gute Worte und eine Hand, die sie streichelt.

Einem Menschen von Herzen Gutes zu tun, vor dem man am liebsten davonliefe, jemandem, der einem ständig Knüppel zwischen die Beine wirft, jemandem, der einfach boshaft ist – das ist sehr schwer. Einem solchen Menschen gegenüber ist es schwer; doch Jesus – der auch diesen Menschen liebt und der sagt: »Was du ihm tust, das tust du mir« –, diesem Jesus tun wir von Herzen gerne etwas Gutes.

Wir sind also nicht berechnend und unaufrichtig, wenn wir auch dann Gutes tun, wenn unser Herz und unsere schwache menschliche Natur uns in eine andere Richtung ziehen möchten.

Was dem Löwen die starken Muskeln und scharfen Klauen, das sind den Menschen Liebe, Solidarität, Geduld und Rücksichtnahme. Ohne diese wären die Menschen nämlich nicht in der Lage zu überleben. Gott hat jedes Lebewesen mit einem Geschenk bedacht. Die Weisheit und der Wille, von Liebe geleitet, sind die Geschenke, mit denen der Mensch seine Berufung erfüllen kann. Gut ist es, wenn wir von diesen Geschenken einen bewussten, verantwortungsvollen und schönen Gebrauch machen.

Am Ende der Welt wird unser Leib auferstehen. Wie geschieht das? Steigen wir aus dem Sarge? Oder fügt sich unsere Asche wieder zusammen? Werden alle auferstehen oder nur die Gerechten?

Am Ende der Welt erhält unsere unsterbliche Seele einen unsterblichen Leib. Wie dies geschehen wird, ist ein großes Geheimnis, so wie es auch ein großes Geheimnis ist, dass in einer einzelnen Zelle bereits ein ganzer Mensch angelegt ist.

Wenn heute ein totes Mammut gefunden wird, das mehrere tausend Jahre lang in der Erde gelegen hat, so kann mittlerweile auf der Basis einer einzigen Zelle der gesamte genetische Code dieses Tieres entschlüsselt werden. Und in naher Zukunft werden Forscher dieses sogar klonen können, so dass also ein kleines Mammut zur Welt kommt.

Wenn schon wir Menschen imstande sind, aus einem ›Staubkorn‹ sämtliche Eigenschaften des betreffenden Lebewesens festzustellen – na, dann wollen wir uns doch nicht herausnehmen zu erklären, was Gott alles möglich sei und was nicht.

Im Mutterschoß entsteht aus zwei winzigen Zellen innerhalb von neun Monaten als Ergebnis unvorstellbar komplizierter Prozesse ein Mensch, der über ein Gesicht, eine Persönlichkeit und Gefühle verfügt.

Die Menschen müssen sehr viel demütiger sein, wenn es darum geht zu erklären, was möglich sei und was nicht. Ich glaube, dass Gott über die Mittel verfügt, uns wieder ins Leben zurückzurufen.

Jesus Christus ist mit Seinem eigenen Leib auferstanden. Seine sterblichen Überreste sind nicht in dem Grab bei Jerusalem geblieben. Gott wird uns irgendwie wieder zusammensetzen, und mit unserem eigenen Leib werden wir Gott schauen.

Um ehrlich zu sein – auch ich bin sehr gespannt darauf, habe aber zugleich großes Vertrauen.

Wenn ich mich traue, mich einem Chirurgen unters Messer zu legen, damit er mich auseinandernehme und wieder zusammennähe, um wie viel mehr wage ich dann bei der Auferstehung vor Gott zu treten, der ganz sicher mit himmlischer Präzision mich und uns alle wieder zusammensetzen wird.

Wird jemand, der als alter Mensch gestorben ist, auch mit einem alten Leib auferstehen?

Jesus trug auch an Seinem verherrlichten Leib die Male Seiner Wunden. Diese wurden nicht weggeschminkt. »Gott hat den Herrn auferweckt; er wird durch seine Macht auch uns auferwecken« (1 Kor 6,14). Auch nach Seiner Auferstehung aß und trank Jesus, und man konnte Ihn anfassen. Allerdings war Sein Leib nicht denselben Kräften unterworfen wie im irdischen Leben: Er ging durch Mauern, erschien ganz unvermittelt und verschwand dann wieder. Seine Jünger erkannten Ihn zunächst gar nicht, weil Er irgendwie anders war als vorher. Nicht der irdische Leib lebt fort, sondern ein neuer, verherrlichter Leib. Unser auferstandener Leib gleicht Christi verherrlichtem Leib. Wie wird dieser genau aussehen? Das ist eine gute Frage, aber ich weiß es selbst auch nicht. Es gilt stets auf den gegenwärtigen Augenblick zu achten, danach zu fragen, was Gott von mir in diesem Augenblick will.

Es wird einst die Zeit für die Auferstehung kommen. Dann werden wir gewiss unsere volle Aufmerksamkeit auf diese Phase richten, und ich glaube, dass die Auferstehung ein ganzer Erfolg sein wird und es keinen Grund zu irgendwelchen ›Klagen‹ geben wird.

Ich konzentriere mich lieber auf die kleinen Auferstehungen, die ich jeden Tag erleben darf.

Nun könnte einer fragen: Wie werden die Toten auferweckt, was für einen Leib werden sie haben? Du Tor! Auch das, was du säst, wird nicht lebendig, wenn es nicht stirbt. Und was du säst, ist noch nicht der Leib, der entstehen wird; es ist nur ein nacktes Samenkorn, zum Beispiel ein Weizenkorn oder ein anderes. Gott gibt ihm den Leib, den er vorgesehen hat, und zwar jedem Samen einen eigenen Leib. Nicht alles Fleisch ist dasselbe: Das Fleisch der Menschen ist anders als das des Viehs, das Fleisch der Vögel ist anders als das der Fische. Auch gibt es Himmelskörper und irdische Körper. Die Schönheit der Himmelskörper ist anders als die der irdischen Körper. Der Glanz der Sonne ist anders als der Glanz des Mondes, anders als der Glanz der Sterne; denn auch die Gestirne unterscheiden sich durch ihren Glanz.

So ist es auch mit der Auferstehung der Toten. Was gesät wird, ist verweslich, was auferweckt wird, unverweslich. Was gesät wird, ist armselig, was auferweckt wird, herrlich. Was gesät wird, ist schwach, was auferweckt wird, ist stark. Gesät wird ein irdischer Leib, auferweckt ein überirdischer Leib. Wenn es einen irdischen Leib gibt, gibt es auch einen überirdischen. So steht es auch in der Schrift: Adam, der erste Mensch, wurde ein irdisches Lebewesen. Der letzte Adam wurde lebendig machender Geist. Aber zuerst kommt nicht das Überirdische; zuerst kommt das Irdische, dann das Überirdische. Der erste Mensch stammt von der Erde und ist Erde; der zweite Mensch stammt vom Himmel. Wie der von der Erde irdisch war, so sind es auch seine Nachfahren. Und wie der vom Himmel himmlisch ist, so sind es auch seine Nachfahren. Wie wir nach dem Bild des Irdischen gestaltet wurden, so werden wir auch nach dem Bild des Himmlischen gestaltet werden.

(1 Kor 15,35–49)

Kann man dem Tode ohne Angst entgegensehen?

Natürlich hat jeder Mensch vor der Vergängnis Angst, wie vor jeder ungewissen Situation, die mit Schmerzen einhergeht.

Sehr oft wurde ich zu Sterbenden gerufen, um diesen das Sakrament der Krankensalbung zu spenden. Auf dem Sterbebett werden einem Menschen Gnadengaben zuteil, die ihm die Kraft geben, auf seinem Wege weiterzugehen. Ich bin nur sehr wenigen Menschen begegnet, die in ihrer Todesangst in Panik und Verzweiflung fielen. Ich habe erlebt, dass die Sterbenden von einer gewissen Ruhe und Neugier erfüllt werden ...

MENSCHEN, DIE IN WENIGEN TAGEN ODER NOCH AM SELBEN TAG STERBEN SOLLTEN, SAH ICH SEHR OFT ERFÜLLT VON FRIEDEN, FREUDE UND LICHT.

Ich erlebte auch einmal, dass jemand, von mir nach einem letzten Wunsch gefragt, erklärte, dass, wenn es möglich wäre, er nur zu gerne noch einmal jenen Ort, wo er seine Frau kennengelernt hatte, aufsuchen würde und dort den Boden küssen würde. Vor dem Tod brauchen wir keine Angst zu haben. Ich bin mir nämlich sicher, dass wir jene Gnade erhalten werden, die uns die Kraft gibt weiterzugehen. Was es zu tun gilt, das ist, uns durch die Art und Weise, wie wir unser Leben leben, gut auf diese Stunde vorzubereiten. Seien wir stets bereit! Denn ebenso wenig wie wir wissen, an welchem Tag und zu welcher Stunde Christus wiederkommen wird, kennen wir Tag und Stunde unseres Todes.

> [Jesus sagte zu seinen Jüngern:] Eure Hüften sollen gegürtet sein und eure Lampen brennen! Seid wie Menschen, die auf ihren Herrn warten, der von einer Hochzeit zurückkehrt, damit sie ihm sogleich öffnen, wenn er kommt und anklopft! Selig die Knechte, die der Herr wach findet, wenn er kommt! Amen, ich sage euch: Er wird sich gürten, sie am Tisch Platz nehmen lassen und sie der Reihe nach bedienen. Und kommt er erst in der zweiten oder dritten Nachtwache und findet sie wach – selig sind sie. Bedenkt: Wenn der Herr des Hauses wüsste, in welcher Stunde der Dieb kommt, so würde er verhindern, dass man in sein Haus einbricht. Haltet auch ihr euch bereit! Denn der Menschensohn kommt zu einer Stunde, in der ihr es nicht erwartet. (Lk 12,35–40)

Wenn ein Tag zu Ende ist, pflege ich bei mir zu sagen: ›Wieder ein Tag näher dem Himmel.‹ Es ist wichtig, dass wir wachsen und voranschreiten.

Es ist schön, ja zauberhaft, wenn jemand in seinem Leben auf seinem ersten Ball tanzt. Es ist wunderbar, wenn Braut und Bräutigam einander umarmend den Hochzeitswalzer tanzen. Ich bin mir sicher, dass es auch sein Schönes hat, wenn ein Vater oder eine Mutter mit der Braut beziehungsweise dem Bräutigam des Kindes tanzt. Ein jeder dieser Tänze ist anders, hat einen anderen Rhythmus, einen anderen Charakter, und doch vermag ein jeder von ihnen den Menschen zu beglücken.

Vertrauen wir im Glauben darauf, dass durch Gott jeder Tag seine eigene Freude für uns mit sich bringt. Jede Freude und jede Aufgabe sind anders.

Glücklich ist der, der jeden Augenblick mit seiner je eigenen Schönheit zu leben versteht. Sonderlich ist doch ein altkluges kleines Kind, sonderlich auch eine alte Frau, die sich wie ein Teenager kleidet und gibt.

Wirklich lecker sind im Frühsommer die Erdbeeren; aber das ganze Jahr über möchte ich trotzdem nicht tiefgefrorene Erdbeeren futtern. Wenn Erdbeeren gerade Saison haben, so esse ich diese. Doch dann kommen Süß- und Sauerkirschen, Pfirsiche, Melonen, Walnüsse, Weintrauben und schließlich Mispeln. Jeder Frucht kommt ihre eigene Rolle zu, jede hat ihren eigenen Geschmack!

Auch das reife Alter – wenn unser irdisches Leben dem Ende entgegengeht – hat seinen eigenen Reiz, seinen eigenen Geschmack, seine eigenen Aufgaben. Auch jene Augenblicke gilt es bewusst zu leben, wenn wir nicht mehr säen, nicht mehr sammeln, nicht mehr ernten, sondern mit beiden Händen die Güter verschenken, die wir ein Leben lang zusammengetragen haben. Wenn wir uns ganz leer gemacht haben, wenn uns unter Umständen vielleicht sogar unsere Gesundheit, die Schönheit, Tatkraft und frische, funkelnde Geistesschärfe unserer Jugend genommen sind, dann dürfen wir vor unseren Himmlischen Vater hintreten und an Seiner Brust in unendlicher Freude ausruhen.

Durchs Leben gilt es bewusst und mit Ausdauer zu gehen. Wenn sich hinter uns eine Tür schließt, tut sich vor uns stets irgendwo eine neue auf. Wenn die letzte Tür auf Erden zugeht, wird sich das Tor zum Jenseits öffnen, und es wird sich lohnen, dieses zu durchschreiten.

Bisher hat mir jeder Gang geschmeckt, den mir Gott aufgetischt hat. Es war gut, ein Kind zu sein, gut auch, als Heranwachsender mit Träumen umzugehen, jede Schublade aufzuziehen, voll Neugier unter jeden Busch zu lugen. Es ist gut, als gereifter Mann jene Träume zu verwirklichen, schöne, heilige Dinge zu schaffen, Einrichtungen für Kinder zu gründen und Pflegefamilien einzurichten. Und ich weiß, dass es gut sein wird, all dies Wertvolle einst nach und nach in die Hände der nach mir Kommenden zu legen, ein bisschen schelmisch und voll Vertrauen ihnen zuzuzwinkern und mich zum allergrößten ›Abenteuer‹ aufzumachen.

Amen

Ja, so sei es. Wir alle wünschen uns, dass dieser Glaube, diese Hoffnung und diese Liebe in uns lebendig sind. Aber es braucht schon eine Portion Mut, um sich Gott in die Arme zu werfen. ›Wird Er mich auffangen?‹, fragen wir uns. ›Wird Er mich nicht wie einen wertlosen Plunder von sich stoßen?‹

In uns allen liegen wunderbare, von Gott geschenkte Schätze verborgen. Es sind Seine Antworten auf erhörte Gebete. Wie Eisenerz oder Gold in der Tiefe des Berges, wie die Perle in einer Muschel am Grunde des Meeres, so schlummert in dir oder in mir die chemische Formel, auf deren Basis ein lebensrettendes Medikament hergestellt werden kann, der Plan, auf dessen Grundlage eine Straße gebaut werden kann, die, kunstvoll über einen Bergpass sich schlängelnd, dich zu deinem Bruder führt. In dir liegt der Friedensplan, der – wenn du ihn in Demut aufstellst und laut zu Gehör bringst – die Waffen schweigen und die Kinder lächeln lässt.

Das Geheimnis, das Wunder liegt in dir! Statt dich für Nichtigkeiten abzuhetzen oder deine Zeit mit unnützen Dingen zu vergeuden, musst du in die Tiefe deiner Seele hinabsteigen, um das Wertvolle, das dort verborgen liegt, zu entdecken. Versenke dich in die Stille! Es ist ein wunderbares Gefühl, dort ein zu schreibendes Gedicht zu hören, ein zu malendes Bild zu sehen, eine Formel, eine Lösung vorzufinden und dies in Form schöner Entwürfe langsam ›zur Welt zu bringen‹. Der Gedanke, der nicht allein für dich von Bedeutung ist, nimmt in deinem Innern schemenhaft Gestalt an. Zunächst zeichnet es sich nur undeutlich im Zwielicht ab, doch du fühlst bereits, dass etwas aus dir herauswill. Und wie der Bergmann in der Tiefe der Erde, so arbeitest auch du allein im Dunkeln, packst, was du dort in dir findest, hüllst es in Worte und bringst es ans Tageslicht, um die Welt damit zu beschenken.

Es ist ein wunderbares Gefühl, Vater oder Mutter von etwas zu sein, was einen wahren Wert hat, was einen geistigen Schatz darstellt, von etwas, was letzten Endes nichts anderes ist als die Antwort Gottes auf Gebete, die bei Ihm Erhörung gefunden haben.

NATÜRLICH MÖCHTE DICH DER BÖSE GLAUBEN MACHEN, DU HÄTTEST KEINEN WERT, WÄREST EIN UNFRUCHTBARES STÜCK LAND, EINE LEERE ÖDNIS. ER LÜGT DIR VOR, IN DIR GÄBE ES KEINE PERLEN UND ES WÜRDE SICH NICHT LOHNEN, DASS DU IN DEINE EIGENE SEELE EINTAUCHST, DA ES JA DORT – WIE ER FÄLSCHLICH BEHAUPTET – OHNEHIN NICHTS ZU FINDEN GÄBE.

Der Böse spricht: »Vergnüg dich und sei lustig! Lebe das Heute! Lebe für dich selbst! Dir schenkt ja doch niemand was.« Glaub ihm nicht, denn er lügt! Du bist ein Kind Gottes, ein ungeöffneter Brief, in dem der Schöpfer in wunderbaren Worten von Seiner unendlichen Liebe zu Seinen Kindern schreibt. Durch dich will Gott die Erschaffung der Welt fortsetzen, Antworten schicken auf Fragen, die so vielen Menschen auf den Nägeln brennen. Verlier dich selbst nicht, denn du bist eine Antwort für viele! Mach dir keine Sorgen wegen deiner Kleinheit! Schließlich wurden mit einer winzigen Bleistiftspitze schon Meisterwerke geschrieben.

Lerne dich selbst kennen! Hab keine Angst! Deine reinen Sehnsüchte führen dich deinem schönsten Traum entgegen, welcher – als das Wort deines Schöpfers – sich immer wieder von neuem deinem inneren Auge darbietet. Ja, der Stollen ist dunkel, und es ist schwer, das Wertvolle zutage zu fördern. Mach dich aber nichtsdestotrotz dorthin auf! Nachdem das Erz aus der Erde geholt worden ist, wird es im glühenden Hochofen gereinigt. Hab keine Angst! Die Mühe lohnt sich! Hab Vertrauen in deinen Schöpfer! Sei selber schöpferisch! Zeig, was für wunderbare Dinge in dir stecken! In dir schlummert eine elementare Kraft, die Berge zu versetzen vermag. Wage das zu tun, wozu du auf die Welt gekommen bist!

Setz dich einmal in Ruhe hin und werde dir bewusst, dass du ein Geschenk, ein Segen bist! Gott liebt den Menschen, mit dem du dein Leben teilen willst, so sehr, will so sehr das Glück auch dieses Menschen, dass Er dich geschaffen hat. Du bist die Antwort auf die Fragen deines Ehepartners; du bist der, für den dieser morgens aufsteht und sich an die Arbeit macht. Wenn du deinen Ehepartner streichelst, dann soll darin auch zum Ausdruck kommen, dass Gott sich darüber freut, dass es diesen Menschen gibt und dieser so gut zu dir ist.

Ja, setz dich mal in deinem Zimmer hin und nimm all dies ganz bewusst wahr. Du bist nicht ein totes Blatt, das der Wind vom Baum gerissen hat und durch die Luft wirbelt, keine sinnlose Wunde auf dieser Erde, sondern ein Segen und ein Geschenk.

Und stell dir die Frage: ›Bin ich für den andern wirklich ein Geschenk? Habe ich mit dem, was ich heute getan habe, mit dem, was ich gesagt habe, den andern wirklich sozusagen gestreichelt? War all das wirklich eine liebevolle Umarmung? War ich damit für den andern wirklich ein Segen? War dies Balsam auf die Wunde des andern? War das ein warmer Frühlingsregen, ein Sonnenstrahl, der die zaghafte Knospe in meinem Partner zum Erblühen gebracht hat?‹

Ganz sicher hat Gott niemanden geschaffen, damit er oder sie den Menschen auf Erden ein Fluch, eine Last oder ein bitteres Ärgernis sei. Der Herr möchte, dass wir alle – auf je eigene Weise freilich – davon künden, dass Er unsere

Familie, unser Volk, unsere Nation und unsere Kirche segnet, beschenkt und liebt. Gib das, was dir geschenkt worden ist, weiter! So wirst du zum Mitarbeiter Gottes, der weiter an der Erschaffung der Welt arbeitet.

Im Märchen zieht ein alter Mann einen Goldfisch aus dem Wasser, der ihm drei Wünsche erfüllt. Wenn ich einen römisch-katholischen Goldfisch angelte, der zu mir spräche: »Du hast einen einzigen Wunsch frei für deine lieben Leser«, dann würde ich mir wünschen, dass diese den Mut und den Willen haben, Gottes Antlitz in der Welt zu suchen und zu finden, dass sie Seine heilige Gegenwart spüren, dass sie es wagen, mit Ihm eine Beziehung als Freund, Kind und Mitarbeiter aufzubauen, dass sie vor Ihm keine Angst haben, sondern in Ihm den Gott erkennen, der vor den Toren Jerusalems auf die Knie fällt und weint, der bis zum heutigen Tage und bis zum Ende der Welt die Menschen um sich zu sammeln sucht wie eine Henne ihre Küken – in Déva, Budapest, Salgótarján[174], Nagykőrös[175], Debrezin, Klausenburg[176], Straßburg am Mieresch[177], Munkatsch[178], Paris, Berlin, New York, Kabul und überall auf der Welt ...

---

174 Salgótarján: ung. Stadt an der Grenze zur Slowakei mit heute rund 39 000 Einwohnern, in kommunistischer Zeit ein bedeutender Industriestandort (vgl. *Wikipédia,* Salgótarján (ung.) (21.02.2018)).

175 Nagykőrös: Stadt in Mittelungarn mit ca. 24 000 Einwohnern (vgl. *Wikipédia,* Nagykőrös (ung.) (21.02.2018)).

176 Klausenburg (ung. Kolozsvár – gespr. Kolojwār, »j« wie in »Journalist« –, rum. Cluj-Napoca): Großstadt im Zentrum Siebenbürgens, mit ca. 324 600 Einwohnern i. J. 2011 zweitgrößte Stadt Rumäniens, von denen im selben Jahr ca. 49 400 das Ung. als Muttersprache angaben, womit Klausenburg – nach Marosvásárhely – die zweitgrößte ung. Gemeinde in Siebenbürgen beherbergt (vgl. *Wikipédia,* Kolozsvár (ung.) (21.02.2018)).

177 Straßburg a. Mieresch (ung. Nagyenyed, rum. Aiud): südl. v. Klausenburg am Mieresch-Fluss gelegene Stadt mit rund 22 900 Einwohnern i. J. 2011, von denen im selben Jahr rund 3 400 angaben, der ung. Volksgruppe anzugehören (vgl. *Wikipédia,* Nagyenyed (ung.) (21.02.2018)).

Viele werden ja dieses Buch lesen, um eine Bestärkung im eigenen Glauben zu erfahren, so manch einer aber auch, um anderen dabei helfen zu können, das wahre Glück für sich zu finden. Könnten Sie zum Schluss noch ein paar Worte dazu sagen, wie wir unseren Glauben weitergeben sollen?

Wenn mir das Schokoladeneis schmeckt, kann ich es aufrichtigen Herzens anderen empfehlen; doch entscheiden kann ich mich nicht an ihrer Stelle. Gott will uns das Leben nicht aus der Hand nehmen, sondern möchte es zu seiner Vollendung bringen, es mit Wundern erfüllen. Es ist ein gewaltiges Abenteuer, Christ zu sein!

Nach langem inneren Ringen fand ich im Alter von dreiundzwanzig Jahren zu Christus. Was soll ich sagen? Auch vor meiner Bekehrung hatte ich viel Heiteres erlebt, aber danach und bis heute unendlich viel mehr. Ich versuche lediglich, jeden Tag das zu tun, was Gott von mir will. Bisher wollte Er von mir eher kleine Dinge, und jetzt habe ich den Eindruck, dass Er mich vor größere Aufgaben stellen will. Inzwischen lernen sogar Kinder und Jugendliche, die anderswo der Schule verwiesen worden sind, mit Freude bei uns und bereiten sich auf ein Hochschulstudium vor.

Es gilt, immer nur auf den nächsten Schritt zu achten, uns ein Ziel zu setzen, das wir auch erreichen können. Das Erste, was ich – vor rund zwanzig Jahren – für die faktisch elternlosen Kinder tat, war Folgendes: Ich ließ meine spöttisch feixenden Freunde stehen und ging mit sechs Kindern aus dem Waisenhaus ins Kino, wo wir uns den *Zorro*

178 Munkatsch (ung. Munkács, ukr. Mukatschewo): Stadt mit ca. 86 300 Einwohnern (i. J. 2015) in der heutigen Ukraine am Fuße der NO-Karpaten. Diese gehörte bis zum Ende des Ersten Weltkrieges zu Ungarn. I. J. 2001 waren von den damals 81 600 Einwohnern 6 900 Ungarn. 1910 hatte der Anteil der Ungarn mit knapp 12 700 noch bei gut 74 Prozent der Einwohnerschaft gelegen (vgl. *Wikipédia*, Munkács (ung.) (21.02.2018)).

anschauten. Es tat gut, mit den Kindern zu lachen, und es ist schön, auch jetzt frohgelaunt mit ihnen zusammen zu sein.

Wir müssen konkrete Antworten auf die wirklichen Sorgen der Menschen geben. Wir müssen darauf achten, was sie fühlen, worunter sie leiden, was ihnen Angst macht und was ihnen Freude bereitet, und dann müssen wir in Gottes Gegenwart Antworten geben auf die Fragen der Suchenden. Wenn der Christ aus dem Glauben Antworten auf ihre Fragen geben kann, dann werden die Dürstenden zum lebendigen Wasser gelangen und davon trinken. Wenn ich mich nicht mit dem befasse, was die Menschen wirklich beschäftigt, sondern zum Beispiel nur mit dem, was in den Paulusbriefen oder im Matthäusevangelium steht, und ihnen allein darüber einen Vortrag halte, so wird es sie nicht interessieren. Es mag sein, dass sie mir höflich bis zum Ende zuhören; aber in ihrem Herzen beschäftigen sie sich letztlich doch mit dem, was ihnen wirklich wichtig ist, worunter sie ganz konkret leiden, und suchen daher weiter nach Antworten.

Jesus Christus hielt der Mutter des Jünglings aus Naïn keine Predigt, sondern erweckte ihren Sohn wieder zum Leben.[179] In gleicher Weise half Er, als es um Jaïrus' Tochter ging.[180] Er löste Probleme, welche die Menschen wirklich bedrückten. Auf der Hochzeit zu Kana hielt Er keinen theologischen Vortrag, sondern sorgte für sechshundert Liter Wein, damit sich alle auf der Feier wohl fühlen.[181] Auch wir dürfen nicht darüber sprechen, wonach uns gerade der Sinn steht und was wir selbst gerade für gut halten oder worauf wir uns eben vorbereitet haben, sondern müssen Antworten geben auf jene Fragen, welche die Menschen umtreiben und quälen.

Wir können uns mutig ans Werk machen und laut die Stimme erheben; denn Gott will uns keinen Plunder ver-

179 Vgl. Lk 7,11–15.
180 Vgl. Mk 5,21–24.35–43; Lk 8,41f.49–56.
181 Vgl. Joh 2,1–11.

kaufen, will uns keine Gesetze in den Hals stopfen, die uns zerbrechen und ins Elend stürzen würden, sondern zeigt uns den Weg, der zum Glück führt.

ES IST GUT ZU WISSEN, DASS WIR NICHT BLOSS WERKZEUGE IN DER HAND GOTTES SIND, NICHT BLOSS EIN BLEISTIFT, MIT DEM ER SEINE FROHE BOTSCHAFT NIEDERSCHREIBT, SONDERN WIR SELBST DIE FROHE BOTSCHAFT SIND BEZIEHUNGSWEISE SEIN SOLLTEN, DIE FLEISCHGEWORDENE, AUF ERDEN WANDELNDE FROHE BOTSCHAFT VON DER LIEBE GOTTES.

Wohin kann man sich wenden, wenn man nach reiflicher Überlegung zu dem Schluss gelangt ist, der katholischen Kirche angehören zu wollen?

Wer, nachdem er dieses Buch gelesen hat oder wann auch immer, spürt, dass er Jesus Christus kennenlernen und in eine engere Beziehung zu Ihm treten möchte, möge sich dort, wo er wohnt, umschauen. Es gibt dort Pfarrgemeinden und Kirchen, und gewiss wird ihn jeder meiner Priesterkollegen herzlich aufnehmen. Zudem gibt es Laien, die Gott nahestehen und denen man das auch anmerkt; diese werden ebenfalls gerne behilflich sein.

Auch ich empfange in Déva mit Freude jeden, der sich bei mir meldet. Sicher finden wir ein paar Tage, um miteinander zu sprechen. Oder aber ich halte schöne Exerzitien für eine Gruppe.

Schon mehrere sind mit dem reifen Kopf eines Erwachsenen zu mir gekommen und haben gesagt, dass sie gerne die Taufe empfangen möchten. Gerne helfe ich jedem dabei, seinen Bundespartner im Himmel besser kennenzulernen, damit er in der Taufe den Neuen Bund mit Ihm schließen kann, welcher für ihn ein neues Leben bedeuten kann.

Ich möchte jeden aufmuntern: Niemand befindet sich in einer Sackgasse. Es gibt kein Leben, von dem Gott sagen würde: »Dieses ist verloren; da ist nichts mehr zu machen.« Es mag sein, dass dich der Alkohol niedergerungen hat, möglich, dass die Verzagtheit, die Hoffnungslosigkeit, die Not, die tägliche Hetze oder die eintönige Tretmühle deine Nerven zerrüttet hat oder aber dass du unter dem Wohlstand, dem Erfolg oder dem Gewicht der Macht zusammengeknickt bist – wie dem auch sei, du musst mir glauben:

ES GEHT IMMER IRGENDWIE WEITER. IN DIESEM LEBEN KÄMPFST DU NICHT ENDLOS IN EINER SACKGASSE, SONDERN TREIBST IN DIE ARME GOTTES, DIE ER DIR ENTGEGENSTRECKT.

Und gut ist es, wenn dies kein unbewusstes Getriebenwerden ist, sondern eine bewusst gesuchte Annäherung, welche deinem Leben einen Sinn gibt.

Abkürzungen der zitierten Bücher der Heiligen Schrift

Altes Testament

Gen	Das Buch Genesis (= 1. Buch des Mose)
Ex	Das Buch Exodus (= 2. Buch des Mose)
Lev	Das Buch Levitikus (= 3. Buch des Mose)
Dtn	Das Buch Deuteronomium (= 5. Buch des Mose)
Jos	Das Buch Josua
1 Sam	1. Buch Samuel
1 Kön	1. Buch der Könige
2 Kön	2. Buch der Könige
Tob	Das Buch Tobit
Ps	Das Buch der Psalmen
Jes	Das Buch Jesaja
Jer	Das Buch Jeremia

Neues Testament

Mt	Das Evangelium nach Matthäus
Mk	Das Evangelium nach Markus
Lk	Das Evangelium nach Lukas
Joh	Das Evangelium nach Johannes
Apg	Die Apostelgeschichte
Röm	Der Brief des Apostels Paulus an die Römer
1 Kor	Der erste Brief des Apostels Paulus an die Korinther
2 Kor	Der zweite Brief des Apostels Paulus an die Korinther
Gal	Der Brief des Apostels Paulus an die Galater

Eph	Der Brief des Apostels Paulus an die Epheser
Phil	Der Brief des Apostels Paulus an die Philipper
Kol	Der Brief des Apostels Paulus an die Kolosser
2 Thess	Der zweite Brief des Apostels Paulus an die Thessalonicher
1 Tim	Der erste Brief des Apostels Paulus an Timotheus
2 Tim	Der zweite Brief des Apostels Paulus an Timotheus
Hebr	Der Brief an die Hebräer
1 Petr	Der erste Brief des Apostels Petrus
Offb	Die Offenbarung des Johannes

Zitierte Bibelausgaben

EÜ 1980	*Die Bibel: Einheitsübersetzung der Heiligen Schrift; Psalmen und Neues Testament, ökumenischer Text*. Stuttgart: Kath. Bibelanstalt 1980.
EÜ 2016	*Die Bibel: Einheitsübersetzung der Heiligen Schrift*. Stuttgart: Kath. Bibelanstalt 2016.

Häufig zitiertes Nachschlagewerk

MKL	*Magyar katolikus lexikon*. Hg. v. István Diós u. János Viczián. 17 Bde. 1993–2014. Online: http://lexikon.katolikus.hu/

Anmerkungen zur Übersetzung

Obschon aus mündlichen Ausführungen hervorgegangen, eignet dem ungarischen Originaltext doch die syntaktische Gebundenheit schriftlicher Äußerungen. Gleichwohl wurde so manches, was in der deutschen Schriftsprache als uneben oder unscharf empfunden würde, in der Übersetzung geglättet und klarer formuliert. Wo der Autor in die Höhen des dichterischen Ausdrucks getragen wird, ist die Übersetzung bemüht, ihm zu folgen. Bedient er sich der Umgangssprache, so wurde auch im Deutschen nach Möglichkeit dieses Register gewählt. Oberster Grundsatz der Übersetzung war es, das Gemeinte möglichst klar, fasslich und in einer des Themas würdigen Weise wiederzugeben. Dem Übersetzer ist bewusst, dass manch Leser den ein oder anderen Ausdruck etwas allzu gewagt finden mag und dass sich andere, die den Autor und seine Sprache kennen, etwas mehr Kantigkeit gewünscht hätten. Indes glaubt sich der Übersetzer Hoffnung machen zu dürfen, einen Text bieten zu können, der gerne in die Hand genommen wird und etwas von der Individualität des Autors durchscheinen lässt.

Wo Sachverhalte der ungarischen Geschichte angesprochen werden, war es dem Übersetzer ein großes Anliegen, dass diese vom durchschnittlichen Leser ohne weitere Recherche in ihrer Bedeutung erfasst werden können. Daher wurde manche etwas vage gehaltene Erwähnung konkretisiert und, wo es dienlich erschien, mit einer Anmerkung versehen, zumal der deutsche Durchschnittsleser nicht über dasselbe Hintergrundwissen verfügen dürfte wie der Leser des ungarischen Originals.

Auch geographische Namen wurden großzügig annotiert, wobei relevante Zusatzinformationen beigegeben wurden. Bei den in Siebenbürgen gelegenen Orten wurde, um der Identität des Autors Rechnung zu tragen, in der Regel die ungarische Form für den Haupttext gewählt. Bei Orten, die auch mit der deutschen Kultur enger verbunden sind, wurde auf die deutsche Form zurückgegriffen. Die rumänische beziehungsweise deutsche Form wird jedoch ebenfalls angegeben. Eine politische Stellungnahme ist mit dieser übersetzerischen Entscheidung ausdrücklich nicht verbunden.

Des Weiteren wurden auch Quellennachweise hinzugefügt, welche im Original, da aus mündlicher Rede hervorgegangen, zwar fehlen, jedoch wünschenswert erschienen, um die Fundiertheit der Aussagen erkennen zu lassen.

Einer besonderen Behandlung bedurfte so manche Stelle, bei der sich, ausgehend von der ungarischen Fassung des Credos beziehungsweise der Heiligen Schrift, andere Fragen auftun, als dies der Fall ist, wenn man vom deutschen Wortlaut ausgeht. Hier wurde, in der Regel in Form von Anmerkungen, auf die mit der Wortwahl selbst verbundenen Probleme hingewiesen. *Da das ungarische Original auf Anmerkungen gänzlich verzichtet, zeichnet für sämtliche Fußnoten allein der Übersetzer verantwortlich.*

Die Bibelstellen wurden allesamt der Einheitsübersetzung von 2016 entnommen, welche die offizielle Fassung der katholischen Kirche im deutschen Sprachraum darstellt und im Advent 2018 auch im Gottesdienst die Einheitsübersetzung von 1980 abgelöst hat[182]. Wo es sich um fest geprägte theologische Ausdrücke handelt, orientiert sich die Übersetzung am Sprachgebrauch des Katechismus der katholischen Kirche[183].

---

182 domradio.de. 07.07.2017. https://www.domradio.de/themen/bibel/2017-02-07/neue-bibeluebersetzung-kommt-katholische-gottesdienste (14.04.2018).

183 Nach der im Internet u. http://www.vatican.va/archive/DEU0035/_INDEX.HTM frei zugänglichen Fassung v. 1997.

Damit die ungarischen Namen dem Leser auch ins Ohr gehen, wurde deren Aussprache angegeben. Es wurde dabei auf eine exakte Lautschrift verzichtet, da deren Zeichen vielen Lesern nur unzulänglich vertraut sein dürften. Daher wurde weitgehend die deutsche Laut-Buchstaben-Zuordnung zugrunde gelegt. »ß« bezeichnet also stimmloses s, gerade auch am Anfang zahlreicher ungarischer Namen, während »s« stets den stimmhaften Laut angibt. Der mit »ä« umschriebene Selbstlaut ist kurz wie »ä« in »Äste« oder »e« in »Rest« zu sprechen. Längen wurden mithilfe eines liegenden Striches über dem Buchstaben angegeben. Der dunkle a-Laut, in der Umschrift als »å« angegeben, ist dem Sprecher bairischer Dialekte aus Wörtern wie »håt« (hat) vertraut; im Englischen kommt er beispielsweise in »call« vor. Der Akzent wurde nicht markiert, da im Ungarischen stets die erste Silbe betont wird.

Der Übersetzer

Pater Csaba Böjte: Leben und Werk

Wenn die Vita eines Menschen so sehr gelebtes Wort ist und sein Reden so sehr den eigenen Überzeugungen und Erfahrungen entspringt, wie sich dies von Pater Csaba Böjte (gesprochen Tschåbå Böjte) behaupten lässt, dann erscheint es nicht nur statthaft, sondern im Sinne des besseren Verständnisses und der Beglaubigung sogar geboten, dem Leser seiner Worte mehr zu erzählen, als dieser, auf die theologischen Fragen konzentriert, im Rahmen des vorliegenden Buches von sich selbst mitgeteilt hat. Die Menschen seiner siebenbürgischen Heimat mögen solcher Zusatzinformationen, einstweilen noch, entbehren können, da der Autor aus ihrer Mitte hervorgegangen ist und ihnen als Person des öffentlichen Lebens, über die in den Medien regelmäßig berichtet wird, wohl vertraut ist. Dass jedoch auch in Ungarn das Interesse an ihm über die Tagesaktualität weit hinausreicht, zeigen zwei Bücher, die in den letzten Jahren über ihn erschienen sind. 2018 kam in die Regale der Buchhandlungen ein berührender Band, der aus einem langen Gespräch hervorgegangen ist, welches Éva Karikó mit Csaba Böjtes Mutter, Julianna Böjte, kurz vor deren Tod geführt hat. Die bereits Schwerkranke sprach darin über ihr eigenes stilles und beschwerliches Leben, das kurze, tragische Leben ihres Gatten und das bewegte, oft hektische Leben ihres berühmten Sohnes sowie über das aus dem Elend aufblühende Leben der Heimkinder.[184] Zwei Jahre zuvor erhielt die un-

184 Böjte, Cs. / Karikó, É.: *Ki a szívét osztja szét. Cs. testvér élete és munkássága az édesanyja szemével. Böjte Juliannával beszélget Karikó É.* [Die ihr Herz verteilen. Leben u. Wirken Br. Cs.s aus der Sicht seiner Mutter]. Bp. 2018. Nach Auskunft É. Karikós hat der Titel eine

garische Leserschaft die Gelegenheit, den Franziskanerpater »unterwegs« zu begleiten und dabei so mancherlei Erschütterndes und Staunenswertes aus dessen Mund zu erfahren: Mitfahrer über Hunderte von Kilometern, von Heim zu Heim, war der ehemalige Profihockeyspieler László Simon, der auf der Basis der gemeinsam verbrachten Stunden ein packendes Porträt gezeichnet hat.[185] Zwar hat ihn, den Vielgefragten, sein Wirken in den letzten Jahren weit in der Welt herumgeführt, nicht nur nach Österreich und Deutschland, sondern auch in die USA, in den Nahen Osten[186], nach Afrika[187] und bis nach Australien[188]; doch versteht er sich als echten Székler[189], das heißt als Angehörigen jener ungarischsprachigen Volksgruppe, die im Osten Siebenbürgens siedelt, dem einstigen Grenzland des ungarischen Reiches.

Die siebenbürgische Heimat: Jahrzehnte der Diktatur

Geboren wurde Csaba Böjte am 24. Januar 1959 in Klausenburg[190] (ung. Kolozsvár, rum. Cluj-Napoca), jener Stadt, welche die zweitgrößte ungarische Gemeinde Siebenbürgens[191]

---

doppelte Bedeutung, was im Ung. aufgrund der fehlenden Genera möglich ist. Auf P. Csaba bezogen, hieße es wörtl.: ›Der sein Herz verteilt‹, u. auf seine Mutter bezogen: ›Die ihr Herz verteilt‹.

185 Simon, L.: *Úton Böjte Csabával* [Unterwegs m. Cs. Böjte]. Budaörs 2016.

186 Vgl. *Magyar Kurír*, 29.04.2018. https://www.magyarkurir.hu/nezopont/bojte-csaba-sziriabol-hazaterve-szerencsetlen-emberek-nappalijaban-vivjak-harmadik-vilaghaborut (14.09.2019).

187 Vgl. Interv. m. Cs. Böjte i. *Magyar Kurír* v. 15.03.2019. https://www.magyarkurir.hu/hirek/csaba-testver-afrikabol-hazaterve-kevesebb-dolog-van-de-konnyebb-istent-megtalalni (14.09.2019).

188 Vgl. Dévai Szt Ferenc Alapítvány [i. Folg.: DSzA]: Böjte Cs. látogatása Ausztráliában. 16.11.2018. https://www.magnificat.ro/portal/index.php/hu/szent-ferenc-alapitvany/roviden/18095-bojte-csaba-latogatasa-ausztraliaban (14.09.2019).

189 S. ob. S. 197.

beherbergt. In konfessioneller Hinsicht zeichnet sich Klausenburg – wie auch sonst Siebenbürgen – durch das Nebeneinander einer ganzen Reihe von Bekenntnissen aus. Knapp siebzig Prozent gehörten im Jahre 2011 der rumänisch-orthodoxen Kirche an. Die Mitglieder der römisch-katholischen Kirche rangierten dort mit 5,5 Prozent hinter Reformierten und Griechisch-Katholischen erst an vierter Stelle.[192] Unter den Römisch-Katholischen, die im landesweiten Durchschnitt bei 5,4 Prozent lagen, gehörten die meisten der ungarischsprachigen Minderheit an, deren Anteil an der Gesamtbevölkerung Rumäniens 6,5 Prozent betrug.[193]

Die rumänisch-orthodoxe Kirche hatte im Kommunismus einen vergleichsweise guten Stand, zahlte allerdings dafür den Preis einer kompromittierenden Vereinnahmung.[194] Die römisch-katholische Kirche dagegen wurde von den kommunistischen Machthabern als Feindin der »rumänischen Nation« und des kommunistischen Systems – von den Machthabern als »Demokratie« ausgegeben – sowie als »Söldling« des angeblich »imperialistischen« Vatikans geschmäht[195] und sah sich schweren Angriffen ausgesetzt. 1948 kündigte das kommunistische Regime das 1927 mit

190 Ung. Kolozsvár gesprochen als Kolojwār (»j« wie in »Journalist«). – Vgl. Böjte / Karikó 2018: 25.

191 S. ob. Anm. 4 zu S. 28.

192 Vgl. Média Index Egyesület (Hg.): Erdély etnikai és felekezeti statisztikái a népszámlálási adatok alapján, 1852–2011. Varga E. Árpád 2002-től kiegészített adatsorai. http://nepszamlalas.adatbank.transindex.ro/?pg=3&id=819 (22.02.2018).

193 Vgl. *Wikipédia*, Románia (ung.) (15.06.2018).

194 Vgl. Leustean, L. N.: Ortodoxia és állam: A kommunizmus építése a román népköztársaságban (1948–1949). *Pro minoritate* Herbst-Wi. 2007, S. 88–117; h. S. 93–95.

195 So bspw. in einer Rede v. Gheorghe Gheorgiu-Dej, dem Generalsekretär der komm. Partei, gehalten am 22. Febr. 1948 (zit. n.: Marton, J.: A katolikus egyház helyzete a kommunizmus idején Erdélyben, különös tekintettel a püspökökre. *Keresztény Szó* 2010/3. http://epa.oszk.hu/00900/00939/00113/keresztenyszo_EPA00939_2010_03_09.html (09.07.2018)).

dem Vatikan geschlossene Konkordat auf.[196] Vier der sechs römisch-katholischen Bistümer wurden von Staats wegen aufgehoben, die Schulen der römisch-katholischen Kirche kamen in staatliche Hand.[197] Zwar löste das Regime auch rumänisch-orthodoxe Bistümer – vorgeblich wegen ihrer geringen Größe – auf[198] und verstaatlichte nicht nur die fast fünfhundert römisch-katholischen Bildungseinrichtungen, sondern auch alle anderen Konfessions- und Privatschulen[199]; doch war die römisch-katholische Kirche insofern besonders stark beeinträchtigt, als kraft eines Dekrets von 1948 keine offiziellen Beziehungen mit dem Heiligen Stuhl möglich waren und sie, im Unterschied zur rumänisch-orthodoxen Kirche, nicht offiziell anerkannt war[200]. Somit war sie bis 1990 in Rumänien bestenfalls geduldet.[201] Noch schwerer heimgesucht war jedoch die griechisch-katholische Kirche. 1948 wurde diese per Regierungsverordnung für aufgelöst erklärt[202], ihr Eigentum beschlagnahmt[203] und eine Vereinigung mit der rumänisch-orthodoxen Kirche inszeniert[204]. Widerstand wurde mit Gewalt begegnet: In den folgenden Jahren starben mehrere Bischöfe der griechisch-katholischen Kirche im Gefängnis[205]. 2019 wurden sieben als Märtyrer seliggesprochen.[206]

Doch nicht nur die höchsten Würdenträger wurden inhaftiert, sondern auch einfache Priester. Dieses Schicksal

---

196 Vgl. Leustean 2007: 96.

197 Vgl. ebd.

198 Vgl. Leustean 2007: 98 f.

199 Vgl. Bánkuti, G.: A szerzetesrendek szétszóratása Romániában. *Egyháztörténeti Szemle* XVII/1 (2016), S. 41–52; h. S. 44. 47.

200 Vgl. ebd.

201 Vgl. ebd.

202 Vgl. ebd.

203 Vgl. ebd.

204 Vgl. Leustean 2007: 100.

205 Vgl. Leustean 2007: 101; Bánkuti (2016: 44) gibt die Zahl der im Gefängnis umgekommenen gr.-kath. Bischöfe mit sieben an.

206 Vgl. Magyar Kurír, 25. 03. 2019. https://www.magyarkurir.hu/hirek/megnyilt-az-ut-het-roman-vertanu-gorogkatolikus-puspok-boldogga-avatasa-elott-20190325131108 (14.09.2019).

traf auch zahlreiche römisch-katholische Diözesanpriester und Ordensgeistliche.[207] Nicht wenige von ihnen mussten im Gefängnis schwere Misshandlungen erdulden.[208] In mancherlei Weise sahen sich Geistliche und Kirchenvolk in der Ausübung ihrer Religion beschränkt. So verboten die kommunistischen Behörden etwa die Pfingstprozession zum Wallfahrtsort Csíksomlyó.[209] Das Regime erreichte damit aber genau das Gegenteil dessen, was es beabsichtigt hatte. »In den Zeiten der allgemeinen Unsicherheit«, erkannte Áron Márton[210], der standhafte Bischof von Gyulafehérvár[211], »haben wir uns davon überzeugen müssen, dass wir alleine sind und uns, abgesehen von unseren eigenen Kräften, nur auf Gott stützen können.«[212] Dies erklärt, warum unter der kommunistischen Diktatur das Glaubensleben intensiver war als später in Zeiten der Demokratie.[213]

Wenn auch keineswegs deckungsgleich mit der ethnischen Gruppe der Ungarn beziehungsweise Székler, ist die römisch-katholische Konfession doch in erster Linie durch diese in Rumänien vertreten. Nun aber wurden diese nicht nur wegen ihrer Konfessionszugehörigkeit diskriminiert, sondern auch wegen ihrer ethnischen Wurzeln. Das kommunistische Regime strebte eine Rumänisierung Siebenbürgens an und ergriff dazu verschiedene Maßnahmen.[214] In Klausenburg wurde 1959 die ungarischsprachige Bolyai-Universität der rumänischsprachigen Babeş-Universität einverleibt und der ungarischsprachige Unterricht an

207 Vgl. Marton 2010.
208 Vgl. Simon 2016: 103.
209 Vgl. Böjte / Karikó 2018: 16.
210 S. ob. Anm. 110 zu S. 268.
211 S. ob. Anm. 126 zu S. 286.
212 Zit. n. Marton, J.: Az erdélyi római katolikus püspökség ezer éve. Gyulafehérvári Római Katolikus Érsekség. O. J. https://ersekseg.ro/hu/egyhazmegye_tortenete (22.05.2018)).
213 Vgl. Marton O. J.
214 Vgl. Durandin, C.: *A román nép története*. Übers. v. N. Saly, J. Szántó u. Á. Tótfalusi. Bp. 1998 [frz. Orig.: *Hist. des Roumains*. Paris 1995], S. 418 f.

der zwangsvereinigten Hochschule immer weiter eingeschränkt.[215] Die für die Einrichtung ungarischsprachiger Klassen an Grund- und Mittelschulen erforderlichen Schülerzahlen, welche eine Gesetzesverordnung von 1973 auf 25 für den Primar- und 36 für den Sekundarbereich festgeschrieben hatte, konnte in Siebenbürgen mit seiner dörflichen Siedlungsstruktur vielerorts nicht erreicht werden, so dass die ungarischsprachigen Kinder zumeist auf Rumänisch unterrichtet wurden.[216] Mit Verweis auf die Notwendigkeit, Papier zu sparen, wurden 1974 zahlreiche ungarischsprachige Zeitungen von Staats wegen eingestellt oder in ihren Auflagen beschränkt.[217] In sehr groben Zügen sind damit die politischen Verhältnisse skizziert, in die der Autor des Buches, Csaba Böjte, hineingeboren wurde und denen sein Vater Sándor zum Opfer fiel.

Kindheit und Jugend: der fehlende Vater

Sándor Böjte hatte sich bereits als Vierzehnjähriger selbst durchs Leben schlagen müssen und nach einer Reihe von Gelegenheitsarbeiten den Beruf des Werkzeugschlossers erlernt[218], zeigte aber auch darüber hinaus großes Talent und schrieb Gedichte, welche in seinem Umkreis herumgereicht wurden[219]. Deswegen von einem Mitarbeiter des Geheimdienstes Securitate denunziert, wurde Sándor Böjte im Juni 1959 von diesem abgeholt.[220] Ebenso erging es im selben Jahr auch rund vierhundert Kirchenleuten.[221] Konkret waren es zwei Gedichte, die Sándor Böjte als Aufstachelung zum politischen Umsturz ausgelegt wurden und wegen derer er zu

215 Vgl. Durandin 1998: 418.
216 Vgl. ebd.
217 Vgl. ebd.
218 Vgl. Simon 2016: 193 f.; Böjte / Karikó 2018: 25.
219 Vgl. Böjte / Karikó 2018: 29.
220 Vgl. Böjte / Karikó 2018: 33.
221 Vgl. Simon 2016: 24.

einer siebenjährigen Gefängnisstrafe verurteilt wurde.[222] Während der Haft wurde er, wie viele andere, schwer misshandelt. Gesundheitlich zugrunde gerichtet, wurde er im Herbst 1962 freigelassen und verstarb Anfang Januar 1964 infolge der erlittenen Misshandlungen, wenige Woche vor dem vierten Geburtstag seines Sohnes.[223]

So bestritt seine Mutter Julianna zunächst als Näherin und später als Küchenhilfe alleine den Lebensunterhalt für sich, ihren Sohn und ihre jüngere Tochter.[224] Daher erfuhr Csaba Böjte in seiner Kindheit selbst, was materielle Not bedeutet, nämlich Hunger und eine kalte Wohnung.[225] Den größten Mangel bedeutete für ihn aber der fehlende Vater. »In meiner ganzen Kindheit«, erklärt er, »schmerzte es mich, dass ich keinen Papa hatte. Es schmerzte mich unglaublich, dass ein anderes Kind mit seinem Papa einen Ausflug machen konnte, mit ihm zusammen bohren und schnitzen konnte, sozusagen von Mann zu Mann über Unbedeutendes wie über die großen Dinge des Lebens reden konnte, ich aber dies niemals tun konnte«.[226]

Nach dem Tod des Gatten zog seine Mutter mit ihm und seiner 1964 geborenen Schwester in den Osten Siebenbürgens nach Czíkszereda (dt. Szeklerburg, rum. Miercurea Ciuc), rund hundertsiebzig Kilometer Luftlinie von Klausenburg entfernt. Dort lebten auch ihre Eltern, und dort befindet sich auch seit alter Zeit der Wallfahrtsort Csíksomlyó (dt. Schomlenberg, rum. Şumuleu), welcher von Franziskanern betreut wird. So kam Csaba Böjte also schon früh mit dem Orden der Minderen Brüder in Berührung.[227]

222 Vgl. Simon 2016: 23; Böjte / Karikó 2018: 29.
223 Vgl. Böjte / Karikó 2018: 44.
224 Vgl. Simon 2016: 23 f.
225 Vgl. Simon 2016: 24.
226 Böjte / Karikó 2018: 53.
227 Vgl. Böjte / Karikó 2018: 12. 51. 84.

Der junge Mann: suchend und angekommen

Nachdem er an der Fachoberschule Elektrotechnik gelernt hatte, arbeitete Böjte zunächst als Elektriker in einer Autowerkstatt. Während des Militärdienstes erkrankte er schwer an Hepatitis, welche ihn lange Zeit ans Bett fesselte. Nicht lange hatte er in der Autowerkstatt Lampen ausgewechselt und Zündungen eingestellt, da überraschte er seine Mutter mit dem Entschluss, in einem Kaolinbergwerk in den nahegelegenen Hargita-Bergen für ein Jahr als einfacher Hilfsarbeiter schuften zu wollen. Was nun bewog ihn dazu? Von seinem Elektrikerberuf fühlte er sich innerlich nicht ausgefüllt. Auch sehnte sich seine damals noch unruhige Seele nach der Einsamkeit, die ihn dort auf dem Berg und in den Stollen umgeben sollte. Schließlich suchte er damit seine Willensstärke zu erproben, jedoch nicht als Selbstzweck, sondern von vornherein als Prüfung einer Berufung zum Priester und Ordensmann, welche er in sich verspürte. Andererseits bekennt Pater Csaba rückblickend: »Es fiel mir schwer, die sichere, bequeme Stelle als Autoelektriker in der kleinen Werkstatt aufzugeben, um als Hilfsarbeiter ins Bergwerk zu gehen. Auch ich selbst verstand nicht, weshalb genau; doch spürte ich dort drinnen, in der Tiefe meiner Seele, dass ein Schritt zu tun ist.«[228]

Am Ende dieses Jahres unter Tage stand für ihn fest, dass er Priester werden wollte. Seine religiöse Heimat sah er bei den Franziskanern. Doch war ihm aufgrund der Repression durch das kommunistische Regime die Aufnahme bei diesen einstweilen nur im Geheimen möglich, und in Anbetracht dieser Situation wollte der Provinzial, also der Leiter der Ordensprovinz, dass Böjte zunächst die Priesterausbildung absolviere.[229] So trat Böjte 1982 in Gyulafehér-

228 Böjte / Karikó 2018: 89. Zu diesem Abs. vgl. Böjte / Karikó 2018: 71f. 86f.

229 Vgl. Böjte / Karikó 2018: 91 f.

vár ins dortige Priesterseminar ein. In diesem herrschten seinerzeit noch, mitbedingt durch die kirchenfeindliche Haltung des kommunistischen Regimes, spartanische Verhältnisse.[230] Zum Beispiel schliefen die Seminaristen dort zu vierzig in einem ehemaligen Stall. Nach seiner Priesterweihe kam er im Wendejahr 1989 für ein paar Monate nach Esztergom (dt. Gran), wo er im dortigen Franziskanerkloster ins Ordensleben eingeführt wurde. Während das Land in tiefgreifendem politischem Umbruch begriffen war, half ihm dort kein Geringerer als Pater Balázs Barsi, der große Gelehrte des Franziskanerordens, sich in die Stille des Gebetes zu versenken.[231] Böjte selbst fühlte sich nun angekommen. »Was ich erlebte«, sagt er rückblickend auf seine Zeit als frisch geweihter Priester, »fühlte sich genau so an, wie wenn ein ausgerenktes Glied unter der Hand des Physiotherapeuten an seinen Platz zurückspringt. Ich spürte deutlich, dass ich das Ziel, den Sinn, die schönste Aufgabe meines Lebens gefunden hatte: Es war ein schönes Gefühl, zu einem lebendigen Segen zu werden, Gottes zärtlich streichelnde Hand für meine Mitmenschen zu sein!«[232]

»Wer dieses Kind in meinem Namen aufnimmt, der nimmt mich auf« (Lk 9,48)

Bereits während seiner Zeit als Seminarist nutzte Böjte trotz der stark eingeschränkten Freiheit jede Möglichkeit, in Kontakt mit Straßenkindern zu treten und ihnen in irgendeiner Weise eine kleine Freude zu bereiten. Indem er freiwillig Knöpfe, welche für Soutanen bestimmt waren, mit Seide überzog, verdiente er sich ein paar Groschen, mit welchen er dann den bettelarmen Straßenkindern eine kleine Freude machen konnte. Zusammen mit seinen

230 Vgl. Simon 2016: 101.
231 Vgl. Böjte / Karikó 2018: 93 f.; Simon 2016: 102. 122.
232 Böjte / Karikó 2018: 95.

Kollegen im Seminar schmückte er mit einfachsten Mitteln einen kleinen Christbaum, und gemeinsam brachten sie diesen sowie ein Bett samt Matratze in ein elendes Dorf bei Gyulafehérvár zu einem bitterarmen, blinden Mann, der dort, am Rande der Siedlung, in einem Unterschlupf, halb Erdloch, halb Baracke, zusammen mit seinen Neffen hauste und selbst einer ordentlichen Schlafstätte entbehrte. Begegnet war Böjte diesem am Eingang der Kirche von Gyulafehérvár, wo er, Tag für Tag um ein Almosen bittend, dem Seminaristen seine Hand entgegenstreckte.[233]

Nach seiner Priesterweihe wurde Pater Csaba 1989 – in jenem Jahr, als mit dem Sturz und der Hinrichtung Ceauşescus die kommunistische Diktatur ihr Ende fand – zunächst in der nordsiebenbürgischen Pfarrei Dés eingesetzt.[234] Nach einem einjährigen Intermezzo in der Großstadt Marosvásárhely[235] im Zentrum Siebenbürgens – in der sich 1992 knapp über die Hälfte der Einwohner der ungarischen Volksgruppe zugehörig fühlten[236] – kam er wieder nach Dés zurück.[237] 1992 wurde er von der Ordensleitung in den Süden Siebenbürgens nach Déva[238] geschickt. Draußen vor der Kirche sah der junge Pater bettelnde Kinder, die den Gottesdienstbesuchern gerade-

233 Vgl. Simon 2016: 101; Böjte / Karikó 2018: 92.

234 Vgl. Simon 2016: 40. 102.

235 Gespr. Måroschwāschārhej. Dt. Neumarkt am Mieresch, rum. Tîrgu-Mureş. Von ca. 164 400 i. J. 1992 ist die Einwohnerzahl auf ca. 127 800 i. J. 2011 zurückgegangen. Überproportional geschrumpft ist die ung. Volksgruppe: 2011 stellte sie nur noch knapp 45 Prozent der Einwohnerschaft (vgl. *Wikipédia,* Marosvásárhely (ung.) (27.06.2018)).

236 Vgl. *Wikipédia,* Marosvásárhely (27.06.2018).

237 Vgl. Simon 2016: 40. 103.

238 2002 wurde er von Déva nach Szászváros versetzt, damit er sich auf seine Tätigkeit im Rahmen der Stiftung konzentrieren konnte. Denn in Déva waren mehrere Tausend Gläubige zu betreuen; in Szászváros ist es nur ein rundes Hundert (vgl. Simon 2016: 103).

zu ein »Spalier« bildeten.[239] Zunächst luden er und seine Mitbrüder diese Kinder von Zeit zu Zeit zum Mittagessen ein.[240] Dann organisierten sie für die kleinen Bettler ein Sommercamp.[241] Und schließlich brachte Pater Csaba mehrere Straßenkinder im leerstehenden, 1949 vom Staat beschlagnahmten[242] Franziskanerkloster von Déva unter.[243] Ermutigt zur Aufnahme des ersten Kindes fühlte sich Pater Csaba durch das Wort Jesu, welches er an eben jenem Tag, als er um die Aufnahme eines kleinen Mädchens angegangen wurde, in der Kirche zu Déva verkündigte: »Wer dieses Kind in meinem Namen aufnimmt, der nimmt mich auf« (Lk 9,48).[244] Quasi von selbst kamen die Kinder zu Pater Csaba. Ein Kind brachte gewissermaßen das nächste mit, und fast täglich wuchs die Zahl der Aufgenommenen, so dass innerhalb von zwei Jahren eine Zahl von über zweihundert erreicht war.[245] Den Unterricht besuchten die aufgenommenen Kinder ganz regulär in der staatlichen Schule der Stadt.[246] Doch dies war zunächst nur ein Tropfen auf den heißen Stein: Denn nach dem Sturz Ceauşescus wurden viele Menschen arbeitslos, Familien brachen zusammen, und zahlreiche Kinder landeten auf der Straße.[247]

---

239 Vgl. *Magyar Kurír*, 09.05.2019. https://www.magyarkurir.hu/kulhoni/bojte-csaba-kerese-ferenc-papahoz-junius-elseje-legyen-gyermek-jezus-unnepe (14.09.2019).

240 Vgl. *Magyar Kurír*, 09.05.2019.

241 Vgl. ebd.

242 Vgl. ebd.

243 Vgl. *Wikipédia*, DSzFA (ung.) (13.03.2018).

244 Vgl. Böjte / Karikó 2018: 108.

245 Vgl. MandinerTV: Interv. m. P. Cs. Veröff. a. 11.09.2018. https://www.youtube.com/watch?time_continue=209&v=qYS6W8UEoLc, angesehen a. 09. 10. 2019.

246 Vgl. Nagyfalusi, É.: A dévai gyermekotthon története. *Művelődési havilap*, Beil. 2016: 2, S. 12. https://muvelodes.net/sites/default/files/pdf/2016-hunyad.pdf (13.03.2018).

247 Vgl. Szt Ferenc Alapítvány, Déva [i. Folg.: SzFAD] (Hg.): *Cs. testvér nagy családja*. Déva 2013. http://www.szentferencalapit-

Die Behörden wollten die Unterbringung der Straßenkinder in dem einstigen Kloster nicht dulden.[248] Indes gab Pater Csaba ihrem Druck nicht nach, und diese sahen schließlich von einer gewaltsamen Räumung ab.[249] Das Einlenken der Behörden war vor allem Papst Johannes Paul II. zu verdanken, der im Jahre 1999 Rumänien seinen Besuch abstattete.[250] Schon am 15. September 1993 erlebte das Dévaer Franziskanerkloster, in dem bereits im 18. Jahrhundert eine Schule untergebracht war, mit 35 Kindern seinen offiziellen Geburtstag als Kinderheim.[251] Zwei Jahre später wurde dort auch eine Grundschule eingerichtet, nachdem kurz zuvor in Rumänien ein Gesetz verabschiedet worden war, das die Gründung von Privatschulen wieder gestattete.[252] Um einen geeigneten institutionellen, mithin rechtlichen Rahmen zu schaffen, war im Frühjahr 1993 die »Stiftung heiliger Franziskus Déva« gegründet worden.[253]

Vom einzelnen Heim zu einem Netz von Heimen

Ein Niederländer, welcher durch Siebenbürgen reiste, ließ Pater Csaba eine großzügige Spende zukommen, dank welcher im Jahre 1996 zwei weitere Immobilien erworben werden konnten.[254] 1999 überließ der Franziskanerorden der Stiftung auch das unbewohnte Kloster im südsiebenbürgischen Szászváros (dt. Broos, rum. Orăştie).[255] Auf

vany.org/wp-content/uploads/2014/10/Csaba_testver_Nagy_Csaladja.pdf, S. 7.

248 Vgl. *Wikipédia*, DSzFA (ung.) (13.03.2018).

249 Vgl. ebd.

250 Vgl. *Magyar Kurír*, 09.05.2019.

251 Vgl. DSzFA: Déva – Magyarok Nagyasszonya Kollégium. http://szentferencalapitvany.org/hazaink/deva-magyarok-nagyasszonya-kollegium/ (13. 03. 2018); Nagyfalusi 2016: 12.

252 Vgl. Nagyfalusi 2016: 13.

253 Vgl. SzFAD (Hg.) 2013: 7.

254 Vgl. Nagyfalusi 2016: 13.

255 Vgl. SzFAD (Hg.) 2013: 8.

verschiedenen Wegen konnten in der Folgezeit zahlreiche weitere Immobilien erworben werden. Die Stiftung schaffte es, eigene Schulen einzurichten, welche die Kinder zur Mittleren Reife führten und schließlich in Aufbaugymnasien in Csíksomlyó und Gyergyószentmiklós sogar zur Hochschulreife.[256] Außerdem wurde eine Aufnahmeeinrichtung für schwangere Frauen, die sich in Schwierigkeiten befinden, gegründet.[257]

Die von der Stiftung heiliger Franziskus aufgenommenen Kinder werden heute im Rahmen dreier unterschiedlicher Modelle betreut: Ein Teil der Kinder ist über Tag und Nacht, also in Vollzeitpflege, untergebracht, andere besuchen nur eine Tagesgruppe, und wieder andere wohnen die Woche über im Heim beziehungsweise Internat und fahren am Wochenende – bei größerer Entfernung auch seltener – zu ihren Eltern. Die Vollzeitpflege genießenden Kinder und Jugendlichen leben in acht- bis zehnköpfigen Gruppen gemeinsam mit einer Pflegemutter oder einem Pflegevater, anfangs Jungen und Mädchen zusammen, mittlerweile aber getrennt.[258] In der Regel sind in einem Gebäude beziehungsweise Gebäudekomplex mehrere solcher ›Familien‹ untergebracht[259], und in einem gemeinsamen Speisesaal nehmen die Kinder mehrerer ›Familien‹ zusammen die Hauptmahlzeiten ein.

Im Jahre 2018 kümmerte sich die Stiftung in 83 Heimen und Tagesgruppen um 2 135 Kinder und Jugendliche[260], und diese besuchten dort in vielen Fällen auch den

256 Vgl. SzFAD (Hg.) 2013: 9.
257 Vgl. ebd.
258 Vgl. Varga, A.-M.: Gyermekvédelmi tevékenységünk. In: SzFAD (Hg.): *Cs. testvér nagy családja*. Déva 2013, S. 6; Nagyfalusi 2016: 14.
259 Vgl. SzFAD (Hg.) 2013.
260 Vgl. DSzFA: Újra Jobb velünk a világ! – 25 éves SzFA. 08.05.2018. http://www.magnificat.ro/portal/index.php/hu/csaba-testvmainmenu-42/levelei-mainmenu-246/17069-ujra-jobb-velunk-a-vilag-25-eves-szent-ferenc-alapitvany (16.06.2018).

Unterricht. Seit ihrem Bestehen hat die Stiftung, die heute rund dreihundert hauptberufliche und ehrenamtliche Mitarbeiter zählt[261], insgesamt rund sechstausend Kinder aufgenommen.[262] Auf solch beeindruckende Zahlen, vor allem aber auf Menschenschicksale, die sich zum Guten gewendet haben, konnten voll Dankbarkeit Pater Csaba sowie seine zahlreichen Mitarbeiter und Unterstützer auf einem Wohltätigkeitskonzert zurückblicken, welches die Stiftung im September 2018 in der Budapester László-Papp-Sportarena, der größten Veranstaltungshalle Ungarns[263], ausrichtete.[264]

In seinen Heimen fördert Pater Csaba in besonderem Maße den Sport. In seiner Jugend war er selbst ein begeisterter Sportler: Er kletterte in den Karpaten, fuhr Ski und spielte Eishockey[265] – was kaum überrascht, wo doch Csíkszereda als Wintersportort[266] bekannt ist. Selbst vor der Einrichtung eines Boxraumes im Speisesaal eines ehemaligen Klosters[267] und der Gründung einer »Boxschule heiliger Franziskus« scheute er nicht zurück. Die Anregung dazu kam von László Simon, welcher in seiner Jugend selbst geboxt hatte.[268] Doch auch die Musik findet in Pater Csaba einen Förderer. So singen mehrere Heimkinder in Sowata[269] in einem Kinderchor

261 Vgl. Szöllősi, Gy.: »Életem legnagyobb bulija« – beszélgetés Böjte Csabával. *nemzeti sport,* 24.12.2017. http://www.nemzetisport.hu/magyar_valogatott/eletem-legnagyobb-bulija-beszelgetes-bojte-csabaval-2609937 (09.07.2018).

262 Vgl. DSzFA, 08.05.2018.

263 Vgl. *Wikipedia,* Papp László Bp. Sportaréna (10.10.2019).

264 Vgl. DSzFA: Legyünk mindnyájan Isten áldásai – Beszélgetés Böjte Cs. testvérrel. 12.09.2018. https://szentferencalapitvany.org/25-eves-devai-szent-ferenc-alapitvany/ (10.10.2019).

265 Vgl. Simon 2016: 26. 39. 43. 44 f.; Szöllősi 2017

266 Vgl. Simon 2016: 43; *Wikipédia,* Csíkszereda (09.07.2018).

267 Vgl. Simon 2016: 19 f.

268 Vgl. DSzFA: Ima, tánc, zene és ökölvívás is belefért. 05.06.2015. https://www.magnificat.ro/portal/index.php/hu/szent-ferenc-alapitvany/k-kntok-mainmenu-350/marosillye-mainmenu-351/11218-ima-tanc-zene-es-okolvivas-is-belefert (13.09.2019).

269 Im östl. Siebenbürgen gelegene Kleinstadt, ung. »Szováta«, rum. »Sovata«.

mit, der von den Armen Schulschwestern von Unserer Lieben Frau geleitet wird[270], und auch zu einer Gruppenaudienz beim Papst im Mai 2019 wurde er von einem Chor aus Kindern seiner Heime begleitet[271]. Bei der Erziehung in seinen Heimen geht es dem Franziskanerpater stets darum, den Kindern mitzugeben, was sie in ihrem späteren Leben brauchen werden. Daher sind die Kinder in den Einrichtungen – ihrem Alter entsprechend – auch gehalten, verschiedenste Dienste zu übernehmen, wie etwa den Abwasch zu machen oder den Boden zu putzen, und überhaupt all das zu erlernen, was zur selbstständigen Führung eines Haushalts dazugehört.[272] Die Erziehung zur Selbstständigkeit ist Pater Csaba ein großes Anliegen, und es freut ihn zu sehen, dass die inzwischen zahlreichen Kinder seiner ehemaligen Heimkinder nicht ihrerseits in Heimen landen.[273]

Auf der Suche nach finanzieller Unterstützung

Pater Csaba vermochte mit seiner Arbeit zu überzeugen, und so gelang es ihm, ausreichend Spenden für seine Heime zu sammeln, was eine absolute Notwendigkeit darstellt, da die Unterstützung seitens des rumänischen beziehungsweise des ungarischen Staates nicht einmal die Hälfte der Kosten deckt[274]. Spenden erhält er insbesondere aus Österreich, Deutschland, den Vereinigten Staaten und Australien.[275] Daher ist Pater Csaba selbst viel unterwegs[276] und per-

270 Vgl. Ágó, A.: Böjte Cs.: »Hit nélkül nem lehet élni«. *Magyar Kurír*, 18. 08. 2016. http://www.magyarkurir.hu/hirek/bojte-csaba-hit-nelkul-nem-lehet-elni (09.07.2018).

271 Vgl. *Magyar Kurír*, 09.05.2019.

272 Vgl. Simon 2016: 27.

273 Vgl. MandinerTV, 11.09.2018.

274 Vgl. Makkay, J.: Böjte Cs.: mindig hozzám jött, akit hívtam. *Erdélyi napló*, 05.07.2018. https://erdelyinaplo.ro/aktualis/riportok/bojte-csaba-mindig-hozzam-jott-akit-hivtam (09.07.2018).

275 Vgl. Makkay 2018.

276 Vgl. ebd.

sönlich reiste er auch in die USA und nach Sydney[277]. Und so konnte die Immobilie für eines der Heime vollständig aus Mitteln amerikanischer Förderer erworben werden[278], während ein in Australien lebender Ungar seine Villa im nordsiebenbürgischen Borszék (dt. Bad Borseck, rum. Borsec) der Heimstiftung vermachte, so dass 2015 auch dort ein Zuhause für Kinder eröffnet werden konnte[279].

Viele Kinder werden in Form von Patenschaften unterstützt. Von den über Tag und Nacht untergebrachten Kindern erfreut sich etwa die Hälfte eines Paten; unter jenen, die nur eine Tagesgruppe besuchen, sind es deutlich weniger. Bei dieser Patenschaft haben die Personen beziehungsweise Gruppen, welche sich regelmäßig an den Unterhaltskosten für ein Stiftungskind beteiligen, auch die Möglichkeit – sofern das geförderte Kind schon etwas älter ist –, mit diesem schriftlichen Kontakt zu pflegen und es vor Ort zu besuchen.[280]

Buchautor, Prediger, Anreger

Nicht nur als Gründer von Kinderheimen hat Pater Csaba – für seine Arbeit inzwischen vielfach ausgezeichnet, unter anderem mit dem Europäischen Bürgerpreis des Europäischen Parlaments (2011)[281] – in Siebenbürgen und Ungarn allgemeine Bekanntheit erlangt, sondern auch als Autor

277 Vgl. Simon 2016: 134; DSzFA: Böjte Cs. látogatása Ausztráliában. 16. 11. 2018.

278 Vgl. Simon 2016: 134; DSzFA: Házaink, otthonaink. http://szentferencalapitvany.org/hazaink/ (27.06.2018).

279 Vgl. Baumann, V.: Újabb ház a gyerekeknek. Borszéken gyermekotthon átadásával ünnepelték a Pünkösdöt. *Vörösvári Újság* XV/7 (2015). http://vorosvariujsag.pilisvorosvar.hu/bejegyzesek/2015-julius/ujabb-haz-a-gyerekeknek/ (14.09.2019).

280 Vgl. DSzFA: Keresztszülői programunk. http://szentferencalapitvany.org/hogyan-segithetsz/keresztszuloi-programunk/ (28.06.2018).

281 Vgl. *Wikipédia*, Böjte Cs. (ung.) (11.06.2019).

mehrerer Bücher. Das vorliegende Buch ist der erste Band einer vierbändigen Reihe, welche aus den Gesprächen mit der Journalistin Éva Karikó hervorgegangen ist. Darüber hinaus sind von ihm weitere Bücher erschienen, in denen der Autor aus seiner eigenen Lebenserfahrung spricht und seiner Leserschaft aus dem Glauben heraus Ratschläge für ihr Leben erteilt, wobei die Einnahmen aus diesen Büchern den Stiftungskindern zugutekommen[282].

Als Meister des ungezwungenen Wortes ist er zudem häufig im Fernsehen zu sehen und vermag die Menschen mit seinen Predigten zu elektrisieren. Immer wieder tritt er auch mit ungewöhnlichen Ideen hervor. So hat er etwa im Jahre 2013, angeregt von einem Laien, eine Stadtwallfahrt ins Leben gerufen, welche von der Felsenkirche im rechts der Donau gelegenen Buda über den Gellértberg und die Elisabethbrücke zur Franziskanerkirche im links der Donau gelegenen Pest führt.[283] Im August 2019 lud er zu einer ›grünen‹ Bußwallfahrt durch die Pilischer Berge nördlich von Budapest ein, zu deren Auftakt Abschnitte aus Papst Franziskus' Öko-Enzyklika *Laudato si'* vorgelesen wurden.[284]

Immer wieder aufs Neue überrascht der Franziskanerpater aus Siebenbürgen mit seinem Einfallsreichtum: Trotz der bescheidenen Lebensverhältnisse in seiner Heimat schaffte er es, Anfang 2018 einer mit Unterstützung des ungarischen Staates errichteten Schule im Nordirak eine Nachbildung der Marienfigur von Csíksomlyó zu schenken.[285] Dafür bat

---

282 Vgl. Makkay 2018.

283 Vgl. *Magyar Kurír*, 04.11.2013. http://www.magyarkurir.hu/esemenyek/feher-szivvel-az-eletert-zarandoklat-es-engesztelo-szentmise-bojte-csabaval/ (15.06.2018).

284 Vgl. *Magyar Kurír*, 18.08.2019. https://www.magyarkurir.hu/hirek/fenntarthato-vagyaink-legyenek-zold-zarandoklatot-szervezett-bojte-csaba (20.08.2019).

285 Vgl. DSzFA: Ámulva csodálták Cs. testvér ajándékát az iraki gyerekek. 07.03.2018. http://www.magnificat.ro/portal/index.php/hu/szent-ferenc-alapitvany/rk-mainmenu-315/sajtinmenu-311/16626-amulva-csodaltak-csaba-testver-ajandekat-az-iraki-gyerekek (28.06.2018).

er einfach die Kinder seiner Heime, Bilder zu malen, die er dann gegen eine geringfügige Spende verkaufen ließ. So war das Geld für die Statue schnell zusammengekommen, und die schwer heimgesuchten Christen im Nahen Osten konnten sich über ein Geschenk aus dem keineswegs wohlhabenden Siebenbürgen freuen! Ebenso hatte er schon im November 2017 ein koptisches Waisenhaus in Ägypten mit einer Kopie des Csíksomlyóer Kleinods beschenkt.[286]

Wie sehr die Kinder im Mittelpunkt von Pater Csabas Lebens und Denken stehen, zeigt ein Anliegen, das er bei seiner Audienz im Mai 2019 dem Papst selbst vorgebracht hat: Möge der 1. Juni von diesem zum Kind-Jesus-Fest erklärt werden.[287] Und schließlich stellt der Franziskanerpater dem heutigen Europa die Diagnose: »Was ich jetzt sagen werde, wird gar vielen Erwachsenen nicht gefallen – und da mag man mit Erklärungen kommen, da mag man es drehen und wenden, wie man will –, ich aber kann nur eines sagen: Die europäische Gesellschaft, die europäische Kultur ist deshalb krank, weil wir keine Kinder haben wollen«[288].

Einige Impressionen von Pater Csabas Heimen und den dort lebenden Kindern bietet der Internetauftritt der Stiftung heiliger Franziskus Déva (http://szentferencalapitvany.org/de/), welcher auch Informationen in deutscher Sprache enthält. Einen guten Eindruck vermittelt auch die Website magnificat.ro. Diese enthält zahlreiche Bilder und aktuelle Mitteilungen, zum Teil auch auf Englisch.

Der Übersetzer

286 Vgl. *Magyar Kurír*, 24.11.2017. https://www.magyarkurir.hu/hirek/bojte-csaba-az-erdelyi-katolikusok-legfeltettebb-kincset-vitte-egyiptomba (10.10.2019).
287 Vgl. *Magyar Kurír*, 09.05.2019. https://www.magyarkurir.hu/kulhoni/bojte-csaba-kerese-ferenc-papahoz-junius-elseje-legyen-gyermek-jezus-unnepe (18.09.2019).
288 Böjte / Karikó 2018: 26.